Die Erde

Die Erde

und ihre Landschaften

Ernst Winkler   Walter Kümmerly

Kümmerly + Frey

Kartographie:
  Kümmerly + Frey, Bern
  Regionalplanungsverein, Bern
  Schweizerische Stiftung für Landschaftsschutz und
  Landschaftspflege, Bern
  Georg Westermann Verlag, Braunschweig
  (Dierke Weltatlas 1977)
Gesamtherstellung: Kümmerly + Frey, Bern

© 1977 Kümmerly + Frey, Geographischer Verlag, Bern
2. Auflage 1980

Printed in Switzerland
ISBN 3 259 08441 X

Bilder des Schutzumschlages:

Vorderseite: Liparitberge von Landmannalaugar im Zentrum Islands
Rückseite, von oben nach unten: Emmental, Schweiz; Antarktis; Baumfarne im tropischen Norden Australiens; algerische Sahara.

Landschafts-Zonen

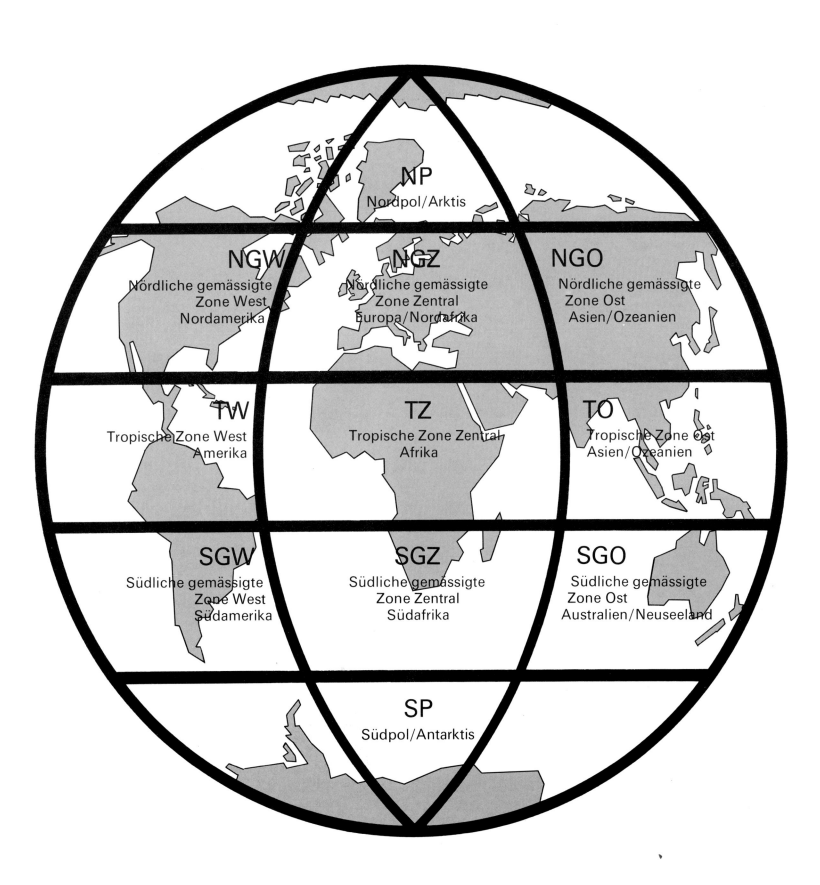

Inhalt

		Seite
Prof. Dr. Ernst Winkler	Vorwort	11
Prof. Dr. Ernst Winkler	*Vom Wesen der Landschaft*	12
Prof. Dr. Fritz Müller	*Die polaren Landschaften*	15
NP	Arktis	15
SP	Antarktis	31
Prof. Dr. Werner Nigg	*Die Landschaften der nördlichen gemässigten Zone*	34
NGW	Nordamerika	57
NGZ	Europa und Nordafrika	65
NGO	Asien und Ozeanien	100
Prof. Dr. Werner Nigg	*Die Landschaften der südlichen gemässigten Zone*	125
SGW	Südamerika	125
SGZ	Südafrika	127
SGO	Australien und Neuseeland	127
Prof. Dr. Heinrich Gutersohn	*Die Landschaften der Tropen*	129
TW	Amerika	133
TZ	Afrika	139
TO	Asien und Ozeanien	144
Prof. Dr. Wilfrid Bach Prof. Dr. Ernst Winkler	*Die Gefährdung der Landschaft*	198
	Zivilisationsgefahren	198
	Naturgefahren	205
	Die Abwehr der Gefährdung	211
Prof. Dr. Ernst Winkler	Landschaftsforschung	211
Dr. Janos Jacsman	Landschaftsplanung	218
dipl. Ing. Landschaftsarch. Bernd Schubert/Prof. Dr. Ernst Winkler	Landschaftspflege	221
Dr. Max Nicholson/Russell E. Train	Landschaftsschutz	237
Dr. Eduard Gerber	*Vom Sinn der Landschaft*	240
Walter Kümmerly	Verzeichnis von Nationalparks und Reservaten	242
Prof. Dr. Ernst Winkler	Literaturauswahl	262
	Register	263

„Die Natur ist die ursprüngliche Heimat und Nährmutter des Menschen; in der modernen Landschaft spiegelt er sich wider."

Max Nicholson

Vorwort

Die Idee zum vorliegenden Buch entstammt dem Werk «Der Wald», herausgegeben von W. Kümmerly. Der Wald ist ein wesentliches Element vieler Landschaften, ja in weiten Teilen der Welt selbst Landschaft. Er war deshalb ein willkommener Impuls zur Anregung eines Bildbandes, der die ganze Erde in ihrem landschaftlichen Gefüge darstellt. Der Verlag Kümmerly + Frey nahm die Idee wohlwollend auf, und so erfuhr sie, in Zusammenarbeit zahlreicher Wissenschaftler und Photographen, Verwirklichung. Dem Unterzeichneten blieb dabei die Betreuung der Gesamtkonzeption, im besondern der Texte, während W. Kümmerly die mühevolle Beschaffung und Auswahl der Bilder übernahm.

Im Mittelpunkt des Buches stehen die heute existierenden Landschaften selbst, deren Gruppierung nach einem etwas ungewöhnlichen, aber durchaus bekannten Prinzip erfolgte: nach natürlichen – primär durch das Klima bestimmten – Landschaftsgürteln und innerhalb derselben nach Natur- und Kulturlandschaften. Das erlaubte, einerseits die durch die Raumbeschränkung (in Wirklichkeit wäre eine ganze Bibliothek zur Behandlung des Themas nötig gewesen) bedingte Zusammenfassung zu Landschaftstypen übersichtlich zu gestalten, andererseits die beabsichtigte vergleichende Betrachtung, die Hervorhebung des Ähnlichen und der Kontraste eindrücklich zu machen.

Die gegenwärtige Krisenlage des menschlichen Lebensraums, die durch die Schlagworte «Umweltzerstörung» und «Umweltschutz» angedeutet wird, legte nahe, auch der Gefährdung der Landschaften durch Natur und Zivilisation nachzugehen. Mit welchen Mitteln und Massnahmen ihr zu begegnen versucht wird, zeigt ein weiteres Kapitel: die Landschafts*forschung* erarbeitet hierfür die Grundlagen, auf ihr baut die Landschafts*planung* auf, welche die Landschafts*pflege* vorbereitet, die schliesslich ihrerseits in einer schonenden *Nutzung* kulminiert. Dass dem Landschafts*schutz* dabei besondere Aufmerksamkeit geschenkt werden muss, zeigt sowohl das ihm gewidmete Textkapitel wie der Anhang, in welchem von W. Kümmerly die wichtigsten Naturschutzparks namhaft gemacht werden. Mit dem Beitrag «Sinn der Landschaft» schliesslich endet das Buch; er sucht darzulegen, welche Bedeutung die Landschaft im Leben der Menschheit tatsächlich spielt und welche Aufmerksamkeit sie daher beansprucht.

Hier gilt es noch, ein Wort des Dankes an Mitarbeiter und Institutionen zu sagen, die zum Gelingen des Werkes beigetragen haben. In erster Linie gebührt ein solcher dem Verlag, der das Werk in seine Obhut genommen und auf seinem Entstehensweg geduldig begleitet hat. Dann sei den Textautoren gedankt, die dem Werk die geistige Umrahmung gegeben haben, was manchem nicht leichtgefallen sein mag. Im besondern sei hier der im Inhaltsverzeichnis nicht namentlich aufgeführten Mitwirkenden gedacht: es sind dies dipl. Naturwiss. W. Zweifel, der die Weltkarten zeichnete und, wie dipl. Naturwiss. G. Winkler, H. R. Brunner und R. Schilter, die Kapitel «Gefährdung der Landschaft» und «Abwehr der Gefährdung» mitgestalten half. Ferner ist Herrn J. Weiss zu danken, der beim Abschnitt «Die Polarlandschaften» sowie bei den zugehörigen Karten mitwirkte. Der Dank gilt aber nicht minder den zahlreichen Photographen, die ihre Kollektionen während längerer Zeit zur Verfügung stellten, dem World Wildlife Fund und dem IUCN für die Mithilfe bei der Zusammenstellung des Verzeichnisses der Naturschutzparks und schliesslich der Schweizerischen Stiftung für Landschaftspflege und Landschaftsschutz sowie dem Verlag Westermann für die Überlassung von wichtigem Kartenmaterial. Sie alle haben geholfen, dem Bildband dokumentarischen Charakter zu verleihen. Abschliessend darf der Hoffnung Ausdruck gegeben werden, dass der Band beitragen wird zu einem vertieften Verständnis der Landschaft und zur Unterstützung ihrer bestmöglichen Gestaltung und Pflege, die unabdingbare Grundlage einer gedeihlichen Zukunft des Menschen sind.

Ernst Winkler

Vom Wesen der Landschaft

Nur die Landschaft dauert.
(Gonzague de Reynold)

Die Landschaft gehört zu den höchsten Themen.
(Wilhelm Brockhaus)

Die Landschaft ist eine Fiktion.
(E. Száva-Kováts)

Landschaft ist ein Schlagwort der Zeit. Mit den verwandten Bezeichnungen Umwelt, Raum, Region, Milieu wetteifert es, um das Symbol der Epoche zu werden. Im negativen wie im positiven Sinn. Not der Landschaft, Landschaftsgefährdung, -bedrohung, -zerstörung, -schädigung, -verseuchung sind Ausdrücke des negativen Aspekts. Landschaftsschutz, -pflege, -gestaltung, -heilung, -gesundung, -harmonisierung bezeichnen Massnahmen, mit welchen jenen zu wehren versucht wird.
Landschaft erscheint aber auch sonst – meist in Wortverbindungen – in allen möglichen Lebens- und Kulturbereichen. So kennt die Kunst eine schöne und hässliche, eine anmutige, berückende, anziehende und eine abstossende, scheussliche, eine stilvolle und eine stillose, eine glänzende und eine matte, eine malerische, eine rhythmische, eine harmonische und eine disharmonische, eine ebenmässige und eine unregelmässige, eine symmetrische und eine unebenmässige, eine bunte und eine eintönige oder monotone, eine heitere und eine ernste, eine erhabene und eine armselige, eine heroische und eine feierliche Landschaft. Mehr ethischer oder philosophischer Herkunft sind die unedle und edle, die diesseitige und jenseitige, die verdorbene und unverdorbene Landschaft, die gemarterte und gequälte, die endliche und unendliche, die wirkliche, legendäre oder metaphysische, die irdische und un- oder ausserirdische, die kosmische (Mond-, Mars-) Landschaft, die schuldige oder unschuldige, die beseelte (Seelenlandschaft) und entseelte oder seelenlose, die freie und unfreie, die verstellte oder unverstellte, die Herz- oder Kern- und Zentral- oder peripherische und Randlandschaft. In der Sprache verschiedener Wissenschaften begegnen sich Ur-, Natur-, Kultur-, Raub- und Zivilisationslandschaft, Ebenen-, Hügel-, Berg- und Gebirgslandschaft, Meeres-, Küsten-, Bach-, Fluss- und Weiher- oder Seelandschaft, Frühling-, Sommer-, Herbst- und Winterlandschaft (es gibt sogar eine elektronenmikroskopische Winterlandschaft), die polare und subpolare, gemässigte subtropische und tropische Landschaft, die Sprach-, Volks- und Volkstums-, Religions-, Kunst-, Architektur-, Literatur-, Musiklandschaft (z. B. Orgellandschaft), die Wirtschafts-, Verkehrs-, Infrastruktur-, Agrar-, Industrie-, die Hof-, Weiler-, Dorf- und Stadtlandschaft, die einfache und zusammengesetzte (komplexe), die grosse und kleine, die statische und dynamische, die funktionale und funktionslose, die archäologische, urzeitliche, antike, mittelalterliche, die Gegenwarts- und Zukunftslandschaft, die progressive, stagnierende und degenerierende oder regressive, die politische und unpolitische Landschaft. Die Volkssprache unterscheidet Berner, Schweizer, europäische, amerikanische und globale Landschaften. Aber auch die profane Welt hat sich des Wortes Landschaft bemächtigt, wie Büro-, Wohn-, Schlaf-, Schaumstoff-, Schrott-, Möbel-, Wegwerf-, Comic-, Presselandschaft und ähnliche mehr oder weniger anziehende Kombinationen belegen. Und selbst eine so «strenge» Wissenschaft wie die Mathematik bedient sich des Ausdrucks, indem sie von der mathematischen Landschaft oder geradezu von der Landschaft der Mathematik spricht. Der metaphorischen, übertragenden, bildlichen Verwendung des Wortes Landschaft ist kein Ende; die Faszination, die es ausübt, scheint ohne Grenzen.
Was aber drückt das Wort Landschaft *tatsächlich* aus? Die Sprachgeschichte gibt hierauf folgende Auskunft: Vermutlich ist es die deutsche, ins Mittelalter zurückreichende Übersetzung des lateinischen «regio». Es bezeichnet also ein begrenztes Gebiet, eine Gegend. Doch ist damit wenig über den Inhalt des Wortes ausgesagt. *Erheblicheres* deutet der Philosoph G. Simmel an. Er betont in seiner Abhandlung «Philosophie der Landschaft»: «Unzählige Male gehen wir durch die freie Natur und nehmen, mit den verschiedensten Graden der Aufmerksamkeit, Bäume und Gewässer wahr, Wiesen und Getreidefelder, Hügel und Häuser und allen tausendenfältigen Wechsel des Lichtes und Gewölkes – aber darum, dass wir auf dies einzelne achten ... sind wir uns doch noch nicht bewusst, eine ‚Landschaft' zu sehen ... Unser Bewusstsein muss ein *neues Ganzes, Einheitliches* haben, über die Elemente hinweg ... an ihre Sonderbedeutung nicht gebunden und aus ihnen nicht mechanisch zusammengesetzt ...

das erst ist die Landschaft. Täusche ich mich nicht, so hat man sich selten klar gemacht, dass Landschaft noch nicht damit gegeben ist, dass allerhand Dinge nebeneinander ... unmittelbar angeschaut werden ... Landschaft entsteht (vielmehr), indem ein ... Nebeneinander natürlicher Erscheinungen zu einer besonderen Art von Einheit zusammengefasst wird, einer anderen, als zu der der kausal denkende Gelehrte, der religiös empfindende Naturanbeter, der teleologisch gerichtete Ackerbauer oder Stratege eben dieses Blickfeld umgreift. Der erheblichste Träger dieser Einheit ist wohl das, was man ... Landschaft nennt.»

Wie der Wortlaut «Sippschaft» oder «Partnerschaft» die Zusammenfassung von Elementen zu einem Ganzen bedeutet, drückt auch der Begriff «Landschaft» eine Vereinigung von Teilen der Erdoberfläche zu einem Gesamtbild aus. Der Mineraloge P. Niggli sagt das noch deutlicher: «Das Bild des Aufeinanderangewiesenseins ... prägt sich ein, so wie man eine Landschaft als Ganzes und nicht als blosses Agglomerat von Wasser, Steinen, Häusern, Einzelpflanzen, Erhebungen und Vertiefungen usw. erlebt und sieht.»

Landschaft ist demnach eine besondere vielfältige Einheit, analog den Gesteinen, Gewässern, den Luftmassen und Lebewesen, eingeschlossen den Menschen und seine Werke, aber aus ihnen zusammengesetzt, sie alle umschliessend, wenn auch entschieden weniger als die ganze Erde und andere Gestirne, Mond und Sonne, und der Kosmos im ganzen. Mathematisch ausgedrückt ist Landschaft somit ein (offenes) System, eine Menge als «Zusammenfassung von besondern wohlunterschiedenen Objekten unserer Anschauung oder unseres Denkens zu einem Ganzen» (G. Cantor). Landschaft ist damit zugleich eine Einheit in der Vielheit, die mit den andern Gebilden der Wirklichkeit ebenso viele *Gemeinsamkeiten* besitzt, wie sie sich von ihnen durch Eigenarten *unterscheidet*.

Mit ihnen – etwa den Lebewesen und Anorganismen – teilt sie die Eigenschaft, eine bestimmte Grösse und Zusammensetzung aus Bestandteilen zu besitzen; sie steht mit andern Gebilden in Beziehung und unterliegt Einflüssen des Raumes und der Zeit, sie hat einerseits eine bestimmte, begrenzte Dauer, andererseits ändert sie sich langsamer oder schneller. Die *Sonderart* der Landschaft dagegen, ihre Spezifität – das, was sie zur erkenntniswürdigen Einheit unter andern Einheiten macht – ist vor allem in der Vergesellschaftung der verschiedenen übrigen Einheiten der Erdoberfläche oder Erdhülle, der Erdrinde (Lithosphäre), der Gewässer (Hydrosphäre), der Lufthülle (Atmosphäre) und der Lebewesen (Biosphäre: Pflanzen, Tiere, Menschen und Menschenwerk) begründet. Diese Gruppierung vollzieht sich als Summierung und Wechselwirkung und führt zu einer gewissen (vertikalen und horizontalen) Schichtung oder Hierarchie der Elemente: Die Bereiche der Lebewesen lagern sich über die Sphären des Anorganischen, sie selbst finden sich aber von diesen, vom Luftmeer, von den Gewässern und der Erdrinde umgeben. Die Landschaften sind demnach weder Organismen noch Anorganismen, sondern Kombinationen, Gefüge der beiden Gruppen von konkreten Erscheinungen.

Die Wechselwirkung dieser Bestandteile ist eine sachliche, räumliche und zeitliche, richtiger: eine sachlich-räumlich-zeitliche, und sie vor allem bestimmt das Bestehen einer Vielzahl von Landschaften. Nach *sachlichen* Gesichtspunkten unterscheidet man Naturlandschaften, die nur von natürlichen Elementen bestimmt sind, von Zivilisations- oder Kulturlandschaften, welche vor allem der Mensch mit seiner Kultur prägt. Nach der *räumlichen* Dimension bestehen Klein- und Grosslandschaften, Lokal-, Regional-, National-, Kontinental- (und Meeres-) sowie Globallandschaften. Unter dem Gesichtspunkt der *Zeit* lassen sich Ur-, Alt- von Junglandschaften, Landschaften der geologischen Zeit, des Altertums (Archaikum, Paläozoikum), des Mittelalters (Mesozoikum), der Neuzeit (Känozoikum) von solchen der Geschichtsepochen (prähistorische, antike, mittelalterliche, neuzeitliche, gegenwärtige, künftige) sondern.

Diesem mehr zuständlichen, «statischen» Gefüge der Landschaft entspricht ein dynamisches oder prozessuales. Einerseits unterliegen die Landschaften einem ständigen Form-, Stoff- und Energiewechsel. Er tendiert zu einem dauernden Gleichgewicht – wodurch er Ähnlichkeit mit der Physiologie der Lebewesen nahelegt: Die Landschaften verharren, mindestens zeitweilig, in einem quasi-stationären Zustand, einem sogenannten Fliessgleichgewicht (L. v. Bertalanffy). Zur innern Dynamik gesellt sich eine äussere, externe. Die Landschaft nimmt aus der nahen und fernen Umgebung oder der Umwelt, von benachbarten und fernen Gegenden wie auch aus dem Erdinnern und aus dem Weltall Stoffe und Energien auf und gibt solche an jene auch ab (Ökologie). Und schliesslich äussert sich die Dynamik in Landschaftsveränderungen, Abläufen, Sukzessionen, die rascher oder langsamer, fortschrittlich (progressiv) oder rückläufig (regressiv) sein können. Die Landschaften entwickeln sich aus der Vergangenheit über die Gegenwart in die Zukunft. Es gibt, mit andern Worten, eine Landschaftsgeschichte oder -genese: aus Waldlandschaften entstehen Waldrodungsgebiete, schliesslich Parklandschaften, ja Steppen, aus Steppen Ackerbaulandschaften, beide Arten wandeln sich zu Industrie- und Stadtlandschaften, die wieder in Steppen, ja Wüsten zurückverwandelt werden können, wie Gebiete Vorderasiens oder Nordafrikas belegen.

Eine Landschaft erweist sich somit — um es zu wiederholen — als vielfach zusammengesetztes Gebilde und Glied der Wirklichkeit, als eine «höhere» Art von Wirklichkeit im Vergleich etwa zu den Mineralien oder Lebewesen, wenn ihr auch das Wirklichsein nicht selten abgesprochen, sie oft als blosses Gedankending oder sogar als Fiktion betrachtet wird. Sie bedeutet zudem mehr, aber auch weniger als das ebensooft gebrauchte Wort *Umwelt*. Diese umfasst bisweilen Landschaften; ebenso häufig wird sie indessen nur als Teil von solchen angesehen. Umwelt kann sowohl die Umgebung eines Brunnenfrosches wie der gesamte Kosmos sein, während Landschaft immer auf die Erdoberfläche bezogen ist und, wiewohl schwierig begrenzbar, in verschiedenen Sach-, Raum- und Zeitordnungen existiert. Die Landschaft ist aber auch, sagt E. Banse, «ein viel zusammengesetzterer und ein höherer Begriff als Natur». Eben deshalb bedeutet sie nicht nur ein Schlagwort, ein kurzlebiges Modewort unserer Zeit. Sie ist vielmehr die unmittelbare Bedingung der menschlichen Existenz und gehört zu den «höchsten Themen» (W. Brockhaus).

Wenn von den *Grössenordnungen* ausgegangen und etwa ein Quadratkilometer als mittlere Fläche der Landschaft angenommen wird — in Wirklichkeit schwankt die Grösse zwischen wenigen Hektar und mehreren tausend Quadratkilometern —, so kann im Minimum mit 510 Millionen individuellen Landschaften gerechnet werden, die sich in kaum weniger Typen gruppieren lassen. Für eine Übersicht kann jedoch von einer Unterscheidung in Natur-, Kultur- oder Zivilisationslandschaften ausgegangen werden.

Bei den Naturlandschaften (Karte III) spielen die Lage auf der Erdoberfläche, Klima, Gewässer und Relief eine entscheidende Rolle, sowohl für ihre Differenzierung wie für ihren Gesamtcharakter. Es bestehen polare, subpolare, gemässigte, subtropische und tropische Landschaften, die sich weiter in Meereslandschaften — die flächenmässig mit 361 Millionen Quadratkilometer die Landgebiete bekanntlich weit überwiegen, so dass, wie der französische Meeresforscher J. Feuga mit Recht betont, die Erde eigentlich Ozean heissen sollte —, in Küstenlandschaften und Binnenlandschaften gliedern. Diese lassen sich in Ebenen, Hügel-, Berg-, Tal- und Gebirgslandschaften unterteilen. Doch bestimmt, wie schon der Naturforscher A. v. Humboldt erkannt hat, vor allem das Pflanzenkleid den Landschaftscharakter. Demnach sind Wüsten, Halbwüsten, Grasländer, Savannen und Wälder mit zahlreichen Abwandlungen zu unterscheiden. Den Natur- stehen die Kulturlandschaften (Karte IV) gegenüber, welche, da die Kultur eine Äusserung des Menschen und dieser ein Glied der Natur ist, jenen wesenmässig gleichen, aber doch als besondere Landschaften gelten. Ihre Gliederung folgt vor allem ökonomischen Gesichtspunkten, die aber wie die übrige Tätigkeit des Menschen von Technik, Religion und Weltanschauung überformt werden. So sondern sich Landschaften der Agrarwirtschaft, des Acker-, Reb-, Obst- und Textilpflanzenbaus — in den Tropen mannigfaltige Plantagen — von Gewerbe- und Industrielandschaften. Jene sind weiträumig, diese aber eher kleinflächig und konzentriert, entsprechend den Siedlungen des Menschen in Höfen, Weilern, Dörfern und Städten. Die Kultur als Gesamtausdruck der menschlichen Tätigkeit hat zur Grossgliederung der Kulturlandschaft ebenfalls beigetragen. Sie kommt in Kultur- oder Zivilisationsräumen oder -regionen, welche sich den Wirtschafts- und Siedlungsgebieten überlagern, zum Ausdruck.

Als die unbestreitbar vorherrschende landschaftsgestaltende und die Grossgliederung bestimmende Kraft wirkt das von der Stellung der Erde zur Sonne abhängige Klima, das allen Landschaftselementen Eigenarten und Gemeinsamkeiten verleiht. Doch ist von nicht weniger fundamentaler Bedeutung die Aufteilung der Erde in Meeres- und Kontinentallandschaften; nicht allein, weil das Meer «das grösste Ganze der Erde ist, in dem die grössten Erdteile nur Inseln sind» (F. Ratzel). Das Meer hat auch überragende Wirkung auf alles Irdische, als «die einzige absolute Grossmacht auf Erden» (A. Kirchhoff). Der Begriff Meereslandschaft ist übrigens seit alters gebräuchlich und gerechtfertigt, denn Landschaften des Meeres sind mit den Kontinentallandschaften durchaus vergleichbar. Es wäre daher besser gewesen, sie in die folgende Betrachtung mit einzubeziehen. Ihr Erforschungsstand ist allerdings dem der Kontinentallandschaften nicht angemessen. Deshalb wurden sie nur am Rande berücksichtigt. Dies bleibt ein Mangel, der — wie die Vernachlässigung der Geschichte der Landschaft — uns durchaus bewusst ist.

Die polaren Landschaften

Die Arktis

Die Arktis darf noch immer als Urlandschaft betrachtet werden. Zusammen mit der Antarktis und einigen Wüsten- und Berggebieten zählt sie zu den letzten Stücken «vorparadiesischer» Erde, wo der Mensch vorläufig noch kaum Spuren hinterlassen hat. Diesen Zustand, der sich möglicherweise immer rascher verändern wird, verdankt sie ihrem extrem Klima und der aussergewöhnlichen Lage.
Im Altertum war «Arktis» ein astronomischer Begriff und bedeutete die Orientierung der Erde auf den Grossen Bären hin. Später nannte man jenes Gebiet Arktis, in dem die Sonne für mindestens einen Tag im Jahr nicht untergeht. Das betrifft also die Gegend nördlich des Polarkreises (66° 32′ 51″). Man fand aber bald, dass diese mathematische Linie keine praktische Bedeutung hat für die Trennung der kalten Zone von der gemässigten. Bei wachsendem Interesse für den Norden wurden immer wieder Versuche unternommen, eine spezifischere Definition des Gebietes und seiner Ausdehnung zu geben, die heute mit 28 Millionen Quadratkilometer angegeben wird. Je nach den verwendeten Kriterien sind verschiedene Grenzen möglich. Allgemein gilt jedoch heute die Baumgrenze mit all ihren klimatologischen und biogeographischen Nebenbedeutungen als Trennlinie zwischen Subarktis und eigentlicher Arktis. In gewissen Gebieten, wie z. B. der Hudson Bay, kommt diese unregelmässige und willkürlich anmutende Grenze weit auf die Südseite des Polarkreises herüber, während sie in Skandinavien und Sibirien eine gute Strecke nördlich davon bleibt. Der dadurch umschriebene Landgürtel von unterschiedlicher Breite rund um das Polarmeer ist in zwei Teile geteilt: zum einen den nördlichen Streifen des amerikanischen Kontinents mit seinen vielen Inseln samt Grönland und zum anderen den eurasischen Streifen entlang der Nordperipherie Skandinaviens und Sibiriens mit seinen wenigen Inseln. Kommen die beiden Teile an der weniger als 100 m tiefen Bering-Strasse bis auf 80 km aneinander heran, so sind am anderen Ende Grönland und Skandinavien durch 1300 km Meer mit Tiefen weit über 4000 m getrennt.

KLIMA Je mehr man sich dem Pol nähert, um so flacher wird der Einfallswinkel der Sonnenstrahlen und um so geringer ist also die Energiezufuhr. In der Folge ist das arktische Klima durch niedrige Temperaturen — und zwar im langen Winter wie im kurzen Sommer —, aber auch durch sehr geringe Niederschläge gekennzeichnet, ähnlich einer kalten Wüste. Der Hauptteil dieser zwischen 70 mm und nur an vereinzelten Orten mehr als 175 mm ausmachenden Niederschlagsmenge fällt in fester Form. Dies bewirkt wiederum einen Energieverlust durch die sehr hohe Reflektivität der weissen Schnee- und Eisflächen, weil nur der Sommer eine relativ kurze Zeit der Ausaperung mit sich bringt. Im Mittel werden nur 25% aller Sonnenenergie an der Oberfläche absorbiert.
Bei näherer Betrachtung zeigt sich die recht grosse Unterschiedlichkeit der Klimata verschiedener Gegenden. Vereinfachend dargestellt gibt es neben vielen Übergangszonen und dem Sonderfall Grönland zwei Typen: Das polare Meeresklima entlang den pazifischen und atlantischen Küstengebieten hat selten extrem tiefe Wintertemperaturen und dafür grössere Schneefälle, während das polare Kontinentalklima in Nordalaska, in Kanada mit seinen Inseln und in Sibirien kalte Winter mit nur leichtem Schneefall hat. Tiefsttemperaturen werden jedoch im *sub*arktischen Kontinentalanteil gemessen (—81 °C im Yukonterritorium) und auf der Eiskappe Grönlands. Im übrigen beeinflusst das Zusammenspiel der saisonbedingten Temperaturen, Winde und Bewölkungsmengen die unterschiedlichen Lokalklimata, die im grossen und ganzen eher milder sind, als die herkömmliche Vorstellung vermuten lässt, und dem antarktischen Extremklima bei weitem nachstehen.
Die Geschichte der *Vergletscherung* der Arktis ist sehr unterschiedlich und umfasst sowohl Stadien ganzheitlicher Vergletscherung wie auch Gegenden, die nie für längere Zeit von Eis bedeckt waren, so z. B. die Nordspitze Grönlands, Teile der nordwestlichen Inseln Kanadas, Nordalaska und Nordostsibirien. Heute ist etwa die Hälfte des arktischen Landanteils vergletschert, wovon jedoch volle 87% allein in Grönland liegen. Nur 13% verteilen sich auf die kanadischen Inseln, Spitzbergen, Franz-Josef-Land, Nowaja Semlja und Sewernaja Semlja, während Skandinavien, Sibirien, das nördliche Alaska und das kanadische Festland sozusagen eisfrei sind.

GEOLOGIE UND MORPHOLOGIE Wegen der Abwesenheit grosswüchsiger Vegetation springt die Nacktheit der Arktis besonders ins Auge. Dadurch wird im Sommer die geologische Schau aus der Luft ebensosehr zur

Faszination wie das endlose Weiss von Schnee und Eis im Winter. Das Fehlen von Wald und Busch offenbart aber auch dem zu Fuss Gehenden eine ungewöhnliche Fülle morphologischer Einzelformen.

In der Arktis findet man alle Gesteine – von den ältesten bis zu den allerjüngsten. Weite Flächen zeigen den entblössten präpaläozoischen Schild, während am gegenüberliegenden Ende der Zeitskala pleistozäne und noch jüngere Ablagerungen grosse Räume überdecken. Die Hauptgliederung der arktischen Geologie ergibt sich zwangsläufig als nördliche Verlängerung der primärgeologischen Zonierung der Kontinente. Die drei präkambrischen Schilde, die in den arktischen Raum vorstossen – der Kanada-Grönland-Schild, der Fennoskandische und der Sibirische Schild –, bilden die Basis, aus der sich die geologischen Strukturen der arktischen Landschaft entwickelt haben. Die unterliegenden Schilder treten an vielen Stellen, vor allem randlich, zutage. Sie bestehen aus kristallinen Gesteinen und archaischen Sedimenten, stark verformt und mit Einsprengseln basaltischer Lava. Beim Kanadischen Schild liegt der Ostrand um einiges höher als der westliche, wodurch eindrückliche Gebirgslandschaften entstanden, wie wir sie in Ost-Baffinland und im südlichen Ellesmereland finden. Paläo- und mesozoische, horizontal gelagerte Sedimente füllen die zentralen Depressionen der Schilder und bilden ausgeprägte Plateaus wie in Nord-Baffinland und Devon-Land. Auch Faltengebirge verschiedensten Alters haben ihre Ausläufer in der Arktis, so im Ural, auf Nowaja Semlja, im Andyr-Gebirge, in der Brooks-Bergkette im nördlichen Alaska oder in den Innuit-Ketten im Norden des kanadischen Archipels. So ist denn die Geologie der Arktis kaum weniger komplex und abwechslungsreich als diejenige irgendeiner Grossregion der Erde, einzig, dass sie sich offener zur Deutung anbietet.

Trotz der augenscheinlichen Bedeutung geologischer Ereignisse sind es aber im speziellen die pleistozän und nachpleistozän gebildeten Gross- und Kleinformen der Morphologie, die der Arktis den ihr eigenen Charakter verleihen. Riesige Eismassen, die verschiedentlich weit über die heutige Baumgrenze hinausreichten, bedeckten im Pleistozän das Land. Isostatische Bewegungen, erzeugt durch Belastung und Entlastung der Erdkruste, zusammen mit eustatischen Veränderungen des Meeresspiegels infolge von Wachstum und Schwund der Eisdecke, schufen eine Reihe von getrennten Hochland-Erosionsflächen. Durch die Bewegungen des Eises, vor allem in den Randzonen der Eiskappen, kombiniert mit dem Auf- und Untertauchen der Küstengebiete, entstanden die zahlreichen, oft so imposanten Fjorde der Arktis, wie wir sie aus Grönland, Spitzbergen und den östlichen Inseln des kanadischen Archipels kennen. Die Bewegung des Eises hat das anstehende Gestein vielerorts gerundet und geglättet. Die grössten Flächen werden jedoch von den verschiedenartigsten Ablagerungen und Erosionsformen aus der Zeit des Abbaus der pleistozänen Eiskappen eingenommen: Moränenreste, Esker, Schmelzwasserrinnen, Geschiebelehm mit Thermokarstvertiefungen, in denen Seen entstanden. Ganz besonders landschaftsgestaltend wirkt der *Dauerfrostboden*: er verhindert das Versickern von Regen- und Schmelzwasser; er erhält die unzähligen Seen und Sümpfe, lebenswichtig für viele Tiere, und er bedingt das Erdfliessen in der alljährlichen Auftauschicht von einigen Dezimetern Tiefe und die dadurch verursachten Kleinformen wie Steinstreifen und -girlanden, Steinringe und Eiskeilnetze. In Alaska und Kanada folgt die südliche Begrenzung des kontinuierlichen Dauerfrostbodens recht genau der Baumgrenze und der —10 °C-Isotherme der mittleren Jahrestemperatur. In Sibirien hingegen greift sie weiter nach Süden. Der Permafrost erreicht dort seine grösste Tiefe – mehrere hundert Meter –, wo sein Wachstum nicht durch die Eisschilder des Pleistozän behindert wurde.

DAS POLARMEER Mit der auf 12 257 000 km² geschätzten Fläche ist der Arktische Ozean der kleinste der fünf Ozeane. Seine fast völlige Umrandung durch Landmassen zusammen mit der vielerorts ganzjährigen Packeisbedeckung machten dieses geheimnisvolle Gebiet «am Ende der Welt» schon unter Peter dem Grossen zum Ziel von Forschungsreisen, die damals vornehmlich der Suche nach einer Handelsroute, der Nordostpassage, galten. Dann war es vor allem der Norweger Fridtjof Nansen, der auf Grund von Hinweisen durch die verunglückte Expedition De Longs und Funden von Treibholz seine Theorie einer Nordwärtsströmung – möglicherweise sogar über den Pol – zum Teil beweisen konnte, indem er sich mit seinem Schiff «Fram» im Packeis eingeschlossen bis Spitzbergen treiben liess (1893–1896). Als erster fand Nansen auch Tiefen bis zu 4000 m. Aber selbst nach dem umstrittenen Vorstoss von R. E. Peary zum Nordpol im April 1909 dauerte es noch Jahre, bis erfolgreiche Forschungsstationen auf dem Eis errichtet und mit U-Booten und anderen neueren Hilfsmitteln der Technik viele der Geheimnisse gelüftet wurden.

NP
Nordpol/Arktis

SP
Südpol/Antarktis

1 Gespiesen von der zweitgrössten Eismasse der Welt, dem Eisschild Grönlands, reichen viele der schnellfliessenden Gletscher bis auf Meeresniveau herab, wo sie in kalbende Eisfronten ausmünden. Von Meeresströmungen und Winden getrieben, sitzen dann gewaltige Eisberge manchmal Jahrzehnte in den Fjordtälern gefangen. Der 3000 m tiefe Trog des Flyverfjords im Scoresbysund-Gebiet (Ostgrönland) ist in Meereshöhe etwa 4 km breit; er reicht bis 1000 m unter den Wasserspiegel.

2

3

2 Den Studien von Wissenschaftlern und Ingenieuren über die Eisverhältnisse in den arktischen Wassern kam seit der frühen Erforschung und den Anfängen des Walfangs immer grössere Bedeutung zu, denn alljährlich versorgen von Eisbrechern angeführte Schiffskonvois die immer zahlreicher werdenden Stationen und Siedlungen der Arktis. Trotz des erstaunlich hohen Anteils an offenem Wasser selbst im Winter oder – wie auf dem Bild vor Ellesmere Island – im ersten Licht des Frühjahrs sind die Meeresstrassen nur zwei bis drei Monate im Jahr tatsächlich schiffbar.

3 Das klimabedingte Wechselspiel von Gefrieren und Auftauen – über Jahrhunderte oder gar Jahrtausende sich alljährlich wiederholend – gestaltet die obersten Dezimeter des arktischen Bodens auf unverkennbare Weise. Das Bild aus Nordostgrönland zeigt, wie weiche Feinkomponenten und harte Grobkomponenten säuberlich voneinander getrennt werden, bis schliesslich diese fast künstlich anmutenden Kuchen- oder Würgeböden entstehen. Je nach Material, Hangneigung und Wassergehalt entwickeln sich die unwahrscheinlichsten Abwandlungen dieser Spielformen der Natur.

4 Juli bedeutet die Mitte des Sommers in der Hocharktis. Zwar zeigt diese Vogelschau nichts von der vielfältigen Flora und Fauna, um so mehr aber gewährt sie Einblick in die freiliegende Geologie des weiten Strandfjords (79° nördlicher Breite/ 92° westlicher Länge): heller Anhydrit hat den Basaltüberbau aufgesprengt. Das angeschmolzene Fjordeis wird in wenigen Tagen verschwunden sein, und dann erinnern höchstens einige Eisberge an die arktische Breite.

5 Die kurzen arktischen Sommer werden nicht zuletzt durch das andauernde Licht der 24-Stunden-Tage intensiviert. Mitternachtssonne spendet zusätzliche Strahlungswärme für diese Wollgras-Wiese im Vorfeld der Gletscher, nur 1000 km vom Nordpol entfernt. Über 140 verschiedene blühende Pflanzenarten sind für die Axel-Heiberg-Insel bekannt.

6 Das Städtchen Umanak mit seinen 1108 Einwohnern (1974) liegt an der Westküste Grönlands auf 71° nördlicher Breite. Die Kahlheit der Felslandschaft wird durch die Farbigkeit der menschlichen Behausungen skandinavischen Stils noch unterstrichen. Da acht Monate im Jahr das Land von Schnee bedeckt bleibt, ist es verständlich, dass die 49468 Einwohner (1974) Grönlands vor allem die südlicheren Küstenstreifen besiedeln.

7 Vor 8000 Jahren oder früher mag sich ein ähnliches Bild unsern Vorfahren in heute gemässigten Breiten dargeboten haben. In den nördlichsten Inselspitzen Kanadas (80° nördlicher Breite und höher) finden Karibus selbst in Gletschernähe noch genügend Nahrung zum Überleben. Freilich wird ihre Nahrungssuche während des Grossteils des Jahres durch Kälte und Schnee gewaltig erschwert, welche dem pflanzlichen Wachstum Einhalt gebieten.

8 Deutlich erkennbar sind die Fliessmuster dieses Talgletschers, der wie Hunderte seinesgleichen namenlos dem Tiefland zukriecht. Die zentral liegende Eiskappe, Nährerin dieser Eisströme, bedeckt nur ein Drittel der Axel-Heiberg-Insel. Nicht nur aus den schwachentwickelten Moränen, sondern auch aus Eis und Schnee lassen sich wertvolle Schlüsse auf das vergangene Klima ziehen.

9

10

9 Noch liegen die vielen Flussläufe und unzähligen Seen des Mackenzie-Flusses unter winterlichem Eis. Sein weit in den wärmeren Süden greifendes Einzugsgebiet von 1,8 Millionen Quadratkilometer wird aber innerhalb weniger Tage riesige Wassermengen bereitstellen, die in dramatischem Murgang die ganze Landschaft überschwemmen und das Eis bis zum Arktischen Ozean aufbrechen werden. Gut erkennbar sind ehemalige und jüngere Flussläufe des Mackenzie.

10 Der grösste Teil Sibiriens zählt nicht zur eigentlichen Arktis, da in der sommerlichen Auftauschicht des bis 800 m mächtigen Dauerfrostbodens Bäume gedeihen. Der tieferschürfende Anschnitt des Lena-Stromes zeigt aber mächtige Eislinsen und Eiskeile, die vom Klima der Eiszeit geprägt wurden.

11 Trotz ihrer Steinigkeit bilden die wenigen eisfreien Trockentäler der Ostantarktis einen willkommenen Kontrast zum restlichen Kontinent. Einige Binnenseen verlieren im Australsommer ihre Eisbedeckung, und von den Gletscherzungen der Talflanken fliessen gar ein paar Bäche. So ist denn der grösste Teil der kärglichen Flora in diesen «Oasen» zu finden. Das schon 1903 von Scott entdeckte Taylor Dry Valley wird oft von Forschern besucht.

12 Der tätige Vulkan Erebus wächst buchstäblich aus Schnee und Eis empor und erhebt sich mit seinen 3795 m über ein Klima, das äusserst selten positive Temperaturen erfährt und Kälte von unter —50° C kennt. Die Hütten von Williamsfield liegen auf dem Rosseisschelf an der langen Landepiste für die McMurdo Sound Station. McMurdo selbst ist Verteilerstation aller amerikanischen Antarktisoperationen und liegt auf einem kleinen Inselbukkel abseits.

13 Die Erosionsformen im Granit und Gneis der Peterson-Insel (nahe der Wilkes Station, 66° Süd/111° Ost) erinnern an die Felswüsten niedrigerer Breiten, nur dass hier die windgepeitschten Schnee- und Eiskörner statt der Sandpartikel die Felsen bearbeiten. Während des Grossteils des Jahres fegen oft anhaltende Stürme vom Inlandeis herab über diese ostantarktische Küstenregion.

14 Die amerikanische Byrd Station (80° Süd) liegt auf der westantarktischen Eiskappe in 1600 m Höhe. Seismische Messungen zeigten, dass das Eis in diesem Gebiet bis 600 m unter den Meeresspiegel reicht. Infolge Verwehungen ist der jährliche Schneezuwachs von Punkt zu Punkt recht unterschiedlich, wird aber mit durchschnittlich 30 cm angegeben. Die Temperaturen, im Jahresmittel um —28,5° C, erreichen nie den Nullpunkt.

15 Die Admiralty Range im Victoria Land, für viele Antarktisfahrer das erste Wahrzeichen des kalten Kontinents, beeindruckt durch den hochalpinen Charakter: mehr als 3000 m hohe Wände steigen aus dem Meer. Die Niederschläge in diesem Gebiet sind aber um ein Vielfaches geringer als in den Alpen; andernfalls würden die Piedmontgletscher weiter ins Meer hinausreichen.

16

17/18

16 Das Rosseisschelf ist die grösste schwimmende Eismasse der Welt und umfasst mit über einer halben Million Quadratkilometer eine Fläche so gross wie Frankreich. Die Mächtigkeit des Eises beträgt um 300 m an der Front, wo Gezeiten und Stürme die typischen Eisberge losreissen, und erreicht gar 1000 m an der Wurzel. Die Südspitze dieser dreieckförmigen Eistafel liegt nur 500 km vom Südpol entfernt.

17 Seit den ersten Erforschungsexpeditionen per Schiff ist die moderne Technik ein immer wichtigerer Faktor bei allen Unternehmen der Antarktis geworden. Flugzeuge, Raupenfahrzeuge und Radiokommunikation haben viel vom Reiz und Abenteuer der heroischen Epoche verdrängt. Gefahren sind jedoch bis heute geblieben. – Hier liegt der helikopterbestückte Eisbrecher «North Wind» vor Cape Hallett (Victoria-Land).

18 Rund um Cape Hallett, am Nordende der gebirgigen Victoria-Land-Küste, lebt eine Kolonie von über 200000 Adeliepinguinen. Charakteristisch für die Antarktis sind ferner die immensen Tafeleisberge, die von den Eisschelfs gekalbt werden; ein Achtel der bis 300 m reichenden Mächtigkeit liegt über dem Wasserspiegel. Solche oft mehrere Kilometer breite Eiskolosse sollen in Zukunft als Frischwasserreserven für die Grossverbraucher bis über den Äquator geschleppt werden.

Heute wissen wir von der gewaltigen submarinen Lomonosov-Bergkette, welche sich von Nordgrönland unter dem Pol hindurch bis zu den Neusibirischen Inseln erstreckt und das Polarmeer grundsätzlich in ein Eurasisches und ein Amerasisches Becken aufteilt, die dann ihrerseits nochmals unterteilt sind. Von grosser Bedeutung ist der Umstand, dass fast ein Drittel der gesamten Ozeanfläche von untiefen Schelfen eingenommen wird, vornehmlich im Sektor zwischen der Bering-Strasse und der Halbinsel Taimir. Mit Ausnahme des Mackenzie- und des Colville-Flusses münden alle grösseren Flüsse in diese bis zu 700 km breite Schelfzone. Einzige tiefe Verbindung zu den Weltozeanen ist die Strasse zwischen Nordost-Grönland und Spitzbergen. Neben dieser Hauptaustauschströmung von kaltem, wenig salzhaltigem Wasser an der Oberfläche und eindringendem, dichterem Bodenwasser treten die Strömungen vom Pazifik durch die Bering-Strasse und durch den kanadischen Archipel zum Atlantik in den Hintergrund.

Nördlich des 75. Breitengrades ist das Polarmeer jahrein, jahraus von einer mehr oder weniger kontinuierlichen Packeisdecke überzogen. Einjähriges Eis wird über 2 m mächtig, türmt sich aber an Druckstellen bis zu 20 m hoch auf und ragt ebenso tief ins Wasser hinab. Ganzjährig sind aber auch immer wieder sich öffnende Spalten und offene Wasserflächen zu finden, die mehr als 10% der Gesamtfläche ausmachen können. Eine immense, kreisförmige Oberflächenströmung im Uhrzeigersinn bedeckt fast das ganze Amerasische Becken, während das Eurasische Schelfgebiet von verschiedenen komplexen Kreisströmungen im Gegenuhrzeigersinn eingenommen wird. Noch wenig ist über die tieferen Strömungen bekannt.

Alle diese – äusserst grob skizzierten – Faktoren und Mechanismen sind mitentscheidend für das Leben im Ozean. Zum Beispiel verursacht das Phänomen der Packeisbedeckung nicht nur einen um das rund Hundertfache kleineren Austausch an Energie vom Wasser in die Atmosphäre, sondern es reduziert auch durch Reflexion des an sich schon stark verringerten Sonnenlichtes den Prozess der Photosynthese zu weniger als 10% des Normalbetrages. Dadurch entsteht ein Mangel an Phytoplankton, dem Grundstein der Nahrungskette, so dass man reichliches Leben eigentlich erst in den «subarktischen» Randgewässern des Arktischen Ozeans findet.

LEBEN Ob Pflanze, Tier oder Mensch – jegliches Leben hat sich an die extremen Verhältnisse des Nordens in irgendeiner Weise angepasst. Über lange Zeiträume dauernde Entwicklungen haben zum delikaten Gleichgewicht des arktischen Ökoraumes von heute geführt. Vielfältig und doch wieder einander ähnlich sind die «Waffen» der zahlreichen Lebensformen.

Vegetation Die klimatisch bedingte Baumgrenze ist nicht so sehr artentrennend, sondern vielmehr entscheidend für den Wuchs und die Verbreitung der pflanzlichen Erscheinungsformen. Auf dem unvergletscherten, im Sommer aperen Land, der sogenannten Tundra oder den Barren Grounds, wie es im Amerikanischen auch genannt wird, gilt der Kampf vor allem den Elementen Kälte, Dunkelheit im Winter und abrasierenden Winden. Daneben tritt der Wettbewerb zwischen den Arten eher zurück. Auf den ersten Blick scheint das Land, das in früheren Zeitaltern einmal bewaldet war, eine leblose Wüste zu sein. Kaum gewöhnt sich das Auge jedoch an mildere Farben und bescheideneren Wuchs, so findet es unter doppelter Wertschätzung einen unerwarteten Artenreichtum an Flechten, Farnen, Moosen und Gräsern, die in ihrer Gesamtheit an geschützten Stellen eine kontinuierliche Decke über der oft sauren Erde bilden und vielerorts die charakteristischen Buckelböden verursachen. Sogar auf permanentem Eis kann man Algen antreffen. Vor allem überwältigend aber ist die Vielfalt blühender Pflanzenarten, deren erste Blüten buchstäblich schon unter dem wegschmelzenden Schnee bereitstehen. Diese Fähigkeit, durch rasches Blühen und Fruchttragen das immerdauernde Licht des intensiven, zwei- bis dreimonatigen Sommers voll auszuschöpfen, und die Tendenz, schützende Behaarung zu entwickeln, sowie Mehrjährigkeit zeichnen die rund 800 blühenden Pflanzenarten aus. Pflanzen und gewisse Insekten teilen sich in die bemerkenswerteste aller Eigenschaften, je nach Frost- oder Wärmeeinfall ihren Stoffwechsel fast beliebig stoppen und wieder voll aufnehmen zu können. Die Fortpflanzung geschieht vielfach vegetativ über Ausleger oder Knospen im Boden. Einige Gräser ragen über die Schneedecke empor, so dass Winde für die Verbreitung der Samen sorgen. Natürlich ist neben solchen durch die Pflanze bedingten Eigenschaften auch die unterschiedliche Exponiertheit der Topographie ein limitierender Faktor für das Vorkommen aller Vegetation. Und nicht zuletzt spielt der Permafrost eine wichtige Rolle, da er einerseits während des Grossteils des Jahres Wasser für die Pflanzen unzugänglich macht, andrerseits aber im Sommer ein Versickern der minimalen Niederschläge verhindert. Dem Menschen gereicht keine der Arten zum Nutzen, obwohl nicht eine einzige Pflanze der Arktis als giftig bekannt ist.

Tierwelt Direkt von der Vegetation ernähren sich hauptsächlich Lemming, Hase, Karibu, Moschusochse und Schneehuhn, die zusammen mit den Fleischfressern Fuchs, Wolf, Schnee-Eule und Jäger ein in sich geschlossenes, jedoch leicht verletzliches Ökosystem bilden. Die Mannigfaltigkeit der Tierarten ist gering im Verhältnis zur von ihnen eingenommenen Riesenfläche und kann nicht mit gemässigten Zonen verglichen werden. Dafür treten die einzelnen Arten oft in grosser Zahl auf. Mangels frostfreier Unterschlüpfe kommt kein Winterschlaf in Frage, so dass auch die nicht migrierenden Tiere das ganze Jahr hindurch aktiv bleiben müssen. Die grösseren unter ihnen sind durch ausgezeichnete Felle genügend geschützt, während die kleineren, wie z. B. der Lemming, den Winter unter dem Schnee oder im Boden verbringen.

Die zahlreichen Vogelarten migrieren mit geringen Ausnahmen in den Süden, einige unter ihnen sogar bis in die Antarktis! Bedeutend reicher an Leben als das Land sind die subarktischen Gewässer, die geographisch-breitenmässig gesehen weit in die eigentlich arktische Landmasse hineinreichen. Abgesehen von einem ungeheuren Reichtum an Fischen sind vor allem die Säuger, wie Wal, Seehund und Walross, wichtig. Oberstes Glied der marinen Nahrungskette ist der Eisbär. Dieses marine Leben bildet denn auch die existenzielle Grundlage für die ursprünglichen Eskimo, und verschiedene Tierarten erwiesen sich als geeignet zur kommerziellen Ausbeutung, welche beim Eisbär und einigen Walgattungen die fast völlige Ausrottung zur Folge hatte.

Mensch Steinringe prähistorischer Behausungen erinnern an frühere Bewohner der allernördlichsten Arktis. Heute ist die Polargegend mit wenigen Ausnahmen nur noch in ihrer südlicheren Hälfte von der Urbevölkerung besiedelt, deren Lebensweise auch dort schon weitgehend vom Stil weisser Zivilisation durchdrungen ist. Die vielen ethnisch verschiedenen Stämme können grob in zwei Hauptgruppen aufgeteilt werden: Auf der eurasischen Seite verbindet eine halbnomadische Hirtenlebensweise die Stämme von Lappland bis zu den Tschuktschen, während bei den nordamerikanischen Eskimo, die hauptsächlich Küstenbewohner sind, die Jagd den Lebensunterhalt bestreitet. Je nördlicher zwar die Lage im eurasischen Teil ist, um so mehr findet man auch dort Jäger. Dagegen sind von der Regierung eingeleitete Versuche, mit Eskimo aus Zentralkanada Rentierherden zu führen, über die Jahre hin ohne Erfolg geblieben. Die zahlreichen Stämme des eurasischen Teils sind in Sprache, Lebensart und Herkunft ebenso verschieden wie ihre entsprechenden Rentierherden. Die Eskimo hingegen dürfen mehr oder weniger als einheitlichere Gesamtheit betrachtet werden und sind trotz ihrer Kleinzahl (50 000) das wohl zerstreuteste Volk der Erde und zudem das für die Arktis am besten spezialisierte in Fähigkeiten und Eigenschaften. Strategische Unternehmungen und die Suche und Ausbeutung der immensen Bodenschätze haben Lappenzelt, Iglu und Erdhütte weitgehend verdrängt. Besonders die Eskimo haben innerhalb von 50 Jahren den unvorstellbaren Sprung aus der Steinzeit in die Gegenwart der zweiten Hälfte des 20. Jahrhunderts gemacht. Noch kennt man die letztlichen Konsequenzen der Erforschung und Inbesitznahme sowohl dieses grossen Landes wie auch seiner Leute nicht.

ALASKA   Dieser nicht zuletzt mit Jack London verknüpfte Inbegriff eines arktischen Landes zählt auch wiederum nur nördlich der Brooks-Bergkette zur wahren Arktis. Zwar liegt eine Stadt wie Fairbanks in Polarkreisnähe, doch ihr Werden zeugt deutlich von gemässigterem Klima. Das durch den wohl berühmtesten Kauf aller Zeiten von den Russen an Amerika gelangte Land wird durch den Yukonfluss zweigeteilt und in den Pazifik entwässert. In den sechziger Jahren entdeckte Ölvorkommen unter dem Schelf der Nordküste (Point Barrow, Prudhoe Bay) veranlassten den gigantischen Bau einer 1300 km langen Nord-Süd-Pipeline. Indianer und Eskimo kämpfen heute um die Erhaltung ihrer angestammten Lande und um politische Mitbestimmung im zweitjüngsten Staat der USA.

KANADISCHER ARCHIPEL   Den komplexesten Anteil der Arktis machen die kanadischen Inseln und das Nordende des Festlandes mit der Hudson Bay aus. Hier spielte sich der grösste Teil der historischen Erforschung ab. Die Suche nach der bis hin zum Öltanker «Manhattan» aktuell gebliebenen Nordwestpassage und der Wettlauf zum Pol führten seit Jahrhunderten ungezählte Expeditionen in dieses Insellabyrinth. Flora und Fauna werden durch die Vielfalt der Landschafts-Charaktere geprägt, von den mit unendlichen Seen durchsetzten Flachländern des Festlandes bis zu den bizarren Bergwelten von Axel Heiberg Island und Ellesmereland. Wenige Eskimo leben noch von der Jagd. Der Grossteil findet Beschäftigung im Arbeits-

und Dienstleistungssektor der militärischen oder – heute vor allem – zivilen Unternehmen. Ölgesellschaften, Radar-, Wetter- und Forschungsstationen sind die hauptsächlichen Urheber einer das ganze Gebiet spinnwebenartig überdeckenden Infrastruktur. Wichtigstes und vielerorts ausschliessliches Transportmittel ist dabei das Flugzeug, welches nur in der Sommerzeit durch Eisbrechertransporte ergänzt werden kann.

GRÖNLAND Allzuoft wird diese von Inlandeis bedeckte grösste Insel der Welt als *die* typische Landschaft der Arktis dargestellt, was aber nicht zutrifft. Zumindest für die heutige Situation ist die Inlandeisdecke von Grönland mit ihrer Fläche von 1,8 Millionen Quadratkilometer und einer maximalen Dicke von über 3000 m – die gar unter den Meeresspiegel reicht – eher eine Anomalie der Nordhalbkugel, ein Überbleibsel der eiszeitlichen Grossvergletscherung. Heute denkt man daran, das riesige Potential der alljährlichen Schmelzwasser für die Energieproduktion zu nutzen. Das harsche Klima dieser Insel wird nur im Südwesten durch den Golfstrom gemildert (Thule im Vergleich mit Ivigtut: Januarmittel −22 °C/−8 °C; Julimittel +5 °C/+10 °C). In diesem südwestlichen Küstenstreifen, den die Wikinger schon vom 10. bis ins 14. Jahrhundert besiedelten, lebt heute auch der Grossteil der insgesamt knapp 50 000 Einwohner, und zwar vom Fischfang und der Pelztierjagd. Eine Klimaerwärmung mit Maximum um 1930 verbesserte kurzfristig die Fisch- und Seehundausbeute. Heute setzen die Grönländer grosse Hoffnung auf die Rohstoffe in ihrem Küstenland. Politisch gehört die ganze Insel zu Dänemark.

SPITZBERGEN (SVALBARD) Während Grönland noch zur nordamerikanischen Arktis gezählt wird, gehört die seit 1920 unter norwegischer Souveränität stehende Spitzbergen-Inselgruppe eindeutig zum eurasischen Sektor der Arktis, bildet sie doch die Nordwest-Ecke des Kontinentalschelfs. Ihr Klima und damit die Vergletscherung ist zum Teil durch den Golfstrom bestimmt und dadurch wohl stärker als in anderen Abschnitten der Arktis Änderungen ausgesetzt. Heute ist Westspitzbergen, die grösste der Inseln, zu 54% mit Eis bedeckt, während Nordostland mit seinen klimatisch härteren Bedingungen zu etwa 65% vereist ist. Dieser Unterschied kommt auch biologisch darin zum Ausdruck, dass die erstgenannte Insel etwa 140 Blütenpflanzenarten zählt und letztere nur deren 68. Haupterwerb der rund 3000 in Spitzbergen lebenden Norweger und Russen ist der Abbau kreidezeitlicher und tertiärer Steinkohle.

ISLAND Obwohl fast baumlos und im Innern und Süden vergletschert (etwa 11 300 km² Gletscherfläche), gehört Island nicht zur Arktis, denn der Mangel an Wald ist durch den Menschen bedingt, der seit der Landnahme im 9. Jahrhundert die Bestände gewaltig reduzierte. Die Vergletscherung beruht mehr auf grossen Niederschlagsmengen – 5000–6000 mm pro Jahr am Myrdalsjökull – als auf arktischen Temperaturen. Das Klima ist typisch ozeanisch. Die Isländer leben fast ausschliesslich vom Fischfang, was sie gerade in jüngster Zeit wieder vermehrt mit England in Konflikt gebracht hat (Streit um Fischfangzonen und Art der Befischung).

SIBIRIEN Wohl weist Sibirien die kältesten Temperaturen der Nordhalbkugel auf, doch nur sein nördlichster Rand von 50 bis 300 km Breite um das Polarmeer zählt zur als Arktis definierten Gegend. Die wenigen Grossstädte, die nördlich des Polarkreises liegen, finden sich zwar alle in Sibirien, aber auf subarktischem Territorium. Werchojansk, Bulun, Ust-Port und Murmansk bezeugen das frühe und grosse Interesse der Russen für ihren Norden. Nördlich davon durchwandert eine abnehmende Zahl von Rentierherden die schwach bevölkerten Riesengebiete der ausgehenden Taiga und anschliessenden Tundra. Neben vielen Flüssen sind es vor allem die drei gewaltigen Ströme Ob, Jenissej und Lena, welche fast ganz Sibirien in Richtung Polarmeer entwässern. Die immensen Bodenschätze Sibiriens sind von grosser Bedeutung für die russische Wirtschaft. Strategische und wissenschaftliche Bedeutung kommt den nördlicheren Inseln zu, bekannt geworden durch sowjetische Nuklearversuche und moderne Forschungsstationen.

Die Antarktis

Die Antarktis wird aus verständlichen Gründen gern mit der Arktis verwechselt oder gar gleichgesetzt. Tatsächlich aber müssen die beiden Pole in mehrfacher Hinsicht als entgegengesetzt verstanden werden. Ganz anders als der zerstückelte und vielgestaltige Landanteil der Arktis, welcher das zentral gelegene Polarmeer umsäumt und gegen Süden hin sukzessive in gemässigtere Landgebiete überleitet, wird der einheitliche *Kontinent* Antarktis durch einen 1000–

2000 km breiten Ozeangürtel vom Rest der Welt isoliert. Von den etwa 14 Millionen Quadratkilometer Gesamtfläche sind volle 98% mit stellenweise weit über 3000 m dickem Eis bedeckt, was die Antarktis zum weitaus höchsten Kontinent der Erde macht. Ihrer Durchschnittshöhe von 2200 m stehen weniger als 1000 m für die andern Erdteile gegenüber. Was die Baumgrenze zur Arktis, das ist die Konvergenz zur Antarktis. An dieser die Südpolgegend begrenzenden, recht konstanten Kreislinie sinken die kalten Oberflächenwasser aus dem Süden unter die wärmeren Wasser des Nordens. Zählt man diesen polaren Anteil der Ozeane bis zur Konvergenz mit zur Antarktis, so ergibt sich mit beinahe 50 Millionen Quadratkilometer eine flächenmässig beträchtlich grössere Ausdehnung als die der Arktis. Im Gegensatz zur Nordpolgegend besitzt die Antarktis auch keine Bevölkerung.

Das *Klima* ist das unwirtlichste der Erde – nicht nur für den Menschen, der hier bloss kurzfristig Gast sein kann, sondern für jegliches Leben überhaupt. Neben der Isoliertheit ist es die Kombination einer ganzen Reihe extremer Klimawerte, die diesen Kontinent so abweisend macht. Ein Grossteil des ostantarktischen Plateaus – vielleicht eine Fläche von der Grösse Westeuropas – hat Jahresmitteltemperaturen von weniger als —50 °C. Am 24. August 1960 wurde an der russischen Plateaustation Vostok die tiefste je gemessene Erdoberflächentemperatur registriert: —88,3 °C. Zu dieser Kälte gesellen sich unmenschliche Stürme, verursacht durch die ausgeprägten Inversionen in Bodennähe; an der amerikanisch geführten Südpolstation ist die Lufttemperatur in 1000 m über dem Boden oft bis zu 30 °C wärmer als an der Schneeoberfläche. Dieser Unterschied erzeugt durch das von Schwerkraft gelenkte Abfliessen kalter, dichter und damit bodennaher Luftmassen die charakteristischen, katabatischen Winde, die aus dem Innern radial über die Küsten aufs Meer hinausfegen und dabei einen nicht unwesentlichen Teil der Schneeablagerungen ins Meer verfrachten. Verstärkt und abgelenkt durch die Wirkungen der antarktischen Tiefdruckrinne, des stärksten Westwindgürtels der Erde, werden die antarktischen Küstenwinde vor allem auf der Ostseite des Kontinents zum allbeherrschenden Element. In dem durch Franzosen erforschten Terre Adélie wurden bis 340 Sturmtage im Jahr und eine mittlere Windgeschwindigkeit von über 50 km/h registriert, wobei Spitzenwerte von über 150 km/h nicht selten sind. Die Niederschläge der Antarktis sind noch ungenügend bekannt, können aber nur gering sein. Sie fallen auf dem ganzen Kontinent als Schnee und werden häufig umgelagert, so dass Massenhaushaltsrechnungen für die gesamte antarktische Eismasse unzuverlässig sind und die Vermutung über einen allgemeinen Zuwachs nicht beweisbar ist. Der mittlere Bewölkungsgrad über dem antarktischen Meeresgürtel ist höher als für irgendeine andere Region der Erde. Die starke Reflektierung von Sonnenenergie an dieser Wolkenoberfläche trägt zusammen mit der äusserst hohen Albedo der riesigen Schneeflächen (im Mittel werden 75 bis 90% der einfallenden Strahlung reflektiert) wesentlich zur klimatischen Extremsituation der Antarktis bei.

Der antarktische Eisschild mit seiner Fläche von 13,8 Millionen Quadratkilometer belässt knappe 200 000 km^2 Festland sichtbar. Inlandeis überfliesst an vielen Stellen den Rand des Festlandsockels und breitet sich – typisch für die Antarktis – in mächtige, schwimmende Schelfeiszonen aus. Das Ross-Eisschelf, so gross wie Frankreich, hat eine Dicke bis zu mehr als 300 m. Vom Eisschelf und den mächtigsten der Ausflussgletscher brechen Tafeleisberge los, manchmal über 100 km lang. Versuche, sie zur Bewässerung und Wasserversorgung in gemässigtere Breiten zu schleppen, sind mit unterschiedlichem Erfolg gemacht worden. Die Last des im Mittel etwa 2000 m dicken Eispanzers drückt die Oberfläche des antarktischen Festlandes vielerorts unter den Meeresspiegel. Durch Abschmelzen des Eises könnten diese Depressionen wieder auftauchen und zu Land werden, obwohl gleichzeitig der Spiegel aller Weltmeere um etwa 80 m steigen würde!

Die Geologie der Antarktis ist, wie zu erwarten, nur in Fragmenten bekannt. Man glaubt zu wissen, dass die Ostantarktis durch einen alten Schild geformt wird, bestehend aus Gneisen und Graniten, über den sich seit dem Kambrium vorwiegend Sandsteine abgelagert haben, die Fossilien der Gondwana-Formation enthalten. Kohlevorkommen zwingen zur Vorstellung einer einst bewaldeten Antarktis! Der westliche Teil zeigt alpin gefaltete Ketten, die den Anden Patagoniens gleichen. In der tektonisch stark gestörten Bruchzone zwischen Ost- und Westantarktis und gegen Westen hin sind rezente Vulkane anzutreffen. Der einzige dauernd aktive Vulkan ist der eisbedeckte Mt. Erebus auf der Ross-Insel mit einer Höhe von 3800 m (er ist fast ebensosehr Aushängeschild der Antarktis wie die Pinguine). Die Grabenbrüche des Ross- und des Weddell-Meers und die transantarktische Gebirgskette zäsieren die sonst so regelmässige, polkonzentrische Form der Antarktis.

Der Antarktische Ozean besteht aus Teilen des Indischen Ozeans, des Pazifik und Atlantik. Seine rund 32 Millionen Quadratkilometer grosse Fläche wird von der Antarktischen Konvergenz umschlossen, einer unregelmässigen Kreislinie um den Südpol, die sich aber recht beständig zwischen 50° und 60° südlicher Breite hält. Sie entspricht ungefähr der 10 °C-Isotherme des wärmsten Monats. Dieser enorme Wassergürtel ist ein integraler Bestandteil der Antarktis, nicht so sehr weil er einige stark vergletscherte Inselgruppen enthält wie die South-Georgia- und die South-Orkney-Inseln, sondern vielmehr seines polaren Umweltcharakters und – wie schon erwähnt – seiner isolierenden Eigenschaft wegen. Die kalten Oberflächenwasser gefrieren jeden Winter bis zu einer Dicke von mehr als 2 m. Dabei nehmen Salinität und folglich Dichte zu, worauf diese Wasser rings um den Kontinent bis in grosse Tiefen sinken und dabei Tiefenwasser in die Höhe pressen. Im Sommer vermögen Strahlung und turbulenter Wärmeaustausch der Luft nur gerade das Meereis zu schmelzen, reichen aber nicht zu einer merklichen Erwärmung des Wassers.

Leben, sowohl pflanzliches wie tierisches, ist auf dem Kontinent nur äusserst spärlich zu finden. Die extreme Abgeschlossenheit und klimatische Härte behindern die Sukzession und Ausbreitung der Lebensformen. Die Landvegetation besteht fast ausschliesslich aus niederen Kryptogamen: Flechten und Moose sind die grössten Pflanzenformen. Bisher wurden nur zwei Blütenpflanzenarten entdeckt, beide auf der Antarktischen Halbinsel. Mangel an Wasser ist überall ein limitierender Faktor, bewirkt doch die sommerliche Strahlungsenergie zumeist Sublimation des Schnees, und nur in den seltensten Fällen ergibt sich Schmelzwasser. Bekannt hiefür sind die Dry Valleys und Oasen, apere Trockenstellen inmitten einer Schneefläche. Einige Vogelarten, zu denen auch die Adelie- und Kaiserpinguine und die südpolaren Raubmöwen zählen, sind einheimische Arten der Antarktis. Ihre Eingliederung ins Ökosystem ist erstaunlich und scheint die Grenzen der Anpassung erreicht zu haben: Raubmöwen wurden nur wenig mehr als 100 km vom Südpol beobachtet, und der Kaiserpinguin brütet im Winter auf dem Land, indem er sein Ei auf den Füssen trägt, um dann den Sommer am Packeisrand zu verbringen.

Der Antarktische Ozean ist dagegen reich an Lebewesen, denn durch die tiefgreifende Umwälzung der Wasser werden Nährstoffe an die Oberfläche befördert. Die Anzahl der Arten ist eher gering, aber die der Individuen relativ gross. Am besten vertreten sind einige marine Säugetiere, insbesondere Wale, Seehunde und Seeleoparden. Der Walfang in diesen Gewässern ist Grundlage der einzigen Industrie der Antarktis. Trotz der maximalen Isoliertheit werden heute in jedem Lebewesen der Antarktis Spuren von DDT gefunden, die den Weg der Nahrungskette gegangen sind.

Die *Erforschung* des «unmenschlichsten» aller Kontinente ist vorerst weitgehend durch Zufälle bestimmt worden, indem Schiffe auf ihrer Fahrt nach dem Fernen Osten südlich von Kap Hoorn durch die häufigen Weststürme abgetrieben wurden. Die legendären Vorstellungen und vagen Vermutungen über die Terra Australis wurden durch die kühne Umschiffung durch James Cook (1772–1775) auf die tatsächlichen Gegebenheiten und die heute bekannte Grösse reduziert, wobei er bis auf 71° südlicher Breite vorstiess und dabei viel Packeis, nie aber Land zu sehen bekam. Für mehr als hundert Jahre wurde dann die Geschichte der Antarktis durch den Seehund- und später den Walfang dominiert, der sich auf die Gewässer zwischen der Konvergenz und dem Packeis konzentrierte. Nur einzelne Abschnitte der Küste waren bekannt, als zu Beginn unseres Jahrhunderts durch die «heroische Ära» mit den Polsuchern Ernest H. Shackleton, Robert F. Scott und Roald Amundsen die wissenschaftliche Erforschung des Kontinents eingeleitet wurde. Moderne Technologie – Eisbrecher, Flugzeuge, Raupenfahrzeuge, Satelliten – hat diese Entwicklung stark beschleunigt. Durch den nationalistischen Wettstreit der Zwischenkriegszeit und gleich nach dem Zweiten Weltkrieg drohte dem antarktischen «Kuchen» eine Aufteilung nach dem Sektorenprinzip. Die fruchtbare Zusammenarbeit vieler Nationen während des Internationalen Geophysikalischen Jahres (1957) brachte nicht nur eine weit grössere Zunahme an wissenschaftlicher Information, sondern liess auch die Idee einer Internationalisierung dieses Kontinentes reifen, die dann 1959 durch die «Antarctic Treaty» verwirklicht wurde.

Die Landschaften der nördlichen gemässigten Zone

Als gemässigte Zonen oder Mittelgürtel werden die Klimagebiete der nördlichen und südlichen Erdhalbkugel bezeichnet, die zwischen den Tropen und den Polargebieten liegen. Sie ziehen sich als rund 5000 km breite Landstreifen um die Erde und werden theoretisch durch die Wendekreise (23½° nördlicher und südlicher Breite und die Polarkreise (66½° nördlicher und südlicher Breite) begrenzt. In Wirklichkeit gehen sie jedoch ohne sichtbare Grenzlinien allmählich in die Nachbargürtel über; diese Übergangszonen bezeichnet man als Subtropen bzw. als subpolare (subarktische und subantarktische) Zonen. In den nördlichen gemässigten Breiten liegen Nordamerika, Europa und Asien mit Ausnahme der nördlichsten Landstriche, die zur Arktis gehören, sowie der südasiatischen Halbinseln, die den Tropen zugerechnet werden. Das subtropische Nordafrika ist ein Teil des nördlichen Mittelgürtels. Die nördlichen gemässigten Landschaften umfassen insgesamt rund 60 Millionen Quadratkilometer oder 40% der Landoberfläche der Erde. Sie dienen 2,75 Milliarden Menschen als Lebensraum, was nahezu 70% der Gesamtbevölkerung unseres Planeten entspricht.

Die Bezeichnung «gemässigte Zone» bezieht sich vor allem auf die Temperaturen, die vom Menschen als «gemässigt», also weder als extrem heiss noch extrem kalt empfunden werden. Hauptursache für diese Temperaturverhältnisse sind die Einfallswinkel der Sonnenstrahlen, welche in den Mittelgürteln weder senkrecht noch sehr flach einfallen. Zudem zeigt sich in den gemässigten Breiten ein deutlicher Unterschied zwischen dem relativ hohen Sonnenstand im Sommer und dem tiefen im Winter. Die Folge davon sind die unterschiedlichen Jahreszeiten, vor allem die milden bis warmen Sommer und die kühlen bis kalten Winter. Wie in allen Zonen unserer Erde, so beeinflussen auch im nördlichen Mittelgürtel zahlreiche Faktoren das Klima, so dass es hier eine Vielfalt von Klimagebieten gibt. Die wichtigsten dieser Faktoren sind die Lage zum Meer, die Höhe und das Relief.

Je nach der Lage zum Meer unterscheidet man Gebiete mit Meer- oder ozeanischem und solche mit Land- oder kontinentalem Klima. Das ozeanische Klima zeichnet sich durch ausgeglichene Temperaturen, relativ hohe Niederschläge und eine verhältnismässig starke Bewölkung aus. Typisch für das Kontinentalklima sind die grossen täglichen und jährlichen Temperaturschwankungen, die geringen Niederschlagsmengen und die lange Sonnenscheindauer. So gibt es auf derselben geographischen Breite sehr unterschiedliche Landschaften, wie z. B. das niederschlagsreiche norwegische Küstengebiet mit milden Sommern und kühlen Wintern und den trockenen Nordrussischen Landrücken mit heissen Sommern und sehr kalten Wintern.

Die Höhenlage und das Relief wirken sich insofern auf das Klima aus, als mit zunehmender Höhe Luftdruck und Temperatur abnehmen und die Anordnung der Gebirgsketten die Windrichtung bestimmen oder beeinflussen kann. So hemmen die in ost-westlicher Richtung ziehenden Alpen in Europa das Vordringen der kalten Nordwinde gegen Süden, während der meridionale Verlauf der nordamerikanischen Gebirgsketten einen ungehinderten Durchzug der eisigen «Northers» ermöglicht. Zudem erschweren oder verhindern die Küstengebirge das Eindringen der meist regenbringenden Meerwinde ins Landesinnere.

In der gemässigten Zone herrschen die Westwinde vor, die allerdings in den Subtropen während des Sommers von den Nordost-Passaten abgelöst werden. In den Küstenbereichen von Ostasien dominieren die Monsune, jene Winde, die im Sommer vom Meer aufs Land und im Winter in entgegengesetzter Richtung wehen. Die Nordgebiete der nördlichen gemässigten Zone stehen oft auch unter dem Einfluss kalter Nordwinde. Weite Gebiete der Mittelbreiten erhalten zu allen Jahreszeiten Niederschläge. Ausnahmen bilden das europäische Mittelmeergebiet mit trockenen Sommern und regenreichen Wintern, die binnenländischen Becken Nordamerikas und Asiens sowie der grösste Teil Australiens, der ausserordentlich niederschlagsarm ist.

Das Klima widerspiegelt sich in der Pflanzendecke, die wie das Relief ein dominierendes Landschaftselement darstellt. Obwohl die Menschen mit Hilfe von Wissenschaft und Technik in jüngster Zeit gewaltige Landschaftsveränderungen verursacht haben, blieben die ursprünglichen Wesenszüge noch so deutlich erhalten, dass man auch heute noch vom Nadelwaldgürtel, vom Mischwald-, Laubwald-, Steppen- und Wüstengürtel mit gleicher Berechtigung wie von den Subtropen sprechen kann.

Der Nadelwaldgürtel

Ein im Mittel 1500 km breiter Gürtel von Nadelwäldern zieht sich von Westen nach Osten durch die gemässigte Zone Nordamerikas und Eurasiens. Seine grösste Breite von über 2000 km erreicht er nördlich des Baikalsees in Sibirien, die schmalste Stelle liegt im Gebiet von Neufundland. Diese Wälder, die etwas mehr als ein Drittel der Gesamtwaldfläche der Erde ausmachen, werden auch boreale Nadelwälder genannt (nach dem griechischen Wort boreas = «Wind vom Berg» oder «Nordwind»). Das Klima der nordischen Waldlandschaften ist mit wenigen Ausnahmen ausgeprägt kontinental mit oft sehr niedrigen Wintertemperaturen und lang andauernder Schneedecke. Die mittleren Januartemperaturen liegen in Kanada und Nordeuropa bei —10° bis —30°C, in Ostsibirien bei —30° bis —50 °C. Die wärmsten Monate der kurzen Sommer erreichen Durchschnittstemperaturen von 10° bis 20 °C. Die Jahresniederschläge variieren je nach Lage zwischen 250 und 750 mm. Die Ausnahmen bilden die westlichen Küstengebiete Nordamerikas und Norwegens mit ihrem Meerklima, das dank des Kuro-Schio- bzw. des Golfstromes relativ warm ist. Zwei Drittel des borealen Nadelwaldes liegen im Bereich der Dauerfrostböden, die während des Sommers an der Oberfläche auftauen und mancherorts zur Bildung von Waldsümpfen und Mooren führen.

Nur wenige Baumarten, und zwar vorwiegend Nadelbäume, konnten sich dem winterkalten Klima anpassen. Daher sind die nördlichen Wälder artenarm und über immense Räume sehr einheitlich. Neben Kiefern, Fichten, Tannen und Lärchen, den wichtigsten Nadelbäumen, kommen nur wenige Laubbäume vor, vor allem Birken, Erlen, Pappeln und Weiden. Die Bäume wachsen langsam, werden indessen älter als in niedrigeren Breiten. Beträgt das Durchschnittsalter der Fichte in Mitteleuropa 200 Jahre, so wird diese an der nördlichen Baumgrenze im Schnitt 300 bis 400 Jahre alt. In den borealen Wäldern erreichen die Nadelbäume selten eine Höhe von mehr als 25 m und einen Stammdurchmesser von mehr als 50 cm. Zu den häufigsten Bodenpflanzen zählen Flechten, Moose, Heidekräuter und niedrige Beerensträucher, wie Heidel- und Preiselbeeren.

Die nördliche Grenze des Waldgürtels ist nicht in erster Linie durch Tiefsttemperaturen bedingt, sondern sie verläuft dort, wo Tagesmitteltemperaturen von über 10 °C noch während mindestens 60 Tagen im Jahr gemessen werden. Daher ist es erklärlich, dass Werchojansk in Ostsibirien mit einem absoluten Minimum von ungefähr —70° noch in der Lärchenzone liegt. Andrerseits ist das weit südlicher gelegene Island beinahe waldlos, da dort die Zahl der Tage mit Durchschnittstemperaturen über 10 °C nur gelegentlich grösser als 60 ist. In Eurasien stösst der Wald verschiedentlich weit über den Polarkreis gegen Norden vor, in Finnland bis zum 71. Breitenkreis. In Nordamerika hingegen verläuft die nördliche Waldgrenze meist südlicher als der Polarkreis. In Wirklichkeit sind weder die Wald- noch die Baumgrenze zusammenhängende Linien. Zwischen dem geschlossenen Wald und den am weitesten nach Norden vorgeschobenen Bäumen liegt ein bis über 100 km breiter Übergangsgürtel, der Tundrawald. Im Süden besteht er noch vorwiegend aus lichten Baumbeständen mit eingestreuten offenen Tundrenflächen, im Norden nur noch aus vereinzelten Bäumen. In Skandinavien bilden niedrige buschartige Birken die nördlichsten Vorposten, in den übrigen Grenzgebieten sind es hauptsächlich kleinwüchsige Fichten, Lärchen und Kiefern. Im Tundrawald leben verhältnismässig viele Tiere, so das Ren, das in ihm den Winter verbringt; aber auch Pelztiere wie Zobel, Marder, Hermelin, Fuchs, Biber und Bär. Sehr schwierig ist es, eine südliche Grenze der Nadelwaldzone zu bezeichnen. Im Innern der Kontinente Amerika und Asien geht sie mit mehr oder weniger breiten Übergangsgürteln in Grasländer und Trockensteppen über; in den weniger kontinentalen Teilen — also in Europa, Ostasien und im nordamerikanischen Seengebiet — schliessen sich im Süden die sommergrünen Misch- und Laubwälder an.

Wenn auch der nördliche Nadelwaldgürtel im allgemeinen als riesige einheitliche Zone erscheint, so lassen sich doch Einzellandschaften, die vom Relief und vom Klima geprägt sind, unterscheiden. So gibt es neben den Gebirgswäldern im westlichen Nordamerika, in Skandinavien, im Ural, in Mittel- und Ostsibirien die immensen flachen Waldlandschaften Kanadas, Finnlands, Nordrusslands und Westsibiriens.

Ein Überblick über die nördlichen Nadelwälder wäre jedoch unvollständig, ohne der Menschen zu gedenken, die in ihnen leben und wirtschaften. Die ursprünglichen Wirtschaftsformen der spärlichen Eingeborenen, die zahlreichen verschiedenen Völkern angehören, waren Jagd, Fischfang und das Sammeln von Beeren und Pilzen; in der Alten Welt — vor allem im Tundrawald — kam noch die nomadische Renzucht dazu, die sich seit Ende des 19. Jahrhunderts auch in Alaska ausgebreitet hat. In der südlichen Nadelwaldzone entstanden schon früh Rodungen für den Anbau von Getreide, vor allem Gerste, und für Viehwirtschaft. Mit dem Aufkommen der Industrie und der modernen Verkehrsmittel erlangte das Holz der nördlichen Wälder weltwirtschaftliche Bedeutung. Bis heute liefern diese den Hauptanteil des Schnitt- und Papierholzes auf dem Weltmarkt.

Zu den ursprünglich weit zerstreuten Rodungsflächen der Jäger, Fischer und Waldbauern, die hauptsächlich an den Küsten und Flussufern lagen, gesellten sich holzverarbeitende Fabriken mit grossen Lagerplätzen. Das Auffinden verschiedener Bodenschätze hatte die Errichtung von Bergbausiedlungen zur Folge. Viele Flüsse dienen als Verkehrswege; Strassen und Bahnlinien erschlossen immer weitere Waldlandschaften, und in den abgelegensten Regionen werden Flugplätze angelegt. Zur eingeborenen Bevölkerung gesellten sich Einwanderer von Süden, die moderne Siedlungen bauten. So hat der Mensch in neuester Zeit mit seinen Rodungen die einst geschlossenen Waldflächen an den Rändern zerfranst und im Innern vielfach durchlöchert.

Übrige gemässigte Zone und Subtropen

Der sommergrüne Laubwald beherrscht als natürliche Vegetation einen Gürtel, der in den ozeanisch beeinflussten Gebieten, wie im östlichen Nordamerika, in West- und Mitteleuropa, Südskandinavien und Ostasien, breit entwickelt ist. Gegen das Innere der Kontinente, z.B. in Osteuropa und Westsibirien, verschmälert er sich stark, und im westlichen Nordamerika, in den Gebirgen und Becken Zentralasiens setzt er ganz aus. Die grösste Nord-Süd-Erstreckung hat der Laubwaldgürtel in den westeuropäischen Küstenländern, reicht er doch von der Südgrenze der skandinavischen Nadelwälder bis ins nördliche Portugal. In der Regel bildet ein Mischwaldstreifen mit Nadel- und Laubbäumen den Übergang zur nördlichen Nadelwaldzone. Dieser ist im Raum der Grossen Seen Nordamerikas sowie zwischen Südskandinavien und Mittelrussland besonders breit entwickelt. Die klimatischen Voraussetzungen für die sommergrünen Laubwälder sind Niederschläge zu allen Jahreszeiten, Winterkälte mit Frost und Schnee, die eine alljährliche Unterbrechung der Vegetationszeit bewirken, sowie milde bis warme Sommer.

Die Bezeichnung Laubwaldgürtel trifft heute nur noch sehr bedingt zu, denn keine andere Pflanzengesellschaft ist vom Menschen so stark verändert oder zerstört worden wie diese. In weitesten Gebieten der USA, West-, Mitteleuropas und Ostasiens ist der Wald durch landwirtschaftliche, Siedlungs- und industrielle Nutzflächen fast vollständig verdrängt worden. Trotzdem lassen sich noch einzelne ursprüngliche Baumgesellschaften feststellen, so z.B. in Mitteleuropa: Eichen, Birken und Buchen; in Nordamerika: Hickory, Buchen, Birken, Ahorn und Gelbpappeln; in den fernöstlichen Laubwäldern gedeihen die mongolischen Eichen, Birken, asiatischen Weisskirschen, wilde Birn- und Holzapfelbäume.

Ungefähr in den gleichen Breiten wie die Laubwälder, aber in trockeneren kontinentalen Gebieten breiten sich Waldsteppen und Steppen aus. Als Steppe (vom russischen Wort stepj = flaches, dürres Land) werden im allgemeinen Pflanzenformationen aus Gräsern, Kräutern, verholzten Stauden, einzelnen Sträuchern und Sukkulenten bezeichnet. Steppen kommen dort vor, wo im Verhältnis zur Temperatur der Niederschlag für Baumwuchs zu gering ist. In den gemässigten Zonen erhalten die Steppen etwa 250–500 mm Niederschläge im Jahr; der Pflanzenwuchs wird durch Winterkälte und Sommertrockenheit unterbrochen.

Nach dem Feuchtegrad des Klimas kann man sowohl in Nordamerika wie in Eurasien abgestufte Formationstypen unterscheiden, jedoch verlaufen die Streifen gleicher Vegetation in Nordamerika meridional, in Eurasien dagegen west-östlich. Sehr vereinfacht ausgedrückt, handelt es sich dabei um die Waldsteppen, Prärien, Kurzgrasfluren und Trockensteppen. Die Waldsteppen bilden in der Regel das Übergangsgebiet vom Wald zur Steppe mit örtlichem Wechsel von Wald und Prärie. Die Prärien sind baumlose Landschaften mit hochwüchsigen, weichen Gräsern, Kräutern und Sträuchern. Die Kurzgrasfluren bestehen – wie der Name sagt – aus kurzem, weichem Gras, das in den USA auch als «Büffelgras» bezeichnet wird. Für die Trockensteppen sind weitständig wachsende Halbsträucher und harte Büschelgräser charakteristisch.

Schon in vorgeschichtlicher Zeit wurde der Wald durch Brände zugunsten der Prärien und Steppen zurückgedrängt. Die Waldsteppen und Prärien sind im Laufe der Zeit fast vollständig in Landwirtschaftsareale umgewandelt worden; sie können deshalb heute kaum mehr nach ihrer ursprünglichen Vegetation gegliedert werden, hingegen nach der Möglichkeit ihrer landwirtschaftlichen Nutzung. Anders verhält es sich mit den Kurzgrasfluren und Trockensteppen. Diese zeigen weithin ihre ursprünglichen Pflanzen und werden noch als Viehweiden genutzt.

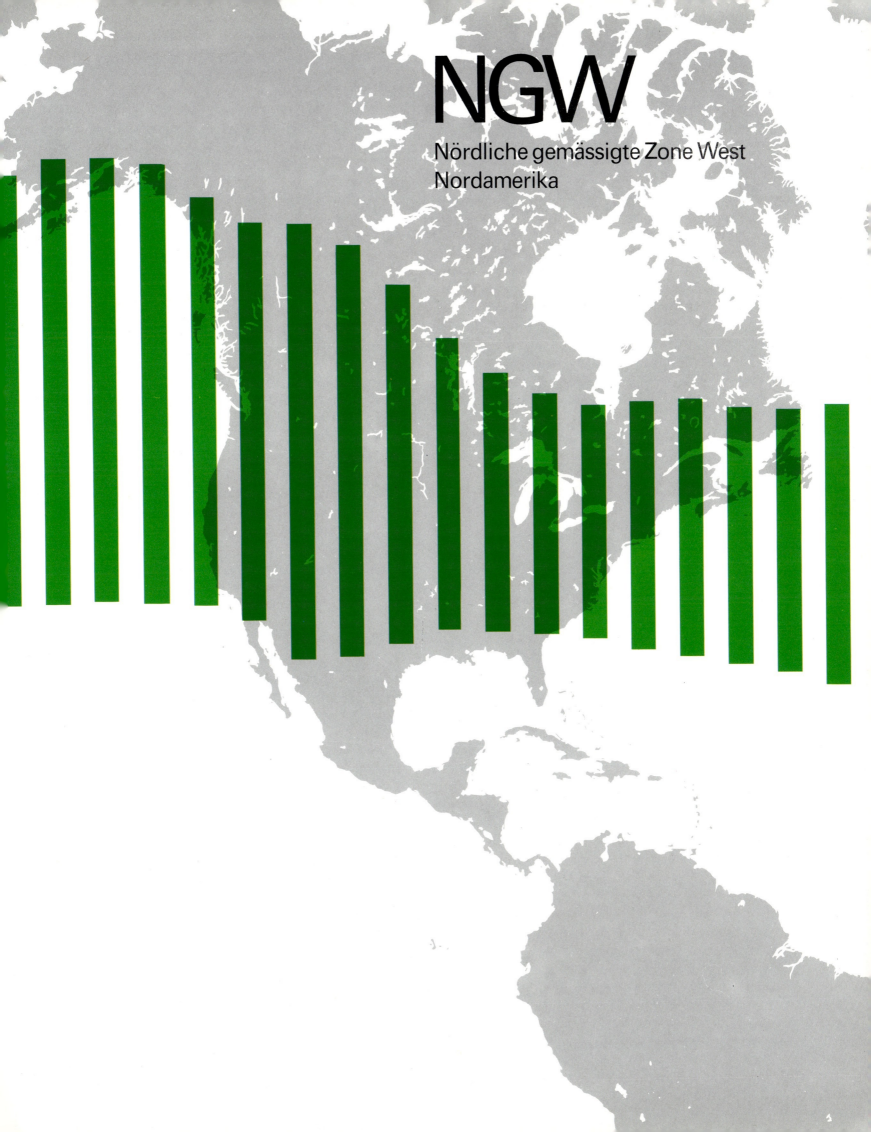

NGW
Nördliche gemässigte Zone West
Nordamerika

19 Fairbanks. Die 1901 gegründete Stadt liegt am Tanana-River im zentralen Yukonbecken und ist mit 13 500 Einwohnern die grösste Stadt im Innern Alaskas. Sie ist Sitz einer Universität und Versorgungsbasis für das mittlere und nördliche Alaska.

20 Stromlandschaft im Matanuska-Tal in Alaska. Mäanderbildung gehört zum Landschaftstypus dieser Region.

21 Farbenprächtiger Herbstwald beim Matanuska-Tal, Alaska. Die Pappeln (Populus balsamifera) *leuchten im Herbst tiefgelb.*

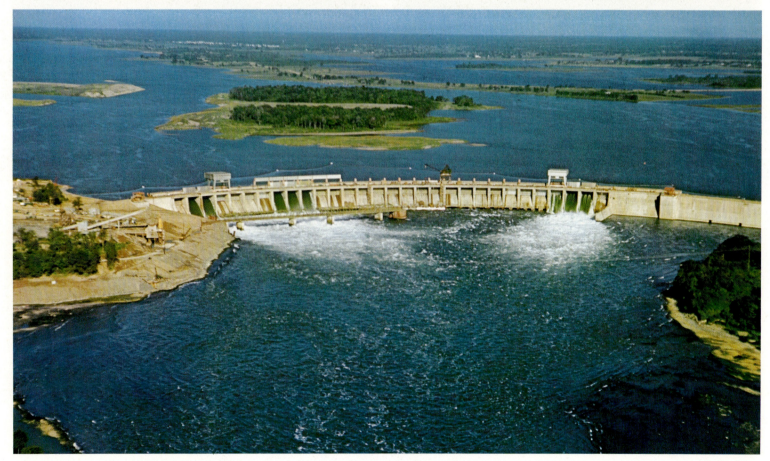

22 Herbstliche Tundralandschaft mit Tundrawäldern und Seen im Mackenzie-Gebiet in Nordwestkanada.

23 Der 2678 m hohe Monte Garibaldi nördlich von Vancouver. Die unvergleichliche Lage zwischen Meer und Hochgebirge macht die Stadt attraktiv.

24 Staumauer am breiten, inselreichen St.-Lorenz-Strom, der wichtigen Wasserstrasse zu den Grossen Seen.

25 Das immense Weizengebiet bei Riceton in der kanadischen Provinz Saskatchewan. Im Vordergrund Getreideelevatoren und Weizenmahden.

26 Am Grossen Salzsee im USA-Staat Utah. Der 20,4 km lange Eisenbahndamm verhindert die Wasserzirkulation zwischen den beiden Bassins, so dass das Wasser des südlichen Teils durch Frischwasserzufluss eine geringere Salzkonzentration aufweist als das heller scheinende Wasser des Nordteils, das sich dem Sättigungsgrad nähert. Die Salzgärten entlang der Ufer ergeben einen reichen Ertrag an Kochsalz. Ferner wird Natrium, Kalium und Magnesium gewonnen.

27

28

27 Karrenweg und Reitergruppe in der unermesslichen kalifornischen Steppe.

28 Im Death Valley im Osten des Staates Kalifornien. Die fluviale Erosion schuf in der vegetationslosen Landschaft ein stark gegliedertes Relief. Das Death Valley ist von tragischer historischer Bedeutung: hier fand mancher Siedler der Pionierzeit, der mit den örtlichen Verhältnissen nicht vertraut war, den Tod.

29 Los Angeles. Beispiel einer Grossstadt-Landschaft der USA mit Hochhäusern und Hochstrassen mit Kleeblattkreuzung.

30 Die vier Lokomotiven eines Güterzuges der Santa-Fe-Eisenbahn östlich von Flagstaff (Arizona).

31 Red Rocks (rote Sandsteinfelsen) im «Garden of the Gods» westlich von Colorado Springs (Colorado, USA).

32 Die Golden-Gate-Brücke, die die Einfahrt in die Bucht von San Francisco an der schmalsten Stelle überspannt. Diese 2,15 km lange Strassenbrücke ist eine der längsten Hängebrücken der Welt.

33 *Lavafelder mit fruchtbarem Kulturland (links oben) im USA-Staat Idaho. Wie überall, so bietet auch hier die Lava ausgezeichnete Böden für die landwirtschaftliche Nutzung (vgl. Nr. 62).*

34

35

34 *Painted Desert in Arizona, USA. Sie wurde im 16. Jahrhundert von den Spaniern entdeckt, die ihr den Namen «Desierto Pintado» gaben — eine wüstenartig zerklüftete Landschaft mit phantastisch gefärbten Restbergen.*

35 *Bizarre Felsformen haben dem Monument Valley in Utah und Arizona den Namen gegeben. Je nach dem Lichteinfall sehen sie wie gewaltige Burgruinen, Schlösser und Kathedralen aus.*

36 *Die Kette der Rocky Mountains im Grenzgebiet Kanada/ USA. Die Gipfelhöhen betragen in diesem Abschnitt über 3000 m.*

37 Silber- und Bleiminen, die um 1875 noch in Betrieb waren, in der Nähe von Lone Pine, Kalifornien.

38 Manhattan ist der Kern der Acht-Millionen-Stadt New York und liegt auf der Strominsel zwischen dem Hudson River (links), dem East River (rechts) und dem auf unserem Bild nicht sichtbaren Harlem River. – Blick auf den Südwestteil Manhattans.

39

40

39 Landschaft am Saltström an der mittelnorwegischen Fjordküste. Der Saltström verbindet den Skierstadfjord mit dem offenen Meer.

40 Kuopio, typische Stadt der Finnischen Seenplatte 73 000 Einwohner). Als Provinzzentrum, Industrie- und Touristenort hat die Stadt grosse Bedeutung.

41 Moderner Bauernhof nordöstlich von Akranes auf Island. Charakteristisch sind die 3 m tiefen Entwässerungsgräben. Ausser geringfügigem Anbau von Kartoffeln und Hafer wird vor allem Milchwirtschaft betrieben.

42 Kiruna, die nördlichste Stadt Schwedens in Lappland, zählt rund 30000 Einwohner und umfasst mit 13180 km² die grösste Gemeindefläche der Erde. Die Stadt verdankt ihre Existenz dem Erzreichtum der benachbarten Magneteisenberge. Das Bild zeigt einen modernen Stadtteil mit Wohnsiedlungen.

43 Das Endmoränengebiet von Mols im Süden der Halbinsel Djursland in Ostjütland gehört zu den charakteristischsten Landschaften Dänemarks.

44 Das Glen-Coe-Gebiet im Schottischen Bergland. Die Glens sind tiefeingeschnittene Trogtäler, Zeugen der früheren Vereisung.

45

46

45 Die Insel Hooge ist die zweitgrösste der nordfriesischen Halligen. Die Wohn- und Wirtschaftsgebäude der zehn Bauernhöfe stehen auf 4–5 m hohen künstlichen Hügeln, den sogenannten Warften oder Wurten. Die Bauern betreiben vor allem Milchwirtschaft. Die Halligen haben neuerdings Fremdenverkehr und treten somit in Konkurrenz zu den Seebädern der Küste.

46 Seven Sisters Cliff in Sussex, Südengland. Einer der imposantesten Abschnitte der aus hellem Kreidekalk bestehenden Steilküste am Kanal.

Innerhalb der Breitenzone, in der die Laubwälder, Steppen und Prärien vorkommen, gibt es in den innermontanen Becken und Hochländern Nordamerikas und Asiens, wo meist weniger als 25 mm Niederschläge fallen, ausgedehnte Halbwüsten und Wüsten, die z. T. gegen Süden in subtropische Trockengebiete übergehen. Im nördlichen Mittelgürtel kommen grössere Wüsten nur in der westlichen Gobi, im Tarimbecken, in Turkestan und in Teilen des Iran vor. Die Becken im westlichen Nordamerika, z. B. das Grosse Becken, das Coloradoplateau, die Gila- und Mohavewüste, zeigen mit wenigen Ausnahmen den Charakter von Trockensteppen und Halbwüsten. In diesen gedeihen noch neben grossen Stellen nackten Bodens stark xeromorphe Pflanzengesellschaften mit Halb- und Zwergsträuchern, harten Büschelgräsern, Sukkulenten und oft auch Halophyten (Salzpflanzen).

Die klimatischen Hauptmerkmale der Subtropen, des Übergangsgürtels von der gemässigten zur tropischen Zone, sind Trockenheit und Wärme im Sommer, Niederschläge und im allgemeinen milde Temperaturen im Winterhalbjahr. Die Vegetation wird charakterisiert durch Hartlaubgewächse, das sind Pflanzen mit ledrigen, immergrünen Blättern, die der sommerlichen Dürre angepasst sind, wie z. B. der Ölbaum und die Lorbeergewächse. In den meerfernen oder durch Randgebirge vom Meer getrennten Gebieten der Subtropen breiten sich Steppen und Wüsten aus. Zu den bekanntesten subtropischen Landschaften gehören in Nordamerika die kalifornische Küstenzone sowie die Küste am Golf von Mexiko; in Eurasien und Nordafrika das Mittelmeergebiet und die vorderasiatischen Landschaften (ohne Sahara und Arabische Halbinsel), das südchinesische Bergland und die südlichen Hauptinseln Japans.

Nordamerika

Landschaften im Nadelwaldgürtel

Westliche Küsten- und Gebirgslandschaften

Das westliche Gebiet Kanadas und Alaskas wird beherrscht von den gewaltigen, parallel zur Pazifikküste verlaufenden Hochgebirgsketten mit über 6000 m hohen Gipfeln, ausgedehnten Gletschern, Hochplateaus, tiefeingeschnittenen Tälern und einer stark gegliederten Küste. An der Abdachung zum Ozean ist das Klima dank des warmen Kuro-Schio-Stromes und der vorherrschenden Westwinde für den Menschen angenehm. Die Sommer sind mässig warm, die Winter mild, und es fallen reichlich Niederschläge (bis über 2000 mm), vor allem im Winterhalbjahr. Dagegen gehören die innern Plateaus, die tiefen Täler und die Ostabhänge der Gebirgsketten zu den trockensten Gebieten der nordamerikanischen Mittelzone. Das Relief der Küste ist gekennzeichnet durch unzählige grosse und kleine Fjorde, die als enge, gewundene und oft verzweigte Buchten tief ins Land hineingreifen, über deren steile Wände schäumende, weisse Wasserfälle herabstürzen. An den nördlichen Bergen hängen Gletscher, die sogar bis zu den hintersten Fjorden vordringen. In Alaska durchbrechen einige breite Eisströme selbst den Nadelwald, wie beispielsweise der Malaspinagletscher.

Vor der Fjordküste liegen Schwärme kleiner buckliger Felsinseln, die sogenannten Schären. Oft jagen vom Ozean her schwere, dunkle Wolken ostwärts, und die Wogen des stürmischen Meeres brechen sich tosend an den Schären und steilen Küsten. Zu den häufigsten Bäumen der Küstenwälder gehören Tannen, Fichten und Kiefern. In Britisch-Kolumbien kommen dazu noch Thujen und Douglastannen, in höheren Gebirgslagen Zypressen. Die Wälder bilden die in Westkanada und Alaska bedeutendste Wirtschaftsgrundlage. Grosse Holzlager, Sägereien, Zellulose- und Papierfabriken stehen an den Küsten. Fast ebenso wichtig ist die Fischerei. Der Lachs bringt vor Heilbutt, Hering und Dorsch den Hauptanteil am Fischereiertrag. Die Russen, die bis 1867 Alaska besassen, machten in erster Linie Jagd auf Pelztiere, besonders auf Bären und Seehunde. Damals war die Jagd für die Eingeborenen — Eskimos, Indianer und Aleuten — der Haupterwerb. Die Landwirtschaft hatte geringere Bedeutung. Heute wird auch Viehzucht, Acker- und Gemüsebau betrieben. In Britisch-Kolumbien gibt es im Regenschatten der Küstenketten dank künstlicher Bewässerung Kulturoasen mit Obst, Gemüse, Weizen und Hafer. Grosse Wasserkraftwerke liefern Energie für Industrieanlagen. In Kitimat befindet sich eines der grössten Aluminiumwerke der Erde, das am Ende eines Fjordes liegt und für dessen Versorgung mit Elektrizität gewaltige Staudämme und Kraftwerke erbaut wurden. Gute Strassen und Bahnlinien erschliessen das Gebirgsland, besonders die Rocky Mountains, und dienen einem blühenden Fremdenverkehr mit Wintersport. Einige besonders schöne Landschaften sind zu Nationalparks erklärt worden. Von Süden nach Norden verläuft die 2437 km lange Alaskastrasse, die

1942 in der Rekordzeit von neun Monaten gebaut wurde und den nördlichsten Abschnitt des Panamerican Highway darstellt. An der noch ganzjährig eisfreien Küste liegt Juneau, die Hauptstadt von Alaska, deren Wirtschaft auf Holzverarbeitung, Fischfang und Fremdenverkehr basiert.

Landschaften im Binnenland und an der Ostküste

Vom westlichen Gebirgsland zieht sich der Nadelwaldgürtel mit einer Breite von 1000 bis 1600 km ostwärts zum Atlantischen Ozean. Die Oberfläche dieser Grosslandschaft, die überwiegend dem Kanadischen Schild angehört, ist flachwellig mit Rundhöckern, Moränenwällen und Seen. Vor der Erschliessung durch die Europäer waren gelegentlich von Indianern verursachte Brände die einzigen menschlichen Eingriffe in diesem Urwaldmeer. 1670 erhielt die Hudsonbay-Kompanie das Monopol für den Pelzhandel in der Hudsonbay-Region. Sie baute für die Jäger, Fallensteller und Händler weitverstreute Forts und Faktoreien; damit begann die Veränderung der Waldlandschaft durch die wirtschaftliche Nutzung. Heute werden die Pelztiere auch in Hunderten von Farmen gezüchtet. Seit Beginn des Industriezeitalters wurde das Nadelholz zum unentbehrlichen Rohstoff und der kanadische Wald zu einer wichtigen Rohstoffbasis. Bei grimmiger Kälte werden im Winter die Bäume gefällt. Die Stämme treiben nach dem Auftauen der Flüsse zu den Sägewerken. Motorsägen, Transportbahnen und Traktoren ersetzen immer mehr die Arbeit der Menschen. Strenge Vorschriften verhindern eine Übernutzung. Hunderte von Fachleuten führen mit dem Einsatz modernster Mittel den Kampf gegen die Waldzerstörung durch Brände, durch pflanzliche und tierische Schädlinge. Ausser den Fabriken für die Holzverarbeitung brachten auch Wasserkraftwerke und Bergbaubetriebe (z. B. für den Abbau von Nickel, Kupfer und Uran) neue Akzente in die südlichen Landschaften. Im Norden Kanadas und im binnenländischen Alaska breiten sich hingegen heute noch riesige Urwälder mit lichten Baumbeständen aus, die sehr weitmaschig erschlossen sind und wo die meisten Siedlungen nur mit dem Flugzeug erreicht und versorgt werden können. Mittelpunkt des zentralen Yukonbeckens ist die Stadt Fairbanks (Alaska).

Die Küstengebiete am Atlantik mit den hügeligen Seeprovinzen sowie die Insel Neufundland unterscheiden sich vom binnenländischen Kanada durch mildes Klima, das allerdings vielerorts sehr neblig und sonnenarm ist. Die vorgelagerten seichten Küstengewässer, besonders die Neufundlandbank, gehören zu den reichsten Fischgründen der Erde. Ausser den amerikanischen Fischereiflotten kommen auch solche aus Europa, um Kabeljau, Schellfisch, Hering, Sardinen und Makrelen zu fangen. Als «Vorhof» von Kanada wurden die Seeprovinzen früher als das Innere besiedelt. Grosse Waldgebiete wurden gerodet und in Acker- und Wiesland umgewandelt. Die sehr leistungsfähige Landwirtschaft liefert Getreide, Kartoffeln, Rüben, Obst (besonders Äpfel), Milch und Geflügel. Der Holzreichtum sowie Kohlen- und Eisenerzlagerstätten führten zu einer starken Industrialisierung. Die bedeutendste Siedlung Neufundlands, Saint Johns, besitzt einen geschützten Hafen, der den europäischen Neufundlandfischern als Stützpunkt dient. Viel wichtiger ist Halifax, die Hauptstadt von Neuschottland. Sie verdankt ihre grosse Bedeutung vor allem dem stets eisfreien Hafen und der Endstation der Nationalbahn.

Landschaften des Misch-, Laubwald-, Steppen- und Wüstengürtels

Die westlichen Gebirgslandschaften

Das 600 000 km² grosse, 1200 bis 1500 m hoch gelegene *Grosse Becken* im Westen der USA wird vom Wasatch-Gebirge im Osten, von der Sierra Nevada im Westen, dem Columbia-Plateau im Norden und dem Colorado-Plateau im Süden umrahmt. Bis 4000 m hohe, langgezogene, fast nackte Felsenberge gliedern diese riesige abflusslose Landschaft in einzelne Becken mit kleineren Flüssen, Salzseen und Salzpfannen. Da die Barriere der Sierra Nevada die Niederschläge der feuchten Westwinde auffängt, wird fast das gesamte Grosse Becken von Steppen und Halbwüsten eingenommen. Die meisten Seen sind Überreste von mächtigen eiszeitlichen Wasserflächen, die mit zunehmender Trockenheit und Wärme in der Postglazialzeit zusammenschrumpften. So ist der Grosse Salzsee mit einer mittleren Tiefe von nur 3 m und einem Salzgehalt von 25 % der Überrest des einstigen 50 000 km² grossen Bonneville-Sees. Seine Fläche wechselte in den letzten 100 Jahren je nach Niederschlägen und Verdunstung zwischen 3900 km² (1940) und 5700 km² (1873). Um den See verläuft ein breiter, vegetationsloser Uferstreifen mit stark versalztem Boden. Jährlich gewinnt man viele tausend Tonnen Salz aus dem See, und in naher Zukunft sollen auch Gold, Silber und andere Metalle aus dem Wasser gewonnen werden. In diese fast menschenleere, wüstenhafte Landschaft wanderten 1847 Mormonen ein, um nach ihren Glaubenssätzen eine neue Heimat zu gründen. Sie beabsichtigten, einen grossen Staat zu schaffen, dessen gesellschaftliche und politische Organisationen von ihrer Religion beherrscht werden sollten. Der amerikanische Kongress gründete jedoch 1850 das Territorium Utah – benannt nach den Ute-Indianern –, das dann schliesslich 1896 als Staat in die USA aufgenommen wurde, nachdem die Mormonenkirche eine Reihe von Konzessionen – z. B. der Verzicht auf die Polygamie – gemacht hatte. Die Mormonen verwandelten grosse Teile der Wüsten und Steppen in blühende Agrarlandschaften. Mittels künstlicher Bewässerung und der «dry-farming»-Methode entstanden fruchtbare Baumwoll-, Weizen-, Obst-, Gemüsekulturen.

Im Süden des Grossen Beckens, wo bereits subtropisches Klima mit milden Wintern herrscht, gedeihen bei künstlicher Bewässerung sogar Agrumen, Zuckerrohr und Datteln. Die Hauptstadt des Staates Utah und des Grossen Beckens ist Salt Lake City. Sie wurde 1847 von den Mormonen gegründet und liegt inmitten einer bewässerten Oase südöstlich des Grossen Salzsees an dessen Zufluss Jordan. Die Metropolitan Area der schachbrettartig angelegten Stadt mit ihren breiten, von Pappelalleen beschatteten Strassen, grossen Parks und dem berühmten Mormonentempel zählt über eine halbe Million Einwohner, die zur Hälfte Mormonen sind. In der Agglomeration haben sich zahlreiche Industrien angesiedelt. Südlich des Grossen Salzsees liegt die Bingham-Kupfermine mit dem grössten Kupfertagebau der Erde.

In der südwestlich anschliessenden *Mohave-Wüste* liegt das Tal des Todes, das sich bis 86 m unter den Meeresspiegel senkt. Das Death Valley trägt seinen Namen zu Recht; denn die unerträgliche Sommerhitze – das bisherige Maximum beträgt 58 °C – sowie die extreme Trockenheit machen beinahe jedes Leben unmöglich. Weite Flächen des Talbodens sind von bis 15 m hohen Sicheldünen und Sandflächen mit wunderschönen Rippelmarken bedeckt. Daneben breiten sich braune Tonböden aus, deren Trockenrisse ein Netz von unregelmässigen Polygonen bilden. Als geheimnisvolles Phänomen des Death Valley gelten die «gleitenden Steine», das sind Felsbrocken, die auf dem von den seltenen Regenfällen durchnässten Schlamm durch heftige Windstösse in Bewegung gesetzt werden, auf schwach geneigten Ebenen weitergleiten und meist geradlinige Spuren hinterlassen.

Das Colorado-Plateau, das sich im Süden an das Grosse Becken anschliesst, besteht aus zahlreichen, leicht gewellten Hochflächen mit lichten Kiefern- und Tannenwäldern, die durch tiefe Täler voneinander getrennt sind. Der Grand Canyon des Colorado, ein bis 1800 m tiefer und 350 km langer Einschnitt in dieses Hochland, gehört zu den imposantesten Landschaften Nordamerikas. Die Canyonwände stellen mit ihren waagrechten Gesteinsschichten einen grossartigen Querschnitt durch die äusserste Erdkruste dar. Der Coloradofluss hat sich bis auf den harten Sockel eingeschnitten, der aus widerstandsfähigen metamorphen Gesteinen mit vielen rosaroten Granitgängen besteht. Darüber liegen in verschiedensten Varianten braune, rote, hellgraue, grüne und gelbe Sedimentschichten, die an den Canyonwänden, je nach ihrer Härte, als senkrechte oder schräg ansteigende Stufen ein einmaliges Schauspiel von Farben, Licht und Schatten darbieten. Die Höhenschichtung der Vegetation innerhalb des Canyon spiegelt die Abfolge der Vegetationsgürtel von Nordmexiko bis zur kanadischen Grenze wider. Am Rande des steilen Abgrundes wachsen vereinzelte Tannen und Kiefern. Verkümmerte Bäume und Sträucher stehen auf Felssimsen oder klammern sich am Steilhang fest. Meterhohe Nachtkerzen mit gelben Blüten, goldene Felsenrosen und weisse Blüten der Apachenpflaume erfreuen das Auge; in der Tiefe säumen struppige, graue Bergmahagoni den gelbroten Fluss.

Das Columbia-Plateau, im Norden des Grossen Beckens, wird von Schluchten und Canyons wasserreicher Flüsse in verschiedene Hochflächen gegliedert. Die Steppen dienen als Weideland, auf bewässerten Feldern gedeihen vor allem Äpfel, Birnen, Kartoffeln und etwas Getreide. Der Bewässerung und Energiegewinnung dienen riesige Stauwerke, z. B. der F.-D.-Roosevelt-See am Columbia mit der imposanten Grand-Coulee-Talsperre.

An der südkanadischen Küste, am Fusse des steil ansteigenden Küstengebirges, liegt Vancouver mit 1,1 Millionen Einwohnern. Mit dem geschützten Hafen und als Endstation der Canadian Pacific Railway gilt die Stadt als Kanadas «Tor zum Pazifischen Ozean». Neben der grossen wirtschaftlichen Bedeutung (Sägewerke, Zucker-, Fischkonserven- und Maschinenfabriken, Ölraffinerien und Schiffswerften) ist Vancouver mit zwei Universitäten auch kulturelles Zentrum. In der Altstadt befindet sich ein grosses Chinesenviertel. Ausser modernen Vororten besitzt Vancouver zahlreiche Grünanlagen, darunter den 400 ha grossen Stanley-Park.

Die östlichste und bekannteste der zahlreichen Ketten der nordamerikanischen Kordilleren sind die *Rocky Mountains,* welche die Hauptwasserscheide des Kontinents bilden. Mit mehreren Gipfeln von über 4000 m Höhe, tiefen Tälern, Schluchten und Canyons besitzen sie eine ausserordentliche landschaftliche Vielfalt. In zahlreichen Nationalparks versucht man die Natur zu schützen, so im bekannten Yellowstone-Park mit 100 Geysiren, riesigen gelben Kalksintertreppen, verträumten Bergseen und einer reichen Tierwelt. In den Rocky Mountains werden in vielen Bergwerken wertvolle Bodenschätze wie Gold, Silber, Blei, Kupfer und Zink abgebaut. Anstelle der früheren gefahrvollen Trails führen heute gute Autostrassen und Bahnlinien quer durch das Gebirge und zu Touristen- und Ferienorten wie Banff oder Lake Louise.

Landschaften der Mitte

Das grosse Steppengebiet Nordamerikas, das sich östlich der Rocky Mountains vom kanadischen Fluss Saskatchewan bis gegen den Golf von Mexiko hinzieht, wird in seiner Gesamtheit als Prärie bezeichnet. Sie grenzt im Norden an Nadel-, im Osten an Laubwälder. Dieses unendlich grosse, flache Land, das auch etwa «Plains» genannt wird, lässt sich aufgrund der vorherrschenden Vegetation in einen westlichen semiariden und in einen östlichen humiden Streifen unterteilen.

Der westliche Streifen, zwischen den Rocky Mountains und dem 100. Meridian, erhält weniger als 500 mm Regen und kann als Trockensteppe bezeichnet werden. Diese sogenannten *Great Plains* mit kurzem Büffelgras, einst das Gebiet der Bisons, später das Paradies der Cowboys, dient heute grossen Rinderherden, die zum Teil vom Auto und vom Flugzeug aus überwacht werden, als Weideland. Die grössten Viehfarmen befinden sich in Texas, wo die Tiere vor allem zur Fleisch- und Häutegewinnung gehalten werden. Am Fusse des Felsengebirges ist das Gelände wüstenhaft und kaum besiedelt, dort häuft der Wind langgezogene Dünenwälle auf. Im östlichen Teil der Great Plains versucht der Mensch mittels Bewässerung und der «dry-farming»-Methode Getreide und Baumwolle anzupflanzen. Durch die Zerstörung der Grasnarbe mit dem Pflug und die Übernutzung mit Viehherden wurden weite Trockengebiete der Ausblasung durch den Wind und der Abspülung durch das Wasser preisgegeben, so dass fürchterliche Sandstürme und Wasserfluten Tausende von Hektaren zerstörten. Mit allen erdenklichen Mitteln, unter anderem auch durch das Anpflanzen von Waldstreifen als Windbrecher, versucht man die Schäden dieser «soil erosion» wiedergutzumachen.

Im östlichen Streifen des Steppengebiets, der bis in die Gegend des Mississippi und der Grossen Seen reicht, beträgt die Jahresniederschlagsmenge 500 bis 1000 mm. Dort wuchs früher das bis 2 m hohe dichte Gras der *eigentlichen Prärie.* Doch die unabsehbaren Grasfluren, die im Frühling bunten Blumenschmuck trugen und im Herbst wie ein wogendes, fahlgelbes Meer aussahen, hat der Mensch in riesige Kulturflächen umgewandelt, auf denen heute kolossale Anbau- und Erntemaschinen dahinrattern. In den Prärien Kanadas und der nördlichen USA wird vorwiegend Weizen angepflanzt, südlich schliessen sich Mais- und Baumwollfelder an. Zu der landwirtschaftlichen Nutzung gesellte sich die Ausbeutung gewaltiger mineralischer Reichtümer, wie Stein- und Braunkohle, Schwefel, Zink, Steinsalz und Gips. Kansas, Oklahoma und vor allem Texas sind heute wichtig für die Erdöl- und Erdgasförderung. Dort stehen gebietsweise ganze Schwärme von Bohrtürmen in der flachen Prärie, die wie nickende, grosse Urvögel aussehen. Am Fusse des Felsengebirges liegt Denver, Hauptstadt des Staates Colorado, die «Königin der Prärie». Es wurde erst 1855 als Mittelpunkt zahlreicher Bergbaureviere gegründet und hat sich zu einem wichtigen Industriezentrum mit einem Ring moderner Satellitenstädte entwickelt. Seine Metropolitan Area zählt rund 1 Million Einwohner. Die Prärien senken sich allmählich ostwärts in das *Mississippibecken* hinab, das in den tiefen Teilen von Flussbetten zerschnitten wird. Der Mississippi (indianisch = «Vater der Ströme») entspringt im kleinen Itaska-See auf der Wasserscheide gegen Kanada. Mit einem durchschnittlichen Gefälle von nur 11 cm pro Kilometer fliesst er südwärts zum Golf von Mexiko, wo er mit seinem Geschiebe ein grosses, sumpfiges Delta aufgeschüttet hat, das sich pro Jahr bis 80 m weiter ins Meer vorschiebt. Hätte der Mississippi nicht seine zahlreichen Zuflüsse, dann wäre er ein armseliges Rinnsal; doch diese bringen ihm sehr viel Wasser, so dass er trotz künstlicher Deiche und Stromregelungen bei Frühjahrshochwasser schon öfters seine Ufer durchbrach und grosse Überschwemmungen verursachte. Sein längster Nebenfluss, der Missouri, kommt aus dem Felsengebirge und mündet bei der Stadt Saint Louis; er führt meistens mehr Wasser als der

Mississippi selbst. Der grösste östliche Seitenarm, der Ohio, nimmt kurz vor der Einmündung noch den Tennessee River auf. Diese beiden Flüsse sind auf weite Strecken zu Talseen aufgestaut, die der künstlichen Bewässerung und der Erzeugung elektrischer Energie dienen. Die Flussschiffahrt auf dem Mississippi und seinen Zuflüssen hat sich besonders seit dem Zweiten Weltkrieg kräftig entwickelt und bewältigt einen grossen Güterverkehr, der über Kanäle auch ins Gebiet der Grossen Seen reicht. Einst säumten den träge dahinfliessenden Mississippi Sumpfwälder, die zu beiden Seiten in Laubwälder übergingen. Der grösste Teil dieser Wälder ist bis auf wenige Reste verschwunden. An ihrer Stelle breiten sich quer durch das Tiefland grosse Landwirtschaftsgürtel aus. Im Gebiet des oberen Mississippi und der Grossen Seen liegt die Milchwirtschaftszone – der Dairy Belt – mit Kunstwiesen, die immer mehr von Maisfeldern verdrängt werden, deren Pflanzen zur Herstellung von Silofutter dienen. Dieses Gebiet liefert vor allem Frischmilch und Milchprodukte in die dichtbesiedelten Regionen des Ostens. Gegen Westen und Süden geht der Milchwirtschaftsgürtel fast unmerklich in die Maiszone, den Corn Belt, über. Auch hier wird der Mais zu Silofutter verarbeitet; nur ein kleiner Teil wird als sogenannte Körnerfrucht für Schweine- und Geflügelfutter verwendet. Seit dem Zweiten Weltkrieg stellt man sich immer mehr auf Fruchtwechsel um, und heute breiten sich neben den Mais- auch grosse Sojabohnen-, Klee- und Weizenfelder aus. Weiter südlich folgt eine eigentliche Mais-Weizen-Zone, auch «General Farming» genannt. Diese geht schliesslich ziemlich unvermittelt in den grossen Baumwollgürtel über, der südwärts bis zum schmalen Küstenstreifen am Golf von Mexiko, mit Zuckerrohr- und Reisplantagen reicht und sich gegen Westen immer tiefer ins Präriengebiet ausdehnt. Auch hier brachte der Fruchtwechsel mit Getreide, Sojabohnen, Futterpflanzen und Gemüsekulturen eine wesentliche Veränderung des Landschaftsbildes. – Saint Louis, nahe der Missourimündung, ist ein bedeutsamer Knotenpunkt für den Land-, Fluss- und Luftverkehr sowie Kern des zentralen Agrargebietes der USA. Zu den führenden Industrien gehören Grossmühlen mit mächtigen Getreidesilos, Brauereien, Gerbereien, Schuhfabriken und die grösste Flaschenglashütte der Welt. Moderne Gebäude zweier Universitäten, zahlreiche grosse Supermärkte, gleichförmige Wohnquartiere, Güterbahnhöfe, Lagerhäuser und sieben Mississippibrücken prägen das Bild der Agglomeration, in der rund 2,5 Millionen Menschen leben.

Das Gebiet der Grossen Seen ist eine Grosslandschaft mit einmaligem Charakter. Fünf zusammenhängende Seen mit rund 242 000 km² bilden eine der grössten Binnenwasserflächen der Erde. Es sind Becken von Gletscherzungen der letzten grossen Vereisung, ihre Spiegelhöhe variiert von 75 m bis 183 m. Zwischen dem Erie- und dem Ontario-See entstanden durch rückwärtsschreitende Erosion die Niagarafälle. Der kanadische Hufeisenfall ist 48, der amerikanische Fall 60 m hoch. Dieser einzigartige Wasserfall mit tosend in die Tiefe stürzenden Wassermassen und hohen weissen Gischtwolken ist eines der grossen Naturschauspiele Amerikas. Die Wasserkraft wird zum Teil zur Gewinnung elektrischer Energie genutzt. Obwohl die Grossen Seen bis zu vier Monaten im Jahr zugefroren sind und die Niveauunterschiede mittels Schleusen überwunden werden müssen, bilden sie mit dem Sankt-Lorenz-Strom eine der meistfrequentierten Binnenwasserstrassen der Erde, die dank der Eisbrecher während des ganzen Jahres befahren werden kann. Rings um die Seen entstanden Parks und Industrielandschaften mit bedeutenden Zentren, wie z. B. Detroit, die «Automobilhauptstadt der Welt», deren Metropolitan Area nahezu vier Millionen Einwohner zählt. Weitaus die grösste Stadt des Seengebietes ist Chicago. Sie verdankt ihren einzigartigen Aufschwung ihrer Lage zwischen der stark industrialisierten Seenregion und dem von Weizenfeldern durchsetzten Maisgürtel wie auch den grossen Kohlenlagern im oberen Mississippibecken. Aus einem Dorf, das 1830 70 Einwohner zählte, entwickelte sich Chicago zur zweitgrössten Stadt der USA, in der heute 3,5 Millionen leben; in der Metropolitan Area sind es sogar 7,7 Millionen. Riesige Wolkenkratzer, ausgedehnte Fabrikanlagen der Schwer-, Maschinen- und chemischen Industrie, Schlachthäuser mit grossen Viehhöfen und eintönige Wohnquartiere bilden einen 30 km breiten Siedlungsstreifen, der sich 100 km weit dem Seeufer entlangzieht.

Die Landschaften des Ostens

Das Tiefland am Sankt-Lorenz-Strom war ursprünglich eine Mischwaldlandschaft mit zahlreichen Baumarten, wie Kiefer, Fichte, Lärche, Zeder, Birke, Buche, Walnuss, Erle, Ulme, Wildkirsche, Pappel und Ahorn. Das Ahornblatt ist das Wahrzeichen Kanadas (Wappen und Flagge). Die meisten Wälder am Sankt-Lorenz-Strom mussten Agrarflächen Platz machen; das nördliche Hinterland dagegen ist eines der bedeutendsten Waldreservoire Kanadas. Dank des relativ milden Klimas und des fruchtbaren Bodens eignet sich das Sankt-Lorenz-Tal für Spezialkulturen, wie Obst, Gemüse und Tabak, in geschützten Lagen auch für Reben. In diesem vorzüglichen Verkehrs- und Agrargebiet lebt über die Hälfte der kanadischen Bevölkerung. Quebec ist die historisch interessanteste Grossstadt am Sankt-Lorenz-Strom. Die auf einem felsigen Hochplateau gelegene Oberstadt gleicht mit ihren alten Häusern, unregelmässigen engen Strassen, Kirchen, Klöstern und der wehrhaften Zitadelle französischen Provinzstädten. Noch heute sind von den rund 500 000 Einwohnern der Agglomeration über 90% Frankokanadier. Neben der kulturellen Bedeutung — besonders für die französischsprachige Bevölkerung — ist Quebec auch Wirtschaftszentrum mit grossen Schiffswerften und einer vielseitigen Industrie.

Die Appalachen, ein 2600 km langes und 200 bis 300 km breites Rumpfgebirge, begrenzen im Osten die grossen Tiefländer des Mississippibeckens. Die härteren Gesteinsunterlagen bilden langgestreckte Bergzüge, während in den weicheren breite Längstäler eingetieft sind. Von Westen nach Osten ergibt sich folgende Reliefgliederung: das Appalachenplateau, ein flaches, von Flüssen zertaltes Hügelland; das Grosse Appalachental, das aus Längstälern und parallel verlaufenden Bergkämmen besteht; das eigentliche Appalachengebirge mit Bergrücken, die im Süden über 2000 m Höhe erreichen; schliesslich das viel tiefer gelegene Piedmont-Plateau, das sich gegen Osten zur sogenannten Fall-Linie, einer Stufe zur atlantischen Küstenebene, neigt. Die Appalachen sind immer noch weitgehend ein Waldgebirge; im Norden herrschen Nadelbäume vor, z. B. Hemlocktanne und Weymouthkiefer, im Süden wachsen vorwiegend Laubbäume wie Kastanie, Hickory, Eiche, Ahorn und Tulpenbaum. Auf Rodungsflächen, besonders im Grossen Appalachental, pflanzen die Farmer Weizen, Mais, Obst und Gemüse. Da das Appalachengebiet viele Bodenschätze birgt, vor allem Kohle, Erdöl und Eisenerz, entwickelten sich zahlreiche Bergbau- und Industrielandschaften. Im Appalachenplateau, einst ein stilles, bewaldetes Hügelland mit dürftiger Landwirtschaft, entwickelte sich in den letzten hundert Jahren das imposanteste Schwerindustrierevier Nordamerikas. Ein Hauptgrund für diesen Landschaftswandel sind die waagrecht gelagerten Steinkohlenflöze, die sich über riesige Distanzen erstrecken und zum Teil über Tage abgebaut werden. In grösserer Tiefe liegen Erdöl- und Erdgasvorkommen, in die 1859 die erste Bohrung zu kommerziellen Zwecken erfolgte. Die Region von Pittsburgh wird etwa als das «Ruhrgebiet Amerikas» bezeichnet. Kohlenzechen mit Fördertürmen, Kohlenhalden, Hochöfen, Industriebauten mit hohen Schornsteinen, Kanäle mit grossen Flusskähnen, Hafenbecken mit unzähligen Kranen, Verschiebebahnhöfe, Autobahnen und Wohnsiedlungen nehmen weite Flächen ein. An der Vereinigung der beiden Quellflüsse des Ohio liegt die Stadt Pittsburgh. Ihr Kern, das «Goldene Dreieck» zwischen den Flüssen, besteht aus Hochhäusern, die mächtigen Industriekonzernen, Handelsfirmen und Banken gehören. Neben Wohnbezirken und Fabrikgebäuden der Schwer-, Maschinen-, Aluminium- und Glasindustrie breiten sich zahlreiche grüne Parks aus. Trotz dieser Massierung von Fabriken kann Pittsburgh als «saubere» Stadt bezeichnet werden, denn durch vorbildliche Massnahmen ist es gelungen, die Verunreinigungen der Luft und des Wassers sehr stark zu vermindern. In der Agglomeration wohnen mehr als zwei Millionen Menschen.

Der flache *atlantische Küstenstreifen* im Gebiet des ehemaligen Laubwaldgürtels gehört heute zu den ausgeprägtesten Kulturlandschaften Nordamerikas. Die mittlere Region, die Metropolenzone, stellt die grösste Städtehäufung der Welt dar. Dort gibt es praktisch keinen Quadratmeter Land, der nicht durch den Menschen gestaltet wurde. An Flussmündungen und an tief ins Land greifenden, verzweigten Buchten entstanden Hafen-, Handels- und Industriestädte, die durch ein dichtes Netz von Autobahnen und Bahnlinien miteinander verbunden sind. Die Agrarflächen treten stark zurück.

New York, die grösste Stadt Nordamerikas, liegt am buchtenreichen Hudson, umfasst eine Fläche von 770 km² und zählt rund 8 Millionen Einwohner. Die Agglomeration mit 17 Millionen Menschen ist 16 900 km² gross. Der grösste Teil der Metropolitan Area liegt in der Piedmontzone, dem welligen Vorland der Appalachen. Zwei Hügelzüge begleiten den Hudson; der östliche läuft in der Insel Manhattan aus, der westliche, die Palisades Mountains, in der Halbinsel von Jersey City und auf Staten Island. Westlich der Palisades Mountains liegt in einer Senke im Norden ein kaum besiedeltes Sumpfgebiet, im Süden die Newark Bay. Die Senke wird von vielen Verkehrslinien überquert, die in den industriereichen Westen der Agglomeration führen. Die Enge «The Narrows» zwischen Staten Island und Long Island bildet den Zugang zum Inneren des gewaltigen Siedlungskomplexes. Sie wird von der Hängebrücke mit der grössten Spannweite der Welt (2039 m) überquert. «The Narrows» weiten sich nordwärts zur Upper Bay, die von Hafenanlagen mit unzähligen Piers umsäumt wird und in deren innerstem Winkel einige kleine Inseln liegen, unter ihnen Badloes Island mit der Freiheitsstatue und Ellis Island, die Einwandererstation. Auch an den Ufern des Hudson und des East River, die beiderseits der Wolkenkratzerinsel Manhattan nordwärts führen, reihen sich grosse Hafen- und Industrieanlagen aneinander. Zahlreiche Lastkähne ziehen gemächlich über die Wasserflächen und werden hin und wieder von rasch dahinflitzenden Polizei- und Feuerwehrbooten überholt. Hohe Strassen- und Eisenbahnbrücken verbinden vor allem Manhattan mit Long Island; zum Teil wird der Verkehr auch durch Tunnels unter den Wasserarmen durchgeleitet. Auf der Südspitze von Manhattan befindet sich der Kern New Yorks mit riesigen Wolkenkratzern. Auch gegenüber von Manhattan, in Jersey City, an der Mündung des Hudson, in Brooklyn, am Ausgang des East River sowie in der Midtown, der «Mittelstadt» Manhattans, ragen Gruppen von gewaltigen Hochhäusern empor. Die Areale des äussersten Rings dieser immensen Stadt bestehen aus weitgestreuten Einzelhaussiedlungen, die sich vor allem entlang der Autobahnen hinziehen. Im Inneren Ring reihen sich kilometerweit Blocks von Etagenhäusern und Industrieviertel aneinander. Manhattan wird nicht nur durch die Wolkenkratzer, sondern auch durch sein rechtwinklig angelegtes Strassennetz charakterisiert. Nur das Gebiet der Down Town, des ältesten Stadtteils im Süden, weist unregelmässig verlaufende Strassen auf. Im nördlichen Manhattan breitet sich inmitten des Häusermeeres der rechteckige, 3,5 km² grosse Central Park aus, die Lunge der Riesenstadt. Er dient mit seinen Rasenflächen, Baumgruppen, Blumenbeeten, künstlichen kleinen Seen, Tiergärten und Spielplätzen als Erholungsgebiet für die Grossstadtmenschen. Die nördliche Grenze von Manhattan bildet der schmale Harlem River; über ihn führen viele Brücken in den Stadtteil Bronx. Zu den eindrucksvollsten Erlebnissen in New York gehört ein abendlicher Besuch der Aussichtsplattform des 381 m hohen Empire State Building. Am westlichen Horizont taucht die grosse, glutrote Sonnenkugel langsam unter und färbt den Himmel orangerot, der teilweise von Wolkenfetzen und senkrecht aufsteigenden Rauchfahnen verdeckt wird. Der Hudson River spiegelt die Farbe des Himmels. Ringsum erheben sich die mächtigen Türme der Wolkenkratzer und werfen ihre Schatten gegen Osten. Auf den Dächern und an den Fassaden der Hochhäuser leuchten grosse, bunte, meist bewegliche Lichtreklamen auf. Hinter den unzähligen Fenstern der Häuser brennen nur noch vereinzelte Lichter. Der Abendhimmel verblasst, die Nacht bricht herein, aber ein heller Schimmer liegt noch über dem Häusermeer. Aus den tiefen Strassenschluchten dringt das dumpfe Geräusch des Verkehrs herauf, hin und wieder unterbrochen vom lauten Heulen der Polizei- oder Feuerwehrautos.

Südlich von New York liegen im Innern tiefer Buchten die Städte Philadelphia und Baltimore, und weit landeinwärts, am Potomac, befindet sich die Hauptstadt Washington (3 Millionen Einwohner). Sie unterscheidet sich wesentlich von den andern Städten der Metropolenzone. Wolkenkratzer und Industriebauten fehlen. Prächtige Regierungs-, Verwaltungs- und Privatgebäude, grossartige Parkanlagen mit künstlichen Seen und Denkmälern prägen das Antlitz dieser Stadt.

Das Gebiet der *Neuenglandstaaten* im nördlichen atlantischen Küstenbereich umfasst ein niedriges Bergland, das noch viel ursprüngliche Wesenszüge bewahren konnte, obwohl es zu den ersten Siedlungsräumen der weissen Einwanderer gehört und ziemlich viel Industrie aufweist. Neben Laubwäldern breiten sich fruchtbare Äcker, Wiesen und Obstgärten relativ kleiner Farmbetriebe aus. Boston, die älteste und grösste Stadt der Neuenglandstaaten, weist trotz grosser Fabrikanlagen, moderner Bauten und eines regen Wirtschaftslebens immer noch viele traditionelle englische Merkmale auf. In den älteren Vororten gibt es noch ganze Strassenzüge mit typischen niedrigen Reihenhäusern, in deren kleinen Vorgärten der englische Rasen grünt. Ausserordentlich ist die kulturelle Bedeutung von Boston. Bis heute wird der Charakter der Stadt weitgehend durch Buchhandel, Musik- und Kunstpflege sowie wissenschaftliche Forschung bestimmt, und die schon 1636 gegründete Harvard University in Cambridge geniesst Weltruf.

Subtropen

Die Westküstengebiete

Der kalifornische Anteil an der subtropischen Klimazone umfasst hauptsächlich das Gebiet zwischen der imposanten Sierra Nevada und der pazifischen Küste. Die über 4000 m hohe Sierra Nevada ist stark mit Nadelwäldern bewachsen und fällt sanft gegen das im Durchschnitt 40 km breite und 700 km lange Längstal von Kalifornien ab. Dieses wird durch das Küstengebirge, das nur in wenigen Erhebungen über 2000 m hoch ist, vom Pazifischen Ozean getrennt. Es lässt nur bei der Mündung der beiden Längstalflüsse, Sacramento und San Joaquin, im Bereich der San Francisco Bay mit dem Golden Gate einen Durchgang zum Meer offen. Das Relief bestimmt das wechselreiche Klima, das demjenigen des Mittelmeergebietes gleicht. Die Landschaften im Regenschatten der Westwinde sind trocken, aber auch an der Küste selbst nehmen die Niederschläge von Norden, dem Einflussbereich des warmen Kuro-Schio-Stroms, gegen Süden, wo der kalte Kalifornstrom herrscht, ab. Die jährlichen Temperaturschwankungen an der Küste sind dank des Meereinflusses relativ klein, dafür hat aber zum Beispiel San Francisco verhältnismässig viel Nebel und eine geringe Sonnenscheindauer. Das kalifornische Längstal weist dagegen eine längere Sonnenscheindauer und eine ausgesprochene sommerliche Dürre auf. Früher breitete sich im Tal eine Grassteppe aus; die europäischen Einwanderer verwandelten diese mittels grossartiger Bewässerungsanlagen in ein äusserst fruchtbares Agrarland. So stauten sie beispielsweise den Sacramento vor seiner Mündung und leiteten mit Hilfe von Pumpen und Kanälen einen Teil seines Wassers in den wasserärmeren San Joaquin. Auf dem Talboden gedeihen ohne Bewässerung Weizen, Mais, aber auch Frühgemüse und Melonen. An den untern frostsicheren Talhängen wurden riesige bewässerte Baumkulturen angelegt mit Aprikosen, Pfirsichen, Agrumen, Mandeln, Feigen und Datteln. Auch Reben, Baumwolle und Reis nehmen grosse Flächen ein. Oberhalb der bewässerten Zone dehnen sich Haine mit Walnussbäumen aus. Kaum eine andere Landwirtschaft ist derart spezialisiert, mechanisiert und rationalisiert wie die kalifornische. Ein Teil der Früchte gelangt tiefgekühlt in die Verbraucherzentren der USA und des Auslandes; der Rest wird an der Sonne gedörrt oder zu Konserven verarbeitet. San Francisco, am Südufer des Golden Gate und damit in erstklassiger Verkehrslage, wird dank seiner Lage und Umgebung als eine der schönsten Städte der Welt bezeichnet. Das Zentrum liegt im Norden der bis 400 m hohen Halbinsel, welche die San Francisco Bay vom offenen Meer trennt und an deren Ufern sich die Metropolitan Area San Francisco–Oakland mit über 4,6 Millionen Einwohnern ausdehnt. Die nordöstliche Landzunge wird von Hafenanlagen gesäumt und vom Hochhausviertel beherrscht, das durch eine Brücke über die San Francisco Bay mit Oakland verbunden ist. Westlich des Hochhausquartiers liegt das «Civic Center», wo sich um einen weiten Platz das Rathaus und andere öffentliche Gebäude der Behörden, Verwaltung, Hochschulen, Museen, Bibliotheken und der Oper gruppieren. Nördlich davon befinden sich noch einige Überreste der ursprünglichen spanischen Kolonialstadt und der Goldsuchersiedlung, und im Westen schliesst sich die Chinatown mit unverfälschtem chinesischem Charakter an. Von der Nordspitze der Halbinsel aus spannt sich eine imposante Hängebrücke über den Golden Gate. – Los Angeles an der südlichen kalifornischen Küste, dessen Metropolitan Area 10,4 Millionen Einwohner zählt, ist mit einer Fläche von 1186 km² die weitläufigste Stadt der Vereinigten Staaten. Um die dichtbebaute Stadtmitte mit dem grosszügig gebauten «Civic Center» gruppieren sich ausgedehnte Industrievororte mit Ölfeldern, Raffinerien, riesigen Fabrikanlagen, Gärtnereien, Hühnerfarmen und Wohnsiedlungen. Im Westen liegt die Filmstadt Hollywood.

Am Golf von Mexiko

Der nördliche Küstensaum des Golfs von Mexiko besitzt subtropisches bis tropisches Klima. Das einst sumpfige Urwaldgebiet ist auf weite Strecken in Zuckerrohr-, Reis- und Gemüsefelder umgewandelt worden, in Florida sogar in Agrumen-, Bananen- und Ananaspflanzungen. Zur Agrarwirtschaft gesellte sich in neuerer Zeit die Gewinnung von Erdöl, Erdgas und Salz; sie brachte mit Bohrtürmen und schwimmenden Bohrinseln ganz neue Aspekte ins Landschaftsbild. Im sumpfigen Mississippidelta, durch starke Dämme vor Überschwemmungen geschützt, liegt New Orleans mit grossen modernen Stadtteilen, die durch breite Strassen mit Hochhäusern gekennzeichnet sind. Der mehrfache Wechsel zwischen spanischer und französischer Herrschaft macht sich heute noch in zahlreichen Häusern der Altstadt bemerkbar. Mit seinem Fluss- und Seehafen und mit einer bedeutenden Zucker-, Baumwoll- und Erdölindustrie ist New Orleans, dessen Agglomeration mehr als eine Million Einwohner zählt, wichtiges Wirtschaftszentrum im Süden der Vereinigten Staaten.

Europa und Nordafrika

Landschaften im Nadelwaldgürtel

Norwegen, Schweden, Finnland

Das westnorwegische Küstengebiet gleicht mit seinen Fjorden, Schären und dem vom Golfstrom verursachten milden, regenreichen Klima der Pazifikküste Nordamerikas. Allerdings steigen die teilweise bewaldeten Fjord- und Talflanken nicht zu einem Hochgebirge, sondern nur zu Hochflächen, den Fjellen, an, die je nach Breiten- und Höhenlage mit lichten Wäldern, Tundren, Mooren und vereinzelten Seen bedeckt sind. Nur im Süden eignen sich die Fjelle für den Ackerbau. Die Fischerei ist wahrscheinlich der älteste Wirtschaftszweig der Norweger. Der Fischhandel mit zahlreichen Ländern blüht schon seit Jahrhunderten und darf als Ursprung der weltumspannenden norwegischen Handelsschiffahrt bezeichnet werden. Der Hering macht mehr als die Hälfte der gesamten Fangmenge aus. Ausserdem werden auch Dorsch und Kabeljau eingebracht. Die Fischer benützen heute Motorschiffe für die Küsten- und Hochseefischerei, und zum Aufspüren der Heringsschwärme bedienen sie sich sogar des Echolotes und des Sonargerätes. Auf zahlreichen Rodungen an der Küste entstanden im Laufe der Zeit meist kleine Fischersiedlungen mit farbenfrohen, vorwiegend rotbemalten Holzhäusern und hohen Holzgerüsten zum Trocknen der Stockfische. Bei den grösseren Hafenstädten wie Bergen und Trondheim stehen moderne Fischverarbeitungs- und Konservenfabriken, aber auch Sägereien, Zellulose- und Elektrizitätswerke. Im Innern zahlreicher Fjorde und auf den südlichen Fjellen liegen zerstreut Lichtungen mit Wiesen, Gerste-, Hafer- und Kartoffeläckern. Der Wald dient vielen Fischern und Bauern als zusätzliche Erwerbsquelle. Narvik, der Ausfuhrhafen der nordschwedischen Eisenerze, entwickelte sich zu einem modernen Zentrum Nordnorwegens.

Schweden liegt, mit Ausnahme des fruchtbaren Südens und der Tundra im Norden, im Nadelwaldgürtel; noch heute sind über 50 % der Landesfläche bewaldet. Von den Fjellen fallen die Hänge sanft gegen den Bottnischen Meerbusen ab. Zahlreiche südöstlich verlaufende Täler, häufig mit langgestreckten Seen, zerschneiden die Abhänge. Von den vielen Wasserfällen werden die grösseren zur Gewinnung elektrischer Energie genutzt. Die Ostabdachung mit der zentralen Landschaft Norrland ist trockener und weist grössere Temperaturunterschiede auf als die norwegische Westküste. Die weite, einförmige Walddecke wird nur punktweise durch Rodungsinseln mit kleinen Dörfern und Einzelhöfen durchbrochen; an einigen grösseren Flussmündungen liegen Holzwerke und Wohnsiedlungen. Der grösste Teil von Schwedisch-Lappland gehört dem Birken-Tundra-Wald an. Inmitten dieser gewaltigen, ursprünglichen Landschaft erheben sich die Magneteisenberge Kirunavaara und Luossavaara. Mit modernsten technischen Einrichtungen werden die Erze abgebaut und mit der Lapplandbahn nach Narvik oder nach Luleå am Bottnischen Meerbusen befördert. Für die Angestellten der Bergwerke stehen grosszügige Wohnsiedlungen zur Verfügung. Kiruna, die nördlichste Stadt Schwedens, zählt rund 30 000 Einwohner und besitzt mit 13 181 km² die grösste Gemeindefläche der Erde. Am langgezogenen Torneträsk liegt Abisko mit einer Station für die Erforschung des Nordlichtes sowie der Flora und Fauna Lapplands. Ein neuzeitliches Touristenhotel steht Gästen aus aller Welt zur Verfügung.

Mit einem Waldanteil von 70 % an der Landesfläche ist *Finnland* das waldreichste Land Europas. Die finnische Landschaft verdankt ihr besonderes Gepräge dem Relief, das seine letzten grossen Umwandlungen durch die eiszeitlichen Gletscher erfuhr. Die gewaltigen Eismassen, die Nordeuropa bedeckten und vor etwa 12 000 Jahren abschmolzen, hinterliessen abgeschliffene Felsbuckel, ausgehobelte Felswannen und langgezogene Moränenwälle. So entstand die Finnische Seenplatte mit ihren 60 000 Seen als eine der abwechslungsreichsten Landschaften des Nadelwaldgürtels. Wohl nirgends sonst gibt es ein derart kompliziertes Ineinandergreifen von Wasser und Land wie hier. Tausende von grossen und kleinen Wasserflächen mit unzähligen Buchten, bewaldeten Landzungen und Inseln scheinen ohne jegliche Gesetzmässigkeit hingestreut zu sein. Die Seenplatte wird im Süden von den Endmoränen der Salpausselkä begrenzt, die aus zwei, oft sogar drei 30 bis 50 m hohen Wällen bestehen, welche in Abständen von etwa 20 km parallel und in weitem Bogen durch Südfinnland verlaufen. Nördlich der Seenplatte folgt eine sanftwellige bis hügelige Waldlandschaft, in deren Senken grosse Waldmoore und Sümpfe liegen. Noch weiter nördlich treten immer zahlreicher rundliche, kahle Hügel, die Tunturis, auf. Ruhig fliessen die Flüsse durch die dunkelgrünen Wälder; ab und zu bilden sie aber auch Stromschnellen und Wasserfälle, die zur Gewinnung elektrischer Energie genutzt werden. In den flachen Küstenebenen und in der Seenplatte hat der Wald auf weiten Flächen Wiesen und Äckern Platz machen müssen. Stattliche Dörfer, Einzelhöfe mit buntgestrichenen Holzhäusern, Sägewerke mit grossen Holzlagern, Zellulose-, Papier- und andere Fabriken tragen entscheidend dazu bei, die süd- und mittelfinnischen Landschaften zu prägen. Die drei Grossstädte Finnlands – die Hauptstadt Helsinki, die Hafenstadt Turku und die Industriestadt Tampere – liegen im fruchtbaren Südwesten. Charakteristisch für sie sind die neoklassizistischen Bauten ihrer Innenstädte sowie die grosszügigen Fabrikanlagen und die in gefälliger Architektur gebauten Satellitenstädte. Ungefähr ein Drittel Finnlands liegt nördlich des Polarkreises und gehört zu Lappland, wo sich – wie in Schweden – Birken-Tundrawälder ausbreiten. Aber auch dort gibt es in verstreuten, einsamen Lichtungen noch Dörfer und Höfe. Im Sommer leuchten aus den grünen Rodungsinseln rote Holzhäuser mit weissen Fensterrahmen und bunten Blumengärten, und an den Ufern stehen kleine, aus rohem Holz gezimmerte Saunahütten. Während in Südfinnland sehr viel Weizen angepflanzt wird, überwiegt in den nördlichen Gebieten der Roggen, und die Gerste, als anspruchsloseste Getreideart, wird neben Kartoffeln sogar noch in Lappland mit Erfolg angebaut.

Nordrussland

Der Nadelwald setzt sich östlich von Finnland im unermesslichen Flachland von Nord- und Mittelrussland fort. Die eiszeitlichen Gletscher hinterliessen auch hier ihre Spuren. Moränenwälle, Seen, abgerundete Höhenrücken und weite Senken bringen etwas Abwechslung in die flachen Niederungen. Geschlossene Nadelwaldbestände auf trockenen Böden wechseln mit Moor- und Sumpfwäldern ab. Im Frühjahr taut der steinhart gefrorene Boden auf und verwandelt sich in einen grundlosen Morast. Viele Bäume sind abgestorben und ragen geisterhaft in die Höhe oder liegen als «Baumleichen» im Moor. Grosse Ströme mit weiten Mäandern dienen im Winter mit ihrer Eisdecke als Fahrwege, im Sommer als Wasserstrassen, besonders für die Holzflösserei. An ihren Ufern befinden sich die bevorzugten Plätze für Siedlungen und Kulturland. Die Bewohner der nördlichen Gegenden arbeiten im Wald, in Holzwerken, seltener in Landwirtschaftsbetrieben und Pelztierfarmen; als Nebenbeschäftigung gehen viele auf die Jagd. Abgesehen von einigen grossen Fabriken zur Holzverarbeitung und weit verstreuten Bauernsiedlungen zeigt der Wald noch sein ursprüngliches Bild.

In den südlichen Gebieten der Nadelwaldzone schuf der Mensch weiträumige Agrarlandschaften mit Getreide-, Kartoffel-, Rüben-, Hanf-, Flachs-, Gemüsefeldern und Wiesen, die heute grossen Kolchosen gehören. Aus manchen einfachen Bauernsiedlungen entwickelten sich Handwerkerdörfer und schliesslich moderne Industriesiedlungen. Strassen, Kanäle und Bahnlinien dienen dem ständig zunehmenden Verkehr. – An der Mündung der Newa in den Finnischen Meerbusen hat sich im ehemaligen Wald- und Sumpfland aus einer Festung Petersburg, das heutige Leningrad, entwickelt und über hundert Inseln ausgebreitet. Nur mit Hilfe von künstlichen Aufschüttungen, Entwässerungskanälen und unzähligen Pfählen, die in den Moorgrund gerammt wurden, konnte man an diesem Ort die spätere Residenz- und heutige Industriestadt mit grossen Schiffswerften bauen. Prächtige Paläste, Kirchen und öffentliche Gebäude, meist in barock-klassizistischem Stil aus der Zarenzeit, weite Plätze und Hunderte von Brücken geben den alten Stadtteilen ein besonderes Gepräge und bilden einen krassen Gegensatz zu den nüchternen Bauten der modernen Wohn- und Industriesiedlungen der Agglomeration.

Landschaften im Misch-, Laubwald- und Steppengürtel

Westeuropa

Die Britischen Inseln, bestehend aus Grossbritannien, Irland und zahlreichen kleineren Eilanden, die zum Teil in Gruppen angeordnet sind, bilden trotz der Nähe zum Kontinent eine Welt für sich. Die Insellage bewirkt nicht nur das ausgesprochene atlantische Klima mit der entsprechenden Vegetation, sie prägt zum Teil auch den Charakter ihrer Bewohner. So sind die Briten einerseits bekannt für ihre konservative Haltung hinsichtlich Sitten und Bräuchen sowie für ihren ausgeprägten Individualismus. Andererseits brachen sie aber auch aus ihrer Isoliertheit aus, entwickelten eine weltweite Seemacht und schufen ein riesiges Kolonialreich, das heute – im Zeitalter der Dekolonisation – einem losen Staatenbund, dem Commonwealth, Platz gemacht hat. Das Relief der beiden Hauptinseln wird geprägt durch abgerundete Rumpfgebirge, deren höchster Berg, der Ben Nevis in Schottland, nur eine Höhe von 1343 m erreicht, sowie durch ausgedehnte

Flachländer. Ein auffallendes Merkmal ist die starke Gliederung der Küsten, besonders auf der Westseite. Grossbritannien ist durch Buchten mehrmals so eng eingeschnürt, dass kein Punkt der Insel weiter als 120 km von der Küste entfernt liegt. Die ausgedehntesten Bergländer der britischen Hauptinsel befinden sich in Schottland und in Wales. Der mittlere Abschnitt von Grossbritannien wird in nord-südlicher Richtung vom breiten Rücken des Penninischen Gebirges durchzogen, dessen Berge niedriger als 1000 m sind. Das Gebirge neigt sich auf beiden Seiten zu flachen Küstensäumen, die gegen Süden in das weite Londoner Becken übergehen. Irland besteht aus einem zentralen Flachland, das – mit Ausnahme der Ostseite – von Bergländern umrahmt ist. Einst waren die Britischen Inseln stark mit Laubwäldern bewachsen, die in 400 bis 650 m Höhe in Bergheiden und Moore übergingen. Der Mensch hat den Wald bis auf kleine Reliktbestände zerstört. So verzeichnet Grossbritannien heute einen Waldanteil von nur 7%, Irland von knapp 2%. An Stelle der Wälder entstanden auf der feuchten westlichen Seite der Hauptinsel grüne Wiesen, Weiden für Rinderherden und Parks mit majestätischen alten Bäumen, die einzeln oder in Gruppen wachsen. Die trockenere Ostseite weist im Süden noch Getreidefelder auf, die in neuester Zeit zugunsten von Wiesland und Parks stark zurückgegangen sind. In den höheren Lagen – und vor allem in Schottland – prägen Heiden, auf denen grosse Schafherden weiden, sowie Moore das Landschaftsbild. In Irland, wo der atlantische Klimaeinfluss noch ausgeprägter ist als in Grossbritannien und wo Nebel und Regen fast zu den alltäglichen Erscheinungen gehören, wird das Bild der Flachländer von Wiesen, Weiden, Mooren, Seen und wenigen Haferfeldern beherrscht, während die randlichen Berggebiete eine ähnliche Vegetation aufweisen wie Schottland.

Grossbritannien ist heute jedoch kein Agrarland mehr. Die fast unerschöpflichen Kohlenlager und die hervorragende Weltverkehrslage wie auch eine bemerkenswerte technische Begabung der Bevölkerung führten schon im 18. Jahrhundert zur Gründung grosser Bergbau- und Industrieunternehmungen. In den Kohlengebieten von Südwales, des Penninischen Gebirges, von Newcastle und im mittelschottischen Tiefland entstanden Bergbaulandschaften mit den typischen Merkmalen wie Fördertürmen, Kohlen- und Schlackenhalden, Kokereien, Verschiebebahnhöfen und Arbeitersiedlungen mit eintönigen, grauen, ein- bis zweistöckigen Reihenhäusern. In diesen Regionen wurden auch Hüttenwerke und Maschinenfabriken errichtet. Eine der ausgedehntesten Industrielandschaften befindet sich im Süden der Penninenkette, in Mittelengland, mit den Zentren Birmingham und Manchester. Ebenfalls im 18. Jahrhundert entwickelte sich dort, vor allem im Raume Manchester–Liverpool, die grösste Baumwollindustrie der Welt. Seit dem Zweiten Weltkrieg vollzieht die britische Industrie eine bedeutsame Strukturwandlung, die sich auch im Aussehen der Kulturlandschaften zeigt. Die 1949 durchgeführte Verstaatlichung der Kohlenbergwerke hatte zur Folge, dass viele Kleinbetriebe stillgelegt und die grossen Zechen dafür mit den modernsten technischen Einrichtungen ausgestattet wurden. In vielen Fabriken ersetzte man den russerzeugenden Kraftstoff Kohle durch das angeblich «saubere» Erdöl; zu diesem Zweck entstanden an der Küste zahlreiche Raffinerien mit mächtigen Öltanks, z. B. an der Themsemündung und am Firth of Forth. Weit über das Land verstreut baute man auch über dreissig Atomkraftwerke. Durch diese Neuerungen wurden manche berüchtigten, rauchgeschwängerten, düsteren Industrielandschaften, wie etwa das «Black Country» um Birmingham, wenigstens so weit saniert, dass die Luft reiner geworden ist und die Pflanzen und Häuser nicht mehr von einer Russschicht überzogen sind. Geblieben sind jedoch die Anhäufungen von Industriesiedlungen in Mittelengland mit ihren beängstigenden, nüchternen, einförmigen Wohnsiedlungen. Ein wohltuender Kontrast zu diesen Orten bilden die zahlreichen Kleinstädte in den grünen Agrargebieten. Sie bestehen meist aus zierlichen roten Backstein- oder aus Fachwerkhäusern, die mit Efeu überwachsen sind und die sich oft um einen schönen alten Stadtkern mit einer spätgotischen Kathedrale und einem malerischen Rathaus gruppieren.

Die Stadtlandschaft von *Gross-London* zeigt trotz tiefgreifender baulicher Veränderungen, die zu einem guten Teil durch die Zerstörungen im Zweiten Weltkrieg bedingt waren, immer noch deutlich die alten Wachstumsringe. Den Kern bildet die kleine, nur 2,6 km² grosse City am Nordufer der Themse. In ihr stehen heute hauptsächlich Bank- und Handelshäuser. Der innere Ring, der sich um die City zieht, besteht aus relativ alten Stadtteilen, wie dem Regierungsviertel im Südwesten mit dem Parlamentsgebäude und der ehrwürdigen Westminster Abbey, dem Vergnügungsviertel Soho im Westen und den alten Wohnquartieren im Norden. Am äussern Rande dieses Ringes breiten sich grosse Parks mit alten Bäumen und künstlichen Seen aus, so der Hyde Park und der Regent's Park. Um den innern Ring schliesst sich ein Gebiet mit über hundert Vororten an, meist Wohnsiedlungen mit kleinen Häusern inmitten gepflegter Gärten. Zwischen den Ortschaften liegen grosse Grünflächen und an den Autobahnen Supermärkte mit riesigen Parkplätzen. Seit dem Zweiten Weltkrieg baute man zur Entlastung von Greater London, das 1870 km² umfasst und rund 8 Millionen Bewohner zählt, im weiteren Umkreis moderne Satellitenstädte, die durch Schnell- und Autobahnen mit der Hauptstadt verbunden sind. Doch das Bild von Gross-London wäre nicht vollständig, ohne die Dock- und Industrieanlagen, die riesigen Lagerhäuser und Verschiebebahnhöfe zu erwähnen, die sich beiderseits des Mündungstrichters der Themse ausdehnen und meist unter einer Rauch- und Dunstglocke liegen.

Entlang der Küste von Westeuropa zieht sich durch Frankreich, Belgien und die Niederlande ein Tieflandstreifen hin, der nur von den etwas höher liegenden Rumpfflächen der Bretagne unterbrochen wird und in den Flussgebieten tiefer ins Land hineinreicht. Er steht unter dem Einfluss des milden, feuchten atlantischen Klimas und war früher hauptsächlich mit Laubwäldern bewachsen. Wie in der gesamten Laubwaldzone des nördlichen Mittelgürtels, so sind auch hier die Wälder bis auf geringfügige Überbleibsel verschwunden und haben weiten Agrarlandschaften Platz gemacht. Zahlreiche grosse Flüsse mit vielen Nebenflüssen ziehen durch das Tiefland und sind meist durch Kanäle untereinander verbunden. An der Atlantikküste greifen Trichtermündungen tief ins Land hinein und bilden gute Voraussetzungen für die Anlage von Häfen.

Im Süden des *französischen Tieflandes* breitet sich das Garonnebecken als weite Sedimentmulde zwischen den Pyrenäen und dem Zentralmassiv aus. Der mittlere Teil, Bordelais genannt, ist eine fruchtbare Weinbau- und Gartenlandschaft, deren Zentrum, die Hafenstadt Bordeaux, tief landeinwärts am innern Trichter der Gironde liegt. Von hier aus werden die Bordeaux-Weine in alle Welt exportiert. Gegen Süden steigt das Becken über weite, flache Schuttfächer gegen die Pyrenäen an. In den breiten Tälern dieser fruchtbaren Landschaft herrschen Wiesen und Weiden vor; die dazwischenliegenden, trockeneren Flächen dienen dem intensiven Anbau von Reben und Getreide, besonders von Mais. Der verkarstete Nordsaum des Beckens ist weniger fruchtbar. Eine intensive Landnutzung findet man dort nur in den Niederungen der Täler, während auf den Plateaus ausgedehnte Laubwälder mit vielen Eichen stehen. Südlich von Bordeaux liegen die Landes, eine der europäischen Landschaften, deren Charakter sich seit der Mitte des 19. Jahrhunderts grundlegend gewandelt hat. Die Landes waren früher — wie der Name sagt — ein weites, von Sümpfen durchsetztes Heidegebiet, auf dem Tausende von Schafen weideten. Durch mühevolle Aufforstung mit Kiefern schuf der Mensch hier das grösste zusammenhängende Waldgebiet Frankreichs, in dessen Lichtungen kleine Siedlungen der Waldarbeiter und Harzsammler sowie Fabrikanlagen für die Herstellung von Terpentin und Kolophonium liegen. Die schnurgerade Küste der Landes stellt eine einzigartige Dünenlandschaft dar. Ein Gürtel von blendendweissen, bis 80 m hohen Dünen staut eine Reihe von Strandseen und führte zur Versumpfung des Hinterlandes. Infolge der heftigen Gezeitenströmungen ist durch Öffnung eines solchen Strandsees die Bucht von Arcachon entstanden.

Die beiden flachen Flusslandschaften der Seine und Loire bilden das Seine-Loire-Becken, das gewöhnlich als Pariser Becken bezeichnet wird. Die ganze Landschaft besteht aus einer weiten, flachen Mulde zwischen der Rumpffläche der Bretagne, den Ardennen, Vogesen und dem Zentralmassiv. Die ursprünglich horizontal abgelagerten Sedimentschichten aus dem Mesozoikum und Tertiär erhielten in einer späteren geologischen Zeit durch die Hebung der Ränder die heutige schüsselförmige Gestalt, wobei durch die Abtragung an der Oberfläche konzentrisch angeordnete Schichtstufen aus den härteren Schichten, die meist aus Kalk bestehen, herausgearbeitet wurden. Das Becken bricht in den Steilküsten der Falaises am Ärmelkanal ab und setzt sich in Südengland fort. Die oberste und innerste «Schüssel», die Ile de France mit dem Zentrum Paris, besteht aus harten Kalksedimenten aus dem Tertiär und darüberliegenden jüngeren, weichen Ablagerungen. Im heutigen Relief des Pariser Beckens lassen sich die Schichtstufen oder Côtes am deutlichsten auf der Ostseite, zwischen der Ile de France und den Vogesen, erkennen. Dort liegt die Champagne, die Heimat des Champagner-Weines. Die Reben wachsen an den trockenen Hängen der Côtes, während sich auf den feuchten, flachen Schichtflächen Wiesen und Äcker ausdehnen. Die übrigen Teile des Pariser Beckens dienen vor allem dem Anbau von Weizen, Gerste und Zuckerrüben. Rings um Paris fallen die grossen Treibhäuser der Gärtnereien auf. Steinkohlenlager in Französisch-Flandern, die sich in Belgien fortsetzen, sowie Eisenerzvorkommen in Lothringen führten zur Entwicklung grosser Bergbau- und Industrielandschaften mit Bergwerken, Hüttenwerken, Maschinen- und Textilfabriken. Im Gegensatz dazu gibt es im Loire-Gebiet prachtvolle Schlösser inmitten herrlicher Parks.

Noch deutlicher als bei London lassen sich bei *Paris* die Wachstumsringe feststellen. Um die Keimzelle – die Ile de la Cité auf zwei Seine-Inseln – legten sich im Laufe der Zeit mehrere Siedlungsringe mit Stadtmauern, welche später, als die Stadt über sie hinauswuchs, geschleift und in Boulevards umgewandelt wurden. Im Kern der Stadt sind noch zahlreiche historische und charakteristische Bauten erhalten, und immer noch bildet der Eiffelturm das Wahrzeichen von Paris. Im äussersten Ring, vor allem im Norden, entstanden grosse Industrielandschaften und moderne Satellitenstädte. In der Agglomeration Paris leben über 10 Millionen Menschen.

In *Belgien* und den *Niederlanden* ändert sich der Charakter des westeuropäischen Tieflandes. Der fruchtbare Boden wird intensiv genutzt; neben fetten Wiesen, die einer sehr leistungsfähigen Vieh- und Milchwirtschaft dienen, neben Zuckerrüben- und Gemüsefeldern werden auf grossen Arealen Blumen gepflanzt. Zur Blütezeit der Tulpen gleichen weite Flächen in der Umgebung von Gent und in Holland riesigen bunten Teppichen. Zu den seltsamsten Agrarlandschaften gehören die Polder im Depressionsgebiet von Holland. Hinter Dünen und mächtigen Deichen liegen die dem Meere abgerungenen Kulturflächen: Äcker mit Futterrüben, fette Wiesen, Gemüsebeete, Blumenfelder und Baumschulen wechseln miteinander ab und werden meist von Dämmen begrenzt. Charakteristisch für die holländische Agrarlandschaft sind neben den Windmühlen auch die gewaltigen Gewächshäuser aus Glas oder Plastik, in denen Blumen, Frühgemüse und sogar Trauben fast während des ganzen Jahres geerntet werden. – Charakteristisch für das Küstengebiet der nördlichen westeuropäischen Tiefebene sind schliesslich die grossen Handelshäfen. Derjenige von Rotterdam steht mit einem jährlichen Güterumschlag von rund 140 Millionen Tonnen an erster Stelle der Welt. Seine Becken, Quais, Öltankgruppen, Lagerschuppen und alle weiteren Einrichtungen umfassen ein immenses Areal. Die Zufahrtsrinnen und Schleusenanlagen müssen ständig vertieft und erweitert werden, damit die grossen Supertanker anlegen können.

Von den Gebirgszügen, die im geologischen Altertum aufgefaltet worden sind, besitzt West- und Mitteleuropa nur noch spärliche Überreste in Form von Rumpfgebirgen und Rumpfebenen. Die bedeutendsten in Westeuropa sind das Zentralmassiv, die Vogesen und die Ardennen sowie die Rumpfflächen der Bretagne.

Die *Bretagne* bildet eine wellige Landschaft, deren Höhen nur vereinzelt 300 m überschreiten; sie fällt mit einer steilen, zerrissenen Felsenküste zum Atlantik ab. Auf gerundeten Höhenzügen breiten sich Heiden mit vereinzelten Kieferngruppen aus, mancherorts tritt dort der nackte Fels aus Granit und Gneis zutage. In den fruchtbaren Niederungen umsäumen Heckenstreifen die Wiesen, Weiden, Äcker und Gemüsefelder und verleihen der Landschaft ein besonders charakteristisches Gepräge. Solche Heckenlandschaften sieht man auch häufig in der Normandie und in Südengland. Zum Bild der Bretagne gehören die Menhirs, die sagenumwobenen, unbehauenen, bis 6 m hohen Granitpfeiler, Denkmäler aus der späten Jungsteinzeit, die in Reihen, seltener unregelmässig zerstreut über das Land verbreitet sind. Ebenfalls aus der Frühzeit der Bewohner stammen die Dolmen, riesige Steintische, bestehend aus einer grossen unbehauenen Steinplatte, die auf vier bis sechs Tragsteinen liegt. Das Innere der Bretagne ist wenig besiedelt, die Bauern wohnen in zerstreuten Einzelhöfen. Der Grossteil der Bretonen lebt auf dem schmalen, fruchtbaren Küstenstreifen, wo einige grössere Hafen- und Fischerstädte liegen.

Zentralmassiv, Vogesen und Ardennen sind waldreiche Mittelgebirge und gehören zu den westeuropäischen Landschaften, die vom Menschen noch wenig umgestaltet worden sind. Einzig in den fruchtbaren Talniederungen besteht eine dichtere Besiedlung; die Hochflächen werden immer mehr entvölkert, und verlassene, halbzerfallene Bauerngehöfte wie auch versteppte Kulturflächen sind dort keine Seltenheit. Einige Randlandschaften mit ergiebigen Kohlenlagerstätten haben sich hingegen zu wichtigen Bergbau- und Industrieregionen entwickelt, wie z. B. St-Etienne am Ost- und Le Creusot am Nordrand des Zentralmassivs sowie das belgische Kohlenrevier am Nordfuss der Ardennen. – Das Zentralmassiv ist mit 85 000 km² das grösste der westeuropäischen Rumpfgebirge. Es bildet eine sanftwellige Hochfläche, die gegen Osten bis auf 1700 m ansteigt, um dann am Bruchrand der Cevennen steil ins Rhonetal abzufallen. Die einsamen Hochflächen werden von meist breiten, fruchtbaren Tälern, in denen grössere Industriestädte liegen, in Einzellandschaften gegliedert. Im Süden des Zentralmassivs befindet sich die verkarstete Hochfläche Les

Causses, in die der Tarn eine lange, tiefe Schlucht eingeschnitten hat. Auf den mageren Weiden der Causses weiden grosse Schafherden; aus ihrer Milch wird im Städtchen Roquefort der gleichnamige, weltberühmte Käse hergestellt. Die Auvergne im Herzen des Zentralmassivs ist eine grossartige Vulkanlandschaft. Obwohl keiner der Vulkane mehr tätig ist, bietet sich hier eine für Europa einzigartige Vielfalt von vulkanischen Formen. Aschenkegel, Quellkuppen, Explosionstrichter, Basaltpropfen und Lavaströme sind die wichtigsten Erscheinungen dieser grandiosen Naturlandschaft.

Ein Gebiet, das sich wesentlich von den andern Landschaften Westeuropas unterscheidet, ist das 500 km lange und bis 50 km breite, tiefe *Tal der Rhone und Saône*, ein Grabenbruch, der sich von der Küste des Golfe du Lion nordwärts bis zur Burgundischen Pforte zieht. Die sanft ansteigenden, sonnigen Hänge westlich des Saône-Tales gehören zu Burgund und stellen eine der berühmtesten Weingegenden Europas dar. Inmitten grosser, vorbildlich gepflegter Weinkulturen erheben sich stattliche Châteaux der Rebbergbesitzer, und weit zerstreut liegen gemütliche, eng zusammengebaute Winzerdörfer und -städtchen. Am Zusammenfluss von Rhone und Saône breitet sich das grosse Siedlungsgebiet der Seidenmetropole Lyon aus. Weiter südwärts macht sich bereits der Einfluss des Mittelmeerklimas geltend. Beiderseits der kanalisierten und öfters zu Fluss-Seen gestauten Rhone liegen grosse Felder mit Reben, Tabak, Mais, Melonen, Artischokken, Tomaten und Blumen. Sie werden mittels Schilfmatten, Heckenstreifen oder Baumreihen vor dem kalten Nordwind, dem Mistral, geschützt. Die Provence mit zahlreichen alten Städtchen und weiten Olivenhainen verdankt ihren Charakter neben der Mittelmeervegetation besonders den oft landschaftsbestimmenden Baudenkmälern aus der Römerzeit, wie dem imposanten Aquädukt Pont du Gard oder den Amphitheatern von Nîmes und Arles.

Südskandinavien und nördliches Mitteleuropa

Südskandinavien gehört dem europäischen Laubwaldgürtel an. Nicht nur wegen der andersartigen ursprünglichen Vegetation, auch hinsichtlich Relief und Bodenarten unterscheidet es sich von den nördlichen Nadelwaldlandschaften. Das Relief ist flacher, und die niedrigen Höhenrücken verlaufen in nord-südlicher Richtung. Neben einzelnen Rundhöckern und zahlreichen Seen – unter ihnen der Mälar-, Vänern- und Vätternsee – breiten sich fruchtbare Grundmoränenböden aus. Diesem und dem milden atlantischen Klima ist es zu verdanken, dass sich vor allem in Götaland ein dichtbesiedeltes Ackerbaugebiet mit stattlichen Bauernhöfen und mehreren grossen Industrierevieren entwickeln konnte. In einer schärenreichen Ostseebucht liegt, gut geschützt, Schwedens Hauptstadt *Stockholm* (1,4 Millionen Einwohner). Sie entstand auf drei von den eiszeitlichen Gletschern rundgeschliffenen Granitbuckeln, sogenannten Holmen, und hat sich im Laufe der Zeit über weitere Inseln und die benachbarte Küste ausgebreitet. Das starke Ineinandergreifen von Wasser und Land erforderte den Bau zahlreicher Brücken. Ausser den vielen Wasserflächen lockern auch grosszügige Plätze und weite Parkanlagen das Siedlungsbild auf. Stockholm hat neben dem historischen Stadtinnern viele moderne Viertel; es ist nicht nur kulturelles und politisches Zentrum Schwedens, es ist mit der grossen Industrieballung in der Region und seinem leistungsfähigen Hafen ebenfalls Wirtschaftsmetropole des Landes.

Das westeuropäische Tiefland setzt sich gegen Osten ohne merkbare Grenze im *Norddeutschen Tiefland* fort. Dieses flachhügelige Gebiet zwischen der Nord- und Ostseeküste und den Mittelgebirgen im Süden verbreitert sich bis auf 500 km und geht schliesslich ins ungeheuer weite osteuropäische Tiefland über. Seine heutigen Oberflächenformen verdankt das Norddeutsche Tiefland in erster Linie den skandinavischen Gletschern, die während der Eiszeiten drei- bis viermal verschieden weit in dieses Gebiet vordrangen. Der weiteste Vorstoss reichte bis zum Mittelgebirge, der kleinste und letzte bis zum heutigen Elbe-Lauf. Die Folge ist, dass die westlichen Gebiete, die während der letzten Eiszeit nicht mehr von Gletschern bedeckt waren, über längere Zeit und daher stärker abgetragen wurden als die östlichen. So wechseln im Westen tiefliegende Flachländer mit sandigen, zum Teil von Heide und lichten Kieferbeständen bewachsene Geestplatten der älteren Vereisung mit Talsandebenen und feuchten Niederungen sowie mit fruchtbarem Marschland an der Nordseeküste. Im Osten dagegen dehnen sich neben Heiden meist weite, lehmig-sandige Grundmoränenebenen aus, die gegen Süden von fruchtbarem fossilem Löss bedeckt sind. Der Löss wurde einst als Staub aus den unbewachsenen eiszeitlichen Sandern und Moränen ausgeblasen und hier abgelagert. Über das flache Tiefland erheben sich einige hügelige Landrücken mit Endmoränenzügen und Seenplatten. Der am deutlichsten erkennbare

Landrücken ist derjenige, der sich von Schleswig-Holstein bis weit nach Polen hinein erstreckt und die Küstenebenen an der Ostsee vom Binnentiefland trennt. Zu ihm gehören die Mecklenburger, Pommersche und Preussische Seenplatte. Durch das Binnentiefland ziehen mehrere breite, oft versumpfte Talniederungen, sogenannte Urstromtäler. Diese entstanden während der Eiszeit als Schmelzwasserrinnen, welche parallel zum Eisrand verliefen. Ein solches Urstromtal zieht sich beispielsweise von Berlin nach Warschau, ein anderes von Magdeburg nach Breslau. Durch die Urstromtäler fliessen streckenweise die heutigen Flüsse wie die Elbe und die Weichsel, sie werden zum Teil auch von Kanälen wie dem Spree- und dem Netze-Kanal benützt. Zwischen dem westlichen und östlichen Teil des Tieflandes besteht nicht nur hinsichtlich der Bodenformen ein Unterschied, auch die Vegetation, die Wirtschaft und die Siedlungen sind verschieden. Dies hat seine Ursache sowohl im Wechsel vom atlantischen zum kontinentalen Klima wie auch in der gegensätzlichen historischen Entwicklung. Im Westen, mit relativ mildem feuchtem Klima und einer langen historischen Vergangenheit innerhalb des Deutschen Reiches, herrscht im allgemeinen die Viehwirtschaft mit fast ganzjährigem Weidegang vor, daneben wird aber auch Ackerbau betrieben. Alte Städte, meist mit guter Verkehrslage an einem Fluss, sowie zahlreiche Weiler und Haufendörfer sind durch Jahrhunderte hindurch harmonisch gewachsen und konnten hinsichtlich Aussehen, kulturellem und wirtschaftlichem Charakter ihre Individualität wahren. Erst das Industriezeitalter und vor allem die beiden Weltkriege zerstörten viele typische Wesenszüge – vor allem der Städte – und brachten eine eintönige Uniformität. Im kontinentaleren östlichen Tiefland, das zum Teil jahrhundertelang umstrittenes Grenz- oder Kolonialland war, findet man viele Felder für den Anbau von Roggen und Kartoffeln. Strassen- und Reihendörfer verraten eine gewisse Planung, und manche Städte mit schachbrettartigem Grundriss und zentralem, rechteckigem Marktplatz erinnern an die Kolonialzeit. In den zur DDR gehörenden Landschaften hat sich in jüngster Zeit ein bedeutender Wandel vollzogen. Die Grossgrundbesitze und Gutswirtschaften mit stattlichen Herrensitzen und grossen Ökonomiegebäuden wurden enteignet und die Kollektivierung der Landwirtschaft durchgeführt, so dass es heute kaum mehr selbständige Bauern gibt.

Die verhältnismässig wenig fruchtbaren Gebiete mit eiszeitlichen Sandböden bezeichnet man in Norddeutschland als Geest – im Gegensatz zu den tiefergelegenen Marschlandschaften in Talniederungen und an der Küste, die aus fruchtbarem Schwemmland bestehen. Eine der bekanntesten Geestlandschaften ist die Lüneburger Heide, die sich südlich von Hamburg ausbreitet. Dort hat der Mensch den natürlichen Laubwald, der vorwiegend aus Eichen und Birken bestand, gerodet und in eine Heide mit Heidekräutern, Wacholderbüschen, Ginster und vereinzelten Kiefern umgewandelt. Im 19. Jahrhundert diente die Lüneburger Heide als Weideland für Schafe, die sogenannten Heidschnucken, und zur Bienenzucht. Durch Aufforstung und intensive landwirtschaftliche Bearbeitung mit Hilfe von Kunstdünger veränderte sich das Landschaftsbild stark. An Stelle der Heidschnucken weiden Rinderherden, und auf weiten Flächen wird Getreide angebaut. Aus der Tiefe gewinnt man Salz und vereinzelt auch Erdöl. Nur noch einige Naturreservate zeigen das einstige Antlitz der Heide und locken alljährlich Tausende von Touristen an. – In Gebieten, wo sich früher Hochmoore befanden, z. B. an der Ems bei Papenburg, entstanden durch Melioration Fehnkolonien (Fehn = Moor) mit fruchtbaren Äckern und Gartenkulturen. An der Nordseeküste zerstörten gewaltige Sturmfluten zum Teil noch in historischer Zeit grosse Strecken des ursprünglichen Küstensaumes und schufen Wattenmeere, aus denen girlandenförmig angeordnete Inseln, die Halligen, als Reste des Festlandes herausragen. Die Höfe der Halligen liegen zum Schutz vor der Flut auf künstlich errichteten Hügeln, den Warften oder Wurten. Mittels grossartiger Deichbauten rangen die Küstenbewohner dem Wattenmeer Polder- oder Koogflächen ab und legten fruchtbare Felder an. An verschiedenen Stellen der Küste befinden sich beliebte Badeorte; auch die Halligen haben neuerdings Fremdenverkehr. Anders ist das Bild der Ostseeküste. Dort sind flache Strandseen, die Haffe, durch langgezogene Landzungen, die Nehrungen, vom offenen Meer abgetrennt. Die Küstenebene besteht aus Grundmoränen und dient dem Anbau von Zuckerrüben, Roggen und Weizen.

Die tief ins Land vordringenden Trichtermündungen der Nordseeküste eignen sich zum Bau geschützter Hafenanlagen, wie Emden an der Ems-, Bremen an der Weser- und Hamburg an der Elbemündung. *Hamburg*, der wichtigste deutsche Hafen, liegt im Innern des Trichters, 110 km von der Küste entfernt. Auf dem nördlichen Geest-Rand, geschützt vor Überschwemmungen, entstand schon im Frühmittelalter die Kernsiedlung. Das Marschgebiet im Elbetrichter wurde durch Einpolderungen, Aufschüttungen, Durchstiche, Brücken und Hafenbecken, Gleis- und Strassenverbindungen zu einer riesigen Hafen- und Industrielandschaft gestaltet.

Das heute geteilte *Berlin* mit insgesamt 3 Millionen Einwohnern ist mit Abstand die volksreichste Stadt des Norddeutschen Tieflandes. Am Urstromtal zwischen Oder und Elbe, wo höhere Sandflächen die Spree einengen und den Übergang erleichtern, erwuchs aus einem Fischerdorf auf einer Insel der Brückenort Cölln und am rechten Ufer die Siedlung Berlin. Nach der Vereinigung dieser beiden Kerne, die vorerst von einem Befestigungswall umgeben waren, dehnte sich die Stadt ringförmig aus und entwickelte sich nach einer wechselreichen Geschichte zur Reichshauptstadt. Nach dem Zweiten Weltkrieg wurde das zu einem grossen Teil zerstörte Berlin in vier Besatzungsgebiete oder Sektoren aufgeteilt. Immer schärfere Konflikte zwischen der Sowjetunion und den westlichen Besatzungsmächten führten schliesslich zur Spaltung der Stadt, und 1961 wurde von der Regierung der DDR im Auftrage der Sowjets entlang der Grenze von West- und Ostberlin die 45 km lange Berliner Mauer errichtet. Nur wenige, streng bewachte Übergänge ermöglichen noch einen spärlichen Verkehr zwischen den beiden Sektoren. Da Westberlin vom Territorium der DDR umschlossen wird, ist seine Verbindung mit der BRD sehr erschwert, denn nur auf wenigen Strassen, Bahnlinien, Wasserwegen und in Luftkorridoren ist der Verkehr mit Westdeutschland gestattet.

Trotz grosser baulicher Veränderungen seit dem Zweiten Weltkrieg und trotz der Spaltung ist die Innenstadt immer noch Sitz bedeutender Institutionen von Verwaltung, Wirtschaft und Kultur. Der aussen anschliessende, durch Grünflächen, Gewässer, Industrie- und Verkehrsanlagen gegliederte Gürtel ist das volksreichste und wirtschaftlich bedeutendste Stadtgebiet. Die äussersten Bezirke weisen neben Wohn- und Industriesiedlungen grossflächige Landwirtschafts- und Gärtnereibetriebe sowie Wälder und Seen als Erholungsräume auf. – Westberlin, mit einer Fläche von 480 km² und 1,9 Millionen Einwohnern, ist heute ein deutsches Land mit besonderen Bindungen an die Bundesrepublik Deutschland. Ostberlin, mit 403 km² und 1,1 Millionen Einwohnern, ist die Hauptstadt der DDR.

Inmitten des *Polnischen Tieflandes,* das nach Entstehung und Relief die Fortsetzung des Norddeutschen Tieflandes darstellt, jedoch stärker bewaldet ist, liegt im Urstromtal der Weichsel Warschau, die Hauptstadt Polens. Nach den schrecklichen Zerstörungen im Zweiten Weltkrieg wurde es fast vollständig neu aufgebaut; dabei behielten die Städteplaner den alten Grundriss mit schachbrettartig angeordneten Strassen weitgehend bei. Besonders stark entwickelten sich die äusseren Viertel mit grossen, oft monotonen Wohnblöcken. Warschau zählt 2,0 Millionen Einwohner und ist nicht nur politisch, sondern mit seinen Hochschulen und Industrien auch kulturell und wirtschaftlich Mittelpunkt des Landes. In der Polnischen Platte, in Südpolen, einem hügeligen Moränengebiet mit grossen Kiefernwäldern, befinden sich reiche Kohlen- und Eisenerzvorkommen, die zur Entwicklung ausgedehnter Industrieregionen führten.

Das südliche Mitteleuropa

Charakteristisch für den südlichen mitteleuropäischen Anteil am ehemaligen Misch- und Laubwaldgürtel ist die starke Gliederung in zahlreiche relativ kleine Einzelräume, in Gebirge, Becken und Stufenlandschaften. Im Norden verläuft die *Mitteldeutsche Gebirgsschwelle* in West-Ost-Richtung von den Ardennen zu den Karpaten. Sie setzt sich aus mehreren bis 1600 m hohen Mittelgebirgen mit gerundeten Formen und tiefeingeschnittenen Tälern zusammen. Es sind die stark abgetragenen, zum Teil gehobenen Überreste eines Gebirges aus dem geologischen Altertum, aufgebaut aus verschiedenartigen kristallinen Schiefern, Eruptivgesteinen, Buntsandsteinen und Kalken. An einigen Stellen erheben sich erloschene Vulkankegel und Basaltkuppen. Die Namen verschiedener Berglandschaften mit der Endung «-Wald», wie z. B. Thüringer- oder Frankenwald, haben auch heute noch ihre Berechtigung, denn die ganze Gebirgsschwelle ist stark bewaldet und gehört zu den ursprünglichsten Landschaften Mitteleuropas. Auf den Hochflächen leben wenige Bewohner, nur die grösseren Täler weisen eine dichtere Besiedlung auf. An einigen Stellen greift das Norddeutsche Tiefland ins Bergland hinein und bildet u. a. die Kölner, Münstersche und Leipziger Bucht.

Der westliche Abschnitt, das *Rheinische Schiefergebirge,* ist ein von Flüssen unterteilter Gebirgsblock mit wenig fruchtbaren, meist bewaldeten Hochflächen. Das Tal des Mittelrheins mit seinen grossflächigen Rebhängen, romantischen Winzerdörfern und trutzigen Burgen trennt das Schiefergebirge in einen westlichen und einen östlichen Teil. Der westliche Teil wird vom mäanderreichen Moseltal in den Hunsrück und

47 London. Blick auf die Themse und das neugotische Parlamentsgebäude (Mitte 19. Jh.); in der Mitte der berühmte Glockenturm «Big Ben». Eine ebenso berühmte wie unverwechselbare «Stadtlandschaft» wie etwa Manhattan (Nr. 38) oder – mit ganz anderem kulturellem Hintergrund – Istanbul (Nr. 68).

48 Der 2700 m hohe Bergstock Watzmann in den Berchtesgadener Alpen, Deutschland. Im winterlichen Kleid sind die Gesteinsschichten aus Dolomit (unten) und Kalk (oben) besonders gut erkennbar.

49 Teilansicht der Rheinischen Braunkohlenwerke bei Köln, des grössten westdeutschen Unternehmens zur Förderung von Braunkohle. Die Kohlengewinnung erfolgt im Tagebau mittels modernster Maschinen.

50 Neugestaltete Landschaft im Gebiet der ehemaligen Braunkohlenlager bei Köln. Wo der Kohlenabbau erschöpft ist, werden gut geplante neue Erholungslandschaften mit Wäldern und Seen geschaffen.

51 Ringförmige Anordnung der Felder um eine bewaldete Anhöhe bei Kornbühl südlich von Tübingen, Bundesrepublik Deutschland.

52 Die Cir-Spitzen beim Grödner Joch in den Südtiroler Dolomiten. Die stark verwitterten Felsen leuchten im Sonnenlicht über der im Schatten liegenden Winterlandschaft.

53 Luftaufnahme des eigenartigen Terpendorfes (Terpen = künstliche Wohnhügel, in Norddeutschland Wurten oder Warften) Spijk im Norden der niederländischen Provinz Groningen.

54 Gärtnereien in den Niederlanden. Unter den Glasdächern gedeihen verschiedenartige südländische Gemüse und Früchte.

55 Die drei Hauptlandschaften der Schweiz: im Vordergrund die Höhenzüge des Jura, in der Mitte das schweizerische Mittelland, dahinter die Alpenkette mit verschneiten Gipfeln. Blick vom Chasseral (1607 m).

56 Weinkulturen bei Châteauneuf-du-Pape zwischen Orange und Avignon, Südfrankreich.

57 Salinen in der Lagune von Janubio auf Lanzarote (Kanarische Inseln). Das hier gewonnene Meersalz ist eine wichtige Einnahmequelle der Insel.

58 Sete Cidades Saõ Miguel auf den Azoren. Das Vulkanmassiv war, wie alle Azoren-Inseln, ursprünglich von dichtem Wald bedeckt. Heute bemüht man sich um die Wiederaufforstung mit Japanischen Zedern, die hier ausgezeichnet gedeihen.

59 Die breite Mündungsbucht des Tejo wird westlich der Altstadt von Lissabon von der längsten Hängebrücke Europas überspannt. Diese wurde 1966 dem Verkehr übergeben. – Blick nach Norden, gegen den Stadtteil Belém.

60 Am Nordhang der Sierra Nevada in der Region Guadix, Südspanien. In der sogenannten Vega wird Obst angebaut (Mittelgrund).

61 Die fruchtbare Landschaft mit Mischkulturen in Umbrien nordwestlich von Perugia wird von der Autobahn zerschnitten.

62 Blick auf die Südflanken des 3260 m hohen Ätna (Hintergrund) auf Sizilien, eines komplex gebauten Stratovulkans. Der 1883 bis 1886 entstandene Basaltlavastrom (Vordergrund) nordöstlich der Monti Rossi oberhalb Nicolosi wird heute als Steinbruch genutzt. Deutlich zu erkennen ist der Unterschied zwischen der rasch abgekühlten, stark schlackigen Oberfläche und dem langsam erstarrten, massiven inneren Teil des Lavastromes. Eine landwirtschaftliche Nutzung von Vulkangebieten ist im allgemeinen den Lockerstoffpartien (z.B. Aschenzonen) vorbehalten, welche dank ihrem Mineralreichtum die Basis für fruchtbare Böden liefern.

63 Karge Ackerbaulandschaft auf Kalkuntergrund in Apulien, südlich von Bari (Italien).

64 Regenbogen über der Hortobágy-Puszta in Nordostungarn. Im Gegensatz zu den sogenannten kleinen Pusztas mit Ackerland gibt es hier immer noch grosse Pferdeherden.

65

66

65 Flusslauf im verkarsteten südjugoslawischen Küstenbergland bei Cetinje, Montenegro.

66 Bauerndorf im Fedjet-Gebirge bei Satu Mare in der rumänischen Provinz Mara-Mures. Am linken Bildrand eine orthodoxe Kirche im traditionellen byzantinischen Stil.

67 Die Insel Ios im Ägäischen Meer gehört zu den bevorzugten Touristenzielen Griechenlands; der Überlieferung zufolge soll sich hier das Grab Homers befinden. – Die Kykladen, zu denen ausser Ios z.B. auch Mykonos und Thira (Santorini) zählen, sind praktisch waldlos; typisch sind die kubischen weissen Häuser, denen sich auch die Hotels und Bungalows der Feriensiedlungen angepasst haben.

68 Der Hafen von Istanbul; auf der Anhöhe die Sultan-Ahmed-Moschee. Mag auch der Bevölkerungscharakter so gut wie ganz das ursprünglich sehr stark ausgeprägte orientalische Flair eingebüsst haben – die Skyline von Istanbul mit ihren markanten Minaretten blieb über all die Jahrhunderte hinweg unverändert.

69 Gebirgsweide in der Nähe von Erzurum, Osttürkei. Die Idylle trügt: dieses Gebiet – wie die Stadt Erzurum selbst – ist stark erdbebengefährdet.

70 Bizarre Tuffsteinlandschaft von Göreme westlich von Kayseri (Türkei) mit eingehauenen Höhlenkirchen, die im Innern z.T. schön ausgemalt sind.

71 Pflanzungen bei Sefrou im Mittleren Atlas, Marokko. Man vergleiche mit den andalusischen Obstplantagen auf Abb. 60: auf beiden Seiten der Meerenge von Gibraltar findet sich der gleiche Landschaftscharakter.

72 Berbersiedlung im Hohen Atlas, Marokko. Im kargen Steppengebiet liegen die Siedlungen, die aus Lehmhäusern und einer dominierenden Festung bestehen, weit auseinander.

73 Sanddünen in der algerischen Sahara. Im Hintergrund das Bergland Tassili N'Ajjer nordöstlich des Hoggar-Gebirges.

74 Im algerischen Hoggar-Gebirge. Von der Einsiedelei des Père de Foucaud aus aufgenommen.

75 Kontrastreiche Landschaft bei El Golea in Algerien an der Transsahara-Strasse Algier–In Salah von Nord nach Süd (Route du Hoggar). In der Oase (Bild) gedeihen Palmen. – In dieser Gegend finden sich zahlreiche artesische Brunnen, die Wasser für Mensch und Tier und zur Bewässerung der Pflanzen liefern.

76 Teilansicht von Jerusalem: Berg Zion mit der katholischen Marienkirche (links). Zion, der älteste Teil Jerusalems, ist einerseits die poetische Metapher für die ganze Stadt («Tochter Zion»), andererseits Symbol für die neuzeitlichen Einheitsbestrebungen des Judentums (Zionismus). – Heute wird hier das Grab Davids verehrt, und man vermutet hier die Stätte der Abendmahlseinsetzung Christi.

77 Die eindrucksvolle Ruinenlandschaft des antiken Gerasa (heute Jesresh oder Djérach, südlich des Sees Genezareth). Die Stadt wurde zur Zeit Alexanders des Grossen gegründet.

die Eifel gegliedert; letztere ist wegen ihrer Maare, Schlackenvulkane und burggekrönten Basaltkuppen berühmt. Das rechtsrheinische Schiefergebirge besteht aus dem Taunus und dem Westerwald, welcher nordwärts in das Siebengebirge übergeht, das von schönen Basaltkegeln gekrönt wird. Das Hessische Bergland, mit wechselreichem Relief aus Höhenrücken, Basaltstöcken und Senken, verbindet das Schiefergebirge mit dem Harz, dessen markanteste Kuppe, der Brocken, auf 1100 m ansteigt. Zahlreiche Erzgänge mit Silber, Blei, Kupfer und Zink führten besonders im 16. Jahrhundert zu einem blühenden Bergbau. Heute basiert die Wirtschaft in erster Linie auf der Forstwirtschaft und der Nutzung der Wasserkräfte; die meisten ehemaligen Bergbaustädte fristen heute ein geruhsames Dasein. – Eine Landschaft von besonderem Reiz und hervorragender Bedeutung für die deutsche Kultur ist das *Thüringer Becken*. Wellige Hochflächen mit Äckern, Wiesen und gemütlichen Bauerndörfern, Engtälern, Wäldern und Auen wechseln in rascher Folge. Nahe beisammen liegen die historisch wichtigen Städte Erfurt, Weimar, Eisenach mit der Wartburg, Jena und Gotha, in denen zahlreiche Persönlichkeiten des deutschen Geisteslebens, wie z. B. Luther, Schiller und Goethe, Bach und Liszt, zeitweise wohnten.

Das Fichtelgebirge bildet gleichsam den Knotenpunkt der *östlichen Gebirgsschwelle*. Von ihm aus zweigen das Erzgebirge gegen Nordosten und der Böhmerwald gegen Südosten ab, um gemeinsam mit den Sudeten und den Böhmisch-Mährischen Höhen die Landschaft Böhmen zu umschliessen. Das Erzgebirge, eine nach Südosten ansteigende Pultfläche, wird von zahlreichen Tälern zerschnitten und ist von Laub- und Nadelwäldern bedeckt. Wie der Name sagt, birgt es Erze, vor allem Silber, Blei, Kupfer, Zinn, Nickel, Kobalt und Eisen, die vom 15. bis zum 17. Jahrhundert abgebaut wurden. Seit 1945 erlangte die Gewinnung von Pechblende (Uranerz) eine gewisse Bedeutung. Das Erzgebirge mit seinen einsamen, dunklen Wäldern, verlassenen Kohlenmeilern und Bergwerksstollen ist das geschlossenste Volkskunstgebiet des deutschen Sprachraums (Schnitzkunst, Spielzeugindustrie, Spitzenklöpplerei).

Die Beckenlandschaft *Böhmen* besteht aus einer 400 bis 600 m hohen, welligen Fläche, in die sich verschiedene Flüsse, so auch die Elbe und die Moldau, eingeschnitten haben. Zwischen bewaldeten Höhenrücken breiten sich weite Äcker aus, auf denen Hopfen und Gerste zur Herstellung des berühmten Pilsner Biers, aber auch Weizen, Kartoffeln, Zuckerrüben, Flachs und Obst angebaut werden. Die Bodenschätze der böhmischen Gebirge führten schon früh zu starker Industrialisierung. Quarzsand-, Kaolin- und Graphitvorkommen bilden die Voraussetzungen von Glasbläsereien, Porzellan- und Bleistiftfabriken. Im Herzen Böhmens liegt Prag, die Hauptstadt der Tschechoslowakei, mit über einer Million Einwohnern. Mit ihren gotischen und barocken Bauwerken und der alten Königsburg, dem Hradschin, wird sie auch als die «Goldene Stadt» bezeichnet. Heute breitet sich um die Innenstadt ein Kranz von Wohn- und Industrievororten aus. – Östlich von Böhmen, zwischen den Böhmisch-Mährischen Höhen und den Karpaten, liegt *Mähren*, eine Beckenlandschaft, deren tiefgelegenes Zentrum, das Marchbecken, von höheren Plateauflächen umgeben ist. Dank der Mährischen Pforte ist Mähren seit alters her ein wichtiges Durchgangsland zwischen den Donauländern und dem Oder-Weichsel-Gebiet. Brünn, der kulturelle und wirtschaftliche Mittelpunkt, besitzt eine sehenswerte Altstadt sowie moderne Vororte.

Die wichtigste Tieflandbucht, die von Norddeutschland in die Gebirgsschwelle hineingreift, ist diejenige von Köln. Da sie zum Durchbruchstal des Mittelrheins – dieser Verkehrsroute von europäischer Bedeutung – führt, und da an ihren Randstufen grosse Kohlenlager liegen, entwickelte sich hier die gigantische Bergbau-, Industrie- und Verkehrslandschaft, das *Rheinisch-Westfälische Industriegebiet* (Karte XIII). Per Bahn und Schiff auf Rhein, Mosel und mehreren Kanälen werden Eisenerze zur Verhüttung herantransportiert. Im Kernraum, dem Ruhrgebiet, bei der Einmündung der Ruhr in den Rhein, entstand Duisburg-Ruhrort, der Hauptumschlagplatz dieses Distriktes und der grösste Binnenhafen Europas. Zu den alten Schwerindustriestädten Duisburg, Essen, Bochum und Dortmund gesellten sich eine Reihe weiterer Zentren, und neben den Hochöfen, Stahl- und Walzwerken breiten sich grosse Anlagen der Petrochemie und Textilindustrie aus. Das Rheinisch-Westfälische Industriegebiet ist eine der am dichtesten besiedelten Landschaften der Erde. Auf 5000 km^2 Fläche leben 6 Millionen Menschen, und zwischen Ruhr und Emscher beträgt die Bevölkerungsdichte mehr als 2000 pro Quadratkilometer. Von den zehn Grossstädten zählen vier über eine halbe Million Einwohner.

Der Süden des südlichen Mitteleuropas lässt sich in einige von Mittelgebirgen begrenzte Flussgebiete gliedern. Das westlichste ist die *Oberrheinische Tief-*

ebene, die sich auf einer Länge von 300 km von Basel bis Mainz erstreckt und bis 40 km breit ist. Als Grabenbruch zwischen Vogesen–Pfälzer Bergland im Westen und Schwarzwald–Odenwald im Osten bildet sie eine geschlossene Einheit. Von den beiderseitigen Gebirgshängen neigt sich die Ebene sanft über flache Schuttfächer und Schotterfelder zur tiefgelegenen Talsohle am Rhein, auf welcher meist Auenwälder wachsen. Dem fruchtbaren Boden, der mancherorts mit fossilem Löss angereichert ist, und dem milden Klima verdankt die Oberrheinische Tiefebene den Namen «Garten Deutschlands». Auf dem meliorierten Talboden gedeihen Weizen, Mais, Tabak, Hopfen, Obst, Spargel und Beeren. An den sonnigen Hängen der Vorberge und des mitten in der Ebene stehenden Vulkanberges Kaiserstuhl wächst ein guter Wein, und an besonders geschützten Lagen behaupten sich sogar Edelkastanien und Mandelbäume. Die Oberrheinische Tiefebene dient als erstrangiges Durchgangsland von bedeutenden Binnenschiffahrtswegen, Strassen und Bahnlinien; an ihrem Rande, bei Frankfurt, befindet sich zudem der grösste mitteleuropäische Flughafen. Neben historischen Städten, die aus römischen Militärlagern und Brückenköpfen hervorgegangen sind, wie Strassburg, Speyer, Worms und Mainz, entstanden entlang den alten Strassen am Gebirgsfuss wichtige Handels- und Kulturstädte, z. B. Freiburg, Karlsruhe und Heidelberg. Seit der Kanalisierung des Rheines wuchsen die Siedlungen weit in die Rheinebene hinaus. In einer zentralen Verkehrslage entwickelte sich die Doppelstadt Mannheim-Ludwigshafen mit grossen chemischen Fabrikanlagen. Am Südende der Ebene liegt Basel, die zweitgrösste Schweizer Stadt, die seit alters her einer der bedeutendsten Handelsplätze Mitteleuropas ist. Als Grenzstadt und dank seinen Rheinhäfen bewältigt Basel, das «Tor zur Schweiz», mehr als die Hälfte der schweizerischen Ein- und Ausfuhr. Mit seiner weltbekannten chemischen Industrie, seiner Universität und andern Kulturinstituten ist Basel ein wirtschaftlicher und geistiger Mittelpunkt.

Der Schwarzwald mit seinen Hochflächen, dunklen Fichtenwäldern, Rodungen mit grünen Wiesen und stattlichen Bauernhöfen wird immer mehr von der Industrialisierung und vom Tourismus umgewandelt. In den grösseren Tälern reihen sich Wohn- und Fabriksiedlungen aneinander, und auf den Höhen entstehen Hotels, Skiliftanlagen und grosse Parkplätze. – Die Landschaften des Main und des Neckar gehören zum sogenannten *Schwäbisch-Fränkischen Stufenland.*

Es fällt stufenweise von Süden gegen Norden und Osten ab. Im südlichen Teil erstreckt sich die Schwäbisch-Fränkische Alb mit 500 bis 1000 m hohen, verkarsteten Hochflächen von der Schweizer Grenze bei Schaffhausen in nordöstlicher Richtung gegen das obere Maingebiet. Die leicht welligen Höhen mit Trockentälern und Dolinen, mageren Äckern und Weiden neigen sich sanft nach Südosten; gegen Nordwesten dagegen bricht die Schwäbische Alb mit dem sogenannten Albtrauf sehr steil ab. Dieser Stufe vorgelagert erheben sich einige Zeugenberge, als abgetrennte Reste der Hochfläche; sie dienten als geschützte Standorte von Burgen und Schlössern, wie z. B. Hohenzollern. Nördlich des Albtraufes folgen einander die wenig hohen und meist bewaldeten Stufen mehr oder weniger parallel in grossen Bögen und gehen ins fruchtbare, rebenreiche Mainbecken über. Stuttgart, Hauptstadt von Baden-Württemberg, liegt am Rande einer Stufe im Zentrum des Neckargebietes in einem weiten, zum Neckar geöffneten Kessel. Trotz Industrialisierung und starker Bevölkerungszunahme seit dem Zweiten Weltkrieg entfallen immer noch mehr als die Hälfte des Stadtareals auf Wälder und Parkanlagen, und die Rebkulturen an den Sonnenhängen des Talkessels bilden einen krassen Gegensatz zu den Betonbauten der Innenstadt. Die Vororte auf den umliegenden Hochflächen und im Neckartal wachsen immer mehr zusammen. Im fruchtbaren, dichtbesiedelten Mainbecken liegen ausser dem Zentrum Frankfurt eine Reihe weiterer Städte mit bedeutender Vergangenheit und wichtigen kulturellen und wirtschaftlichen Funktionen, z. B. Würzburg, Bamberg, Bayreuth und Nürnberg.

Eine besonders dichtbesiedelte und stark industrialisierte Landschaft ist das *Alpenvorland.* Seine West-Ost-Ausdehnung vom Genfersee bis Wien beträgt rund 800 km, die grösste Breite erreicht es im Raume von München–Regensburg mit 150 km. Als wichtiges Durchgangsland verbindet es einerseits die Ungarische Senke mit dem französischen Rhonetal und der Oberrheinischen Tiefebene, andrerseits führen von ihm zahlreiche wichtige Passstrassen über die Alpen in die Poebene. Das ganze Gebiet neigt sich gegen Norden zum Aare-Rhein-Tal und zur Donau, die als Sammelrinnen der meist in Nord-Süd-Richtung orientierten Flüsse dienen. Sein Relief verdankt das Alpenvorland mit wenig Ausnahmen der Arbeit der diluvialen Gletscher. Die Eisströme, die von den Alpen kamen, modellierten von Süd nach Nord gerichtete flache Höhenzüge mit parallelen, breiten Talniederungen. Sie hinterliessen an den Abhängen der Höhenrücken Seitenmoränen, und ihre Endmoränenkränze stauten verschiedene Seen auf. Ausserhalb der Endmoränen lagerten die Flüsse weite Schotterebenen ab. Von den ursprünglichen Laub- und Mischwäldern und Sümpfen sind nur noch spärliche Reste übriggeblieben. Der weitaus grösste Teil des Alpenvorlandes besteht heute aus dichtbesiedelten Agrar- und Industrielandschaften mit einem eng geknüpften Netz von Strassen, Autobahnen und Eisenbahnlinien. Die meisten Flüsse sind kanalisiert und viele Seeufer dicht überbaut. An den wichtigen Verkehrsknoten – so an Flussübergängen, See-Enden und an den Ausgangspunkten der Alpenpässe – liegen grosse Städte; auch viele ländliche Siedlungen erhielten durch Industrie- und neuzeitliche Wohnviertel städtischen Charakter. Der Bodensee gliedert das ganze Gebiet in das kleinere Schweizerische Mittelland im Westen und das viel grössere Schwäbisch-Bayrisch-Österreichische Alpenvorland im Osten. Das *Schweizerische Mittelland* stellt das wirtschaftliche Kerngebiet der Schweiz dar. Es ist die wichtigste Ackerbaulandschaft des Landes, in dem sich sorgfältig bewirtschaftete Felder mit Weizen, Kartoffeln, Futterpflanzen, Raps und Obstbäumen aneinanderreihen; es besitzt aber auch grosse Industrieregionen, die indessen nirgends so starke Konzentrationen wie im Ruhrgebiet oder in Mittelengland aufweisen. Zürich, die Wirtschafts- und Finanzmetropole der Schweiz, besitzt eine gute Verkehrslage am Nordende des Zürichsees. Seine Altstadt beiderseits der Limmat hat mit ihren Kirchen, Zunft- und Bürgerhäusern weitgehend das historische Antlitz bewahrt, während das westlich anschliessende Geschäftsviertel meist aus grossen modernen Bauten besteht. An den Abhängen breiten sich vorwiegend Wohn- und im Limmattal Industrieviertel aus. Die Agglomeration hat sich in die benachbarten Täler ausgedehnt und umfasst 51 Gemeinden mit rund 700 000 Einwohnern. Mit seiner Universität, einer Eidgenössischen Technischen Hochschule, dem Landesmuseum und zahlreichen weiteren kulturellen Institutionen spielt Zürich die führende Rolle im Geistesleben der deutschen Schweiz. – Die Bundeshauptstadt Bern hat sich von ihrer Keimzelle in einer Aareschlaufe weit über das benachbarte hügelige Mittelland ausgebreitet. Die eng gebaute Altstadt mit Laubengängen, alten Brunnen, Türmen, barocken Zunft- und Bürgerhäusern und dem gotischen Münster zeigt eine einzigartige Harmonie. Als Sitz der schweizerischen Bundesbehörden und vieler diplomatischer Vertretungen ist es vor allem eine Beamtenstadt. Am Ausfluss der Rhone aus dem Genfersee liegt Genf. Mit zahlreichen internationalen Institutionen, darunter das Internationale Komitee vom Roten Kreuz (IKRK) sowie sieben UNO-Organisationen, besitzt die Stadt eine weltweite Ausstrahlung. Das Schweizerische Mittelland wird im Westen und Nordwesten vom Kettenjura begrenzt, einem Mittelgebirge, das aus fast parallel verlaufenden, stark bewaldeten und spärlich besiedelten Faltenketten und aus dichter besiedelten Längstälern besteht, welche durch enge Quertäler, sogenannte Klusen, verbunden sind. Im Nordwesten schliesst sich der Plateaujura an, eine wellige, parkähnliche Hochfläche, die sich in Frankreich fortsetzt. Im Nordosten geht der Kettenjura in den Tafeljura über, der in der Schwäbischen Alb seine Fortsetzung findet. Da die Land- und Forstwirtschaft für die Jurabevölkerung eine zu geringe Existenzgrundlage darstellt, entwickelte sich die weltbekannte Uhrenindustrie, die zur Gründung grosser Uhrmacherdörfer führte, wie z. B. La Chaux-de-Fonds mit seinem schachbrettartigen Strassennetz und eintönigen Wohn- und Fabrikgebäuden.

Das *Schwäbisch-Bayrisch-Österreichische Voralpengebiet* ist weniger dicht besiedelt als das Schweizerische Mittelland. Die Siedlungen liegen weiter auseinander, die Ackerflächen sind grösser, und auf weiten Arealen werden Hopfen und Gerste für die Bierbrauereien angepflanzt. Im nördlichen Teil breiten sich noch Auenwälder und Moore aus. Alle grösseren Städte befinden sich in günstiger Verkehrslage, so Ulm, Regensburg, Linz an der Donau und Augsburg am Lech. Weitaus die grösste Siedlung ist München, die Metropole Bayerns, die sich im Zuge der Industrialisierung zur drittgrössten Stadt Deutschlands mit einer Einwohnerzahl von 1,8 Millionen entwickelt hat. Nach den grossen Zerstörungen im Zweiten Weltkrieg wurde die Altstadt zu einem guten Teil auf Grund früherer Pläne wiederaufgebaut, und an den ringförmigen Strassenzügen erkennt man noch die Wachstumsphasen der Stadt. Seit der Mitte des 19. Jahrhunderts wurden zahlreiche Ortschaften der Umgebung eingemeindet und im Norden und Westen umfangreiche Industrieanlagen gebaut. Ausser den grossen Parkanlagen einiger heute inmitten der Agglomeration liegenden Schlösser, wie z. B. Nymphenburg, haben die Städteplaner auch grosse Grünflächen als Erholungsräume vor der Überbauung gerettet. Mit zwei grossen Universitäten, bedeutenden Museen, Bibliotheken, Theatern und Buchverlagen spielt München eine führende Rolle als Kulturzentrum.

Zwischen Alpen, Karpaten und den Höhenzügen von Südmähren, an der Kreuzung der Verbindungen Adria–Ostsee und Mitteleuropa–Osteuropa, liegt die österreichische Hauptstadt *Wien*. Ihr Grundriss weist eine radial-konzentrische Anordnung auf, die das Wachstum der Stadt widerspiegelt. Die Innenstadt wird vom Wahrzeichen Wiens, dem Stephansdom, überragt. An den Ringstrassen, die an Stelle der Befestigungsanlagen entstanden, befinden sich wichtige öffentliche und kulturelle Gebäude, so z. B. das Rathaus, die Hofburg, die Staatsoper und das Burgtheater. Die radial ausstrahlenden Strassen stellen die Verbindung mit den umfangreichen Randgebieten Wiens her, die sich meist aus ehemaligen Bauern- und Winzerdörfern entwickelt haben. Das Schloss Schönbrunn mit grossem Park, ehemaliges kaiserliches Residenzschloss, gehört zu den grossartigsten Barockbauten der Erde und hat kunstvolle Räume, die im Stil des Spätrokoko eingerichtet sind. Wien, mit einer Fläche von 414 km^2, zählt rund 1,6 Millionen Einwohner.

Das östliche Mitteleuropa

Die Ungarische Senke, die östlichste Grosslandschaft Mitteleuropas, wird von den Alpen, den Dinariden und dem Karpatenbogen mit den Transsilvanischen Alpen umschlossen. Das einst von einem Meer überflutete Becken ist mit riesigen Schottermassen aufgefüllt worden; darüber wurden in den tieferen Lagen Sande und Tone und über weite Gebiete auch Löss abgelagert. Der zentrale Teil wird auch Alföld (madjarisch = Niederland) oder Pannonisches Tiefland genannt. In den Randgebieten der Senke erheben sich mehrere Höhen, unter ihnen der Bakony-Wald im Westen und das in Rumänien liegende Bihar-Gebirge im Osten. Die Donau durchfliesst Ungarn mit sehr wenig Gefälle; sie ist deshalb auf lange Strecken stark verwildert und bildet Mäander und Altwässer, die von Auenwäldern und Schilfbeständen begleitet werden. Ähnliche Verhältnisse bestehen auch bei den Zuflüssen, vor allem bei der Theiss. Das Klima ist wegen der Meerferne und Abgeschlossenheit kontinental. Vor der Bewirtschaftung durch den Menschen bestand die Vegetation in den Randlandschaften aus lichten Laubwäldern mit vielen Eichen, im Innern aus Sümpfen und Steppen mit Sanddünen, der sogenannten Puszta («Wüstung»). Von diesen ursprünglichen Landschaften sind indessen nur noch wenige kleine Reste als Naturreservate erhalten, und die immer noch weitverbreitete Vorstellung von der Puszta als Weideland für Pferde, Rinder und Schafe stimmt nur noch für einige wenige Gebiete, denn weitaus der grösste Teil ist seit dem 19. Jahrhundert in ein äusserst fruchtbares Agrarland mit Weizen, Mais, Zuckerrüben, Sonnenblumen, Melonen, Tabak und Wein umgewandelt worden. Die Bauern wohnen in wenigen, weit voneinander entfernten, grossen, oft mehrere tausend Einwohner zählenden Dörfern. Auch die Grossstadt Debrecen und die Mittelstadt Kecskemét waren noch Anfang des 20. Jahrhunderts Riesendörfer. Der südöstlich vom Bakony-Wald gelegene Plattensee mit einer Fläche von 614 km^2 ist der grösste See Mitteleuropas und wird von üppigen Wein- und Obstkulturen umsäumt. – Mittelpunkt der Ungarischen Senke ist die rund 2 Millionen Einwohner zählende Hauptstadt Budapest. Sie entstand an der Stelle, wo die Donau aus einem nördlichen Mittelgebirge ins Alföld eintritt und – bevor sie in der Ebene verwilderte – noch eine günstige Übergangsstelle für eine Furt und später für Brücken aufweist. 1873 wurden die Brückenköpfe Buda auf dem rechten und Pest auf dem linken Ufer zu einer Gemeinde vereinigt. In Buda befinden sich das Schloss, die Krönungskirche und die Regierungsgebäude; es hat sich in neuerer Zeit stark ins hügelige Hinterland ausgebreitet. Pest dehnte sich ursprünglich am Donauufer aus, an dem auch das prunkvolle Parlamentsgebäude steht. Durch zahlreiche Eingemeindungen und den Bau grosser Industrie- und Wohnsiedlungen wuchs seit dem Zweiten Weltkrieg vor allem Pest weit ins flachwellige Hinterland hinaus. Heute umfasst die Agglomeration Budapest über 50% der ungarischen Industrie, und mit sechs Universitäten, zahlreichen andern Hochschulen, Museen, Theatern und fast allen ungarischen Buchverlagen besitzt die Hauptstadt überragende kulturelle Bedeutung. – Im Süden der Senke, im Mündungswinkel zwischen Save und Donau, liegt Belgrad, die Hauptstadt Jugoslawiens. Die Innenstadt wird von der alten Festung Kalemegdan überragt; viele alte Gebäude mussten grossen Staatsbauten und Geschäftshäusern weichen; die Innenstadt wird umgeben von weitläufigen Vorstädten, und im Süden breitet sich ein umfangreiches neues Industrieviertel aus. In Belgrad wohnen rund eine Million Menschen.

Die Karpaten erheben sich östlich des Wiener Beckens gleichsam als Fortsetzung der Alpen, bilden mit ihrem südlichen Teil, den Transsilvanischen Alpen, einen weit gegen Osten ausholenden Bogen und setzen sich nach dem Durchbruchstal der Donau, dem Eisernen

Tor, in dem zum Schwarzen Meer verlaufenden Balkangebirge fort. Als junges Faltengebirge besitzt dieses Gebirgssystem einen ähnlichen Aufbau wie die Alpen, allerdings ist es eher ein Mittelgebirge mit vorwiegend 1500 bis 2000 m hohen Bergen; die höchste Erhebung, die Hohe Tatra, erreicht 2663 m. Obwohl die eiszeitliche Vergletscherung geringer war als in den Alpen, weist das Relief doch noch zahlreiche glaziale Formen auf, vor allem Trogtäler und Kare. Der grösste Teil der Karpaten ist mit Wäldern bedeckt, in den höchsten Lagen dienen alpine Matten als Sommerweiden für das Vieh. In einigen Abschnitten spielt der Bergbau auf Eisenerze, Mangan, Kupfer und Nickel eine Rolle und in zahlreichen Steinbrüchen werden Bausteine gewonnen. Im Innern des Karpatenbogens liegt Siebenbürgen, ein früher von Wald bedecktes Hochland, das dank seines fruchtbaren Schwarzerde-Bodens und seiner reichen Minerallagerstätten (Gold, Eisen- und Kupfererze, Salz, Bauxit, Kohle und Erdgas) seit alters her in ein intensiv genutztes Kulturland umgewandelt wurde mit Getreide-, Zuckerrübenfeldern, Rebgärten und Obsthainen, mit stattlichen Einzelhöfen, grossen Bauerndörfern, Bergbau- und Industriezentren, darunter Klausenburg (Cluj), die zweitgrösste Stadt Rumäniens.

Innerhalb des hufeisenförmigen Bogens, den die Südkarpaten (Transsilvanische Alpen), der Balkan und die Höhenrücken der Dobrudscha bilden, liegt das Bekken der Walachei. Die breiten Schuttfächer im Süden der Transsilvanischen Alpen haben die Donau gegen Süden abgedrängt; erst im Osten, wo ihr die Höhen der Dobrudscha den direkten Weg zum Schwarzen Meer versperren, wendet sie sich nordwärts, um dann in einem rechten Winkel gegen Osten abzubiegen und mit einem Delta zu münden. Wie in der Ungarischen Tiefebene ist die Donau auch in der Walachei stark verwildert und wird von Auenwäldern, Sümpfen und Altwässern gesäumt. Das ehemalige Steppengebiet mit Schwarzerde eignet sich vorzüglich für Getreidebau; so nehmen riesige Weizen- und Maisfelder den Hauptteil des Agrarlandes ein. Inmitten der östlichen Walachei liegt Bukarest, Rumäniens Hauptstadt, die sich auf einer Fläche von nahezu 1000 km² ausbreitet. Es ist die weitaus grösste Stadt des Landes und zählt 1,3 Millionen Einwohner. Bukarest ist mit wenig Ausnahmen eine moderne Stadt mit grosszügig angelegten Strassen, Plätzen, Parkanlagen und monumentalen Verwaltungsbauten. Zahlreiche Hochschulen, Bibliotheken und Museen zeugen von der führenden Rolle, die Bukarest im Geistesleben Rumäniens spielt.

Osteuropa

Im Gegensatz zu Mitteleuropa weist Osteuropa grosse, verhältnismässig einheitliche Landschaften auf. Zwischen den Karpaten und dem Ural erstreckt sich das riesige Osteuropäische Tiefland, eine flachwellige, im Durchschnitt 170 m hohe Ebene, die im Norden der Taiga angehört. Es ist eine endlos erscheinende Weite, in der die niedrigen, in Nord-Süd-Richtung verlaufenden Rücken der Zentralrussischen Platte und der Wolgahöhen, die selten 300 m übersteigen, mit den ausgedehnten Niederungen des Dnjepr, Don und der Wolga wechseln. Die Wolganiederung neigt sich im Süden zur Kaspischen Senke, deren innere Zone bis 28 m unter dem Meeresspiegel liegt und die ausgedehnteste Depression Europas darstellt. In diesem weiten, eintönigen Gebiet bringen die Flüsse eine gewisse Abwechslung ins Relief. Sie haben sich in den flachen Untergrund eingeschnitten und durch Seitenerosion auf lange Strecken einen auffallenden Gegensatz zwischen dem meist westlichen hohen «Berg»- und dem gegenüberliegenden flachen «Wiesen»-Ufer geschaffen. Diese Asymmetrie zeigt sich besonders deutlich beim Dnjepr, der Wolga und dem Ural-Fluss und ist auf tektonische Ursachen zurückzuführen. Der bedeutendste Strom ist die Wolga, die mit verschiedenen Flussknicken von den sumpfreichen Waldaihöhen durch das östliche Tiefland zum Kaspischen Meer fliesst und mit einem grossen Delta mündet. Mit 3700 km Länge und einem Einzugsgebiet von rund 1,4 Millionen Quadratkilometer ist sie der bedeutendste Fluss Europas. Mehrere gutausgebaute Kanalsysteme, so der Moskau-, der Wolga-Ostsee- und der Wolga-Don-Kanal, stellen Verbindungen zu allen grösseren Flüssen Russlands und den umliegenden Meeren her. Auf weite Strecken wird die Wolga künstlich zu Talseen gestaut; die bekanntesten im Mittel- und Unterlauf sind der Kujbyschewer und der Wolgograder Stausee. Sie sind über 500 km lang und bis 30 km breit und dienen der Regulierung des Abflusses, der Schiffahrt, der Bewässerung und der Gewinnung riesiger Mengen elektrischer Energie. Der rund 2300 km lange Dnjepr ist der drittgrösste Fluss Europas; aber auch der Don, der Ural und die grossen Nebenflüsse der Wolga sind länger als der Rhein.

Am Oberlauf der Wolga und des Don liegt die *Region von Moskau*. Ihre Böden sind wenig fruchtbar; Torf, Braunkohle, etwas Eisen und Phosphate sind die einzigen Bodenschätze. Dank der zentralen Lage im osteuropäischen Tiefland und den nach allen Richtungen führenden Wasserstrassen entwickelte sich dieses Gebiet jedoch zum bedeutendsten Wirtschaftsraum der Sowjetunion. Moskau war einst ein grosses Dorf von ein-, höchstens zweigeschossigen Blockhäusern, eine Handwerkersiedlung mit Leinenverarbeitung sowie ein Marktort, der sich im Schutze der alten Festung, des Kreml, an der mäanderreichen Moskwa ausbreitete. Mit 8,1 Millionen Einwohnern zählt Moskau zu den grössten Städten der Welt und ist das «Herz und Gehirn» der riesigen Sowjetunion. Durch Flüsse und Kanäle ist es mit fünf Meeren verbunden und besitzt einen der leistungsfähigsten Binnenhäfen der Welt. Neben alten Palästen, Festungsmauern und mächtigen Kathedralen mit Türmen und goldenen Zwiebelkuppeln aus der Zarenzeit sind auch grosse Plätze, Parkanlagen, Prunkbauten im symmetrischen stalinistischen Stil wie auch moderne Hochhäuser und Wohnblocks für Moskau charakteristisch.

Die ursprüngliche Vegetation bestand vor allem im Raume des Baltikums, Weissrusslands und der Nordukraine aus Laubmischwäldern, südlich der Linie Kiew—Kasan aus Waldsteppen, weiter südlich, besonders in der Südukraine, aus Steppe und in der Kaspischen Senke aus Halbwüste. Dem ehemaligen Laubwaldgebiet geben heute grosse Kolchosefelder mit Roggen, Hafer, Kartoffeln, Flachs, Futterpflanzen und Kunstwiesen das Gepräge. Die einstigen Waldsteppen und Steppen wurden in immense Weizen-, Mais-, Zuckerrüben- und Sonnenblumenkulturen umgewandelt, und am Unterlauf des Dnjepr dehnen sich Baumwollfelder aus. Zum Schutze vor Winderosion und zur Klimaverbesserung legte man Waldstreifen an, die in dieses unendlich weite Flachland einige wenige vertikale Elemente bringen.

Inmitten dieser Agrarlandschaften liegen moderne Kolchose-Siedlungen, bestehend aus Verwaltungs-, Ökonomiegebäuden und Kulturzentren sowie aus grossen Wohnvierteln für die Landarbeiter. Ende des 19. Jahrhunderts entstand in der Steppe des Donezbogens, im *Donezbecken,* auf der Grundlage grosser Steinkohlenlager in Verbindung mit den Eisenerzen von Kriwoi Rog, westlich des Dnjeprknies, eine der grössten Bergbau- und Industrielandschaften der Welt mit Fabrikbauten, Binnenhäfen, Verschiebebahnhöfen, Hochspannungsleitungen, Kohlen- und Abraumhalden. Neben zahlreichen von den Sowjets gegründeten Grossstädten, die meistens einen Schachbrett-Grundriss aufweisen und aus einem grosszügig angelegten Kultur- und Verwaltungszentrum mit Prunkbauten im stalinistischen Stil und endlosen Wohnblocksiedlungen bestehen, gibt es in Mittel- und Südrussland noch verschiedene Städte, die aus der Zarenzeit stammen. Sie besitzen zum Teil noch schöne historische Stadtkerne, vor allem aber weitläufige moderne Viertel mit repräsentativen Bauten — so z.B. Kiew am Dnjepr, die 2,5 Millionen Einwohner zählende Hauptstadt der Ukraine, oder die Millionenstadt Charkow, der wichtige Verkehrsknoten- und Industriemittelpunkt zwischen der Region Moskau und dem Schwarzen Meer. Wolgograd, das sich aus der alten Grenzfestung Zarizyn entwickelt hat und von 1925 bis 1961 Stalingrad hiess, erstreckt sich mehr als 70 km entlang des rechten Ufers des Wolgaknies. Die Stadt wurde 1942/43 in der «Schlacht um Stalingrad» fast ganz zerstört. Nach dem Krieg wurde sie nach sehr grosszügigen Plänen wiederaufgebaut. Charakteristisch sind vor allem die breiten Boulevards, die grossen Plätze und Parkanlagen.

Die Depression der *Kaspischen Senke* besteht aus ehemaligem Meeresboden und ist deshalb durch Tone, Salzsümpfe und -krusten sowie Flugsandflächen gekennzeichnet. Die Vegetation trägt halbwüstenhaften Charakter. Auf grossen Flächen herrschen einzelstehende silbergraue Wermut-Büschel vor, so dass dieses Gebiet auch als «Wermutsteppe» bezeichnet wird. Die ursprünglich extensive Weidewirtschaft verschwindet allmählich, denn von den Rändern her dringt der Ackerbau immer weiter vor; Waldschutzstreifen geben der ehemaligen Wermutsteppe ein neues Gepräge. In einigen Zonen ragen Bohrtürme zur Gewinnung von Erdöl in die Höhe, und andernorts stehen Gebäude für die Salzaufbereitung. Astrachan im Wolgadelta entwickelte sich aus einem alten Festungskern zu einem wichtigen Verkehrs- und Industriezentrum mit grossen Werften und Zellulosefabriken. Weltberühmt ist der Kaviar von Astrachan. Im Westen der Kaspischen Senke leben als das am weitesten westlich siedelnde mongolische Volk der Erde Kalmücken. Sie bekennen sich zur lamaistischen Form des Buddhismus. Im Osten leben Kasachen, ein islamisches Türkvolk.

Alpen und Subtropen

Das Mittelmeer

Das Mittelmeer zwischen Europa, Afrika und Vorderasien wird mit seinen angrenzenden Landschaften als einer der schönsten Naturräume unserer Erde bezeichnet. Zudem ist dieses einzigartige Spannungsfeld zwischen drei Kontinenten die Wiege hochstehender Kulturen und Reiche, die sich dank der ausgezeichneten Schiffahrtsbedingungen weit ausbreiten konnten. Nach der Entdeckung und Erschliessung der Neuen Welt verlor das Mittelmeer vorübergehend seine Bedeutung als Welt-Schiffahrtsweg; es gewann sie erst wieder zurück, als 1869 der Suezkanal eröffnet wurde. Seither haben die Weltmächte grösstes Interesse an ihm gezeigt.

Die Entstehung des Mittelmeeres steht im Zusammenhang mit der letzten grossen Gebirgsfaltung. Tektonische Vorgänge zwischen den Kontinentalblöcken Gondwanaland im Süden und Eurasien im Norden führten zu Beginn der geologischen Neuzeit einerseits zur Auffaltung des alpinen Gebirgssystems, andrerseits zum Einbruch von Becken; aus letzteren entstand das heutige Mittelmeer, das einschliesslich des Schwarzen Meeres rund 3 Millionen Quadratkilometer umfasst. Es besteht aus mehreren Teilmeeren, den einzelnen Einbruchsbecken, wie z.B. dem Tyrrhenischen, Adriatischen, Ionischen und Ägäischen Meer. Das Mittelmeer ist im Durchschnitt 1500 m tief; die grösste Tiefe, nämlich 5100 m, wurde im Ionischen Meer gelotet. Den einzigen natürlichen Zugang zum Ozean bildet die 14 km breite Strasse von Gibraltar. — Das Mittelmeerklima wird charakterisiert durch milde, niederschlagsreiche Winter und heisse, trockene Sommer. Der Begriff Mittelmeerklima wird auch für die Klimate im Kapland, in Kalifornien, Mittelchile und Südwestaustralien verwendet, die ähnliche Merkmale aufweisen.

Die Alpen und die Poebene

Das Mittelmeergebiet wird zum grössten Teil von Hochgebirgen der alpinen Faltung umrahmt. Der Nordrand besteht aus den *Alpen,* dem höchsten und wohl auch wichtigsten Gebirge Europas. Sie ziehen von Genua in einem weiten, gegen Westen konvexen Bogen ostwärts bis Wien und erreichen im Mont-Blanc mit 4810 m die höchste Erhebung. Die meist vegetationslosen Gipfel weisen je nach Tektonik und Gestein verschiedenartige Formen auf, so in Granit- und Gneisgebieten gleichmässige Pyramiden, Nadeln und Hörner; in Kalk- und Dolomitzonen je nach Schichtlagerung Klötze, schroffe Zacken oder Türme und bei tonig-schiefriger Gesteinsunterlage flache runde Formen. Die letzte grosse Reliefveränderung in den Alpen schufen die eiszeitlichen Gletscher. So entstanden Kare, Trogtäler mit Talterrassen, Talstufen, weite Passlücken wie auch Tal-, Pass- und Karseen. Als letzte Überreste des diluvialen Eises gibt es vor allem in den Zentral- und Westalpen noch Hänge- und Talgletscher; der längste ist der 24 km lange Aletschgletscher im Schweizer Kanton Wallis. Die Alpen wirken als wichtige europäische Klimascheide. Die Nordabhänge unterstehen dem Übergangsklima; die Vegetation wechselt von der montanen Laub-, Mischwald-, Bergmatten-, Hochgebirgstundra- zur Fels- und Eisregion. Die tieferen Abschnitte der Südtäler bilden oft Oasen des Mittelmeerklimas mit Kastanienhainen, Reben, Ölbäumen und anderen subtropischen Pflanzen. Mit ihren reichlichen Steigungsregen, Gletschern und der langandauernden Schneebedeckung stellen die Alpen ein wichtiges hydrographisches Zentrum Europas dar, entwässern sie sich doch durch bedeutende Flüsse zu vier Meeren. Im Vergleich mit andern Hochgebirgen sind die Alpen relativ dicht besiedelt — dies vor allem, weil seit dem Altertum sehr wichtige Nord-Süd-Verbindungen durch einzelne Täler und über mehrere Pässe benützt wurden und in neuerer Zeit der Tourismus mit dem Wintersport einen starken Aufschwung erfuhr. Geschlossene Siedlungen finden sich vor allem in den grösseren Tälern, wo sich ansehnliche Dörfer und sogar Grossstädte, wie Grenoble und Innsbruck, entwickeln konnten. Aber auch auf Hangterrassen und in Seitentälern trifft man zahlreiche Dörfer, Weiler und Streusiedlungen mit Haustypen aus Stein und Holz an. Die Zentral- und Ostalpen können als Grenze zwischen dem germanischen und romanischen Kulturbereich bezeichnet werden. Im Innern leben noch als Restgruppen der rätisch-keltischen, später romanisierten Bevölkerung die Rätoromanen, und zwar in Graubünden, in den Dolomiten und in Friaul. Zum wichtigsten primären Wirtschaftszweig, der alpinen Viehwirtschaft und der Nutzung der Wasserkräfte, gesellte sich in neuerer Zeit neben Verkehr und Tourismus auch die Industrie. So entstanden in grösseren Tälern holzverarbeitende, chemische, Aluminium- und andere Fabriken.

Südlich der Alpen liegt das grosse Schwemmlandgebiet der *Poebene.* Ihr Hauptfluss, der Po, der mittels starker künstlicher Dämme gezähmt wurde, mündet in einem grossen Delta ins Adriatische Meer. Der Mensch hat die ganze Ebene in ein intensiv genutztes, z.T. künstlich bewässertes Kulturland umgewandelt, dessen Hauptpflanzen Weizen, Mais, Zuckerrüben, Reis, Obstbäume, Reben und Gemüse sind. Die grossen Äcker liegen meist zwischen Reihen von Weiden,

Pappeln und Maulbeerbäumen, welche die Winde aufhalten und eine wohltuende Abwechslung in das eintönige Bild der Ebene bringen. Ausser den bäuerlichen Einzelhöfen und Dörfern gibt es in der Poebene zahlreiche Städte, die sich meist aus einem historischen Kern und modernen Industrie- und Wohnquartieren zusammensetzen. Die Hauptzentren sind Mailand, die Handels- und Industriemetropole Italiens, die Automobilstadt Turin, die alte Universitäts- und Verkehrsstadt Bologna und die Lagunenstadt Venedig. Am Fusse der Alpen liegen zahlreiche Mittelstädte, die zum Teil Ausgangspunkte zu den Pässen sind, und am Fusse des Apennins, entlang der altrömischen Via Aemilia, findet man in den Abständen einer früheren Tagesreise alte Verkehrsstädte.

Die südeuropäischen Halbinseln

Während das Klima der Poebene noch mitteleuropäischen Charakter mit grosser Sommerwärme und kalten, nebel- und frostreichen Wintern aufweist, herrscht am Küstensaum des Mittelmeeres — mit Ausnahme der afrikanischen Wüstenküste östlich von Tunesien — ausgesprochenes Mittelmeer- oder mediterranes Klima mit heissen, trockenen Sommern und milden, niederschlagsreichen Wintern. Innerhalb dieses Klimabereiches bestehen indessen deutliche Niederschlagsunterschiede zwischen den feuchteren westlichen Luv- und den trockeneren östlichen Lee-Seiten. Der Mittelmeerraum war ursprünglich Waldland mit immergrünen Eichen, Pinien, Zedern, Edelkastanien u.a. Die meisten Wälder wurden durch menschlichen Eingriff zerstört. Auf weiten Gebieten entstand an ihrer Stelle die sogenannte Macchie, eine bis 4 m hohe Gebüschformation aus Ginster, Myrte, Rosmarin, Lavendel, Pistazie, Zwiebelgewächsen und vielen anderen Pflanzen. Für die Agrarlandschaften sind Öl-, Feigen-, Johannisbrot- und Maulbeerbäume sowie Reben, Agrumen, Weizen, Mais und Zuckerrohr besonders charakteristisch. In der Umgebung von Siedlungen treten häufig Zypressen auf. Weit verbreitet sind Feigenkakteen und Agaven. Aufgrund seiner einzigartigen Lage wurde der Mittelmeerraum im Verlaufe von Jahrtausenden von verschiedenen Kulturen beeinflusst, und die Spuren einer äusserst wechselreichen Geschichte sind in vielen Landschaften erkennbar. Der Besucher findet in den Mittelmeerländern nicht nur herrliche Naturlandschaften, er begegnet auch immer wieder historischen Baudenkmälern wie griechischen Tempeln, römischen Theatern und Aquädukten, mittelalterlichen Kirchen und Kastellen, Palästen von Päpsten, Sultanen, Kaisern und Königen, die inmitten der üppigen Mittelmeervegetation liegen. Die Hauptlandschaften des Mittelmeergebietes sind die Pyrenäen-, die Apennin- und die Balkanhalbinsel mit der östlichen Adriaküste, die Atlasländer und die Küstengebiete Vorderasiens.

Die *Pyrenäenhalbinsel* bildet die südwestliche Bastion Europas. Durch das Hochgebirge der Pyrenäen vom Rumpfe Europas abgegrenzt, bildet sie in mancherlei Hinsicht eine Welt für sich. Sie stellt ein wenig gegliedertes, im Umriss ungefähr fünfeckiges Hochland von durchschnittlich 700 m Höhe dar, das von Randgebirgen umgeben ist, welche nach aussen gegen schmale Küstentiefländer oder Hügelländer abfallen. Einzig das Tiefland von Andalusien im Süden und das Ebrobecken im Nordosten greifen tief in die Hochfläche hinein. Das Hochland oder die sogenannte Meseta wird durch das Kastilische Scheidegebirge in das nördliche Alt- und das südliche Neukastilien gegliedert. Trotz der Lage zwischen dem Atlantik und dem Mittelmeer weist die Meseta stark kontinentale Klimazüge auf, mit wenig Niederschlägen und grossen jährlichen Temperaturschwankungen. Weite Gebiete der Hochfläche sind von kargen Steppen bedeckt und dienen der Schafzucht und spärlichem Getreidebau.

Der Küstensaum am Mittelmeer und im Südwesten am Atlantik hat mediterranes Klima und wird gekennzeichnet durch den intensiven Anbau von Mittelmeer-Kulturpflanzen. So ist der Golf von Valencia berühmt für seine Agrumen. Am Südsaum werden neben dem Ölbaum vor allem Reben und in den südwestlichen Landschaften Korkeichen angepflanzt. Ganz andere Klima- und Vegetationsverhältnisse weist der Nord- und Nordwestrand der Halbinsel auf. Dort herrscht mildes atlantisches Klima, und die ursprüngliche Laubwalddecke ist noch zu einem guten Teil erhalten. Da die Pyrenäenhalbinsel nach der Romanisierung mit Ausnahme des Nordens jahrhundertelang unter der Herrschaft der Mauren stand und erst nach langwierigen, zähen Kämpfen wieder in den Besitz der Christen gelangte, findet man grossartige Zeugen beider Kulturen, so aus der Maurenzeit das Schloss Alhambra in Granada oder La Mezquita, die ehemalige Moschee von Córdoba, die heute als Kathedrale dient. Als bedeutende christliche Bauten seien die Kathedrale von Burgos und das Kloster Montserrat bei Barcelona erwähnt. Viele spanische und portugiesische Städte besitzen noch Stadtteile aus der Araberzeit mit engwinkligem Strassennetz und Wohnhäuser mit prächtigen

Patios. Madrid, die spanische Hauptstadt, zählt 3,6 Millionen Einwohner und liegt im Norden von Neukastilien, ziemlich genau in der Mitte der Halbinsel. Es ist eine eigentliche Oasensiedlung mit grosszügigen künstlichen Grünanlagen und wird über eine 75 km lange Leitung mit Wasser aus der Sierra de Guadarrama versorgt. Die Altstadt mit einem Gewirr von schmalen Gassen erinnert an die Maurenzeit. Die neuen Stadtteile mit schachbrettartigem Grundriss wachsen besonders im Norden, Osten und Süden weit in die Steppenlandschaft hinaus. — Eine wunderschöne Lage besitzt Lissabon, die Hauptstadt Portugals. Sie erstreckt sich am nördlichen Ufer der weiten Mündungsbucht des Tejo über ein bewegtes Relief mit Hügeln bis zu 100 m Höhe. Ein fürchterliches Erdbeben im Jahre 1755 zerstörte einen grossen Teil der Häuser; einzig das alte Maurenviertel Alfama, gekrönt vom Castelo de São Jorge, blieb verschont. Im Zuge des Wiederaufbaus entstand die Unterstadt mit streng rechtwinkligem Strassennetz, das heutige Geschäftszentrum, das sich mit einem grosszügig angelegten Platz gegen Süden zur Tejobucht öffnet. Mit den grossen Entdeckungen wurde Lissabon Hauptstadt eines Weltreiches und eine der reichsten Städte der Welt. Aus dieser Epoche stammen zahlreiche grossartige Kirchen-, Kloster- und Palastbauten, wie etwa das in einem typisch portugiesischen Mischstil aus Spätgotik und Frührenaissance erbaute Hieronymiterkloster mit dazugehörender Kirche in Belém, der Turm von Belém und der Queluz-Palast in einheimischem Rokokostil in einem weitläufigen Park. Am Ufer des Tejo erstreckt sich die grosse Hafenanlage mit Schiffen aus aller Welt. Über die Tejobucht spannt sich die längste Hängebrücke Europas und verbindet Lissabon mit den Industrievierteln des Südufers. Gegen Norden führen Prunkstrassen in moderne Hochhausbezirke und zum Universitätsviertel. In der weiteren Umgebung entstehen immer neue Vororte. Die Agglomeration zählt bereits über 1,5 Millionen Einwohner.

Die *Apenninhalbinsel* ragt in der Form eines Stiefels südostwärts weit ins Mittelmeer hinein. Ihr Rückgrat bildet der Apennin, der im Gran Sasso d'Italia eine Höhe von über 2900 m erreicht. Die bedeutendsten Landschaften der Halbinsel liegen westlich des Apenninkammes und öffnen sich gegen die regenbringenden Westwinde. Zu ihnen gehören die Toscana, Latium und Campania. Die Toscana ist ein liebliches, fruchtbares Hügelland mit ausgedehnten Weizen-, Maisund Weinfeldern (es ist die Heimat des berühmten Chiantiweines), und am Nordrand, im Apennin, wird der weltbekannte weisse Marmor von Carrara gebrochen. Bedeutend ist die Kunststadt Florenz mit ihrem prachtvollen Dom, grossartigen Palästen und einzigartigen Gemäldesammlungen. Das Relief von Latium wird durch mehrere erloschene Vulkanberge und Kraterseen charakterisiert. An einer Einengung des Tibertales, inmitten einer dichtbesiedelten Acker- und Weidelandschaft, entstand Rom, während Jahrhunderten Hauptstadt eines mächtigen Weltreiches. Die antike Stadt entwickelte sich am linken Tiberufer über sieben niedrigen, aus vulkanischem Tuff bestehenden Hügeln, wie dem Palatin, dem Sitz der ältesten Stadt, und dem Kapitol mit Tempeln und einer Fluchtburg. Den Mittelpunkt bildete das von Tempeln und Säulenhallen umgebene Forum Romanum, der Markt- und Versammlungsplatz. Während der römischen Kaiserzeit erlebte die Stadt ihre grösste Blüte; damals entstanden Tempel, Paläste, Triumphbogen, Lustgärten, das Amphitheater (Kolosseum), Bibliotheken und Thermen. Viele Überreste dieser Bauten sind heute noch anzutreffen. Ein starker Mauerring schützte diese prunkvolle Weltstadt. Nach dem Untergang des Römerreiches erlangte die Stadt eine neue weltweite Bedeutung, als sie Mittelpunkt des Christentums und später der römisch-katholischen Kirche wurde. Davon zeugen neben der imposanten Anlage des Vatikan mit dem St.-Peters-Dom und den Palästen der päpstlichen Residenz rund vierhundert Kirchen.

Um die mittelalterliche Stadt entstanden allmählich neuzeitliche Stadtteile, insbesondere auf der linken Seite des Tiber mit der Piazza Venezia, dem Nationalmonument und verschiedenen andern monumentalen Bauten. In neuester Zeit entwickelten sich rings um die alten Stadtviertel moderne Fabrik- und Wohnsiedlungen. Trotzdem konnte die heute nahezu 3 Millionen Einwohner zählende italienische Hauptstadt ihren einmaligen Charakter als «ewige Stadt» bewahren, denn die unzähligen Pilger und Touristen finden in der Altstadt fast auf Schritt und Tritt Zeugen aus ihrer nahezu 2500 Jahre alten Geschichte.

Campania gehört zu den am dichtesten besiedelten Landschaften des Mittelmeerraumes. Die intensiv betriebene Landwirtschaft, zahlreiche Industrien und ein bedeutender Fremdenverkehr bieten viele Verdienstmöglichkeiten. Neapel, mit 1,3 Millionen Einwohnern, verdankt seinen Weltruf der einmalig schönen landschaftlichen Szenerie. Die Stadt erstreckt sich am herrlichen Golf und steigt allmählich mit zahlreichen Villen an üppig bewachsenen Hängen empor. Im Südosten erhebt sich der majestätische Kegel des Vesuvs, und im Westen liegen die Phlegräischen Felder mit ihren Solfataren und heissen Quellen. Eine Landschaft mit besonderer Prägung ist Apulien auf dem «Absatz des Stiefels». Im Gegensatz zu den meist hügeligen und gebirgigen Gebieten der Halbinsel ist es eine Region mit weiten Horizonten und seltsamer Einförmigkeit. Grosse Flächen sind verkarstet und von Steppen, seltener von Olivenhainen bedeckt. Mit Hilfe von Zisternen, in denen das wenige Regenwasser des Winterhalbjahres zur Bewässerung gesammelt wird, kann auch intensiver Ackerbau betrieben werden. Heute liefert Apulien neben Olivenöl auch Weizen, Wein, Feigen und Agrumen. Zu den seit alters her wichtigen Hafenstädten, die dem Schiffsverkehr nach Griechenland und zum Nahen Osten dienen, gehören Bari und Brindisi; kleine Städte und Bauerndörfer sind weit über das Land verstreut. Einzigartig sind die runden, mit Spitzkuppeln versehenen Steinhäuser, die Trulli, die mit ihrem Scheingewölbe an vor- und frühgeschichtliche Bauten erinnern. Sie konzentrieren sich vor allem im Städtchen Alberobello.

Sizilien, die grösste und am dichtesten besiedelte italienische Insel, wird durch die schmale Strasse von Messina von der «Stiefelspitze» getrennt. Die hügelige, zum Teil gebirgige Insel besteht teilweise aus Kalkbergen und wird im Osten vom mächtigen, über 3000 m hohen Vulkankegel des Ätna überragt. Im ausgesprochen mediterranen Klima gedeihen bei künstlicher Bewässerung vor allem Agrumen, besonders im Hinterland der Hafenstadt Palermo und in der weiteren Umgebung des Ätna. Aber auch Wein, Mandeln und Getreide sind für die Wirtschaft der Insel wichtig. Einen zusätzlichen Erwerb bringt der Thunfisch- und Sardinenfang sowie die Salzgewinnung. Die sehr wechselvolle Geschichte dieser Insel im Zentrum des Mittelmeeres äussert sich sowohl in der durch jahrtausendelange Rassenmischungen geprägten Bevölkerung wie auch in zahlreichen Baudenkmälern: griechischen Tempeln, römischen Villen, Kirchen und Profanbauten, die vom arabisch-islamischen Stil inspiriert sind, sowie Palästen aus den verschiedensten Epochen.

Der östliche Küstenstreifen des Adriatischen Meeres wird von den *Dinarischen Alpen* durchzogen, deren nördlicher Teil, das Karstgebirge, die Verbindung mit den Alpen herstellt. In keinem andern Gebiet Europas treten die Formen, die durch die chemische Verwitterung im Kalkfelsen entstanden sind, so deutlich in Erscheinung wie hier. So findet man in der oft kahlen Landschaft weite Karrenfelder, Dolinen, Poljen, Flussversickerungen, Höhlensysteme mit Tropfsteinen, Stromquellen und Sintertreppen. Diese Phänomene stellen einen so ausgeprägten Landschaftstyp dar, dass die Bezeichnung «Karst» vom nordjugoslawischen Gebirge auf jede Landschaft dieser Art übertragen wurde. Die Arbeit der chemischen Verwitterung wurde durch die jahrtausendelange Abholzung des Gebirges durch den Menschen noch beschleunigt. Die winterlichen Regen schwemmten den Humus weg, und heute erblickt man in den Dinarischen Alpen immer wieder den nackten, hellgrauen Kalkfelsen, auf dem sich nur vereinzelte Büsche und Kräuter behaupten können. Die dalmatinische Küste löst sich in mehrere, meist parallel zur Küstenlinie verlaufende Inselbögen auf, die Reste abgesunkener Bergketten darstellen.

Die südliche Fortsetzung der Dinarischen Alpen, das Pindusgebirge, bildet die Hauptachse der *Griechischen Halbinsel*. Charakteristisch für deren Relief ist die starke Kleinkammerung. Das gebirgige Land gliedert sich in kleine Täler und Becken; einzig am Ägäischen Meer gibt es einige grössere Ebenen, wie zum Beispiel Thessalien. Die griechische Küste ist ausserordentlich stark gegliedert und durch tief ins Land eingreifende Buchten und viele, meist schmale Halbinseln gekennzeichnet. Die zahlreichen Inseln und Inselgruppen im Ägäischen Meer sind Reste eines alten Festlandes, das eingesunken ist. Vulkanische Tätigkeit – z. B. auf der Insel Santorin (Thera) – sowie immer wieder auftretende Seebeben beweisen, dass in diesem Gebiet das Gleichgewicht in der Erdkruste noch nicht wiederhergestellt ist. Die grosse Vergangenheit Griechenlands spiegelt sich in vielen Kulturlandschaften wider. Auf dem Festland und auf den Inseln bilden Ruinen von Tempeln mit Überresten von Säulen, grossartigen Marmorstatuen, Reliefs u. a., von Palästen und Burgen auffallende Landschaftselemente. Zeugnis von der wechselreichen Geschichte legt nicht zuletzt das Bild der griechischen Hauptstadt Athen ab. Im Schutze der Akropolis, des Burgberges mit den Ruinen von Tempeln und Heiligtümern, breitet sich die Altstadt mit den zahlreichen Restaurants in den engen Gassen aus. Im Norden entstand die moderne Stadt, deren Häuser zum Teil prunkvoll mit Marmor ausgestattet sind. Heute ist Athen mit den Hafensiedlungen Piräus und Phaleron zusammengewachsen. Als eine Synthese von klassisch-griechischen, mediterranen, orientalischen und modernen westeuropäischen Wesenszügen steht Athen ohne Beispiel da. In der Agglomeration mit 2,5 Millionen Einwohnern lebt ein Drittel der griechischen Bevölkerung. Athen ist nicht nur der kulturelle und wirtschaftliche Mittelpunkt Griechenlands, es ist auch Wallfahrtsort für die unzähligen Freunde der altgriechischen Kultur und Kunst.

Die Atlasländer

Die Atlasländer bezeichnet man zuweilen als «Fremdling in Afrika». Als einziges Gebiet des Kontinentes werden sie von jungen Faltengebirgen durchzogen, die eine Fortsetzung der europäischen darstellen. Abgesehen von der Südspitze Afrikas bilden die Atlasländer die einzige afrikanische Zone mit Mittelmeerklima und -vegetation. Zwei gewaltige Hauptgebirgszüge, der Tell-Atlas und der Sahara-Atlas, verlaufen parallel zur Mittelmeerküste und schliessen das Hochland der Schotts mit seinen weiten Steppen und zahlreichen Salzseen und -sümpfen ein. Gegen Westen spalten sich diese Hauptketten in mehrere Gebirgszüge auf, zum Beispiel in das Rifgebirge, das jenseits der Strasse von Gibraltar in der spanischen Sierra Nevada seine Fortsetzung findet, oder in den Mittleren und den Hohen Atlas, welcher im Gipfel des Toubkal mit ca. 4200 m den höchsten Punkt des gesamten Atlasgebietes erreicht. Das Relief der Atlasketten erinnert an dasjenige der Alpen. Die diluvialen Gletscher haben mancherorts typische glaziale Formen geschaffen. Dagegen zeigt die Vegetation viel grössere Gegensätze als die der europäischen Hochgebirge. Die dem Mittelmeer und dem Atlantik zugewandten Hänge weisen charakteristische Mittelmeerpflanzen auf. Dort finden sich intensiv bewirtschaftete Rebkulturen und Fruchthaine. Die Gegenseiten sind indessen niederschlagsarm und nur von spärlichen Steppengewächsen bedeckt. Die Südhänge des Sahara-Atlas gehören bereits zur Fels- und Steinwüste. Besonders fruchtbar sind die breiten Küstenebenen am Atlantischen Ozean, wo die Marokkaner mit ausgeklügelten Bewässerungseinrichtungen reiche Ernten an Getreide und mediterranen Früchten einbringen. Die Landschaften der Atlasländer werden geprägt durch die arabisch-islamische Kultur; die arabisch-berberische Mischbevölkerung («Mauren») schuf eine eigene Stilrichtung innerhalb der islamischen Kunst. Kern der nordafrikanischen Stadt ist die Kasbah, die durch Mauern geschützte Festung, die meist auf einer Anhöhe liegt. Um die Kasbah breitet sich die sogenannte Medina aus. Medina heisst eigentlich Stadt, wird jedoch im Atlasgebiet als Bezeichnung für die Altstadt, die Araberviertel, gebraucht. Sie bilden einen wahrhaften Irrgarten von engen, winkligen Gassen, die oft unter Bogen hindurchführen und häufig als «Sackgassen» enden. Typisch für die Medina sind die Markt- und Handwerkergassen, die sogenannten Souks. Sie sind streng nach Warengattungen oder Handwerkszweigen eingeteilt; so gibt es z. B. Souks für Fleischwaren, für Getreide, für Haushaltgeräte, für Färber, Schreiner und Goldschmiede. Die Häuser der Medina gleichen von aussen weissen Würfeln und haben wenige oder keine Fenster. Im Innern umschliessen sie häufig sehr schöne Patios mit einem kleinen Park und Brunnen, gegen den zahlreiche Fenster schauen. Zur Medina gehören in der Regel mehrere Moscheen, die von mächtigen Minaretts überragt werden und mit reicher Ornamentik verziert sind. In der Nähe der Kasbah befindet sich gewöhnlich auch die Mellah, das Judenviertel, welches noch enger zusammengebaut ist als die Medina. Wie die Kasbah, so werden auch die Medina und die Mellah von hohen Mauern mit meist monumentalen Toren umschlossen. Abseits der historischen Siedlung, getrennt durch Parkanlagen, liegt die moderne Stadt, die mit breiten, verkehrsreichen Strassen, grossen Geschäftshäusern, Hotels und Kinos europäischen Charakter besitzt. In der weiteren Umgebung der Grossstädte, besonders der bedeutenden Häfen Casablanca, Rabat und Tanger in Marokko, Oran und Algier in Algerien und von Tunis, entstanden weitläufige Industriesiedlungen.
Zur mediterranen Klima- und Vegetationszone gehört auch ein schmaler Küstenstreifen der Halbinsel Krim, besonders die Südflanke des Jaila-Gebirges. Dort offenbart sich das typische Bild der Mittelmeer-Kulturlandschaft mit Weinbergen, Zypressen, Zedern, Pinien und Obsthainen. Und mehrere Kurorte, wie zum Beispiel Jalta mit Strandpromenaden, Villen und Hotelbauten aus der Zarenzeit, erinnern an die französische oder italienische Riviera.

Asien

Landschaften im Nadelwaldgürtel

Der Ural und das Westsibirische Tiefland

Das Osteuropäische Tiefland wird durch das *Uralgebirge* vom Westsibirischen getrennt. Dieses meridional verlaufende bewaldete Mittelgebirge ist ausserordentlich reich an wertvollen Bodenschätzen, vor allem an Eisenerzen, Nickel, Chrom, Erdöl, Erdgas. Früher wurden die Erze mit Hilfe von Holzkohle verhüttet, und Ende des 18. Jahrhunderts galt der Ural als «Weltmacht auf dem Metallmarkt». Als Folge der sowjetischen Planwirtschaft entwickelten sich in der einstigen Waldlandschaft riesige Bergbau- und Schwerindustrieregionen, die mit weit entfernten Kohlenzechen und Elektrizitätswerken in Wechselbeziehungen stehen. Zur Verarbeitung des Holzes entstanden grosse Fabriken, und am Westrand des Ural befindet sich Krasnokamsk, das grösste Zellulose-Kombinat der Welt. Die Sowjets bauten im Uralgebiet über hundert neue Städte. Das wichtigste Verkehrszentrum ist Perm an der Transsibirischen Eisenbahn. – In kleinen Minderheiten lebt hier und weiter westlich in der Wolgagegend noch die finnisch-ugrische Urbevölkerung – Mordwinen, Syrjänen u. a. – sowie das einst politisch mächtige türkisch-mongolische Mischvolk der Tataren (Kasan-Tataren).

Zwischen dem Ural und dem Jenissei breitet sich das *Westsibirische Tiefland* aus. Mit Ausnahme der Tundra im Norden und der Waldsteppen und Mischwälder im Süden handelt es sich um immensen Nadelwald, den die Russen nach einem altaischen Wort «Taiga» nennen. Heute wird diese Bezeichnung oft für die gesamte eurasiatische Nadelwaldzone verwendet. Westsibirien ist eine der ausgedehntesten Sedimentebenen der Erde. Junge, lockere Ablagerungen bilden eine monotone Oberfläche, die nur durch die grossen Flüsse mit breiten, bis 80 m tiefen Tälern und einige niedrige Höhenrücken gegliedert wird. Lange, kalte Winter und kurze, heisse Sommer kennzeichnen das kontinentale Klima, und die Vegetationszeit beträgt nur drei bis fünf Monate. Das flache Terrain mit meist hohem Grundwasserstand im Süden und der Dauerfrostboden im Norden verursachen in tieferen Lagen starke Versumpfungen. Zahlreiche Flüsse, darunter Ob, Irtysch und Jenissei, überschwemmen während der Schneeschmelze weite Landstriche. Die Wälder dienen einer vielfältigen Tierwelt als Lebensraum, vor allem Bär, Wolf, Fuchs, Reh, Hirsch, Zobel und andere Marder, Eichhörnchen und Biber. In den nördlichen Regionen, wo die Volksdichte im Mittel nur 4 pro Quadratkilometer beträgt, tritt der Mensch kaum in Erscheinung. In abgelegenen Gebieten leben finno-ugrische Völker von geringer Kopfzahl, die Ostjaken und die Wogulen, die zum Teil noch nomadisierende Rentierzüchter sind. Im Süden steigt die Bevölkerungsdichte auf 10–20 pro Quadratkilometer. Weitaus der grösste Teil der Bewohner sind Russen. Sie kamen zuerst als Jäger und Fallensteller, dann als Holzfäller, Goldsucher und Waldbauern. Heute arbeiten viele in grossen, modernen Kolchosen mit Weizen-, Roggen-, Hafer-, Kartoffeln-, Sonnenblumen- und Zuckerrübenkulturen. Einen starken wirtschaftlichen Aufschwung brachte dem Süden des ehemaligen Nadelwaldgürtels die Transsibirische Eisenbahn, die 1891 bis 1904 gebaut wurde und seit 1938 zweigleisig den Moskauer Raum mit dem Pazifischen Ozean verbindet. An den wichtigen Verkehrsknotenpunkten wie auch bei Erz- und Kohlelagerstätten entwickelten sich dank der sowjetischen Planwirtschaft grosse Industriezentren mit modernen Werk- und Wohnbauten, Schulen, Kulturanstalten und Sportanlagen. An der Spitze steht Nowosibirsk am Ob mit Maschinen-, Nahrungsmittel- und Holzindustrie. An zweiter Stelle folgt Omsk am Irtysch, das sich aus einer Festung zu einer Millionenstadt (1977: 1,026 Millionen Einwohner) mit landwirtschaftlichen, chemischen und Maschinenfabriken entwickelt hat.

Das Mittelsibirische Bergland

Das Mittelsibirische Bergland, eine stark zerschnittene Plateaulandschaft, liegt zwischen dem Jennissei und der Lena. Weitläufige 500 bis 700 m hohe, durch tiefe canyonartige Flusstäler getrennte Hochflächen beherrschen vor allem im mittleren und nördlichen Teil das Relief. Im Süden zeigt das Gebiet deutlichen Mittelgebirgscharakter mit einzelnen, bis 1000 m hohen Bergrücken. Die jährlichen Temperaturschwankungen sind gross, die wenigen Niederschläge fallen zur Hauptsache im Sommerhalbjahr. Zwei Drittel des Jahres liegt ein grosser Teil Mittelsibiriens unter einer Schneedecke. Der überwiegende Teil des Waldes besteht aus lichten Lärchenbeständen, die sich gegen Norden nur noch in den Flussniederungen halten können. In geschützten Senken breiten sich dichte Kiefernwälder und im Süden Waldsteppeninseln aus. Inmitten einer waldreichen Berglandschaft liegt der über

600 km lange Baikalsee; mit einer Fläche von 31 500 km² und einer maximalen Tiefe von 1741 m ist er der tiefste Binnensee und eines der grössten Süsswasserreservoire der Erde. Von Ende Dezember bis Anfang Mai trägt er eine dicke Eisdecke. Mittelsibirien birgt bedeutende Bodenschätze wie Steinkohle, Eisenerze, Gold, Nickel und Diamanten. Die dominierende einheimische Bevölkerung stellen die mongoliden Tungusen, deren Verbreitungsgebiet sich bis zum Pazifik erstreckt und zu denen auch die – heute weitgehend sinisierten – Mandschu in Nordchina zählen (vgl. S. 104). Die ersten russischen Einwanderer waren Pelztierjäger und Goldsucher; sie mussten fast alle Lebensmittel und Gebrauchsartikel aus Russland importieren. Auch hier hatte der Bau der Transsibirischen Eisenbahn eine starke wirtschaftliche Entwicklung zur Folge, die seit der Gründung der Sowjetunion intensiviert wurde. Die aus Westen eingewanderte Bevölkerung konzentriert sich in den Städten an der Transsibirischen Eisenbahn, wie Krasnojarsk am Jenissei und Irkutsk an der Angara, beide Zentren einer bedeutenden Maschinen-, Kraftwagen- und Nahrungsmittelindustrie. Bratsk, nördlich des Baikalsees gelegen, ist eine moderne Stadt mit 200 000 Einwohnern. Sie wurde erst 1954 anstelle des alten gleichnamigen kleinen Dorfes gegründet und verdankt ihren Aufschwung dem damals grössten Wasserkraftwerk der Erde mit dem 5500 km² grossen Stausee, der das alte Dorf Bratsk überflutet hat.

Das Ostsibirische Gebirgsland

Das Ostsibirische Gebirgsland, der «Ferne Osten» der Sowjetunion, liegt östlich der Lena und zieht sich bis zur Ostküste hin. Der an verschiedenen Stellen über 2000 km breite Nadelwaldgürtel wird des öftern durch baumlose Gebirgsketten unterbrochen. Der Nordsaum besteht aus Lärchenwald, der während des kurzen Herbstes wie ein immenses goldgelbes Meer leuchtet. Bis ins 17. Jahrhundert gab es hier – von geringen Ausnahmen abgesehen – noch keine Weisse, sondern nur die ansässigen altasiatischen Volksstämme, zum Beispiel die Tschuktschen, Korjaken und Kamtschadalen. Seither wanderten viele Russen, aber auch Chinesen und Japaner ein, und die Bevölkerungsdichte stieg in den Ufer- und Küstengebieten bis auf 10 pro Quadratkilometer. Der Anteil der Urbevölkerung beträgt heute nur noch etwa 5%. Zur Zarenzeit galt der russische «Ferne Osten» in erster Linie als Zugang zum Pazifik und als militärische Basis zur Eroberung der benachbarten chinesischen Besitzungen, vor allem der Mandschurei. Obwohl man Pelze, Holz, Gold und Fische gewann, musste die Versorgung der Bevölkerung grösstenteils aus Russland erfolgen. Die Transsibirische Bahn brachte neben wirtschaftlichen und militärischen Vorteilen auch eine engere politische Bindung an Russland. Die Sowjetverwaltung bemüht sich, den «Fernen Osten» möglichst wirtschaftlich autark zu gestalten. Sie baute eine Reihe von Handels- und Industriezentren. Vor allem nahm Wladiwostok, das Mitte des 19. Jahrhunderts als Flottenstützpunkt und Versorgungsbasis der russischen Pazifikküste gegründet wurde und Endpunkt der Transsibirischen Bahn ist, einen starken wirtschaftlichen Aufschwung. Nach zeitweiliger japanischer Besetzung wurde die Stadt 1922 der Sowjetunion angegliedert und ist heute wirtschaftliches und kulturelles Zentrum des sowjetischen Fernostgebietes.

Landschaften im Misch-, Laubwald-, Steppen- und Wüstengürtel

Mittelasien

Als Mittelasien bezeichnet man das Gebiet der Kirgisensteppe, des Tieflandes von Turan und Westturkestan. Dieser immense Raum gehört politisch grösstenteils zu den Sowjetrepubliken Kasachstan, Usbekistan und Turkmenistan, die ihre Namen von den islamischen Türkvölkern der Kasachen, Usbeken und Turkmenen haben. Es ist ein abflussloses Tiefland, das sich von der Kaspischen Senke und dem Kaspischen Meer ostwärts zu den Gebirgen Tien-Schan, Altai und Pamir hinzieht. Im Norden wird es durch die niedrige Kirgisenschwelle vom Sibirischen Tiefland getrennt; im Süden reicht es bis zu den Nordiranischen Randgebirgen und dem Hindukusch. Die gewaltige Fläche besitzt nur wenige schwache Erhebungen. Im Innern, zwischen der Kirgisensteppe und Turan, liegt der rund 66 000 km² grosse, bis 70 m tiefe Aralsee, der zur Hauptsache von den Flüssen Amu-Darja und Syr-Darja gespiesen wird, deren Quellgebiete in den südöstlichen Gebirgen liegen. Der Aralsee ist abflusslos, enthält salziges Wasser und ist sehr fischreich. Am Ostrand der Kirgisenschwelle erstreckt sich in weitem Bogen der ebenfalls abflusslose Balchaschsee, dessen Oberfläche zwischen 17 000 und 19 000 km² schwankt und dessen mittlere Tiefe nur 6 m beträgt. Als Folge der kontinentalen Abgeschlossenheit erhält das Tiefland von Mittelasien weniger als 30 cm Niederschläge, und die Temperaturschwankungen sind sehr gross. Im Sommer herrscht oft unerträgliche Hitze, im Winter friert der nördliche Teil des Aralsees bis zu drei Monaten zu. Die Kirgisenschwelle bildet das Übergangsgebiet vom nördlichen Steppenwald zur eigentlichen Steppe, die im Tiefland von Turan in Halbwüsten und Wüsten übergeht. Die umrahmenden Berghänge sind indessen bewaldet. Die nördlichen Steppen dienen hauptsächlich als Rinder-, die südlichen als Schaf- und Ziegenweiden. Bis in die Gegenwart betreiben die Kasachen noch nomadische Viehwirtschaft; typisch sind ihre kreisrunden Wohnzelte, die Jurten. Allerdings bemühen sich die Sowjets mit Erfolg, die Nomaden sesshaft zu machen. In den Vorgebirgsebenen im Osten und Süden entstanden grosse Bewässerungsoasen für den Anbau von Sommerweizen, Hülsenfrüchten, Kartoffeln, Sonnenblumen und Zuckerrüben, und Jahr für Jahr schieben sich die Kulturflächen immer weiter in die Steppe hinein. Der grossartigste Landschaftswandel vollzieht sich in Turkmenistan. Der Turkmenische Hauptkanal, der zum grössten Teil schon gebaut ist, wird nach seiner Fertigstellung in wenigen Jahren den südlichen Amu-Darja mit dem Kaspischen Meer verbinden und der Bewässerung von 1,3 Millionen Hektar Acker- und 7 Millionen Hektar Weideland sowie als Verkehrsweg dienen. Er wird der längste Kanal der Welt sein. Bereits heute wird er für die Berieselung von ausgedehnten Kulturen mit Baumwolle, Melonen, Obst, Reben, Tabak, Reis und Maulbeerbäumen benutzt. Innerhalb von wenigen Jahrzehnten haben die Menschen hier eine Wüste in eine blühende Agrarlandschaft umgewandelt. Zudem entstanden dank reicher Bodenschätze wie Erdöl, Erdgas, Kohle, Salze, Blei, Kupfer, Quecksilber, Phosphate und Schwefel mehrere grosse Industriesiedlungen. Taschkent, die grösste Stadt Mittelasiens und Hauptstadt der Sowjetrepublik Usbekistan, liegt in einer bewässerten Oase am Westhang des Tien-Schan und zählt 1,8 Millionen Einwohner. Nach den furchtbaren Zerstörungen durch ein Erdbeben im Jahre 1966, die vor allem die orientalische Altstadt betrafen, wurde Taschkent nach grosszügigen Plänen wiederaufgebaut, und heute ist es ein Verkehrs-, Industrie- und Kulturzentrum von grösster Bedeutung.

Zentralasien

Zentralasien setzt sich aus abflusslosen Hochländern im Innern Asiens zusammen. Es wird von den Randgebirgen Mittelasiens und Sibiriens, vom Grossen Chingangebirge, vom Nordchinesischen Bergland, vom Chinesisch-Tibetischen Grenzgebirge, vom Transhimalaya und Karakorum umschlossen. Das rund 6 Millionen Quadratkilometer grosse Gebiet ist der kontinentalste Teil der Erde und besitzt demzufolge ein entsprechendes Klima mit starken Schwankungen zwischen Sommer- und Wintertemperaturen und grosser Trockenheit. Wüsten, Halbwüsten und in den Randgebieten Grassteppen prägen das Bild der meisten Landschaften. Der Wald fehlt bis auf kleine Ausnahmen. Weite Gebiete sind unbewohnt oder werden von wenigen Nomaden bevölkert; nur am Rande und in Flussoasen findet man dichtere Besiedlung und intensive Bodennutzung. Die Bevölkerung Zentralasiens setzt sich aus Türkstämmen, Mongolen und Tibetern zusammen.

Das wichtigste westliche Eingangstor nach Mittelasien ist die *Dsungarei,* die Senke zwischen dem Altai- und dem Tien-Schan-Gebirge. Sie bildet die Durchgangslandschaft zwischen dem Westsibirischen Tiefland und der Mongolei. Diese uralte Völkerwanderungspforte ist mit einem Küstenabstand von 2000 km das meerfernste Gebiet der Erde. Das Innere besteht aus einer Sandwüste, die gegen Westen geneigt ist. An den Rändern breiten sich Salzsteppen und Felswüsten aus, in denen eine Reihe von abflusslosen Salzseen liegen. Sie werden von Flüssen gespeist, die in den benachbarten Gebirgen entspringen. Mehrere Stauwerke dienen zur Bewässerung ausgedehnter Weizen-, Baumwoll-, Sojabohnen-, Erdnuss- und Zuckerrübenkulturen, die zu grossen Volkskommunen gehören. Am südlichen Gebirgsrand, entlang der Haupthandelsroute mit Strasse und Bahnlinie, liegen einige Oasenstädte, darunter Urumtschi mit einer halben Million Einwohner. Sie ist Hauptstadt, wirtschaftlicher und kultureller Mittelpunkt der chinesischen autonomen Region Sinkiang-Uighur. Die Bevölkerung dieser Region ist in der Hauptsache türkisch (Uighuren, Kasachen, Kirgisen); hinzu kommen Kalmücken – vgl. dazu S. 94 –, Mongolen im engeren Sinne sowie eingewanderte Chinesen. Mit breiten Strassen, Parkanlagen, pompösen Gebäuden für Hochschulen, Theater, Spitälern und einem achtstöckigen Hotelbau hinterlässt die Oasenstadt Urumtschi (500 000 Einwohner) einen phantastischen Eindruck. Südlich der Dsungarei, jenseits des über 7000 m hohen Tien-Schan, liegt das *Tarim-Becken,* auch *Ostturkestan* genannt. Es ist einzig gegen die östlich gelegene Mongolei über eine niedrige Gebirgsschwelle geöffnet und besitzt ein extrem kontinentales Klima mit grosser Trockenheit. Die meisten Randflüsse führen nur periodisch Wasser. Der 2750 km lange Tarim bildet im Ober- und Mittellauf mit den ihn begleitenden Schilf- und Pappeldickichten ein gewundenes grünes Band in der wüstenhaften Umgebung; er verliert sich schliesslich in einer amphibischen Landschaft, die aus Sumpf-, Salz-, Ton-, Sand- und Wasserflächen besteht, den Überresten des früheren Endsees, des Lopnor. Den Mittelteil des Tarim-Beckens nimmt die Sandwüste Takla-Makan ein; sie wird oft von heftigen Sandstürmen heimgesucht. Ackerbau ist nur in Bewässerungsoasen möglich, wo vor allem Getreide, Baumwolle und Obst angepflanzt werden. Ausserhalb der Oasen betreiben einige Nomadenstämme (islamische Türkvölker) noch Schafzucht. Die bedeutenden Oasenstädte liegen am Nord- und Südrand entlang der alten Seidenstrassen, auf welchen die Chinesen im Altertum ihr wichtigstes Exportgut, die Seide, über Pamir nach Westen brachten. Weitaus die grösste Stadt ist Kaschgar im Westen des Beckens mit rund 300 000 Einwohnern, die vom Ackerbau, von der Seidenraupenzucht, der Seiden- und Baumwollindustrie sowie vom Handel leben.

Die Mongolei – hier im geographisch-historischen, nicht im politischen Sinne – mit einer Fläche von 2,7 Millionen Quadratkilometer umfasst nahezu die Hälfte von Zentralasien. Hinsichtlich des Reliefs, der Klimaverhältnisse und der politischen Zugehörigkeit bildet sie keine Einheit. Einheitlich ist nur ihre mongolische Bevölkerung, deren Urheimat sie darstellt. Nach Relief und Klima unterscheidet man die Bergmongolei im Nordwesten und die flache Wüste Gobi im Südosten. Die Bergmongolei besteht aus mehreren verschieden grossen, von Gebirgszügen umschlossenen Becken, in denen vereinzelte Salzseen und Sümpfe liegen. Das markanteste Gebirge ist der Grosse Altai im Westen, der (auf sowjetischem Gebiet) im Gipfel des Belucha 4500 m Höhe erreicht und teilweise vergletschert ist. Von ihm zieht sich der 1500 km lange Rücken des Mongolischen Altai nach Osten und taucht in der Wüste Gobi unter.

Der grösste Teil der Bergmongolei ist Grassteppe, die in höheren Lagen von Waldsteppe abgelöst wird. An den Nordhängen der Bergzüge wachsen Lärchen- und Fichtenwälder. Diese Vegetationsdecken zeigen im Verlaufe des Jahres einen grossartigen Wechsel der Farben. Nach den spärlichen Regen im Sommer bilden die Grassteppen unübersehbare saftig-grüne Flächen, während der langen Trockenzeit jedoch dürre, gelbbraune Weiten, die von dunkelgrünen Streifen und Punkten einiger Galeriewälder und kleiner Oasen durchsetzt sind. Die Lärchenwälder an den Berghängen vertauschen im Herbst ihr lichtes Grün mit goldenem Rotgelb, um dann nach wenigen Wochen ihre Nadeln zu verlieren. Im Winter liegen weite Zonen unter einer Schneedecke. – Die südöstlich anschliessende Gobi wird allgemein als «Wüste» bezeichnet, ist jedoch in Wirklichkeit zum grössten Teil eine Steppe – nur der Südwesten hat reinen Sandwüstencharakter. Das grosse Becken der Gobi zeigt im allgemeinen nur geringe Höhenunterschiede; es gliedert sich in viele kleinere Senken, die durch niedrige Schwellen voneinander getrennt sind. Die meisten von den Randgebirgen herkommenden Flüsse versiegen oder münden in kleine, abflusslose Salzseen, die teilweise der Salzgewinnung dienen. – Die Bevölkerung der Mongolei besteht auch heute noch zum Teil aus nomadisierenden Mongolen, die Schafe, Ziegen, Pferde, Rinder und Kamele halten. Seit dem Ersten Weltkrieg wird das Ackerbaugebiet ständig vergrössert, und neuerdings ist die Mongolei in der Lage, Brotgetreide – besonders Weizen – zu exportieren. Immer mehr verschwindet der alte Karawanenverkehr. Heute wird die Mongolei von der Transmongolischen Bahn und einigen Strassen durchquert. Politisch gehört der Hauptteil, die sogenannte Äussere Mongolei, zur Mongolischen Volksrepublik, die Innere Mongolei zur Volksrepublik China. Ulan-Bator mit rund 300 000 Einwohnern ist die Hauptstadt der Mongolischen Volksrepublik. Sie liegt im südwestlichen Vorland des Jablonowy-Gebirges auf 1300 m Höhe und ist sehr weitläufig angelegt. Um den grossen zentralen Stadtplatz stehen drei- bis vierstöckige Gebäude der Staatsverwaltung. Als kultureller und wirtschaftlicher Mittelpunkt der Mongolei besitzt Ulan-Bator eine Universität, zahlreiche höhere Schulen, Museen und Bibliotheken. Die meist neugegründeten Fabriken produzieren vor allem Leder, Textilien und Baustoffe.

Tibet ist mit einer Fläche von 2 Millionen Quadratmeter und einer mittleren Höhe von 4000 m das ausgedehnteste und höchstgelegene Hochland der Erde. Es liegt zwischen dem Kwenlung-Gebirge im Norden, Kaschmir im Westen, dem Transhimalaya im Süden und den Osttibetischen Randketten im Osten. Diese Randgebirge überragen das Hochland um 3000 bis 4000 m und sind stark vergletschert. Am gewaltigsten treten die Höhenunterschiede im Süden in Erscheinung, wo die Gipfel des Transhimalaya bis 7000 m emporragen und der Himalaya mit dem 8848 m hohen Mt. Everest die höchste Erhebung der Erde erreicht.

Tibet wird von zahlreichen Gebirgsketten in leichtem Bogen von Westen nach Südosten durchzogen, die sich durchschnittlich 2000 m, im Osten sogar 4000 m über die Täler erheben. Das Klima von Innertibet verbindet die Eigenschaften des extrem kontinentalen und des Hochgebirgsklimas. Die Niederschläge sind ausserordentlich gering, die Temperaturen schwanken jahreszeitlich und im Verlaufe eines Tages sehr stark. Als besondere Wettererscheinungen können die heftigen Herbst- und Winterstürme sowie die plötzlich auftretenden Hagelgewitter bezeichnet werden. Einzig die vom Monsun berührten Gebiete, die Himalayakette und Osttibet erhalten auf den Luvseiten reichlich Niederschläge. Während im trockenen West- und Innertibet abflusslose Becken mit Seen, Salzsümpfen und Hochmooren vorherrschen, befinden sich im feuchteren Süden und Osten hydrographische Zentren. So entspringen im Längstal zwischen Himalaya und Transhimalaya die Hauptströme Vorderindiens und im östlichen Tibet die wichtigsten Flüsse von Hinterindien. Weite Gebiete im Innern sind gekennzeichnet durch Hochgebirgstundra, Halbwüsten und baumlose Steppen, welche im Südosten in Baumsteppen übergehen. Im Berührungsgebiet mit dem subtropischen Chinesischen Bergland wachsen Laub- und Nadelwälder, die auf 5200 m Höhe von Bergmatten abgelöst werden. Die Ackerbaugrenze liegt dort bei 3000 m. Die Bevölkerung Tibets setzt sich schätzungsweise aus 4 Millionen Tibetern und 3–4 Millionen angesiedelten Chinesen zusammen. Von den ursprünglich rund 3000 Klöstern, die wirtschaftlich selbständige Einheiten darstellten und einen grossen Teil des Acker- und Weidelandes besassen, sind in neuester Zeit zahlreiche aufgehoben und durch Kommunen ersetzt worden. Im Osten und Südosten wird Ackerbau betrieben, die Hauptpflanzen sind dort Gerste, Weizen, Hirse, Erbsen und Bohnen. Im Innern und im Westen herrscht noch in einigen Gebieten die nomadische Viehzucht mit Yak- und Schafherden vor. Die Nomaden wohnen in viereckigen Zelten aus Yakhaargeweben, die sesshaften Tibeter meistens in grossen Siedlungen aus Steinhäusern, die in stufenförmiger Anordnung an Berghängen liegen und unsern modernen Terrassensiedlungen gleichen. – Lhasa, Hauptstadt und wichtigster Handelsplatz, war bis 1959 Sitz des Dalai-Lama. Es liegt 3600 m ü. M. und zählt etwa 120 000 Einwohner. Hoch über der Stadt erhebt sich die ehemalige Palastburg des Dalai-Lama. Mittelpunkt der Stadt bildet der Jo-khang-Tempel. In der Umgebung befinden sich mehrere ehemalige Klöster.

Ostasien

Ostasiens Oberflächenformen sind durch riesige Bruchstrukturen gekennzeichnet. Der asiatische Erdteil bricht in drei gewaltigen bogenförmigen Stufen mit überhöhten Rändern gegen Osten ab: nämlich von der Mongolei zur Mandschurei und zur Chinesischen Tiefebene, dann an der Küste zum Japanischen und Gelben Meer und schliesslich von den Inselgirlanden in die Tiefen des Pazifischen Ozeans. Die wichtigsten Räume Ostasiens im Bereich der gemässigten Laub- und Mischwaldzone sind die Mandschurei, Korea, das Chinesische Tiefland und die japanische Hauptinsel Honschu.

Die Mandschurei umfasst das ausgedehnte beckenförmige Gebiet zwischen dem Amur im Norden und dem Gelben Meer im Süden; von der Mongolei wird sie durch das Chingan-Gebirge, vom Japanischen Meer durch ein Randgebirge getrennt. Im Norden und Osten dieses leicht welligen Flachlandes breiten sich umfangreiche Laubwälder, im Süden und Westen Steppen und Felder mit Sojabohnen, Weizen, Mais, Erdnüssen und Reis aus. Die Mandschurei ist reich an Kohle, Eisenerzen und vielen andern Bodenschätzen. Besonders im Süden befinden sich ausgedehnte Bergbau- und Industrielandschaften. Grosse Bauxitvorkommen liefern den Rohstoff für mehrere Aluminiumfabriken. Die vorherrschende Siedlungsform der Agrargebiete bilden von Mauern umgebene Festungsdörfer mit Lehmhäusern. Unter russischem und japanischem Einfluss entstanden zahlreiche, grosszügig geplante Städte mit kreisförmigen Zentren und streng getrennten Wohn-, Geschäfts- und Industrievierteln sowie schönen Parkanlagen. Die Hauptstadt der Mandschurei, Schenyang (mandschurisch Mukden), liegt am Rande der fruchtbaren südlichen Ebene inmitten einer ausgedehnten Bergbau- und Industrieregion. In ihrer Altstadt, die früher von einer Ziegelmauer umschlossen wurde, befindet sich der Alte Palast mit prächtigem Park, ehemals Residenz der Mandschu-Kaiser, heute Museum und Hochschule. Die neuen Stadtteile weisen einen regelmässigen, rechtwinkligen Grundriss auf. Mit über 4 Millionen Einwohnern ist Schenyang die grösste Stadt der Mandschurei und deren Kultur- und Wirtschaftszentrum.

Das ostmandschurische Randgebirge setzt sich in der *Halbinsel Korea* fort, welche sich südwärts zwischen das Gelbe und Japanische Meer vorschiebt. Die Westküste besteht aus fruchtbaren Alluvialebenen; von ihnen steigt das Gebirge gegen Osten langsam bis auf

78 Überblick über die Höhlensiedlung Matmata in Tunesien. In den Vertiefungen erkennt man die Eingänge zu den unterirdischen Wohnungen durch tunnelartige Zugänge, die so hoch sind, dass ein beladenes Kamel durchkommen kann.

79 Landschaft im Libanon. Im Vordergrund die stark besiedelte, fruchtbare Zone am Bergfuss; darüber bewaldete Abhänge (z.T. Libanonzedern), im Hintergrund die verschneite Kette des Libanongebirges.

80 Steinwüste im Irak. Im Hochland von Irak ist es gebietsweise so trocken, dass jegliche Vegetation fehlt.

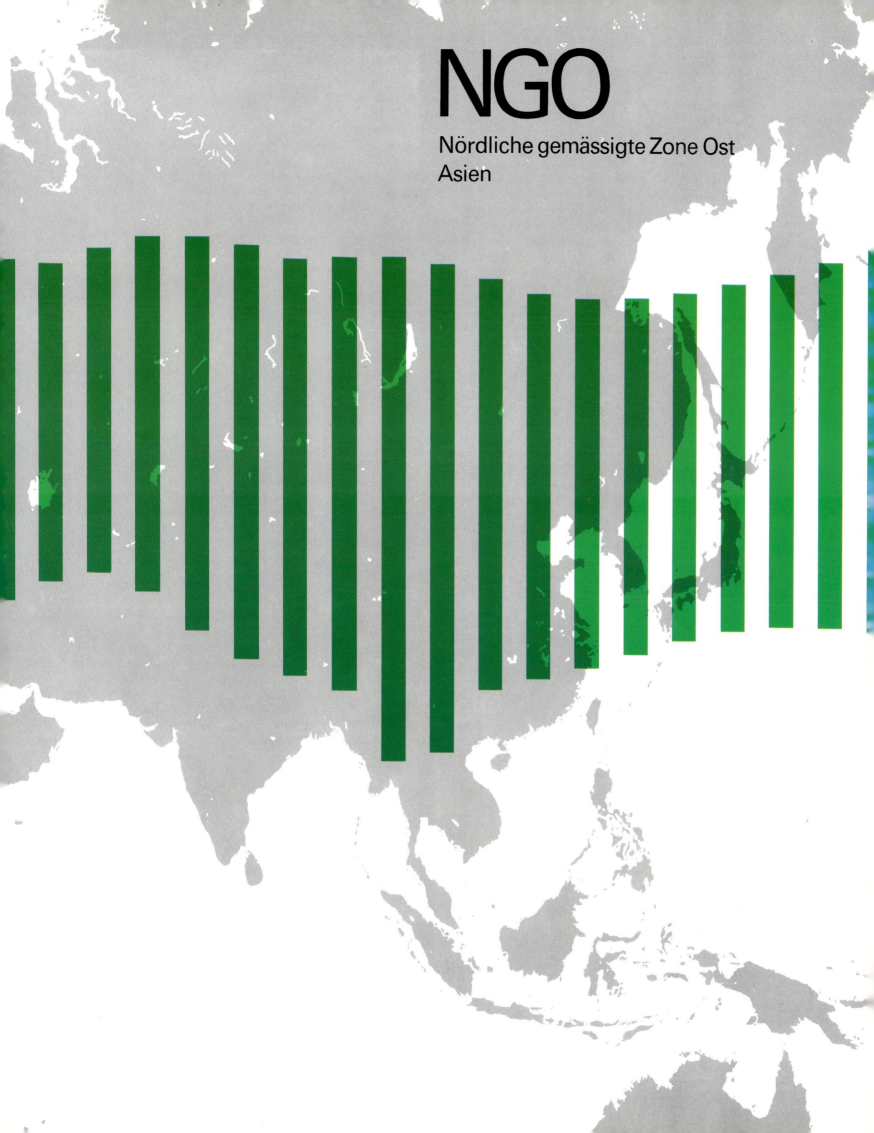

NGO
Nördliche gemässigte Zone Ost
Asien

81/82

83/84

81 Blick über die iranische Stadt Isfahan. Im Vordergrund das Masjed-Ali-Minarett; im Hintergrund die Shah-Moschee und der Berg «Kuhe Sofe». Die Moscheekuppeln der iranischen Städte sind mit farbigen Fliesen überzogen, die sich zu herrlichen ornamentalen Mustern zusammenfügen.

82 Iranisches Bauerndorf in der Nähe von Täbris. Die Pyramiden bestehen aus Kuhdung, welcher in der holzarmen Gegend als Brennmaterial verwendet wird.

83 Im Elbursgebirge. Im Vordergrund ein erstarrter Lavastrom. Das bis 4500 m hohe Elbursgebirge besteht aus mehreren Parallelketten und bildet das nördliche Randgebirge des Hochlandes von Iran.

84 Flugbild eines bebauten Hochtales zwischen parallelen Bergketten des Zagros-Gebirges in Iran. Im Hintergrund das Kamara-Gebirge mit Gipfeln von 4000–5000 m Höhe.

85 Islamischer Friedhof in der Nähe von Bamyān in Zentralafghanistan; im Hintergrund einige Gipfel der Koh-e-Bābā-Gebirgskette. — Wie auf allen islamischen Friedhöfen sind die Gräber der Vornehmen anspruchsvoller gestaltet, wie dieses hier im Vordergrund, auf dem der Flötenspieler sitzt.

86 Der alte Marktort Bamyān im zentralen Afghanistan. Bamyān war vom 2. bis zum 7. Jahrhundert eine berühmte buddhistische Klostersiedlung. Im Vordergrund künstlich bewässertes Kulturland. Im Hintergrund in den Felsen gehauene ehemalige Mönchszellen und eine Buddhastatue.

87 Hunza-Tal nördlich von Gilgit (Kaschmir, Pakistan) mit dem Mt. Nomal. Im schwer zugänglichen Grenzraum von Russland, Afghanistan, China und Pakistan raffen sich die alpinen Gebirgsketten und erreichen Höhen bis über 8000 m. Während der Sommermonate wälzen sich schmutziggraue, sedimentbeladene Schmelzwasserflüsse durch tiefe Schluchten südwärts. Beim Verwaltungszentrum und Marktflecken Gilgit vereinigen sich die Flüsse Hunza und Gilgit und ergiessen ihr Wasser nach 50 km in den Hauptfluss Pakistans, den Indus.

88 Kirtipur im Kathmandutal (Nepal). Im Hintergrund der steile Abhang des 7200 m hohen Langtrang-Himal. Die architektonische Reinheit dieser Stadt ist mustergültig. Die Wohnhäuser werden vom Pagodentempel überragt.

89 Leh ist der Hauptort von Ladakh (Kleintibet, Kaschmir); es liegt am Indus auf 3505 m ü.M. Der Zugangsweg führt von Delhi über Srinagar und die Pässe Zoji La (3529 m ü.M.), Namika La (3720 m ü.M.) und Fatu La (4100 m ü.M.). Es liegt in einer Berglandschaft mit Weiden und Pappeln; es werden Gerste, Weizen und Buchweizen angebaut. Der Ort wird überragt von dem neunstöckigen Palast. Bis 1842, als das Land Kaschmir angegliedert wurde, war er Residenz der Könige (Rajahs). In den zwölf Klöstern Ladakhs, den sogenannten Gompas, leben insgesamt 1200 lamaistische Mönche.

90 Schafweide am Abhang des Transilenischen Alatau in Kasachstan (UdSSR). Hier hat sich der ursprüngliche Hirtennomadismus der islamischen Turkvölker – zu denen die Kasachen zählen – noch zum Teil erhalten.

91 Teeplantage einer Kolchose in Georgien (UdSSR). Im Gegensatz zu den Turkstämmen (Nr. 90) waren die Georgier seit jeher sesshafte Ackerbauer und Viehzüchter. Das subtropische Klima des Schwarzmeergebiets begünstigt eine ertragreiche Plantagenwirtschaft. Georgien bestreitet nahezu die gesamte Teeproduktion der Sowjetunion.

92 Vulkanlandschaft auf der Halbinsel Kamtschatka am Pazifischen Ozean. Vulkanausbrüche, Geysire und heisse Quellen zeugen von der regen vulkanischen Tätigkeit. Kraterrand des Kraschenninikow, dahinter der Kronozki (3598 m).

2500 m an, um steil gegen das Japanische Meer abzufallen. Die ursprüngliche Vegetation von Korea, das ungefähr auf derselben Breite wie Südspanien liegt, bestand dank des ostasiatischen Monsunklimas im Norden und im mittleren Teil aus Laubwäldern mit Eichen, Eschen, Linden, Ahorn, Pappeln und Birken, im Südosten aus immergrünen Wäldern und Bambusdickichten. Seit Jahrhunderten haben die Bewohner die Wälder gerodet, um Ackerland zu gewinnen, so dass von der ehemaligen Pflanzendecke nur noch in den schwach bevölkerten Hochländern und um Klöster Relikte übriggeblieben sind. Die 1948 erfolgte Teilung in die Koreanische Volksrepublik im Norden und in die Republik Korea im Süden wirkte sich auch auf die Wirtschaft aus. In Nordkorea bestehen heute grosse, moderne landwirtschaftliche Produktionsgenossenschaften, in Südkorea dagegen viele, meist kleine Privat- und Pachtbetriebe, die mancherorts eine grosszügige Bewässerung und Mechanisierung erschweren. Die verbreitetste Kulturpflanze ist der Reis, vor allem im südwestlichen Küstenstrich. Zahlreiche Bodenschätze, vor allem Kohle und Eisenerze, sowie ergiebige Wasserkräfte führten zur Entstehung einer vielseitigen Industrie, die allerdings infolge der Spaltung in die beiden Staaten mit mancherlei Schwierigkeiten zu kämpfen hat. – Pjöngjang, die nordkoreanische Hauptstadt mit über 1 Million Bewohnern, ist Zentrum einer dichtbesiedelten Industrieregion und steht mit dem 60 km entfernten Hafen Tschinnampo, der in einer Bucht am Gelben Meer liegt, in engem Kontakt. – Söul, die Hauptstadt von Südkorea, zählt rund 6,9 Millionen Einwohner und liegt inmitten eines Kranzes kahler Granithügel, auf denen noch Überreste einer 600 Jahre alten Stadtmauer erhalten sind. Im historischen Stadtteil stehen einige alte Paläste, während die weiträumig angelegten neuen Quartiere durch Regierungs-, Hochschul-, Industrie- und Wohnbauten charakterisiert sind.

Eine einzigartige, weite und dichtbesiedelte Landschaft stellt das *Chinesische Tiefland* dar. Es ist eine riesige Schwemmlandebene, die im Westen und Süden von den Bruchstufen der Mongolei und vom Südchinesischen Bergland begrenzt wird und sich gegen das Gelbe und Ostchinesische Meer öffnet. Die bis 1500 m hohen Berge, die in die Halbinsel Schantung auslaufen, bilden die einzigen Erhebungen des gewaltigen, von Riesenströmen durchflossenen Flachlandes. Ein besonderes Merkmal dieses immensen Gebietes bilden die weitverbreiteten gelben Lössböden. Seit Jahrtausenden verfrachtet der trockene Wintermonsun aus der Wüste Gobi feinen Staub nach Osten und lagert diesen an den Hängen der Bruchstufen und auf grossen Zonen der Ebene ab. Die so entstandene Lössdecke erreicht eine Mächtigkeit bis zu 400 m und prägt mancherorts das Landschaftsbild. So ragen im Nordwesten vom ursprünglichen Relief nur noch die höchsten Erhebungen aus dem Löss heraus. In andern Regionen schmiegt sich die Lössdecke in flachen Winkeln an die Hänge und verwandelt die bewegten Reliefformen in weite, eintönige Beckenlandschaften. Da die Lössschicht sehr standfest ist, das heisst beim Anschneiden nicht nachrutscht, konnten die Flüsse lange Talschluchten mit hohen, oft senkrechten Wänden einschneiden, und regelmässig befahrene Strassen verwandelten sich in Hohlwege. Ein grosser Teil des vom Wasser wegerodierten Materials wird als Lössschlamm in der Ebene abgelagert; der Rest gelangt schliesslich ins Gelbe Meer. Der Löss gehört zu den fruchtbarsten Böden der Erde. Jedes Jahr lagert der Wintermonsun eine neue Schicht und damit neue, wertvolle Nährstoffe ab. Kein Wunder, dass dieses Gebiet zu den am intensivsten genutzten Agrargebieten gehört. Vor allem werden Weizen, Hirse, Mais, Sojabohnen, Tabak, Melonen und bei künstlicher Bewässerung auch Reis und Baumwolle angepflanzt. An den Losswänden der Täler errichteten die Bauern unzählige Terrassen, und vielerorts gruben sie Höhlenwohnungen in die Hänge, die zum Teil erstaunlich komfortabel und wohnlich eingerichtet sind. Die nördliche Chinesische Ebene ist in erster Linie das Schwemmland des Hwangho oder des Gelben Flusses, der aufgrund des geringen Gefälles und der starken Geschiebemengen manche furchtbare Überschwemmungskatastrophen – oft verbunden mit Laufverlegungen – verursacht hat und deshalb auch als «Kummer Chinas» bezeichnet wird. Mit dem Bau riesiger Staubecken und starker Dämme versucht man den Strom zu bändigen. Der 1400 km lange Grosse Kanal, der frühere Kaiserkanal, durchquert die Ebene in Nord-Süd-Richtung und verbindet Peking (Beijing) mit dem Jangtsekiang, dem grossen Strom im Süden. Das Siedlungsbild der Agrarlandschaften wird in zunehmendem Masse von den modernen Zweckbauten der Kommunen bestimmt. Am Rande der Ebene, geschützt vor Überschwemmungen, liegen die grossen chinesischen Städte, beispielsweise die Hauptstadt Peking sowie die Hafenstadt Tientsin im Norden und Nanking im Süden am Jangtsekiang. Wie die meisten alten chinesischen Städte wurde auch Peking (8 Millionen Einwohner) ursprünglich rechtwinklig angelegt, wächst jedoch heute weit über die Mauern hinaus. Seit alters her Sitz von Hochschulen, Verwaltungen und Gewerben, ist Peking reich an Baudenkmälern sowohl der alten chinesischen Kultur wie auch der kommunistischen Ära.

Den Kern bildet die innerste «Verbotene Stadt» mit dem ehemaligen Kaiserpalast. Sie wird von der Kaiserstadt mit dem «Tor des Himmlischen Friedens» und schönen Parkanlagen umgeben. Die ringsum sich lagernde Tataren- oder Mandschustadt war das einstige Wohnviertel der herrschenden Mandschu-Schicht und Sitz der Behörden. Im Süden schloss sich die alte Chinesenstadt mit dem Himmelstempel an. Zum alten Kunsthandwerk, wie Buch-, Seiden-, Baumwollgewerbe und Porzellanherstellung, sind bedeutende Hüttenwerke und vielseitige Industriebetriebe getreten, die mit den Wohnsiedlungen für die Arbeiter grosse Vororte bilden. — Ein einzigartiges Landschaftselement stellt die Grosse Chinesische Mauer dar, die grösste Befestigungsanlage der Erde. Sie wurde zum Schutz gegen die Mongolen entlang der Nordgrenze des alten China gebaut und zieht sich über eine Länge von rund 2500 km von der Küste des Golfes von Liautung westwärts, zuerst durch die Ebene, dann durch das Stufengebirge am Südrand der Mongolei. Die ursprünglich aus gestampftem Löss, später streckenweise aus Backsteinen gebaute Mauer wurde etwa 200 v. Chr. begonnen und bis ins 15. Jahrhundert erweitert und verstärkt. Sie erreicht in der Ebene und in den Passlücken bis 16 m Höhe, ist 5 bis 8 m dick, und in verschieden grossen Abständen stehen zweistöckige Türme und stark befestigte Tore. Grosse Teile sind noch mehr oder weniger gut erhalten. Im Norden von Peking (Beijing) wurde die Mauer restauriert; sie bildet heute eine der bedeutendsten Touristenattraktionen Chinas.

Honschu gehört zum 2000 km langen Japanischen Inselbogen, der im Westen aus dem bis 3000 m tiefen Japanischen Meer aufsteigt und im Osten in den 6000 bis 9000 m tiefen Japangraben des Stillen Ozeans abfällt. Die Insel ist mit Ausnahme weniger Küstenebenen gebirgig. Alte und junge Faltungen, Verwerfungen, die meist parallel zur Küste verlaufen, sowie jungvulkanische Ausbrüche verleihen Honschu ein ausserordentlich abwechslungsreiches Relief. Der bekannteste der zum Teil noch tätigen Vulkane ist der 3778 m hohe, ebenmässig schöne Kegel des Fudschisan, des Heiligen Berges von Japan. Eine Folge des Vulkanismus sind die zahlreichen Erdbeben, die im Mittel alle 6 bis 7 Jahre verheerende Auswirkungen haben, indem Häuser einstürzen, Brände ausbrechen und seismische Wellen die Überschwemmung und Verwüstung von Siedlungen und Kulturland im Küstenbereich auslösen. Besonders katastrophal war das Beben von 1923, das vor allem die Städte Tokio und Jokohama betraf. Allein in Tokio forderte es 140 000 Tote und mehr als 110 000 Verletzte; über 300 000 Häuser wurden zerstört.

Das Klima von Honschu wird durch die ostasiatischen Monsune bestimmt; die meisten Niederschläge bringt der Südostmonsun im Frühsommer, wobei vor allem die Aussenseite stark beregnet wird. Die zweite Regenzeit im Herbst hängt zum Teil mit den an der Küste in nordöstlicher Richtung verlaufenden Taifunen zusammen. Im Winter bringt der Nordwestmonsun der Innenseite ansehnliche Niederschläge, die teilweise als Schnee fallen. Die Temperaturen werden massgebend von den Meeresströmungen beeinflusst; die warme Kuro-Schio-Trift erwärmt die Ostseite Südhonschus, während der kalte Oja-Schio-Strom der Ostküste im Norden tiefere Temperaturen bringt. Entsprechend dem Klima wechselte die ursprüngliche Vegetation von Nadelwäldern im Norden über sommergrüne Laubwälder zu immergrünen Laubwäldern mit Bambusbeständen im Süden. Im Verlaufe der über 2000 Jahre dauernden Geschichte Japans mussten die ursprünglichen Pflanzen intensiv bebauten Agrarflächen Platz machen. Nassreisfelder, Regenfeldbau-Kulturen mit Weizen, Hirse, Sojabohnen und Süsskartoffeln und im warmen Süden sogar Tee- und Maulbeerpflanzungen bringen sehr hohe Ernteerträge. Die Viehwirtschaft ist unbedeutend, dagegen verdankt die Bevölkerung dem Fischfang 80–90 % der tierischen Eiweissnahrung. Die hochentwickelte Industrie des rohstoffarmen Landes beliefert den Weltmarkt mit chemischen, optischen und feinmechanischen Produkten sowie mit Autos, Radios und Fernsehgeräten. Während in den Landwirtschaftsregionen Weilersiedlungen und kleine ländliche Ortschaften das Siedlungsbild bestimmen, hat an der Küste – im Bereich der Industrien – die Zahl der Städte einen gewaltigen Aufschwung genommen. Mit Abstand an der Spitze steht Tokio, das an einer geschützten Bucht liegt und auf einer Fläche von über 2000 km^2 von rund 12 Millionen Menschen bewohnt wird. Es ist Kern einer Agglomeration, die südwärts bis Jokohama reicht und annähernd 21 Millionen Menschen zählt. Mittelpunkt der Stadt ist der Kaiserliche Palastbezirk, der in erhöhter Lage die Innenstadt beherrscht. Die «Unterstadt» auf neugewonnenem Schwemmlandboden ist Geschäftszentrum mit Banken und Handelshäusern; die «Oberstadt» auf flachem Diluvialplateau war bis vor kurzem vor allem Wohnviertel, verwandelt sich indessen immer mehr zu einem Verwaltungs- und Geschäftsbezirk. Da nach dem Erdbeben von 1923 ein grosser Teil neu aufgebaut werden musste, wird das Antlitz der Stadt durch moderne Hochbauten und zwei- und dreistöckige Autobahnen geprägt.

Subtropen

Vorderasien

Vorderasien gehört mit Ausnahme der Arabischen Halbinsel und Mesopotamiens zum subtropischen Gürtel; allerdings ist der grösste Teil sehr trocken, und nur an der Mittelmeerküste Kleinasiens herrscht mediterranes Klima. Hohe Faltengebirge – die Fortsetzung der europäischen Hochgebirge – umschliessen die gewaltigen, zum Teil abflusslosen Hochländer und Becken von Anatolien, Iran und Afghanistan. Zwischen Anatolien und Iran treten die Gebirgsketten zu einem Bündel zusammen; dort entstanden zahlreiche Vulkane, die heute erloschen sind, wie zum Beispiel der über 5000 m hohe Ararat. Gegen Süden und Norden fallen die Gebirge steil ab und lassen an diesen Längsküsten keinen oder nur ganz wenig Platz für schmale Ebenen. Im Gegensatz dazu weist die Querküste am Ägäischen Meer zahlreiche Buchten mit grösseren fruchtbaren Ebenen auf. In den Hochländern herrscht strenges Kontinentalklima mit Trockenheit, kaum erträglicher Sommerhitze und beissender Winterkälte. Infolgedessen breiten sich dort weite Steppen und Halbwüsten aus. Die von den niederschlagsreicheren Randgebirgen kommenden Flüsse führen nur periodisch Wasser und versickern oder enden in Salzsümpfen. An der Mittelmeerküste werden Oliven, Agrumen, Feigen, Mandeln, Reben, Tabak und Baumwolle angebaut. In diesem Zusammenhang seien auch die umfangreichen neuen Anpflanzungen in Israel erwähnt, die vor allem für ihre Orangen und Grapefruits berühmt sind.

An der Nahtstelle zwischen Kleinasien und Europa und an der bedeutenden Meerenge zwischen Mittel- und Schwarzem Meer, dem Bosporus, liegt Istanbul, das frühere Konstantinopel, die grösste Stadt der Türkei mit 3,864 Millionen Einwohnern (1975). Der Kern der Stadt liegt auf der Halbinsel zwischen Marmarameer, Goldenem Horn und Südausgang des Bosporus. Die engen Wohn- und Basarviertel werden überragt von den schlanken Minaretten berühmter Moscheen. Eine aus der Antike stammende Stadtmauer begrenzt die geschlossenen Wohngebiete. Nördlich des Goldenen Horns, das von zwei Brücken überquert wird, liegen die Europäerviertel, die heute Geschäftszentren sind. Noch weiter nördlich schliessen sich grosse, neuzeitliche Wohnsiedlungen an. Auf der asiatischen Seite des Bosporus liegt der Stadtteil Skutari oder Üsküdar, dessen guterhaltener alter Kern mit Basaren, Holzhäusern und Moscheen typisch orientalischen Charakter aufweist. Seit 1973 verbindet die Bosporusbrücke Europa mit Kleinasien.

Das *Anatolische Hochland* hat ein welliges Relief und gliedert sich in viele Becken. Das Steppengebiet eignet sich vor allem als Weideland für Schafe und Ziegen; Ackerbau ist nur auf verschwindend kleinen Flächen mit Hilfe künstlicher Bewässerung möglich. In einem nördlichen Becken des Hochlandes liegt Ankara, seit 1920 türkische Hauptstadt, mit 2,6 Millionen Einwohnern. Es setzt sich zusammen aus der engwinkligen orientalischen Altstadt, die sich um den steilen Hügel mit der Zitadelle gruppiert, und aus modernen Vierteln mit breiten Boulevards, grossen Verwaltungs- und Geschäftshäusern und umfangreichen Wohnsiedlungen.

Eine subtropische Landschaft mit besonderer Prägung ist schliesslich *Transkaukasien,* das Gebiet südlich des Grossen Kaukasus. Als altes Durchgangsland zwischen Schwarzem und Kaspischem Meer war es stets Zankapfel der grossen Nachbarn. Heute umfasst es drei Sowjetrepubliken: Georgien, Armenien und Aserbeidschan; es hat jedoch auch noch kleine Anteile an der Türkei und am Iran. Auffallend ist die Völkervielfalt (Indoeuropäer, Kaukasus- und Türkvölker).

Die Oberflächenformen des *Iran und Afghanistans* gleichen denjenigen Anatoliens. Das kontinentale Klima ist jedoch noch ausgeprägter, so dass die Halbwüsten, Salzsümpfe und -wüsten in vermehrtem Masse vorkommen. Im Elburs, dem nördlichen Randgebirge Irans, erhebt sich der Vulkankegel des über 5600 m hohen Demawend. Die nördlichen Gebiete Afghanistans sind ausgesprochen gebirgig und haben Anteil an den südwestlichen Ausläufern des Hindukusch-Gebirges, über die der berühmte Khaibarpass, die Pforte nach Vorderindien, führt. Am Südfuss des Elbursgebirges liegt die iranische Hauptstadt Teheran. Sie besteht aus der ehemals ummauerten Altstadt mit dem alten Palastbezirk und Basar. Um diese schliessen sich die engen Wohnviertel für die ärmere Bevölkerung an, und im Süden breitet sich der moderne Stadtteil mit westlichem Charakter aus. Teheran zählt über 4 Millionen Einwohner.

In einem Hochbecken, das von Gebirgen umsäumt wird und dank künstlicher Bewässerung sehr fruchtbar ist, liegt Kabul, die afghanische Hauptstadt. Sie zählt 749 000 Einwohner und setzt sich – wie die andern vorderasiatischen Städte – aus der engen Altstadt mit Zitadelle und aus alten, armseligen Wohnquartieren zusammen. Die neuen Vororte sind erst im Aufbau begriffen.

Südchinesisches Bergland und Südjapan

Das Südchinesische Bergland besitzt weitgehend Mittelgebirgscharakter und besteht aus einem höheren westlichen Teil mit dem riesigen Becken von Szetschuan und einem niedrigeren östlichen Gebiet, das weite Beckenlandschaften mit grossen Ebenen aufweist. Den Küstenabschnitt gegen die Formosastrasse bildet ein sehr stark gegliedertes Bergland, dem zahlreiche Inseln vorgelagert sind. Das Klima unterscheidet sich stark von dem der übrigen Subtropen, da es durch die Monsune bestimmt wird. Im Sommer fallen reichlich Niederschläge, die jedoch auch im Winter nicht völlig aussetzen. Die Temperaturen entsprechen dem übrigen Subtropengürtel.

Der grösste Teil des südchinesischen Berglandes wird vom Jangtsekiang entwässert, der mit 5800 km Länge der bedeutendste Strom Asiens ist. Aus dem Hochland von Tibet kommend, durchfliesst er das *Becken von Szetschuan,* dann durchbricht er dessen östliche Randketten in fünf grossartigen Schluchten und tritt ins Tiefland ein, wo er infolge geringen Gefälles und starker Geschiebeführung grosse Mäander bildet und häufig Überschwemmungen verursacht. Wegen seines selbstaufgeschütteten Dammbettes münden mehrere Nebenflüsse mit grossen Rückstauseen wie dem Tungtinghu, der bei sommerlichem Hochwasser trotz Dammbauten eine Wasserfläche von 3000 km² erreicht. Ähnliche Verhältnisse herrschen beim Poyanghu, der sogar bis zu 5000 km² anwachsen kann. Als längster natürlicher Schiffahrtsweg Ostasiens ist der Jangtsekiang von Mai bis Oktober auf einer Strecke von 1200 km für grössere Meerschiffe befahrbar; kleine Schiffe können durch die Schluchten sogar Szetschuan erreichen. – Der ursprüngliche immergrüne Laubwald, der sich früher über weite Gebiete des Südchinesischen Berglandes ausbreitete, wurde zum grossen Teil zugunsten von intensiv bewirtschafteten Agrarflächen gerodet.

Die Region von Szetschuan ist ein riesiges Senkungsfeld, das von bis 2000 m hohen Gebirgen umrahmt ist und dessen Kern wegen seiner roten Sandsteine «Rotes Becken» genannt wird. Die Chinesen haben dieses Gebiet in eine sehr intensiv genutzte Wirtschaftslandschaft umgewandelt, die alle Pflanzenprodukte des subtropischen Klimas – vor allem auch Baumwolle, Reis, Bataten und Tee – liefert und zudem reich an Lagerstätten von Gold, Kupfer, Eisen, Blei, Zinn, Kohle, Salz und Erdöl ist. Tschunking, mit guter Verkehrslage am Jangtsekiang und an einer wichtigen Eisenbahnlinie gelegen, zählt über 6 Millionen Einwohner und ist Zentrum eines ausgedehnten Schwerindustriegebietes.

Die Landschaften am Mittel- und Unterlauf des Jangtsekiang, in denen die erwähnten Rückstauseen Tungtinghu und Poyanghu liegen, weisen einen ähnlichen Landschafts- und Wirtschaftscharakter auf wie die nördlich anschliessende Ebene. Sie gehören – besonders im Gebiet des Unterlaufs – zu den am stärksten besiedelten Zonen Asiens mit Bevölkerungsdichten von über 250 Einwohnern pro Quadratkilometer. Das vom Kaiserkanal durchzogene Mündungsgebiet wird als fruchtbarste Region Chinas bezeichnet, in der vor allem Reis, Baumwolle und Gemüse angebaut werden. In vorzüglicher Lage, am Südufer des Mündungstrichters des Jangtsekiang, liegt Schanghai, das «goldene Tor» Chinas. Sein 70 km vom Meer entfernter Hafen ist der wichtigste Export- und Importplatz Chinas. Die prächtige Hafenstrasse, der «Bund», erinnert an Bilder von New York. Die Bevölkerungszahl von Schanghai ist seit 1900 von 650 000 auf rund 12 Millionen angewachsen.

Als letztes subtropisches Gebiet auf der nördlichen Halbkugel sei noch der *südliche Teil der japanischen Hauptinseln,* vor allem Kiuschu, Schikoku und der Südteil von Honschu, erwähnt. Er weist neben dem vorherrschenden subtropischen Monsunklima auch tropische Züge auf.

So kann sich die sommerlich feuchte Hitze mit Tagestemperaturen zwischen 30 und 35 °C oft sehr lähmend auswirken. Wie im gemässigten Gebiet Japans, so wird auch hier praktisch jeder Quadratmeter Land intensiv genutzt. Weit verbreitet sind neben Fruchthainen bewässerte Reisfelder und Teeplantagen. Eine Kulturlandschaft ersten Ranges sind die Uferzonen der sogenannten Inlandsee, dem Meeresarm zwischen Schikoku, Kiuschiu und Südhonschu, an der zahlreiche grosse Hafen- und Industriestädte liegen, wie Hiroshima mit mehr als 0,5 Millionen Einwohnern.

93 Blick über die herbstliche Taiga (nördlicher Nadelwald) in der Gegend von Irkutsk in Ostsibirien (UdSSR).

94 Weites Weideland mit Pferdeherden und Jurten (Rundzelten) in der östlichen Gobi, die durch ausgedehnte Steppengebiete charakterisiert ist. Die Bezeichnung «Wüste Gobi» ist missverständlich; sie zeigt nur im Südwesten klassischen Sandwüstencharakter, wie er uns von der Sahara oder den Wüsten der Arabischen Halbinsel her vertraut ist.

95/96

97

95 Dorf im Steppengebiet der Mongolischen Volksrepublik, an der Bahnlinie Ulan-Bator–Peking. Die ursprünglich aus Jurten (Wohnzelten der Nomaden) bestehenden Siedlungen wichen im Zuge der Modernisierung festen Bauten.

96 Lösslandschaft bei Dadschai, Nordwestchina. «Lernt von der Landwirtschaft in Dadschai» – dieses Wort von Mao hat über China hinaus Berühmtheit erlangt als Symbol der Modernisierung der chinesischen Landwirtschaft und Wirtschaft überhaupt. Ehedem eine von Überschwemmungen heimgesuchte Erosionslandschaft, wurde sie durch mühsame Terrassierung und Ausebnung zur vorbildlichen Agrarlandschaft umgeformt.

97 Chinesische Mauer. Von Chinesisch-Turkestan bis zum Pazifik prägt ein Mauersystem, die Chinesische oder Grosse Mauer, die nordwestchinesische Berglandschaft. Im 4. Jahrhundert v. Chr. bis ins 17. Jahrhundert zum Schutz gegen die innerasiatischen Nomadenstämme angelegt und durch Wachtürme verstärkt, ist sie eines der grössten Bauwerke überhaupt. Teilweise restauriert, bildet sie eine der besuchtesten Attraktionen des modernen Fremdenverkehrs.

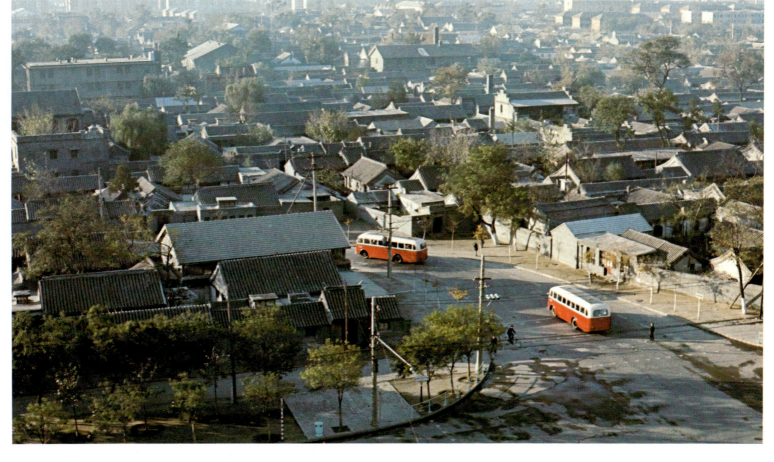

98 Peking (Beijing) Wohngebiet im Zentrum an der grossen Hauptstrasse, der Fusingmenwai-Avenue. Blick nach Süden in den Hsvanwu-Distrikt.

99 Der durch seine landschaftliche Schönheit bekannte Si-hu («Westsee») westlich der Stadt Hangchow in der chinesischen Provinz Tschekiang.

100

101

100 Das Hinterland von Hongkong wird als «New Territories» bezeichnet. Dieses Land dient mit seinen kleinen Farmen der Versorgung der Grossstadt Hongkong mit frischer Nahrung: Gemüse von den Äckern, Enten und Fische von den Wasserflächen. Chinesen essen mit Vorliebe Enten und Karpfen; deshalb sind solche kombinierten Farmen ein einträgliches Geschäft.

101 Flugaufnahme von Aberdeen, einer früheren Fischersiedlung, im Südwesten der Insel Hongkong. Die grossen Blocks im Mittelgrund wurden für die Fischer gebaut, damit diese aus den unhygienischen Wohnbooten (Dschunken) ausgesiedelt werden konnten. Der Hafen, der guten Schutz vor den Taifunen bietet, stellt mit seinen ehemaligen Wohnbooten ein schwimmendes Dorf mit Spezialitätenrestaurants für Touristen dar.

102 «Fisheye»-Aufnahme der City von Tokio. Blick vom Hamamatsu-cho-Hochhaus über den Südteil der Innenstadt gegen Westen; am gewölbten Horizont erscheint oben links im Bild der schneebedeckte Fujisan. Die parallel zum unteren Bildrand verlaufende Strasse (ebenfalls durch das «fisheye» verkrümmt) ist die Dai-ichi Keihin Avenue, die Hauptstrasse, welche von Jokohama (links) in das Stadtzentrum von Tokio führt, die Ginza, das traditionelle Viertel der Kaufleute und Handwerker. Der alles beherrschende Tokyo Tower, 1958 erbaut, dient der Ausstrahlung von Fernsehprogrammen und enthält Restaurants, Cafés, Ausstellungsräume, ein Museum u.a.m. Links vor dem Turm der Zojoji-Tempel; er wurde 1605 als Familientempel der Tokugawa-Dynastie erbaut. Heute gehört er der buddhistischen Jodo-Sekte und ist Hauptquartier der Kanto-Region (d.h. Tokio und Umgebung). Das berühmte Tor des Tempels ist etwas weiter vorn.

103/104

105/106

103 Im Garten des Heian-Schreins (Kyoto auf Honschu). Der Heian-Schrein ist die verkleinerte Nachbildung des alten Kaiserpalastes von 794. Über den Grünen Drachenteich führt die sogenannte Drachenspurbrücke (unser Bild).

104 Bambusflosse für die Perlmuschelzucht in einer Bucht der Schima-Halbinsel (Insel Kiuschu oder Kyushu, Japan). Anfang des 20. Jahrhunderts begann man mit der systematischen Gewinnung von Zuchtperlen, indem man in die Haut ausgewählter Austern Fremdkörper einpflanzte, die zum vermehrten Absondern der Perlsubstanz reizen.

105 Der Ashisee, einer der fünf Seen am Fusse des Fujisan. Der Fujisan ist mit 3778 m der höchste Berg Japans und einer der schönsten Vulkankegel der Erde. Der letzte Ausbruch fand im Jahre 1707 unterhalb des Gipfels statt.

106 Kleines japanisches Bauerndorf mit Gemüsekulturen nordwestlich der Stadt Kyoto auf der Insel Honschu.

Die Landschaften der südlichen gemässigten Zone

Der Anteil der südlichen gemässigten Zone an den Kontinenten beschränkt sich auf die Südspitze Südamerikas – besonders auf die Staaten Chile und Argentinien –, auf den südlichsten Teil Afrikas – vor allem auf die Südafrikanische Republik –, auf Australien ohne den tropischen Norden und Nordosten sowie auf Neuseeland. Im Gegensatz zur nördlichen gemässigten Zone lassen sich auf der Südhalbkugel wegen der Reliefverhältnisse keine in west-östlicher Richtung orientierte Vegetationsgürtel unterscheiden. In Südamerika haben die meridional verlaufenden Anden einen entscheidenden Einfluss auf das Klima und die Vegetation. Das Klima und die Pflanzenwelt Südafrikas werden durch die Randgebirge und das eingeschlossene Hochland bestimmt. In Australien ist neben der Lage im Hochdruckgebiet der südlichen Rossbreite vor allem auch die geringe horizontale Gliederung für die Vegetation von Bedeutung.

Südamerika

Chile

Obwohl der nördliche Teil dieses Landes noch in das tropische Gebiet hineinreicht, soll Chile hier als Ganzes betrachtet werden. Das Rückgrat dieses 4330 km langen und im Durchschnitt nur rund 200 km breiten Landes bilden die Anden. Vom rund 7000 m hohen Aconcagua, der höchsten Erhebung der Anden, welche in Argentinien nahe der chilenischen Grenze liegt, senkt sich die Gebirgskette allmählich südwärts, wo sie noch Gipfelhöhen von 2000 bis 2500 m erreicht und zum Teil vergletschert ist. Nördlich von Santiago bestehen die Anden aus zwei hohen Parallelketten, zwischen denen ein trockenes Längstal verläuft. Weiter südlich zeigt der Querschnitt durch Chile eine deutliche Dreigliederung in die hohe Hauptkordillere, das westlich anschliessende Längstal und die niedrige Küstenkordillere. Im mittleren Abschnitt sind die chilenischen Kordilleren reich an Vulkanen. Diese Region wurde schon öfters von schrecklichen Erdbeben heimgesucht. Im südlichen Abschnitt löst sich die Küstenkordillere in eine reichgegliederte Inselwelt auf.

Die Inseln sind von den eiszeitlichen Gletschern grösstenteils zu Schären abgeschliffen worden. Aber auch die Küste mit ihren tief ins Land greifenden, oft verzweigten Fjorden verdankt ihr heutiges Relief der diluvialen Vereisung. Sehr stark gegliedert ist Feuerland, die Inselgruppe, die durch die Magellanstrasse vom südlichsten Festland getrennt ist und aus einer Hauptinsel und vielen kleineren Eilanden besteht. Feuerland wird von zahlreichen Fjorden und Meeresstrassen zerschnitten und von vergletscherten Bergketten durchzogen.

Nordchile ist trocken, und die vorherrschende Vegetation besteht aus Steppen und Halbwüsten. Erst über 3000 m, wo die Feuchtigkeit zunimmt, wachsen Sträucher und Kakteen. Dort wohnen noch Indianer in Dörfern mit primitiven Stein- und Lehmhäusern. Sie treiben etwas Ackerbau und halten Lamas und Ziegen als Haustiere. Im Längstal und vor allem in der Atacama-Wüste an der Küste ist der Boden von einer Ton- und Salzkruste überzogen und birgt die reichsten Bodenschätze des Landes, vor allem Kupfer, Eisenerze und Salpeter. In zahlreichen Minendistrikten werden diese kostbaren Mineralien abgebaut und zu den Exporthäfen Antofagasta und Iquique transportiert.

Mittelchile besitzt vor allem im flachen Längstal und auf der sehr schmalen Küstenebene fruchtbare Böden, die zum Teil aus angeschwemmtem vulkanischem Material bestehen. Das Klima entspricht hier demjenigen des Mittelmeeres mit zahlreichen Niederschlägen im Südwinter und Trockenheit im Südsommer. Auch die Vegetation zeigt mittelmeerischen Charakter. Der ursprüngliche Wald wurde fast restlos gerodet. An seiner Stelle breiten sich heute Macchie oder intensiv bewirtschaftete Kulturen vieler Arten von Mittelmeerpflanzen aus. In diesem fruchtbaren Landesteil liegt die Hauptstadt Santiago mit dem Hafen Valparaiso. Santiago ist – wie die meisten lateinamerikanischen Städte – im schachbrettartigen spanischen Kolonialstil angelegt. Erdbeben, Brände und Überschwemmungen haben fast alle alten Bauten zerstört. In der Agglomeration, die nahezu 4 Millionen Einwohner zählt –, das sind zwei Fünftel der Bevölkerung von Chile –, werden mehr als die Hälfte der Industrieprodukte des Landes erzeugt.

In *Südchile* sind die Sommer kühl, die Winter mild und die Niederschläge über das ganze Jahr verteilt. Das dichte, vorwiegend aus Nadelbäumen bestehende Waldkleid bedeckt Täler und Hänge. Die Waldgrenze liegt im Norden auf 1800 m, in Feuerland auf 500 m. Grosse Gebiete sind nur punktweise von Fischern,

Jägern und Holzarbeitern bewohnt. Die chilenische Ostseite der Anden gehört zur Patagonischen Steppe, wo die Schafzucht stark verbreitet ist.

Argentinien und subtropische Nachbargebiete

Argentinien, nach Brasilien der zweitgrösste Staat Südamerikas, lässt sich in folgende grosse Naturräume gliedern: in den Gran Chaco im Norden, an dem auch noch Paraguay und Uruguay Anteil haben, in die Pampas im mittleren Abschnitt und in die Patagonische Steppe, die im Süden zu einem kleinen Teil auch zu Chile gehört. Der Gran Chaco und die Pampas sind immense Tiefländer, während Patagonien als hügeliges Vorland der Anden bezeichnet werden kann. Die wichtigsten Flüsse, der Paraná–Paraguay und der Uruguay, vereinigen sich im Mündungstrichter zum Río de la Plata, dem «Silberstrom», der 300 km lang und 50 bis 200 km breit ist und als südliches Tor zu Südamerika bezeichnet werden kann.

Der *Gran Chaco* gleicht einer riesigen Schale, die im Norden und Osten vom Brasilianischen Bergland, im Westen von den Anden umrahmt wird und sich gegen Süden öffnet. Sein Hauptfluss ist der in nord-südlicher Richtung fliessende Paraguay. Während der Regenzeit im Sommer fallen reichlich Niederschläge; im Winter ist es indessen sehr trocken. Längs der Flüsse ziehen sich Wälder hin, im Innern breiten sich Grassteppen und Quebrachowälder aus. Das dunkelrote Kernholz des Quebrachobaumes wird zur Herstellung von Gerbsäure verwendet. Die Grassteppen dienen als Weideland und werden oft von Dürren und Wanderheuschrecken heimgesucht. Im Süden versucht man Baumwoll- und Zuckerrohrplantagen anzulegen. Einige Erdöl- und Erdgasvorkommen am Fusse der Anden werden ausgebeutet und sind durch Pipelines mit den Industriegebieten im Osten verbunden. Am Ufer des Río Paraguay liegt Asunción, die Hauptstadt der Republik Paraguay. Sie zählt 400 000 Einwohner und hat einen ausgeprägten spanischen Kolonialstil. Der 1300 km lange Iguaçu, ein linker Nebenfluss des Paraná, stürzt sich oberhalb seiner Mündung in zahlreichen, bis 36 m hohen Fällen in die Tiefe.

Gegen Süden geht der Gran Chaco ohne deutliche Grenze in die *Pampas* über. Der Boden dieses flachen Tieflandes besteht im Norden und Osten aus Lehm und Löss und ist teilweise mit Schwarzerde überdeckt. Im Westen und Süden befinden sich Geröll- und Sandablagerungen. Hohe Sommertemperaturen und zum grössten Teil weniger als 500 mm Jahresniederschläge – die von Osten nach Westen abnehmen, so dass am Andenrand sogar Wüsten, Salzsümpfe und -seen vorkommen – kennzeichnen das Klima. Die ursprüngliche, baumarme Grassteppe wird auch heute noch auf weiten Gebieten von riesigen Rinder- und Schafherden abgeweidet, und die Romantik der Gauchos, der berittenen Hirten, ist noch nicht ausgestorben. Andrerseits sind aber auch grosse Flächen der Pampas durch künstliche Bewässerung in sehr fruchtbare Agrarlandschaften umgewandelt worden. Ausser Weizen, Mais und Zuckerrohr werden Reben, Oliven und Obst angebaut. Die Umgebung von Mendoza am Andenfuss ist dank der Bewässerung so fruchtbar, dass man ihr den Beinamen «argentinisches Kalifornien» gegeben hat. – Am inneren Südufer des Río de la Plata liegt Argentiniens Hauptstadt Buenos Aires. Obwohl der Grundriss mit rechtwinkliger Strassenführung eintönig ist, besitzt die Grossstadt einen besonderen Charme, der einerseits den ungewöhnlich grosszügigen Plätzen, Parkanlagen und breiten Strassen mit prunkvollen Gebäuden, andrerseits den zahlreichen Bauten im Kolonialstil, wie z. B. Kathedrale und Stadthaus, zu verdanken ist. Die vielen Satellitenstädte der 8 Millionen Einwohner zählenden Agglomeration werden durch Autostrassen und modernste Verkehrsmittel mit der City verbunden. – Viel kleiner, aber ebenfalls von zentraler Bedeutung ist Montevideo, die Hauptstadt von Uruguay am Nordufer des Río de la Plata. Sie zählt «nur» 1,5 Millionen Einwohner; dies sind jedoch nahezu 50 % der Landesbevölkerung! Um die Innenstadt, die im Kolonialstil gebaut ist, entstehen immer mehr neue moderne Wohnviertel.

Patagonien, die südlichste Landschaft Argentiniens, ist ein trockenes Hügel- und Tafelland, das vorwiegend mit Gras- und Strauchsteppen bedeckt ist. Es ist das Gebiet der riesigen Schaf-Estanzias mit zum Teil mehr als 100 000 Tieren. Die wenigen grösseren Siedlungen liegen an der Küste und sind vor allem Hafenplätze für den Export von Wolle und Schaffleisch. Nur in einigen Flussoasen wird noch etwas Getreide- und Obstbau betrieben. Die einzigen Rohstoffe sind Braunkohle, Erdöl und Erdgas; die beiden letzteren werden durch eine 1600 km lange Pipeline nach Buenos Aires geleitet.

Südafrika

Südafrika besteht zur Hauptsache aus einem in 1000 bis 1500 m ü. M. liegenden Hochland, dessen innerer Teil, das sogenannte Hoch-Veld, von Bergkuppen und Höhenzügen überragt wird. Dieses senkt sich nordwärts zum Becken der Kalahari. Entlang der Ostküste zieht sich ein Randgebirge hin, das in Lesotho über 3500 m ansteigt und stufenweise, ohne eigentliche Küstenebene zum Indischen Ozean abfällt. Die südwestliche Randabdachung wird durch parallele Gebirgsketten mit Längstälern gebildet, die einerseits ost-westlich, andrerseits nord-südlich verlaufen, im Hinterland von Kapstadt rechtwinklig aufeinanderstossen und eine imposante Gebirgslandschaft bilden. Die nördliche Fortsetzung der Westküste besteht aus der Namib-Wüste, die ein zum Südatlantik geneigtes Flachland darstellt.

Südafrika gehört grösstenteils zum warm-gemässigten Trockengebiet der südlichen Subtropen. Im Hoch-Veld herrscht kontinentales Klima; dort breiten sich weite Dornbuschsteppen und Graslander aus, die gegen Norden in die Halbwüste und Salzsümpfe der Kalahari übergehen. Grosse Flächen des Hoch-Veld dienen der Rinder- und Schafzucht. In einigen Regionen werden im Regenfeldbau besonders Weizen und Mais angepflanzt. Ausserdem gibt es hier Obst- und Gemüsekulturen mit künstlicher Bewässerung. Im südwestlichen Küstenland, vor allem in Kapland, herrscht Mittelmeerklima mit reichlichen Winterregen. Die ursprünglichen Wälder mit vielen Hartlaubgehölzen wurden zum Teil gerodet und in grosse Reben- und Agrumenplantagen verwandelt. An der warmfeuchten Ostküste breiten sich noch ausgedehnte immergrüne Wälder aus. Die einst reiche Tierwelt mit Giraffen, Elefanten, Nashörnern u. a. wurde im Zuge der Kolonisation durch die Europäer stark dezimiert. Zu ihrem Schutze gründete man mehrere Nationalparks.

Neben den grossen Schaf-, Rinder- und Getreidefarmen und Fruchtkulturen spielen der Bergbau und die Industrie eine wichtige Rolle im südafrikanischen Wirtschaftsleben. In der zweiten Hälfte des 19. Jahrhunderts begann man mit der Gewinnung von Diamanten bei Kimberley und von Gold bei Johannesburg. Heute werden auch Kupfer, Eisen, Mangan, Kohle und zahlreiche andere Bodenschätze abgebaut, und es entstanden Bergbau- und Industriedistrikte. Dank den Europäern, die rund 20 % der Gesamtbevölkerung der Südafrikanischen Republik ausmachen, entwickelte sich das Land zum ersten Industriestaat des Kontinents Afrika. – Johannesburg ist mit 1,5 Millionen Einwohnern – davon nur 80 000 Weisse – die grösste Stadt Südafrikas. Es liegt auf 1750 m Höhe inmitten der Goldfelder des Witwatersrand, eines langen Höhenrückens, und ist Industrie- und Verkehrszentrum. Das Stadtbild wird charakterisiert durch das rechtwinklig angelegte Strassennetz, viele Hochhäuser und die riesigen Abraumhalden der Goldminen im Süden. Südwestlich breitet sich die weitläufige Bantusiedlung Soweto mit 600 000 Einwohnern aus.

Die zweitgrösste Stadt der Republik Südafrika ist Kapstadt mit 1 097 000 Einwohnern. Sie ist berühmt für ihre prachtvolle Lage in einer Bucht am Tafelberg. Mit ihrem geschützten Hafen und als Ausgangspunkt der wichtigsten Eisenbahnlinien und Strassen Südafrikas ist es ein erstrangiger Verkehrs- und Umschlagsplatz und als Sitz des Parlamentes, zahlreicher Behörden, zweier Hochschulen, grosser Bibliotheken und Museen politisches und kulturelles Zentrum.

Australien und Neuseeland

Obwohl Australien durch den Wendekreis des Steinbocks ziemlich genau halbiert wird, weisen seine natürlichen Landschaften so viele gemeinsame Züge auf, dass im folgenden der ganze Erdteil – mit Ausnahme des Nordens und Nordostens – in die Betrachtung einbezogen werden soll. Das Fundament Australiens besteht aus sehr alten Gesteinsmassen, vor allem aus Graniten, Gneisen und andern kristallinen Gesteinen. Es wurde schon im geologischen Altertum zu einer weiten Fläche abgetragen und später zum Teil von Kalk- und Sandsteinschichten überlagert. Einzelne Partien wurden aufgewölbt und gehoben, andere sanken ein. Am Ostrand zerbrach die gehobene Fastebene in zahlreiche Schollen, so dass ein ausgedehntes, stark gegliedertes Mittelgebirge entstand. Aufgrund dieser geologisch-tektonischen Vorgänge kann man folgende Grosslandschaften unterscheiden: Den Australischen Schild, der die westliche Hälfte des Kontinents einnimmt; er stellt ein durchschnittlich 300 m hohes Plateau dar. Zu ihm gehören die Grosse Sand-Wüste im nördlichen und die Grosse Victoria-Wüste mit der Nullarbor-Ebene im südlichen Teil. Aus dieser riesigen Fläche ragen Reste sehr alter Gebirge empor, die jedoch 1600 m nirgends übersteigen, wie das Macdonnell-Gebirge im Zentrum, das Darling-Gebirge an der südlichen Westküste u. a. – Die Tiefländer, die südöstlich des Australischen Schildes liegen und zwei weite, flache Becken darstellen; das westliche senkt sich beim Salzsumpf von Lake Eyre zu einer Depression von 12 m, das östliche wird vom grössten australischen Strom, dem Murray und dessen Hauptzufluss, dem Darling, in vielen Mäandern durchzogen. – Das östliche Randgebirge, zu dem u. a. die Australischen Alpen mit der höchsten Erhebung des Erdteils, dem 2241 m hohen Mt. Kosciusko, gehören, stellt das landschaftlich abwechslungsreichste Gebiet des Kontinents dar. Es besteht aus bewaldeten Höhenrücken und Hochplateaus mit tiefeingeschnittenen Tälern. Seine südliche Fortsetzung findet das Randgebirge auf der Insel Tasmanien.

Das Innere Australiens ist während des ganzen Jahres den steil bis senkrecht einfallenden Sonnenstrahlen und dem trockenen Südostpassat ausgesetzt. Die Hitze ist in manchen Gebieten kaum erträglich. Beim Hitzepol in Marble Bar, in der westlichen Grossen Sandwüste, wurden im Südsommer 1923/24 an 160 aufeinanderfolgenden Tagen Temperaturen von 38°C und mehr gemessen! Die Tag-Nacht-Schwankungen der Temperaturen sind sehr gross. Die Jahresniederschläge auf dem Australischen Schild und in den flachen Becken sind geringer als 250 mm und fallen sehr unregelmässig. In verschiedenen Regionen regnet es jahrelang überhaupt nicht. Einzig die wenigen Höhenzüge im Schild, z.B. das Macdonnell-Gebirge, erhalten relativ viel Steigungsregen und bilden daher Vegetationsinseln mit dichtem Gestrüpp und mit Baumbeständen. Typisch für das Bild der grossen Flächen des Australischen Schildes ist die rotbraune Farbe der Sand- und Verwitterungsböden. Das östliche Randgebirge, einschliesslich der gegen das Meer vorgelagerten Hügelzone und der Küstenebene, erhält jährlich 1000–2000 mm Niederschläge, die mehr oder weniger über das ganze Jahr verteilt sind. Die Australischen Alpen tragen sogar von Mai bis September eine Schneedecke und stellen so ein vielbesuchtes Wintersportgebiet dar. Die Temperaturen dieser Region entsprechen denjenigen der andern Subtropengebiete. Besondere Klimaoasen sind die Küstensäume am Spencer-Golf im Süden und in Südwestaustralien. Dort herrscht «Mittelmeerklima» mit milden, regenreichen Wintern und heissen, trockenen Sommern.

Die Vegetation ist durch zahlreiche, ursprünglich nur in Australien vorkommende Pflanzen gekennzeichnet. Wohl am auffallendsten und am weitesten verbreitet sind die Eukalyptuspflanzen mit 160 Arten. Sie kommen sowohl als niedrige Sträucher wie als bis 100 m hohe Bäume vor. Ihre Heimat ist Australien und Polynesien. Sehr häufig trifft man auch verschiedene Arten von Akazien an. Zu den eigenartigen und fast nur in Westaustralien vorkommenden Pflanzen gehören die Grasbäume, die wie riesige buschige Pinsel aussehen. Die Namen «Grosse Sand-Wüste» und «Grosse Victoria-Wüste» sind nur bedingt richtig. Wohl gibt es Regionen, die praktisch vegetationslos sind; die meisten Trockengebiete sind jedoch Dornbuschsavannen, sogenannte Scrubs, die je nach Niederschlagsverhältnissen niedrige Sträucher oder hohes, dichtes Gestrüpp – den sogenannten Busch – bilden, der aus verschiedenen Pflanzen, zum Beispiel auch aus verkümmerten Eukalyptusbäumen besteht. Jedes Jahr werden weite Gebiete Australiens von verheerenden Buschbränden heimgesucht. In den grossen Senken breiten sich Salzsümpfe mit niedrigen Halophyten aus. Gegen die Küsten geht der Busch häufig in offene und schliesslich in geschlossene Eukalyptuswälder über. Besonders stark bewaldet ist das östliche Randgebirge. Den Übergang von der Wüste und vom Scrub zu den nördlichen tropischen Wäldern bilden ausgedehnte Savannen.

Grosse Räume dieser siedlungs- und wirtschaftsfeindlichen Trockenlandschaften sind bis heute vom Menschen kaum berührt. Wohl dienen sie zum Teil riesigen Schaf- und Rinderherden als Weideland. Die Nutzung ist indessen so extensiv, dass sie keine oder kaum bemerkbare Veränderungen im Bild der Landschaft verursacht. Auch die wenigen und sehr weit auseinanderliegenden Gebäude der Viehfarmen fallen kaum auf. Einzig an den niederschlagsreicheren Küstensäumen breiten sich intensiv genutzte Kulturflächen aus, so zum Beispiel riesige Weizenfelder, im Bereich des Mittelmeerklimas Wein- und Agrumenpflanzungen und an der tropischen nördlichen Ostküste sogar Zuckerrohr-, Ananas- und Bananenplantagen. Dank grossartiger Bewässerungsanlagen, die von mächtigen Stauseen des östlichen Gebirgslandes oder von artesischen Brunnen gespeist werden, dringen die Intensivkulturen immer tiefer ins trockene Innere vor. Mitte des 19. Jahrhunderts entdeckte man an verschiedenen Stellen Gold, vor allem in Victoria und an der «Goldenen Meile» bei Kalgoorli im südlichen Westaustralien. Es entstanden zahlreiche Goldgräberstädte, die – nachdem der Goldrausch vorbei war – verlassen wurden und heute mit ihren Ruinen als «Geisterstädte» in der einsamen Landschaft liegen. Trotz des Rückganges der Goldgewinnung gilt

Australien als Zukunftsland für den Bergbau. Braunkohlenlager in Victoria, Eisen- und Kupfererzvorkommen an verschiedenen Orten von Ost- und Westaustralien und zahlreiche andere Bodenschätze führten zur Entwicklung grosser Bergbausiedlungen, die durch Eisenbahnen und Strassen mit den nächsten Verladehäfen verbunden sind.

Naturgemäss beschränkt sich das dichtbesiedelte Gebiet auf den Südostrand, den Spencer-Golf und die Südwestecke. Das Innere ist mit Ausnahme ganz weniger grösserer Siedlungen, wie Alice Springs im Mittelpunkt des Erdteils, nahezu menschenleer. Mehr als die Hälfte der 13 Millionen Einwohner Australiens, die – sieht man von den ca. 30 000 Uraustraliern ab – europäischer Abstammung sind, lebt in 10 Grossstädten, etwa 40% in Mittel- und Kleinstädten. Alle Siedlungen sehen mehr oder weniger gleich aus. Sie besitzen ein rechtwinkliges Strassennetz; die ältesten Häuser sind höchstens 200 Jahre alt. Im Zentrum der Grossstädte stehen monumentale Geschäfts- und Verwaltungsbauten im neoklassizistischen oder Jugendstil, die seit dem Zweiten Weltkrieg immer mehr modernen Hochhäusern mit Glas- und Betonfassaden weichen müssen. Im weiten Umkreis liegen Wohnsiedlungen mit meist vorfabrizierten Einfamilienhäusern. Die wichtigsten Grossstädte sind Brisbane und die Millionenstädte Sydney und Melbourne an der südlichen Ostküste, Adelaide an der Süd- und Perth an der Südwestküste.

Im südwestlichen Pazifischen Ozean, 1800 km südöstlich von Australien, liegt *Neuseeland,* bestehend aus der Nord- und der Südinsel sowie einigen kleinen Eilanden. Die Inseln sind gebirgig und stark gegliedert. Im Zentrum der Nordinsel befinden sich mehrere tätige Vulkane – zum Beispiel der 2800 m hohe Ruapehu –, die von heissen Quellen und Geysiren umgeben sind. Durch die Südinsel verläuft die Kette der Neuseeländischen Alpen, die im Mt. Cook 3760 m Höhe erreichen. Der alpine Charakter des Gebirges wird besonders durch zahlreiche Gletscher, wie den 29 km langen Tasman-Gletscher, geprägt. Das Klima ist dank der Westwinde feucht und wechselhaft. Die ursprüngliche Vegetationsdecke bestand aus Farn-Grasland, Misch- und Nadelwäldern. Ausser grossen Schaf- und Rinderfarmen gibt es ausgedehnte Gebiete mit intensivem Getreidebau. Die Bevölkerung ist – abgesehen von 200 000 Ureinwohnern, den Maori – fast ausschliesslich britischer Abstammung. Das Bild der Grossstädte gleicht dem der australischen Städte.

Die Landschaften der Tropen

Die Eigenart der tropischen Landschaften beruht auf dem Umstand, dass hier die Sonne dauernd hoch, mittags zweimal jährlich sogar senkrecht über ihnen steht. Da sich die Sonne auf ihrem scheinbaren Gang über das Himmelsgewölbe zwischen den beiden Wendekreisen, d. h. zwischen 23½° nördlicher und südlicher Breite bewegt, umfassen die mathematischen Tropen also die breite Zone zwischen den beiden Wendekreisen, das sind rund 203 Millionen Quadratkilometer (davon rund 139 Millionen Quadratkilometer Wasser). In Wirklichkeit freilich greifen die charakteristischen Eigenheiten der Tropenzone zum Teil polwärts hinaus, in einen Anschlussbereich, der – etwas unbestimmt – oft als Subtropen bezeichnet wird. Im Gebiet der beiden Wendekreise befinden sich die Rossbreiten, heisse und windarme Zonen relativ hohen Luftdrucks. Von ihnen aus wehen die Passate als ziemlich stetige Winde in Richtung Äquator, und zwar auf der Nordhalbkugel der Nordostpassat, auf der Südhalbkugel der Südostpassat. Der Bereich des Äquators ist wiederum verhältnismässig windstill. Sofern keine Wolken die Ausstrahlung behindern – was vor allem in den Rossbreiten der Fall ist –, steigen die Temperaturen während eines heiteren Tages durchwegs sehr hoch, nachts hingegen können sie kräftig, sogar unter den Gefrierpunkt sinken. Wo jedoch viel Feuchtigkeit in der Luft ist, wie am Äquator, werden weniger hohe Wärmegrade erreicht; dafür ist die Temperatur ausgeglichener. Im Gegensatz zu den tageszeitlichen Schwankungen bleiben die jahreszeitlichen Temperaturunterschiede gering. Auch die Niederschlagsmengen haben ihre Eigenarten: In den Rossbreiten herrscht extreme Trockenheit vor; die Passate bringen, mindestens sofern sie über Meere heranstreichen, namentlich den Luvseiten von Gebirgen starke Regen; die Äquatorialzone erhält dank ihren aufsteigenden Luftströmungen besonders beim Zenitalstand der Sonne, also zweimal jährlich, sehr starke Regen. Soweit von Jahreszeiten die Rede ist, meint man in der Regel nicht den Unterschied zwischen Winter und Sommer, also zwischen kalter und warmer Jahreszeit, sondern zwischen Regenzeit und Trockenzeit. Diese Wind-, Temperatur- und Niederschlagszonen können sich mit dem Jahresgang der Sonne um 5–10° nord-

und südwärts verschieben. Noch stärker ist diese Verlagerung in den Monsungebieten, also vor allem in Südostasien und in Ostafrika.

Flora und Fauna sind diesen Klimagegebenheiten untergeordnet; von den dichtesten tropischen Regenwäldern über lichte Savannen bis zu den sterilen Wüsten rollt vor dem Auge des Betrachters eine faszinierende Vielfalt von Pflanzengesellschaften ab, und ebenso vielfältig geprägt ist die Tierwelt dieser Lebensräume. An Gebirgshängen und auf den Hochländern sind diese Naturgegebenheiten weiter modifiziert: Von den Palmenwäldern tropischer Strände folgen sich höhenwärts Laubwälder, Nadelwälder, Grasfluren und Gebirgssteppen, die schliesslich von Hochgebirgswüsten und von mit ewigem Schnee bedeckten Gipfelhalden abgelöst werden. Dass sich der Mensch in seinem Leben und Wirken aufs engste diesen Klimagegebenheiten unterzuordnen hat, liegt auf der Hand.

Die Tropen lassen sich bei stärkster Vereinfachung horizontal in drei Vegetationszonen oder Gürtel gliedern, nämlich in Wüsten, Grasländer und Regenwälder. Die natürliche (potentielle) Verbreitung dieser Vegetationsgebiete anzugeben ist nicht möglich, denn viel zuwenig bekannt sind hierzu die Naturgrundlagen und ihre Wirkungen (Bodenarten, Grundwasserverhältnisse, Lokalklimate), und zuwenig weiss man auch über die Einflüsse von Mensch und Tier bei der Zurückdrängung der einen und dem Vordringen der andern Pflanzengesellschaft. Ausserdem sind diese Zonen sowohl horizontal als auch vertikal derart stark ineinander verzahnt, dass auch aus diesem Grunde keine einigermassen verbindlichen Arealangaben möglich sind.

Wüsten

Die tropischen Wüsten sind Gebiete geringster Niederschläge und hoher Temperaturen. Hier ist die mögliche (potentielle) Verdunstung grösser als die wirkliche, denn es fehlt ja die Zulieferung entsprechender Wassermengen. Am verbreitetsten sind diese eher armseligen Landschaften in den Rossbreiten, aber auch in den Passatzonen nehmen sie ausgedehnte Areale ein. Lediglich dort, wo sich die Passatwurzel in Meeren befindet, sind sie «von Haus aus» feucht.

Hohes geologisches Alter vieler Wüsten, Mangel an Feuchtigkeit und starke Temperaturgegensätze führen zu intensivster Verwitterung und zu raschem Zerfall der Gesteine. Der extremste Wüstenboden ist deshalb der Sand, welcher sich zu Dünen aufstauen kann. Andere Wüstenareale sind steinig und wirken in ihrer Öde besonders trostlos (Hamada, Steinwüste). Aus derartigen Einöden können nackte Gebirgsstöcke, ja eigentliche Felsengebirge aufragen, deren Sockel im Sand- und Steinschutt zu versinken scheint. Und alle diese Formen sind in steter Wandlung begriffen, denn der Wind treibt den Sand vor sich her, schichtet um, bildet Wander- und Sicheldünen (Barchane), benützt scharfkantige Sandpartikel als wirksames Gebläse, um Steilwände abzuschmirgeln und überhaupt alle bestehenden Reliefgebilde zu verformen.

Weil nur kleine Regenmengen fallen oder Niederschlag überhaupt während Jahren ausbleiben kann, fehlen Dauerflüsse – es sei denn, sie hätten ihr Quellgebiet in feuchteren Regionen und benützten die Wüste lediglich als Durchgangsgebiet. Dagegen fliesst nach den gelegentlichen Starkregen in gewissen Trockenrinnen schmutziges Wasser ab, das den lockeren Sand kräftig ausschwemmen und abtragen kann (Wadis). Glücklich jene Wüstenareale, in denen Grundwasser zutage tritt oder aus der Tiefe geschöpft werden kann! Fruchtbare Gelände, die Oasen, bilden hier wirtschaftliche Schwerpunkte, in denen Gärtner und Ackerbauern ihr Auskommen finden, Märkte abgehalten werden, wo Karawanen und die Wüste auf Pisten querende Autofahrer Rast halten und wo die Nomaden ihre Stützpunkte finden. Wasserläufe enden vielerorts in abflusslosen Becken. Diese bergen Salzseen von wechselnder Grösse. Einzelne sind von Salz (Bittersalz, Soda, Kochsalz u.a.) völlig überkrustet, und salziges Wasser kann nur noch unter der dicken Oberflächenkruste angebohrt werden. In manchen derartigen Salzwannen wird Salz abgebaut.

Auch die scheinbar sterilste Wüste lebt. Der Trockenheit angepasste Einzelpflanzen wie etwa Dorngewächse, Flechten u.a. spriessen aus versteckten Spalten, und namentlich nach den episodischen Regen belebt sich der Boden da und dort, erscheinen kurzlebige Kräuter – an Wadis sogar derart dicht, dass Nomaden ihre Herden heranführen. Es gibt alle Übergänge von völlig pflanzenlosen Bereichen zu floristisch heterogenen Steppen und Grasfluren der Nachbarregionen. Und überdies lebt in der Wüste eine vielseitige Tierwelt: Nager, Vögel, allerlei Insekten, die alle ihrem stets gefährdeten Lebensraum optimal angepasst sind.

Grasländer

Wenn die Randbedingungen für das pflanzliche Leben gegenüber denen der Wüste besser sind, d.h. sofern mehr Regen fällt, die Trockenzeiten kürzer, die Temperaturen mindestens zeitweise niedriger sind oder aber auch nur der Nährstoffgehalt des Bodens grösser ist, dann tritt Steppe oder Savanne an die Stelle der Wüste. Eine Reihe von Begriffen, die teils Gleiches, teils Unterschiedliches beinhalten, werden für derartige Naturlandschaften verwendet: Halbwüste, Steppe, Savanne sowie — genauer unterscheidend — Grassavanne, Feuchtsavanne, Baumsavanne, Strauchsteppe, Dornsteppe u.a. Vom botanischen Standpunkt aus gesehen sind alle diese Bezeichnungen nur mit Einschränkungen brauchbar, denn jede dieser Pflanzengesellschaften ist eine botanische Individualität, in der viele Arten vorkommen können wie Gräser, Kräuter, Stauden, aber auch Flechten und Moose und schliesslich auch Bäume. Letztere stehen in den Savannen als Einzelbäume, beispielsweise Schirmakazien, in mehr oder minder dichter Verteilung oder als die Wasserläufe begleitende Galeriewälder, vielerorts auch dicht gruppiert in feuchten Hangmulden. Meistens handelt es sich um mannigfache Arten, die in örtlich beschränkter Assoziation vorkommen. Sie zeichnen sich durch hohe Widerstandskraft aus und vermögen eine längere Trockenzeit zu ertragen, und zwar dank besonderer Einrichtungen zu restloser Ausnützung des spärlichen Wassers, wie kleiner Blätter, harter Epidermis, tiefgreifenden Wurzelwerks.

Schmithüsen (Allgemeine Vegetationsgeographie, Berlin 1968) unterscheidet folgende drei Gruppen:

a. Monsunwälder und Feuchtsavannen (der feuchteste der drei Gürtel): tropische Monsunwälder; feuchte regengrüne und halbimmergrüne Wälder; Hochgrassavannen mit immergrünen Galeriewäldern (Feuchtsavannen); 3–5 trockene Monate, 800–2000 mm Jahresniederschlag

b. Trockensavannen: laubabwerfende Trockenwälder; Savannen mit mittelhohem bis niedrigem Graswuchs, ohne immergrüne Galeriewälder; 6 trockene Monate, 500–1200 mm Jahresniederschlag

c. Dornstrauchsteppen (der trockenste der drei Gürtel): Dorngehölz- und Sukkulentenstrauchformationen (Kakteen, Wolfsmilcharten); trockene, dornenreiche Grasfluren; 8–10 trockene Monate, 250–750 mm Jahresniederschlag

Beim natürlichen Übergang von der einen Gruppe zur andern tritt die neue charakteristische Vegetation zunächst nur tupfen- oder inselartig auf und verdichtet sich erst nach und nach.

Grasländer sind reich an Tieren. Hier leben teils als Einzelgänger oder im Familienverband, teils in Herden verschiedenster Grösse Grasfresser (Gnu, Antilope, Zebra, Nashorn, Elefant) und die auf sie angewiesenen Raubtiere und Aasfresser (Löwe, Leopard, Schakal). Und der wirtschaftende Mensch unterhält in den offenen Fluren seine Herden von Rindern, Schafen, Ziegen und ergänzt seinen Lebensunterhalt mit der Jagd. Mancher Übergang zwischen dichtem Wald über Busch- zu offenem Grasland ist nicht nur naturbedingt; mit dem Abbrennen dürrer Grasfluren, mit der Übernutzung durch Weidevieh, mit dem Schlagen von Bäumen ist der Mensch selber für manche Wandlung verantwortlich. Doch auch wildlebende Tiere können Ursache derartiger Veränderungen sein; Elefanten beispielsweise verschlingen nicht nur viel Blattwerk, sondern brechen ganze Äste nieder und vernichten bei derartiger Futterverschwendung Wald und Busch vielerorts endgültig und schaffen auf diese Weise offene Savanne. Mit der Einrichtung von Wildreservaten und Naturschutzparks versucht man die verhängnisvolle Entwicklung aufzuhalten.

Regenwälder

Hauptverbreitungsgebiet der Regenwälder ist die innertropische Konvergenzzone der Passate, also die Äquatorialzone, wo sich die Tageslängen wenig ändern und auch die jahreszeitlichen Temperaturunterschiede gering bleiben. Die Jahresniederschläge messen 1500–4000 mm, in einzelnen Gebieten noch mehr. Wichtiger als die Regenmenge kann ihre Verteilung über das Jahr sein. In der Regel folgen sich zwei Niederschlagsmaxima je ein bis zwei Monate nach dem Zenitalstand der Sonne, dazwischen herrscht während höchstens zwei Monaten Trockenheit. Die Wasserführung der Flüsse kann stark schwanken, und vielerorts sind Überschwemmungen in der Regenzeit die Regel. Die Monatsmitteltemperaturen belaufen sich — immer auf tief gelegene Regionen bezogen — auf 25–30 °C, doch sind auch Maxima dieser Mittel von über 30 °C häufig, Minima unter 20 °C dagegen seltener. Im Tagesgang folgt einem angenehm frischen Vormittag ein wolkiger, schwüler, von Gussregen beendeter Nachmittag. Der Abend bringt erneute Aufheiterung; Nachtregen sind eher selten. Die potentielle Vegetation ist der Regenwald. Er soll mindestens 50 000 Arten umfassen und ist aussergewöhnlich üppig. Ein wirres Geranke von Lianen, Flechten und schmarotzenden Aufsitzerpflanzen (Epiphyten) charakterisiert das Unterholz. Über diesem steht ein auf weiten Flächen geschlossenes Kronendach hochstämmiger Bäume, und durch dieses Dach stossen noch, eine oberste Etage bildend, vereinzelte Riesenbäume in den Himmel. Unter dem dichten Blätterdach herrscht bei kaum bewegter Luft ein drückendes Treibhausklima, das die durch das Pflanzengewirr geschaffene Undurchdringlichkeit noch akzentuiert.

Eine Besonderheit der Tropen ist die *Mangrove*. Es handelt sich um kilometerbreite Uferwälder von niedrigen, artenreichen Gehölzen von Salzpflanzen (Halophyten), ausgezeichnet durch Stelz- und Atemwurzeln (z. B. *Rhizophora; Avicennia*), die zusammen ein undurchdringliches Dickicht bilden. Die grössten Verbreitungsgebiete der Mangroven sind vor starkem Wellenschlag geschützte Flachstrände in Buchten, Lagunen und Flussmündungen. Für zugänglichere Flachstrände sind Kokospalmenhaine charakteristisch.

Von neuzeitlichen Entwicklungsgebieten abgesehen, sind die Regenwälder nur sehr dünn besiedelt. In entlegenen Regionen leben noch die letzten Primitiven als Jäger und Sammler. Daneben aber sind die Waldgebiete Lebensräume für in Dörfern gruppierte Waldbauern, die in einfachstem Hackbau Knollen wie Maniok, Yams, Taro, Batate, aber auch Mais, Reis, Bananen, Sago gewinnen. Bäume liefern das Bau- und Brennholz, Kokosnüsse und andere Ölfrüchte sowie Blätter, Fasern und Lianen zu mannigfacher Verwendung. Aus aufsteigenden Saftströmen lassen sich Heil- und Giftstoffe extrahieren, die auch der modernen Medizin dienen. Nicht zu vergessen die Anregungsmittel wie Betel und Cola. Eine lohnende Nutzung der Hölzer ist erschwert durch die aufwendigen Transporte auf Trampelwegen und Pisten durch die Wildnis zu den Stapelplätzen und zu den Flüssen. Rinder- und Pferdehaltung ist vielerorts der Tsetsefliege wegen unmöglich.

Angesichts der Pflanzenfülle wird die Fruchtbarkeit des Urwaldbodens in der Regel überschätzt. Wohl ist er tiefgründig, jedoch eher arm an Nährstoffen. Nach der Brandrodung und Einrichtung von Feldern folgt verhältnismässig rasch Erschöpfung und Auslaugung, in Hanglagen überdies Zerstörung des Bodens. Es müssen deshalb immer wieder neue Waldareale gerodet, ihr Holz verbrannt und frische Pflanzungen hergerichtet werden. Derartiger *Wanderackerbau* (shifting cultivation) ist die übliche Anpassung an die rasche Qualitätseinbusse des Feldes. Auf dem verlassenen, nun unbeschatteten Areal entwickelt sich zunächst ein verfilztes Gras, dann Gebüsch, schliesslich ein in der Regel ärmerer Sekundärwald. Die chemische Verwitterung ergibt manchenorts durch den Gehalt an Eisen markante Rot- oder Braunerden und -lehme. Humus als organische Substanz färbt Wasser dunkel, ein Charakteristikum mancher südamerikanischer, sogenannter Schwarzflüsse (Rio Negro). Fels pflegt in rundlichen Formen zu verwittern; an seinem Fuss wird das Verwitterungsmaterial bald weggeschwemmt.

Ausgedehnte frühere Waldareale sind in den vergangenen hundert Jahren durch weisse Kolonisatoren erschlossen, vernichtet und zu Plantagen umgestaltet worden. Von tropischen Pflanzungen aus gelangen Früchte (Bananen, Agrumen, Ananas), Rohrzucker, Erdnüsse, Kokosprodukte, Kakao, Kaffee, Tabak, Sisal, Baumwolle, Kautschuk, Hölzer auf die Weltmärkte, und die lange Liste ist damit nicht erschöpft. Dazu gesellen sich aber auch Erze und Erdöl. Diese vielfältigen Güter sind heute aus der Weltwirtschaft nicht mehr wegzudenken, und durch sie ist denn auch die Abhängigkeit der älteren Staaten von den Entwicklungsländern ausserordentlich gewachsen. Den Entwicklungsländern selber vermittelten diese Produktionszweige in den letzten Jahrzehnten Impulse, die nicht nur ihr Erscheinungsbild, sondern auch die siedlungsgeographischen, wirtschaftlichen und nicht zuletzt die politischen Strukturen tiefgreifend beeinflussten. Äusserlich kommt diese Wandlung schon darin zum Ausdruck, dass es nun in den Tropen moderne Grossstädte mit Hochhäusern und den vielen weiteren Attributen solcher Zentren gibt.

Unter dem Druck der neuzeitlichen Entwicklung werden die Regenwälder mit zunehmender Geschwindigkeit gerodet. Naturwissenschaftler machen sich deswegen Sorgen, sind doch diese Wälder dank ihrer Pflanzenfülle die grössten Sauerstofflieferanten und kontinentalen Wasserspeicher der Erde sowie Lebensräume von Tausenden, nun gefährdeten Pflanzen- und Tierarten. Zweifellos wird die überbordende Waldvernichtung auch Klimawandlungen nach sich ziehen, deren nachteilige Folgen noch kaum abzusehen sind. Man plant deshalb neuerdings, Regenwald-Nationalparks als Schutzgebiete zu schaffen und so die Zerstörung einzudämmen.

Amerika

In der gewaltigen, in meridionaler Richtung auseinandergezogenen amerikanischen Landmasse erstreckt sich die tropische Region von Mittelmexiko über Mittelamerika bis weit nach Südamerika hinein. Der nördliche Wendekreis durchquert das mexikanische Hochland, der südliche durchmisst Südamerika auf der Breite von Santos, so dass das Hochland von Guayana, das Amazonasbecken, das Brasilianische Bergland und ein Grossteil der Anden tropisch sind.

Die klimatischen Grundbedingungen weichen von denen Afrikas und Südostasiens merklich ab. Eine Hauptursache dafür ist die Lage der grossen Gebirgszüge: Während sie in der Alten Welt allgemein in west-östlicher Richtung verlaufen und damit den Austausch von polaren und tropischen Luftmassen hemmen, streichen die Hauptgebirge Amerikas, die Rocky Mountains und die Anden, in nord-südlicher Richtung, erleichtern also den meridionalen, hemmen dagegen den breitenparallelen Austausch der Luftmassen. Hinzu kommt, dass sowohl in Südmexiko als auch in Mittelamerika der Atlantische und der Pazifische Ozean einander relativ nahe kommen, ihre Einflüsse also nachhaltiger sind als in meerfernen Gegenden, und dass die Inselwelt Mittelamerikas ohnehin stärksten ozeanischen Einflüssen ausgesetzt ist.

Ausgeprägt ist der Einfluss der Passate, die namentlich an den Hauptgebirgen, aber auch auf den vielen Inseln und Nebengebirgen stärkste klimatische Gegensätze zwischen Luv- und Leeseite bewirken. Dies zeigt sich zum Beispiel in der eindrücklichen Tatsache, dass sich die Küste von Peru und Nordchile von 4° südlicher Breite an südwärts im Lee des Südostpassates befindet, deshalb extrem trocken und folglich Wüstenland ist. Klimatische Differenzierungen sind auch bedingt durch die unterschiedliche Höhenlage, wie sie etwa das mexikanische Hochland oder die tropischen Anden mit ihrem in 4000 m Höhe sich ausbreitenden Altiplano bieten, und besonders eindrücklich wirkt sich die Höhenlage aus an den vielen vereinzelten, mehr als 5000 m hohen Bergen, wie etwa an den Vulkanen Mexikos oder an denen der tropischen Anden; der nahe dem Äquator gelegene Chimborazo (6310 m) beispielsweise ragt weit in die Region ewigen Schnees hinauf. Die Neue Welt hat den weitaus grössten Anteil an tropischen Gebirgsländern; in Nordamerika ist es Südmexiko, in Südamerika sind es die Andenstaaten Kolumbien, Ecuador, Peru, Bolivien und das nördlichste Chile.

Gebiete tropischen Regenwaldes sind die Tiefländer und Becken Mittelamerikas, insbesondere auch die Antillen sowie die Küsten Ostbrasiliens bis Santos. Das grösste zusammenhängende Waldgebiet der Erde überhaupt aber ist die südamerikanische Hylaea, welche nahezu das ganze Amazonasbecken, einen Teil Guayanas, den Oberlauf des Orinoco und das östliche Tiefland Kolumbiens besetzt. Mangrove säumt beträchtliche Küstenabschnitte Mittel- und Südamerikas, Savannen dagegen nehmen die Berglagen von Mexiko und Zentralbrasilien ein, mit vielen floristischen Abwandlungen und Übergängen zwischen den einzelnen Typen, von der baumdurchsetzten Grasflur über die Trockensavannen und Steppen mit ihren Dornbüschen und Sukkulenten bis zu den wenigen Wüsten. Wobei auch hier wieder die unterschiedliche Exposition und Höhenlage sowie auch die wechselnden Böden vielgestaltigste örtliche Unterschiede mit sich bringen, nicht zu reden von den tiefgreifenden Einflüssen und Änderungen, die der wirtschaftende Mensch im Laufe der Jahre verursacht hat.

Nordamerika

Die wirtschaftlichen Möglichkeiten *Mexikos* sind, abgesehen von der Tropenlage, in entscheidendem Masse durch die Höhenerstreckung dieses Landes bestimmt. In der mexikanischen Terminologie sind denn auch die Bezeichnungen der verschiedenen Höhenstufen zu grundlegenden Begriffen geworden; es werden unterschieden die *Tierra caliente*, die *Tierra templada*, die *Tierra fría* und die *Tierra helada*.

Die *Tierra caliente*, d.h. das «heisse Land», reicht bis etwa 700 m. Es ist die unterste Region, also vor allem die Küstenzone. Ausgedehnte Regenwälder finden sich lediglich auf der Südseite der Halbinsel Yucatán; lange Küstenbänder tragen als natürliche Vegetation nur einen Trockenwald. Im Nordwesten Mexikos und in Niederkalifornien, wo die Jahresregen unter 200 mm bleiben, ist diese Stufe wüstenähnlich. Vollwüsten gibt es allerdings kaum, Salzsteppen dagegen am Ostufer des Golfes von Niederkalifornien. Längs den Flüssen sind Irrigationsfelder mit Zuckerrohr, Frühtomaten, Südfrüchten, Weizen und Baumwolle angelegt.

In grossem Kontrast zur ärmlich ausgestatteten Pazifikküste stehen die Küstenlandschaften am Golf von Mexiko. Je weiter südwärts sie liegen, desto mehr Niederschlag erhalten sie. Freilich fallen auch im Norden der Berge des Hinterlandes reichlich Regen, so dass die Niederungen gut bebaut werden können. Im Gebiet des alten Hafens Veracruz gibt es Plantagen für Zuckerrohr, Bananen, Südfrüchte und auch Reisfelder, und noch reicher ist der Anbau an der Wurzel der Halbinsel Yucatán. Die Halbinsel selber ist trocken, hat sie doch Kalkuntergrund, in welchem die Wasser unterirdische Abflusswege suchen. Hier sind Viehbetriebe Träger einer eher extensiven Wirtschaft. Eine Besonderheit von Yucatán sind die ausgedehnten Monokulturen von Sisal-Agaven in der Region Mérida, aus denen Sisalhanf auf die Märkte gelangt.

Die *Tierra templada,* d. h. das «gemässigte Land», beschränkt sich auf Höhenlagen von etwa 700–2200 m. Die Temperaturmittel belaufen sich hier auf rund 20 °C, natürliches Pflanzenkleid ist auch an diesen Hängen ein Trockenwald. Alle Übergänge zwischen den Pflanzungen der Niederungen und denen des Hochlandes finden sich hier. Viehwirtschaft und Holzgewinnung sind Haupterwerbszweige der in Dörfern und Einzelhöfen lebenden Indianer und Mischlinge; in den parzellierten Feldern ihrer Brandrodungskulturen erzeugen sie ihren Bedarf an Nahrungsmitteln. Doch gibt es auch Pflanzungen von Kakao, in höheren Lagen von Kaffee.

Die *Tierra fría,* das «kühle Land», reicht von 2200 m bis etwa 4000 m. In diesen Höhen misst das Jahresmittel der Temperatur noch etwa 15 °C, die Niederschläge 500–1500 mm, natürliches Pflanzenkleid ist die Savanne. Dieses Klima wird als angenehm empfunden, und hier befanden sich denn auch die Schwerpunkte der Aufbauarbeit europäischer, d. h. vor allem spanischer Kolonisatoren. Für sie war es naheliegend, europäische Agrarwirtschaft mit den Pflanzen und Haustieren zu betreiben, die dieser eigen sind. Zur Tierra fría gehört vor allem auch die Mesa Central, das zentrale Hochland, in welchem das Becken der Hauptstadt Mexico City liegt und sich viele weitere Städte befinden. Wichtiges Anbauprodukt ist hier der Mais; er ist die Hauptnahrung und nimmt in ganz Mexiko etwa vier Fünftel des Getreidelandes, nach dem Produktionswert ein Viertel des gesamten Ackerbaues ein. Neben Mais werden auch Weizen und Gerste sowie Bohnen und weitere Gemüsesorten angebaut.

Die *Tierra helada,* das «gefrorene Land», schliesst sich oberhalb 4000 m an. Die Vegetationsdecke wird immer ärmer und lückenhafter; schliesslich folgen die sterilen Hänge der Vulkane, z. B. der Eismantel des Popocatépetl (5452 m).

Eindrücklich ist in Mexiko die gegenseitige Durchdringung von Kulturen verschiedener Epochen und unterschiedlicher Intensität, was sich in vielen Belangen der Kulturlandschaft äussert: Arten und Methoden der Agrikultur, Vorhandensein religiöser Baudenkmäler, Struktur und Bild der Siedlungen, namentlich der Städte. Alt ist naturgemäss die indianische Tradition, und Mexiko birgt im Vergleich zu den USA mehr indianische Kulturlandschaften; etwa ein Zehntel seiner heutigen Bewohner sind noch reinrassige Indianer. Aus vorkolumbianischer Zeit stammen berühmte Ruinenstätten, beispielsweise Teotihuacán, der grossartige Tempelbezirk mit seinen Stufenpyramiden, dessen Erbauer unbekannt sind. Das Volk der Tolteken, das seine imposante Hauptstadt Tula mit den weltberühmten Atlanten um die Mitte des 9. Jahrhunderts errichtete, dominierte bis 1100 n. Chr. Die Kultur der Azteken folgte etwa vom Jahr 1300 an bis zum Eindringen der Spanier (Cortez 1519); Tenochtitlán – das spätere Mexico City – war die glänzende aztekische Hauptstadt mit 300 000 Einwohnern. Etwa gleichzeitig mit den Tolteken lebten in Nordguatemala und hernach in Nordyucatán die Mayas, ihrerseits berühmt durch vielbesuchte Tempelruinen wie Palenque und das toltekisch beeinflusste Chichén Itzá.

Die Spanier schufen die grossen Landgüter mit feudalistischer Betriebsform, die Haziendas, in Einheiten von 1000–3000 ha, auf denen sie Getreide der Alten Welt pflanzten; in den von Natur aus weniger gut ausgerüsteten Gegenden betrieben sie aber auch extensive Viehwirtschaft. Eine für jeden Besucher eindrückliche Monokultur ist der Anbau der Agave; deren Pflanzungen konzentrieren sich im Umkreis der Hochlandstädte, denn das daraus gewonnene Nationalgetränk, der Pulque, verdirbt rasch und verträgt deshalb keine langen Transportwege. Ländliche indianische Siedlungen sind dagegen geprägt durch die Gliederung des Feldes in kleine Parzellen mit Mais, Gerste, Obst und Gemüse und durch vorwiegend aus Trockenziegeln (Adobe) oder aus vulkanischem Gesteinsmaterial gefügte Bauten. In den waldigen Gegenden leben die Indianer in Blockhäusern. Die Städte haben spanischen Kolonialstil bewahrt: Eingefügt in einen starren Schachbrettgrundriss ist ein Hauptplatz mit der prunkvollen Kathedrale und mit dem Regierungspalast, in welchem die Kolonialverwaltung, in Mexico City der spanische Vizekönig residierte. Geschäfts- und Wohnquartiere, weiter draussen Industrieanlagen schliessen sich an. Dies gilt vor allem für die Hauptstadt mit ihren 11,9 Millionen Einwohnern, von Cortez anstelle der alten Inselstadt Tenochtitlán gegründet.

Die letzten Jahrzehnte brachten tiefgreifende agrarische Reformen; der Grossgrundbesitz wird aufgelöst, die Landwirtschaft mit modernen Bewässerungsanlagen intensiviert, neue Industrien werden eingeführt, der Verkehr modernisiert. Wichtige Einnahmequelle, der man nun besondere Förderung angedeihen lässt, ist seit alters her der Bergbau, war doch schon zur Zeit der Azteken die Produktion von Silber ertragreich; mehrere Städte des Hochlandes waren ursprünglich Silberminenorte. Andere Produkte des Bergbaus sind Kupfer, Blei und — mit rasch wachsender Bedeutung — auch Erdöl. Ganz auf Fremdenverkehr ausgerichtet ist beispielsweise das im Süden des Landes, an der pazifischen Küste, gelegene Acapulco.

Mittelamerika

Der grösste Teil Mittelamerikas ist Gebirgsland. Dies gilt für alle der relativ kleinen Staaten Guatemala, Honduras, Nicaragua, Costa Rica und Panama. Längs des Südrandes des mexikanischen Hochlandes und wieder vom westlichen Guatemala aus ziehen sich Bruchzonen nach Costa Rica, ausgezeichnet durch eine Folge teils noch aktiver Vulkane, die bis über 4000 m Höhe aufragen. Von gebirgiger Natur sind, mit Ausnahme von Kuba, ebenfalls die vielen Inseln der Antillen, und dass auch hier Vulkanismus ganz wesentlich an der Bildung und äusseren Gestaltung des Reliefs beteiligt war, beweisen schon die ausgeprägten Tiefseegräben des Karibischen Meeres, wie der mehr als 7000 m tiefe Cayman-Graben bei Jamaica und der Puerto-Rico-Graben (—9218 m) nördlich der Insel dieses Namens. Die Kleinen Antillen schliesslich sind nicht Fragmente von Gebirgssträngen wie die Grossen Antillen, sondern — mit kleinen Ausnahmen — vulkanischen Ursprungs; es sei lediglich an den berühmt gewordenen Ausbruch des Mont Pelée vom Jahre 1902 erinnert, der die Stadt St-Pierre auf Martinique mit ihren 40 000 Einwohnern vernichtete. In frischer Erinnerung ist auch der Ausbruch der Grande Soufrière auf Guadeloupe von 1976.

Die Komplexität des Reliefs, die Lage in den Tropen mit ihren charakteristischen Einflüssen, nicht zu vergessen die saisonale Verschiebung der Innertropenzone und damit in Zusammenhang stehend der Wechsel von feuchteren und trockeneren Monaten bringen eine nur schwer überschaubare Vielfalt tropischer Lokalklimate, damit aber auch der natürlichen Pflanzenwelt und der agrarischen Nutzungsmöglichkeiten mit sich. Wo Berge aufragen, wiederholen sich die in Mexiko üblichen Stufen der Tierra caliente, templada, fría und helada, in den Savannen oberhalb 3200 m ist nur noch Viehhaltung möglich. Besonders starke Abweichungen von den Durchschnittsverhältnissen bewirken die Passate. So können diese Winde auf der Luvseite einer Insel Regenwald ermöglichen, auf der Leeseite dagegen künstliche Bewässerung zur Sicherung des Anbaus erheischen. Kuba erhält, weil ihm das Gebirge fehlt, eher wenig Niederschlag, und dementsprechend spärlich ist hier denn auch der Baumwuchs.

Die Kulturpflanzen sind in grossen Zügen die gleichen wie in Südmexiko und anderen Tropenlandschaften. Die Tierra caliente mit ihren Mitteltemperaturen von 23°–28 °C ist das Anbaugebiet von Bananen und Zuckerrohr. Sehr günstig für den Zuckeranbau ist namentlich Kuba mit der erheblichen räumlichen Ausdehnung der eigentlichen Niederung unterhalb 100 m. Die Bodenunterlage dieser Insel, insbesondere ihre Kalkmergel sind für diesen Produktionszweig besonders gut geeignet, die Klimabedingungen mit Niederschlägen von jährlich 1000–1500 mm und mit den über das ganze Jahr ausgeglichenen Temperaturen sind optimal. So können hier auf demselben Wurzelstock alljährlich vier- bis sechsmal Ernten von Rohr geschnitten werden, mehr als in irgendeinem andern Produktionsgebiet. Zuckerkulturen sind arbeitsintensiv, und zur Erntezeit müssen noch Saisonhilfen herangezogen werden. An zweiter Stelle steht in Kuba der Tabak. Hier sind es namentlich die sandigen Lehmböden, welche Tabakblätter hoher Qualität hervorbringen. Nicht umsonst ist der Name der kubanischen Hauptstadt, Habana, für Tabakverarbeitung und -export ein Begriff.

Von anderen Produkten der Agrikultur Mittelamerikas seien erwähnt: Rum als Erzeugnis der Zuckerpflanzer, Erdnüsse, Kokos mit seinen vielseitigen Derivaten, Sisal, Baumwolle. An den Hängen befinden sich Kakao- und Kaffeeplantagen. Die für die Selbstversorgung erzeugten Produkte der Einheimischen wie Mais, Weizen, Kartoffeln und Gemüse werden hauptsächlich in der Tierra fría gewonnen. Sie ist auch hier bevorzugtes Siedlungsgebiet.

Die Bevölkerung ist ungleichmässig verteilt; Costa Rica zum Beispiel hat fast nur weisse Siedler, in Guatemala hingegen machen die Indianer immerhin noch etwa die Hälfte der Bevölkerung aus. Überall gibt es natürlich Mischlinge und nicht zuletzt noch reine oder vermischte Nachkommen von Negern, die einst als Sklaven ins Land geholt wurden. Die Spanier förderten wie in Mexiko und nach denselben Plänen wie dort vor allem die städtischen Zentren mit ihren administrativen, wirtschaftlichen und kulturellen Diensten. Die Industrialisierung ist gering, Haupteinnahmequelle ist der Export der Plantagenprodukte.

Südamerika

Die Tropengebiete Südamerikas seien im folgenden in die Grossregionen Brasilien und Andenländer gegliedert. In *Brasilien* nimmt das Amazonasbecken den grössten Teil des Staates, nämlich 53%, ein. Es ist das grösste Stromgebiet der Erde, der Amazonas ist dank etwa 20 Haupt- und gut 1000 kleinen Tributären der wasserreichste Strom der Erde, und sein Becken birgt das grösste Waldareal der Erde, ein riesiges Tiefland, das zur Hauptsache aus Sanden und Tonen aufgebaut ist, die von den streckenweise häufig über die Ufer tretenden Flüssen immer wieder von Schlammassen überführt werden. Der Äquator durchmisst den nördlichen Teil Amazoniens, und damit sind auch die grundlegenden Klimaverhältnisse gegeben: Temperatur-Monatsmittel von ständig 25–30 °C, über das ganze Jahr verteilte Niederschläge von etwa 1500 bis 2000 mm, wobei die Hauptmenge zur Zeit des höchsten Sonnenstandes fällt, und weit verbreiteter tropischer Regenwald. Wenn auch steten Angriffen des Menschen ausgesetzt, nimmt er doch immer noch riesige Areale ein. Dazu gibt es freilich, auf qualitativ minderen Böden, auch Savannen. Durch die Wälder streifen Tapir, Jaguar, Nasenbär, im Astwerk der Bäume hängt, mit dem Leib nach unten, das Faultier, Schlangen, darunter die bis 10 m lange Anakonda, kriechen durch die Wildnis, ausserdem gibt es natürlich vielerlei Kleingetier und Vögel. Dem Wasser angepasst sind namentlich Otter, Nutria, Wasserschwein, im Wasser selbst tummeln sich Kaimane, Schildkröten, ihrer Farbenpracht wegen auch dem Aquarienfreund bekannte Fischarten, nicht zu vergessen die räuberischen und deshalb berüchtigten Piranhas. Anders als in Ostafrika wird man jedoch Mühe haben, diesen Tieren zu begegnen.

Noch leben in abgelegenen Waldbezirken von der modernen Zivilisation unberührte Indianerstämme, beispielsweise Tupi und Kariben, doch ihre Volksdichte erreicht nur etwa 0,5 pro Quadratkilometer. Sie hausen in primitiven Hütten, ernähren sich von Jagd und Fischfang, sammeln wildwachsende Pflanzen und benützen die Wasserläufe als Verbindungswege zu den Nachbarstämmen. Andere haben lose Beziehungen zu der übrigen Welt, pflegen in Brandrodungen einfachen Ackerbau und versorgen sich selbst mit Maniok, Süsskartoffeln, Mais und Bohnen.

Etwa seit Beginn des 19. Jahrhunderts drangen Portugiesen und andere Weisse in die Wälder vor, rauhe Gesellen, mit dem einzigen Ziel, die weitverstreut in der Wildnis stehenden Kautschukbäume *(Hevea brasiliensis)* anzuzapfen und die Gummimilch an Händler zu verkaufen. Der Absatz dieser sogenannten Seringueiros steigerte sich bis um 1912, in welchem Jahr etwa 42000 t Latex auf dem Amazonas in Richtung Europa verschifft wurden. Dann aber traten Rückschläge ein, weil der Plantagenkautschuk Südostasiens und der synthetische Gummi auf die Märkte gelangten. Brasilianische Plantagengründungen in Fordlandia und Belterra (1926) brachten nur mässige Erfolge. So stabilisierte sich die Gewinnung von amazonischem Wildkautschuk bei rund 30000 t pro Jahr. Die Städte Manáus und Belém, aber auch zahlreiche Uferdörfer verdanken ihre Entstehung in erster Linie dem Kautschuk. In unserer Zeit richtet sich das Interesse der Wirtschaft auf die vielen wertvollen Hölzer, auf Säfte, Essenzen verschiedenster Art und auf die Errichtung von Plantagen für Bananen, Reis und für Fasern wie zum Beispiel Jute. Ausserdem lockt die Nutzung der Savannen als Weideland, die Nutzbarmachung der Wasserkräfte und die Ausbeutung bekannt gewordener Erzlager. Neu angelegte Strassen wie die Transamazonica und Flugverbindungen erleichtern die weitere Erschliessung des Landes, die aber stets zu Lasten des Waldes geht.

Das Brasilianische Bergland wird an seinem Ostrand begleitet von der Serra do Espinhaço, welche im Staat São Paulo in die Serra do Mar übergeht. Beide Ketten fallen ziemlich steil zur Ostküste ab und engen infolgedessen die Uferzone hinter den Städten Recife, Salvador (Bahia), Rio de Janeiro und Santos ein. Die Unterlage des Berglandes wird von einem kristallinen Grundgebirge gebildet, dem landeinwärts flachliegende Sedimente verschiedenen Alters aufgelagert sind. Die Küstenebenen sind aufgeschüttet, zum Teil versumpft, in Rio de Janeiro und an Nachbarküsten ragen markante Gneiskegel schroff auf, wie der isoliert über dem Eingang zur Guanabarabucht stehende, 390 m hohe Zuckerhut.

Die an sich gleichmässigen Temperaturen sind im Bergland den unterschiedlichen Höhen von im Mittel 500–1000 m entsprechend gemildert. Die Monatsmittel belaufen sich in Rio de Janeiro auf 22,5 °C im Juli und 25,6 °C im Februar, in São Paulo (800 m) auf

14,4 °C und 20,6 °C; der Südostpassat bringt namentlich im Südwinter den Hängen der Küstengebirge ca. 2000 mm, also ausgiebigen Regen. Im Innern werden Jahresregen von lediglich etwa 1000 mm registriert. Diesen Bedingungen entsprechend ist an der atlantischen Küste Mangrove stark verbreitet, und einsame Strände mit Kokospalmen ziehen sich von Salvador bis Fortaleza. Mancher Küstenstrich war früher stark versumpft, Santos vom gelben Fieber verseucht. Seit jedoch diese Niederung dräniert ist, wird sie von Bananen-Monokulturen eingenommen. Unter analogen Bedingungen bringen vielerorts weitere Pflanzen wie Zuckerrohr, Gemüse und Ölfrüchte gute Erträge. Steile Berghänge hinter der Küstenebene sind teilweise noch dicht bewaldet, in weniger geneigtem Gelände wächst Kakao; früher, besonders auch in den küstenwärts, beispielsweise in den Raum Rio de Janeiro leitenden Tälern, gedieh auch Kaffee. Für den Eigenbedarf werden hier wie auch im Innern von den Bauern Maniok, Mais, schwarze Bohnen, Zuckerrohr und vielerlei Gemüse gepflanzt.

Das Hochland ist ein weiter Raum der Grasländer. Man pflegt zu unterscheiden: *Campos cerrados:* geschlossene Savannen mit kleineren Arealen noch kräftiger Bewaldung; *Campos limpos:* offene Grassavanne, auch mit Galeriewäldern; *Caatinga:* trockene Grasflur mit Dorngehölzen und Sukkulenten, darunter Flaschenbäumen mit wulstig verdickten Stämmen als Wasserspeicher. Diese Graslänerdeien wechseln je nach Bodenqualität und wahrscheinlich auch nach früherer Nutzung, denn die meisten sind als Sekundärvegetation aufzufassen. Affen, Tapire, Ameisenbären – letztere die Charaktertiere der offenen Campos, die mit langem Rüssel die einzeln auftragenden Termitenbauten angehen und die Termiten als Hauptnahrung vertilgen – sowie vielerlei Vögel sind anzutreffen.

Auf grossen landwirtschaftlichen Besitzungen *(Fazendas)* werden Zitrusfrüchte, Zuckerrohr, Mais, Tomaten, Ananas, Sojabohnen, Gemüse, Ölfrüchte, Tabak, Baumwolle und, wo genügend Wasser vorhanden ist, auch Reis erzeugt. Das weithin tragende Produkt ist jedoch seit 1850 der Kaffee in den Gliedstaaten São Paulo und Paraná, wo namentlich auf den ausgezeichneten rotvioletten Böden *(terra roxa)* beste Erträge eingeheimst und vom Staat als Devisenbringer hoch geschätzt werden. Freilich ging der Anteil Brasiliens am internationalen Kaffeehandel zurück; machte er im Jahre 1953 noch 73% aus, so sank er bis 1974 auf 13%. Bis 1888 waren auf den Kaffee-Fazendas Sklaven eingesetzt; dann mussten sie freigelassen werden. Dem Kaffee verdankt der Staat São Paulo und vor allem seine Hauptstadt die stürmische, ja für europäische Massstäbe geradezu erschreckende Entwicklung: Mitte des 16. Jahrhunderts gründeten in der damaligen Hochlandwildnis Jesuiten ihre Niederlassung, vor hundert Jahren lebten hier 30000 Menschen, um 1900 waren es 240000, heute sind es mit den näheren Vororten 8 Millionen! Die Stadt wurde mit ihren vielen Hochhäusern im Zentrum, mit den ausgedehnten Wohnquartieren und 70000 Industrieanlagen, aber auch mit den andernorts ebenfalls nur zu gut bekannten Elendsvierteln *(favelas)* zur Metropole, die nach wie vor neue Siedler aus aller Herren Länder und aller Rassen anzieht und in der Weisse und Mischlinge aller Schattierungen dem Glück nachjagen. Ernsthafte Konkurrenz ist Rio de Janeiro, die «*cidade maravilosa*», mit ihren herrlichen Stränden, mit dem Zuckerhut und mit dem die schönsten Wohnquartiere überragenden Corcovado, in unserer Zeit ein Anziehungspunkt vieler Touristen. Von São Paulo und Rio de Janeiro aus leiten die Überlandstrassen ins Landesinnere bis weit in die entlegenen Campos mit ihren Viehzucht-Fazendas.

Minas Gerais ist, wie schon sein Name sagt, ein Staat der Minen und der Montanwirtschaft. In der ersten Hälfte des 18. Jahrhunderts wurde im Schutt von magmatischen Schiefern und Quarziten Gold entdeckt und mit Erfolg ausgewaschen. In der alten Hauptstadt Ouro Preto zeugen noch heute die zahlreichen Kirchen in portugiesischem Barok von jener Zeit hoher Blüte. In den Jahren 1735–1766 waren etwa 18000 Goldwäscher tätig, und Brasilien galt damals als erster Goldproduzent der Erde. Jetzt sind Schotter und Sande erschöpft, das begehrte gelbe Metall wird nur noch in einer tiefen Goldmine in Nova Lima abgebaut. Früh schon wurden auch Diamanten und Halbedelsteine gefunden, später Eisenerz und Mangan, die sich beide im Tagebau gewinnen lassen. Auf der Basis dieser Erze entstanden Eisenhütten, besonders bekannte im Paraiba-Tal hinter Rio de Janeiro. Ouro Preto wurde durch die moderne Stadt Belo Horizonte überflügelt, und noch weiter im Nordwesten, in der ehemals einsamen und von der Küste weit abgelegenen Savanne, wächst das aus dem Nichts, aber nach modernsten städtebaulichen Prinzipien erstellte Brasília, die Hauptstadt Brasiliens.

Ein ungelöstes Problem stellen die häufigen Trockenzeiten dar, die namentlich die kleinen Gliedstaaten des Nordostens, Ceará, Paraíba, Pernambuco, Piauí, heimzusuchen pflegen. Wohl fallen in Ceará und Piauí jährlich etwa 700–1000 mm, weiter im Innern aber nur noch weniger als 500 mm Regen. Immer wieder verarmen deshalb die ansässigen Bauern, die Jungen wandern ab, früher in die Urwälder Amazoniens zur Gummisuche, dann nach Minas Gerais in die Goldwäscherei, hierauf in die Kaffeeplantagen São Paulos und jetzt in die aufstrebenden Industrien. Mit Investitionen und mit dem Bau von Staudämmen sucht die Regierung der Schwierigkeiten Herr zu werden.

Mit Ausnahme des grössten Teils von Chile befinden sich die *Andenländer* in den Tropen. Die Anden säumen die Westküste Südamerikas. Es handelt sich um mesozoische und tertiäre Faltungen, denen im Grenzgebiet Kolumbien–Ecuador und wiederum von Peru bis Nordchile längere Abschnitte mit Vulkanen und deren Aufschüttungen eingefügt sind. Fast auf ihrer ganzen Länge gliedert sich die Kette in zwei Äste, zwischen sich eine Hochebene unterschiedlicher Breite, den *Altiplano,* frei lassend. Die grossräumigen Besonderheiten des Klimas, namentlich der Einfluss des Südost-Passates an den Aussenflanken der Anden mit ihren feuchten Luv- und den trockenen Leeseiten, wurden bereits erwähnt. Mit der starken Höhenerstreckung folgen sich auch hier die am Beispiel Mexikos genannten Stufen von *Tierra caliente, Tierra templada, Tierra fría* und *Tierra helada*.

Die Pazifikküste bildet einen schmalen Saum Landes, der aber in Peru immerhin 40 km, in Kolumbien sogar 100 km breit sein kann. In Lima, der unter 12° südlicher Breite gelegenen Hauptstadt von Peru, sind die Mitteltemperaturen – des kühlen Peru-Stromes wegen – eher niedrig, nämlich 16 °C im August und 23 °C im Februar; die Regenmenge misst nur 50 mm im Jahr! Diese extreme Trockenheit ist auf die erwähnte Meeresströmung und auf den Umstand zurückzuführen, dass der vom Gebirge her absteigende Passat einen Föhneffekt ausübt. Die Küstenniederung ist daher Wüste. Immerhin erhält die nahe Kordillere etwas Niederschlag, und deshalb entquellen ihr einige Flüsse, von denen die kräftigeren das Meer zu erreichen vermögen und vor allem zur Bewässerung von Feldern benützt werden können. So wird denn die Küstenwüste immer wieder durch Irrigationsoasen unterbrochen, auf denen Reis, Zuckerrohr, Bananen und Baumwolle angepflanzt werden. Noch extremer sind die Verhältnisse zwischen der peruanischen Südgrenze und dem chilenischen Fluss Copiaco (27° südlicher Breite), befindet sich doch in diesem Abschnitt die Stein- und Schuttwüste Atacama, in welcher überhaupt nie Regen fällt.

An der Küste besorgen die Häfen den Güterumschlag: Baranquilla am kolumbianischen Ausgang zweier Anden-Längstäler in die Karibische See mit den schiffbaren Flüssen Cauca und Magdalena sowie in der Nachbarschaft des zu Venezuela gehörenden, durch seine Erdölquellen bekannten Maracaíbo-Sees; sodann Guayaquil in Ecuador, Callao als Vorhafen von Lima, weiter im Süden Arica in Nordchile und viele weitere kleinere Hafenorte. Lima ist mit seinen 3,3 Millionen Einwohnern eine Stadt mit besonders ausgeprägter spanischer Struktur und Tradition.

Die beiden Gebirgsketten *Cordillera Occidental* und *Cordillera Oriental* sind wohl streckenweise in weitere Teilketten aufgespalten und durch die grösseren Flüsse gegliedert, lassen aber zwischen sich Raum für die Hochebene, den *Altiplano* unterschiedlicher Breite, der seinerseits – namentlich im Norden, aber auch in Peru – durch Flüsse in einzelne Bergketten unterteilt ist. Markante Vulkankegel, manche davon in den höchsten Partien verfirnt, heben sich hervor: in Kolumbien der Nevado de Huila (3° nördlicher Breite), 5750 m, dessen Gletscher bis 4100 m absteigen und der noch Fumarolen hat; in Ecuador der Chimborazo, 6270 m, und der gelegentlich noch aktive Cotopaxi (1° südlicher Breite), 5960 m; in Peru der Huascarán, 6768 m, und der Misti, 5240 m.

In Kolumbien reicht die *Tierra caliente* bis 800 m, die *Tierra templada* bis 2000 m. In dieser Höhenregion, die von Natur aus von einem mit Bambus und Farnen durchsetzten Laubwald besetzt ist, befinden sich Kaffeeplantagen mit ausgezeichneten Erträgen. Man pflegt den Kaffee hier, im Gegensatz zu Brasilien, unter Schattenbäumen zu ziehen. Das in 1541 m gelegene Medellín ist das Zentrum der Kaffeekulturen. Aber auch noch viele weitere Produkte, wie Tabak, Maniok und Südfrüchte, tragen zum hohen Wert dieser Zone bei. Die *Tierra fría* erstreckt sich von 2000 bis 3000 m. Hier wird der montane Laubwald von Nebelwäldern, den sogenannten «weinenden Wäldern», abgelöst. Auch in dieser Region wird noch Ackerbau getrieben, so zum Beispiel in der Nachbarschaft der in 2640 m Höhe gelegenen Hauptstadt Bogotá (3 Millionen Einwohner). Die Höhen über 3000 m, in denen die Monatsmitteltemperaturen nur noch 12 °C und weniger messen, zeichnen sich durch immerfeuchte, *Paramos* genannte Hochgebirgsrasen aus, welche gute Weidegründe für Rindvieh und Schafe bieten. Die Indianer pflanzen ihre Kartoffeln sogar hinauf bis 4000 m, also weit über die Waldgrenze hinaus. Die Schneegrenze schliesslich befindet sich hier in rund

5000 m Höhe, mit starken Abweichungen nach oben und unten je nach Exposition.

Im unter dem Äquator gelegenen Ecuador verläuft die Schneegrenze der noch stärkeren Niederschläge und der entsprechend dichteren Bewölkung wegen tiefer als in Kolumbien, nämlich in durchschnittlich 4600 m. Quito (0,6 Millionen Einwohner), die Landeshauptstadt, liegt in 2770 m, inmitten einer ergiebigen Acker- und Viehzuchtzone. Ihr Klima mit Monatsmitteltemperaturen von gleichmässig 12–13 °C und 1120 mm Regenmenge wird als sehr angenehm empfunden.

In Peru und weiter südwärts wird die Hochebene trockener, die Paramos gehen in die *Puna* über, ein Gebiet regengrüner, von Büschelgras und Zwergsträuchern geprägter Flur. Die Puna eignet sich als Weideland für Schafe, seltener Rinder, ausserdem aber für Lamas und für die kleineren, wildlebenden Vicuñas, welche ihres vor Kälte schützenden feinen Wollhaares wegen besonders geschätzt sind. Mit von den Gletscherbächen herangeleitetem Wasser werden die Erträge der Felder mit Früchten, Baumwolle usw. gesteigert. Indianer, die hier noch über die Hälfte der Bewohner ausmachen, leben in Dörfern der Talsohlen und erzeugen Mais, Weizen und allerlei Gemüse. Sie sind Nachkommen der Inkas und der von ihnen unterworfenen Stämme; die Inkas pflegten bis zum Eintreffen der Spanier (1532) ihre hochentwickelte Kultur, deren Zeugnisse noch in ihrer Hauptstadt Cuzco und in weiteren berühmten Bauresten zu bewundern sind. In der Blütezeit erstreckte sich das Inka-Reich von Mittelecuador bis Mittelchile. Schon die Inkas wussten die Bodenschätze ihres Einflussgebietes, vor allem Gold- und Silberlager, zu nutzen; heute werden in der Region von Cerra de Pasco (4360 m) Kupfer- und andere Erze abgebaut.

In Bolivien nimmt der 6900 km² grosse Titicacasee in 3812 m Höhe einen Teil der hier bis 500 km breiten Hochebene ein. Die Tierra fría reicht von 2500 bis 3600 m; die in einem 10 km breiten Hochbecken gelegene Hauptstadt La Paz (3690 m; 0,7 Millionen Einwohner) markiert gerade die obere Grenze dieser Region. Auch hier wird, teils mit künstlicher Bewässerung, Feldbau betrieben. In der Ostkordillere sind bedeutende Erzlager erschlossen; Potosí (3980 m) war einst seiner Silberlager wegen berühmt, jetzt wird hier namentlich Zinn gewonnen, und zwar gibt es noch in 4550 m Höhe bergmännisch betriebene Zinnminen. In Oruro und Corocoro werden Zinn- und Kupfererze verhüttet. In 19° südlicher Breite, südlich des Poopó-Sees, wird die Puna zur *Salz-Puna,* die sich noch weit nach Chile hineinzieht. Teile davon sind Gebiete ausgetrockneter eiszeitlicher Seen. Ihr Boden birgt Salpetersalze. Bis zu dem Zeitpunkt, da Stickstoff aus der Luft gewonnen werden konnte, d. h. bis 1916, besass Chile das Monopol für den Export von als Düngemittel verwendetem Salpeter.

Dem Ostfuss der Cordillera Oriental entspringen die Quellflüsse des Orinoco, des Amazonas und des Paraguay. Es sind Gebiete, wo die Kordillerenhänge in teils völlig ebene, weite Tiefländer übergehen. Da hier der Südostpassat Steigungsregen verursacht, ist die Feuchtigkeitsspende überall ausgiebig und ermöglicht kräftigen Pflanzenwuchs. So dehnt sich von Südkolumbien bis Südbolivien tropischer Regenwald aus, der in die Wälder Amazoniens überleitet — ein Raum, der noch riesige Areale kaum erforschter, von weltabgeschiedenen und auf primitiver Stufe lebenden Indianern bewohnter Urwälder birgt. Aber auch hier dringen neue Siedler ein. Im Norden, im Gebiet des Orinoco, breiten sich die *Llanos* aus, tischebene und endlose, von einzelnen Palmen überragte Grasfluren. Im Süden dagegen, im Raume des oberen Paraguay-Flusses, werden die Regenwälder vom Gran Chaco abgelöst, seinerseits ein ebenes Gebiet mit Grasländereien und eingestreuten Wäldern, Sümpfen und Palmenbeständen. Der Quebracho-Baum liefert hier ein eisenhartes Kernholz mit vielseitigen Verwendungsmöglichkeiten.

Afrika

Das tropische Afrika ist, alles in allem genommen, naturlandschaftlich das einheitlichste aller tropischen Gebiete. Dies kommt daher, dass es sich — vor allem in seiner nördlichen Hälfte — um eine vergleichbar grosse, in bezug auf die Bodengestalt einfache Tafel handelt. Spezielle Akzente in der Einförmigkeit setzen das Hochland von Abessinien, der ostafrikanische Graben mit seinen bis 5895 m aufragenden, teils noch aktiven Vulkanen sowie die nicht sehr akzentuierten Bergländer in der Randzone des Golfes von Guinea. So besteht bezüglich des Klimas, dem sich die übrigen landschaftlichen Strukturelemente weitgehend unterordnen, eine grossräumige Symmetrie: Beiderseits des Äquators, vor allem im Kongobecken und in Oberguinea, ist Regenwaldzone; nördlich und südlich davon schliessen sich die Grasländer des Sudan und des Katanga-Hochlandes an, polwärts dieser Zonen folgen die Wüsten Sahara im Norden und Kalahari im Süden.

Das tropische Afrika sei wie folgt gegliedert:
a. Sahara und Sudan; der nördliche Wüsten- und Graslandgürtel
b. Zentralafrika; die Regenwaldgebiete von Kongobecken und Oberguinea
c. Südwest- und Südostafrika; die Grasländer südlich des Kongobeckens
d. Ostafrika; Wüsten und Grasländer östlich des ostafrikanischen Grabens

Sahara und Sudan

Als etwa 1500 km breiter Gürtel zieht sich die Sahara in west-östlicher Richtung quer durch den Kontinent, eine gewaltige Tafel mit Sand- und Felswüsten, aus denen vereinzelte Inselberge, aber auch nackte Gebirge wie Hoggar und Tibesti aufragen, wo jedoch auch salzige Becken, wie das des Tschadsees, eingebettet liegen. Schwerpunkte in dieser menschenfeindlichen Region sind die Oasen. Sie sind zahlreicher am Nordrand der Sahara und von Arabern und Berbern bewohnt. Einfachstes Nomadenleben führen mit ihren Kamelen und Schafen die Tuareg, ein Volk berberischer Abstammung, grosse schlanke, dunkelhäutige Menschen. Sie sind in Stämme gegliedert, die sich aus mehreren Familien zusammensetzen, und leben in Zelten oder in Hütten als Ackerbauern in den Oasen.
Eine Oase ist auch Ägypten, das altbekannte Land des Nils, mit seinen 40 Millionen Menschen. Ermöglicht wird die hochentwickelte Landwirtschaft durch das Nilwasser und seinen mitgeführten, fruchtbaren Schlamm. Es unterliegt keinem Zweifel, dass die Irrigation Gemeinschaftsarbeit und damit eine Organisation der Beteiligten voraussetzte und so zur Staatenbildung geradezu drängte. Und dass sich im alten Ägypten eine hohe Kultur, mit grossen Siedlungen und Verkehrswegen, mit einer Bilderschrift, mit Tempel- und wuchtigen Profanbauten entfalten konnte, ist wohl letztlich auf die Irrigation zurückzuführen. Die Gelder, die dem heutigen Staat mit den Durchfahrtsgebühren des Suezkanals zufliessen – er war von 1967 bis 1975 als Folge des ägyptisch-israelischen Krieges stillgelegt –, sind willkommen, aber auch notwendig für die Fortentwicklung des modernen Staates. Städte wie Kairo (6 Millionen; Gross-Kairo 10 Millionen Einwohner), Suez, Port Said, Alexandria sind Zentren des Verkehrs, des Handels und der mannigfachen Dienste, die Städte zu leisten haben. Aber dass sie, wie auch ihr agrarisches Umgelände, in einem Gebiet entstehen und wachsen konnten, das von Natur aus Wüste ist, überrascht doch den Besucher immer wieder von neuem.

Die Wüste wächst, die Sahara wird grösser! Es wird behauptet, dass sie in unserer Zeit jährlich bis zu 50 km südwärts vordringe. Und im anschliessenden Sahel, der sudanesischen Tafel, sahen sich in den letzten Jahren Tausende von Hunger und Durst bedroht. Hilfswerke aus aller Welt suchten die Not zu lindern. Ursache dieser Veränderung war zunächst das Fehlen von Niederschlägen in den Jahren 1970 bis 1974, möglicherweise eine grossräumige Klimawandlung, sicher aber auch die stete Nutzung und Übernutzung wüstennaher Savannen und Wälder durch den wirtschaftenden Menschen.

Der Sudan ist wohl das grösste zusammenhängende Savannengebiet der Erde; der Staat gleichen Namens nimmt davon nur den östlichsten Teil ein. Die Landschaft Sudan umfasst ausserdem die Staaten Mali, Niger und Tschad. Hier fallen Niederschlagsmengen von 500–1500 mm jährlich, wobei es sich natürlich um mit dem Zenitalstand der Sonne zusammenhängende Regen handelt. Der Staat Tschad beispielsweise ist zonar gegliedert: der Norden ist Wüste, die Mitte Steppe und der Süden Savanne. Neben nomadisierenden Hirten pflanzen sesshafte Eingeborene Hirse als Nahrungsgrundlage, ausserdem erzeugen sie Mais, Bataten und Weizen. Gegenwärtig fördert die Regierung auch den Anbau von Baumwolle. Ein Teil der Produktion wird im Lande selbst in Anlagen zur Entkernung und Ölgewinnung verarbeitet; seit 1967 stehen überdies Spinnereien, Webereien und Druckereien in Betrieb.

Doch der Sudan besteht nicht nur aus Steppen und Savannen. Im Bereich des Weissen Nil breitet sich der Sudd aus, ein etwa 150 000 km² umfassendes, immer wieder überschwemmtes Sumpfland, wo sich die Nilwasser zeitweise zwischen schwimmenden Pflanzendecken mit Wasserlinsen, Seerosen und Röhricht verlieren. Sumpfland ist auch ein Gebiet am oberen Niger, wo der Strom auf seinem Weg nach Osten auf über 400 km Länge bei minimalstem Gefälle zerfasert und das Nachbargelände zu einem Wasserschwamm umgestaltet. Auf hochwassersicheren Inseln liegen weitverstreut die Dörfer. Von ihnen aus ziehen die Hirten mit ihren Weidetieren nach festgelegter Wanderordnung in die temporär feuchten Savannen hinaus.

Als Beispiel erfolgreicher innenkolonisatorischer Bemühungen sei die Plantage «Baobab» in Senegal, 40 km von Dakar entfernt, genannt. Hier weitet sich die westafrikanische Savanne, in der verstreut Affenbrotbäume (Baobab) standen. Jetzt sind 450 ha Gelände nach dem «Drip»-System bewässert: Ein Netz fingerdicker Plastikschläuche ist über dem Feld ausgelegt. In regelmässigen Abständen sind kleine Löcher in die Schläuche eingelassen. Nun wird Grundwasser samt flüssigem Dünger durch die Schläuche geleitet; bei jeder Öffnung wächst eine Pflanze – Tomaten, Melonen, Bohnen, Peperoni, Auberginen, Spargel –, für die das Wasser genau dosiert ist. Neben der Pflanze gibt es kein Wasser, also auch kein Unkraut. Die Reifezeit der Produkte kann auf die Marktlage abgestimmt werden. Für die Eingeborenen und überdies für Saisonarbeiter sind die Arbeiten erwünscht, da sie für Pflanzen, Pflegen, Ernten, Verpacken und Transporte gut entlohnt werden.

Zentralafrika

Das Hauptgebiet des afrikanischen Regenwaldes ist das Kongobecken (Gabun, Kongo-Brazzaville, Zentralafrikanische Republik, Zaire, Nordangola). Regenwälder bildeten aber auch einen breiten Streifen, der sich durch Oberguinea zog (Guinea, Elfenbeinküste, Ghana, Nigeria, Kamerun und kleinere Staaten). Doch überall ist die Vernichtung dieser Wälder weit fortgeschritten. In Südnigeria beispielsweise sind lediglich kleine Waldreste übriggeblieben, und erst in jüngster Zeit versucht man, im Zuge des bewusster gewordenen Umweltschutzes, den natürlichen Wald aus Sekundärbeständen und Savannen zu regenerieren.
Das Kongobecken umfasst etwa 3,7 Millionen Quadratkilometer. Von den Randgebirgen und -schwellen aus fliessen der Kongo und seine Tributäre über Schwemmland und Sandsteinuntergrund zentripetal gegen Kinshasa. Sandsteinschwellen verursachen Stromschnellen, wie die Stanley- und Livingstonefälle, in denen gewaltige Wassermassen durch Schluchten meerwärts schiessen – einerseits Hindernisse für die Schiffahrt, anderseits gewaltige Kraftreserven, die noch zu nutzen sind. Das Klima ist durch Ausgeglichenheit charakterisiert. In den Monatsmitteln verharren die Temperaturen um 22–27 °C. Der Regenwald nimmt lediglich den Bereich zwischen 4° nördlicher und 4° südlicher Breite ein; ausserhalb schliessen sich Savannen an, und Randhochländer tragen Weidewiesen, Gebirgsbusch oder Nebelwald. Von höheren Tieren leben die meisten als Kletterer im Geäst der Bäume, vor allem Affen. Bodentiere wie Büffel, Elefanten und Wildschweine sind stark gefährdet. Überaus vielgestaltig und bunt ist die Schar der Vögel, zahllos die Insektenarten. – Bantuneger, teils vermischt mit Sudannegern, bilden die nur sehr spärliche Waldbevölkerung. Sie leben zum Teil noch isoliert in Gruppen in ihren Hütten, betreuen ihre Knollenpflanzen, wie Maniok, Yams, Batate, und ergänzen ihre Nahrung mit Jagd und Fischfang. Nicht zu vergessen ihre handwerklichen Fähigkeiten – stellen sie doch kunstvolle Geräte, Töpfer- und Eisenwaren, Webereiarbeiten und Flechtwerk her.
Längst schon hatten sich an den Stromschnellen, wo der Schiffsverkehr unterbrochen ist und Waren umgeladen werden mussten, die örtlichen Zentren von Handel und Verwaltung festgesetzt. Städte, wie die Hauptstadt von Zaire (2,4 Mio km^2), Kinshasa (2,0 Mio Ew), zeugen mit ihrer jüngsten Entwicklung vom Aufschwung der letzten Jahrzehnte. Das Land profitiert vom sich entwickelnden Handel, vom Export seiner Agrarprodukte, wie Baumwolle, Kaffee, Kakao, Kopra, Gewürze u.a., ausserdem vom Verkauf der Kupfererze von Katanga, der heutigen Provinz Shaba, und der Diamanten vom mittleren Kassai.
Ein weiteres Beispiel für den raschen Wandel einstigen Waldgebietes bietet Nigeria. Es ist das volkreichste Land Schwarzafrikas, leben hier doch auf etwa 0,9 Millionen Quadratkilometer 80 Millionen Menschen. Bis vor wenigen Jahren war Nigeria ein armes, ethnisch und konfessionell vielgestaltiges Entwicklungsland. Überdies war es in den Jahren 1968 bis 1970 durch einen Bürgerkrieg (Biafra-Krieg) innerlich zerrissen und schwer geschädigt. Aber der Krieg ist beigelegt, die von den Ibostämmen angestrebte Loslösung Biafras unterblieb, der Wiederaufbau ist vollendet. In Biafra sind ergiebige Erdölfelder erschlossen, sprunghaft wuchsen dank der Ölpreissteigerungen die Einnahmen; 96 Millionen Tonnen exportiertes Öl brachten 1974 23 Milliarden Schweizer Franken/DM Einnahmen und einen Handelsbilanzüberschuss von 17 Milliarden. Mit diesem Geld wird die Entwicklung angeheizt. Lagos, die Hauptstadt und nach 1821 der wichtigste Handelsplatz der westafrikanischen Küste für Sklaven, wächst fieberhaft: Hochhäuser mit Wohnungen und Büros, weitere Wohnquartiere, Strassen- und Autobahnbrücken über trennende Lagunen und ein rascher, freilich immer nachhinkender Ausbau der Infrastruktur. Konsumgüter werden in Massen importiert, eine eigene Industrie, darunter Raffinerien und Düngerfabriken, aufgebaut und Schulen sowie Gesundheitsdienste eingerichtet. Eine neuzeitliche Städte- und Industrielandschaft ersetzt den einstigen Regenwald. Heute zählt Lagos etwa 1,5 Millionen

Einwohner; aber an der Peripherie wachsen die Slums, die Kanisterstädte (bidonvilles), wo die vielen, aus dem Landesinnern zugewanderten und in der Stadt noch nicht integrierten Landflüchtigen eng zusammengedrängt leben. Dies ein Beispiel der hektischen Entwicklung Schwarzafrikas. Seit Mitte der fünfziger Jahre hat sich die Zahl der Grossstädte zwischen Niger und Sambesi von 9 auf 58 erhöht!

Südwest- und Südostafrika

Die südlich und östlich des Kongobeckens sich ausbreitenden Savannen von Angola, Zambia und Zimbabwe-Rhodesien sind weniger einheitlich als diejenigen des Sudan, denn sie liegen höher – nämlich in etwa 1000 m –, ihre Bodengestalt ist bewegter, der Kontinent ist hier wesentlich schmäler, der Einfluss der Meere dementsprechend stärker. Die Kalahari, Gegenstück zur Wüste Sahara, wird erst ausserhalb des Wendekreises zur Wüste und besitzt im übrigen eher Steppencharakter. Auf Trockenheit deuten jedoch einige Salzbecken, wie die Etoschapfanne und das Okawangobecken in 19–21° südlicher Breite. Wüste ist aber vor allem die Küste von Südwestafrika, wo ablandige Passate und der kalte Benguelastrom ihre Einflüsse geltend machen.

Savannen nehmen den Grossteil der restlichen Landschaften ein, so die ganze, 1000–1600 m hoch gelegene Lundaschwelle, ein Hochland zwischen Kongo- und Sambesibecken, ausserdem die Gebiete von Rhodesien und Ostmoçambique. Die verschiedensten Wirtschaftsformen sind vertreten: Nomadisierende Bantus betreiben namentlich Rinder- und Schafzucht, andere obliegen dem Ackerbau. Von kleineren Volksgruppen sind die Hottentotten, die Buschmänner und die Herero zu nennen, welche zum Teil noch Sammelwirtschaft, aber auch Hackbau betreiben. Die vielen Plantagen werden vorwiegend von Weissen geleitet. Verschiedene Zweige des Bergbaus, wie die bereits erwähnten Kupfererzgruben von Katanga und jene im angrenzenden Zambia, stehen in voller Aktivität. Die politischen Verhältnisse sind in Bewegung: Zimbabwe-Rhodesien hatte bis in die jüngste Zeit eine weisse Minderheitsregierung, aber 1980 haben die Schwarzen die Regierung übernommen; Angola und Moçambique erhielten 1975 ihre Unabhängigkeit von Portugal; unsicher ist noch der künftige Status von Namibia (Südwestafrika), das seit 1920 unter dem Mandat der Südafrikanischen Republik steht, wo aber die Einheimischen die Unabhängigkeit anstreben.

Ein Beweis für den Fortschrittswillen sowohl bisheriger Kolonialherren als auch der nun selbständig gewordenen Schwarzen sind innenkolonisatorische Unternehmungen grossen Stils, darunter der Cabora-Bassa-Staudamm am mittleren Sambesi im Nordwesten von Moçambique. Der Damm wurde 1975 geschlossen, seine Wasser überfluten ein Gebiet von 2700 km² und bilden einen 250 km langen und bis 38 km breiten See; sie dienen der Felderbewässerung sowie der Gewinnung elektrischer Energie (17 Milliarden Kilowatt jährlich). Aber schon zeichnen sich auch unerwünschte Folgen dieses gigantischen Werkes ab: Tiere, darunter ohnehin vom Aussterben bedrohtes Grosswild wie Nashorn und Elefant, wurden vertrieben oder gingen zugrunde. Evakuierung ist schwierig und aufwendig, die Überlebenschance am neuen Standort unsicher. Vom stehenden Gewässer droht noch weiteres Ungemach: Die Bilharziose, eine für den Tropenmenschen gefährliche Wurmkrankheit, braucht als Zwischenwirt eine Wasserschnecke, die im neuen Stausee ausgezeichnete Lebensbedingungen findet. Geradezu unheimlich ist die Überhandnahme der Wasserhyazinthe *(Eichhornia crassipes)*, einer hübschen, violett blühenden Schwimmpflanze. Zuerst nur in Südamerika bekannt, trat sie 1952 im Mündungsgebiet des Kongo auf und bildete aufgrund ihrer enormen Vermehrungsfähigkeit schon drei Jahre später 1600 km weiter stromaufwärts dichte Teppiche auf der Wasseroberfläche, welche die Schiffahrt beeinträchtigten und die Fortpflanzung der Fische hemmten. Bereits hat sie sich auch den Sambesi erobert. Die Bekämpfung ist mit chemischen Mitteln möglich, aber teuer und nicht problemlos.

Ostafrika

Die Savannengürtel Nord- und Südafrikas schliessen sich im Bereich der ostafrikanischen Seen, d.h. im Gebiet von Uganda, Kenia und Tansania, zusammen, umrahmen also dort den zentralafrikanischen Regenwald. Hier fristet u.a. das Hirtenvolk der Massai sein urtümliches Leben. Die Massai sind hochgewachsene, hagere, in ziegelrote Decken gehüllte Menschen eines negrid-hamitischen Mischtyps. In Tansania sind 95% der 15 Millionen Einwohner Bantu, der Rest Inder, Pakistaner und Europäer. Vorbildlich geführte Plantagen mit Kaffee, Sisal, Baumwolle, Rohrzucker in den Staaten Kenia und Tansania bestehen schon seit der englischen Kolonialzeit. Die Farmen sind in Tansania grossenteils kollektiviert, staatliche Genossenschaften nehmen den Bauern die Produkte zu Festpreisen ab. Wichtigstes wirtschaftliches, geistiges und politisches Zentrum ist das wenig südlich des Äquators in 1660 m Höhe gelegene Nairobi (0,8 Millionen Einwohner), die Hauptstadt Kenias, eine von vielen Europäern bewohnte, rasch expandierende moderne Stadt.

Berühmt sind die Savannen ihrer freilebenden Herdentiere wegen. In Nationalparks sucht man, freilich mit unterschiedlichem Erfolg, die ursprüngliche Fauna zu erhalten: Elefanten, Büffel, Giraffen, Zebras, Antilopen, Flusspferde, Nashörner, Löwen, Leoparden, vielerlei Vögel und Reptilien. Eines der ältesten dieser Schongebiete ist der Albert-Park (Zaire-Uganda) mit einer Fläche von 8090 km². Im Meru-Park (Kenia) gibt es noch Herden von je 600 Büffeln, in der Serengeti (Tansania) können sich wandernde Gnus zu Herden von 200 000 Tieren vereinigen. Aber weite Bereiche dieser Grasländer sind übernutzt; nicht nur Wildtiere, sondern auch die allzuvielen Rinder der Eingeborenen suchen sich zeitweise auf staubiger «Weide» ihr kärgliches Futter.

Beispiel einer Vollwüste ist das zur Somalihalbinsel gehörende Afardreieck, auch Danakalia oder Danakilwüste genannt. Es umfasst das Stufenland zwischen dem äthiopischen Hochland und der Somalitafel. Politisch gehört es teils zu Äthiopien, teils zur Republik Somalia, bezieht aber auch Französisch-Somaliland mit ein. Doch die Eingeborenenstämme der Afar und der Issa erstreben die Unabhängigkeit. Ein Teil dieser Wüste liegt gegen 200 m unter dem Meeresspiegel; hier stossen die Grabensysteme des Roten Meeres und der ostafrikanischen Gräben zusammen. Das Land ist hochgradig vulkanisch; aktive Krater, Lavaseen, Geysire, Fumarolen und Aschenfelder sind Zeugen der tektonischen Lebendigkeit dieser Landschaft. Im Sommer kann das Thermometer bis gegen 60 °C klettern. Der Boden ist von Salzkrusten in allen Farben und von Salzstöcken in bizarren Formen bedeckt. Erwerbsquelle für die hier lebenden Stämme ist – soweit sie ihr Leben nicht als Nomaden fristen – die Ausbeutung der Salzvorkommen und ihr Transport an die Küste und nach Äthiopien.

Einem Fremdkörper gleich ragt aus den Tafeln des nordöstlichen Zentralafrika das Hochland von Abessinien (Äthiopien) auf. Die Landmasse von ungefähr kreisförmigem Umriss hat einen Durchmesser von 1600 km. Aus Urgestein gefügtes Grundgebirge ist von Sedimenten, diese wiederum von mächtigen vulkanischen Lava- und Tuffmassen überdeckt. Als höchster Punkt erreicht der Ras Daschan 4620 m. Brüche und cañonartig eingetiefte Täler gliedern das Hochland. Sein Klima gleicht dem der südamerikanischen Tropengebirge, d. h. es folgen sich Höhenregionen von beträchtlichen Unterschieden: Die feuchtheisse tropische Regenwaldzone, hier *Kolla* geheissen, reicht bis etwa 1700 m. Ihr schliesst sich bis 2500 m eine Region der Wälder und Savannen an, die *Woina Dega*. Hierauf folgt bis 2800 m eine warmgemässigte Weideregion, die *Dega,* darüber schliesslich die Hochgebirgszone mit kargen Bergweiden. Entsprechend diesen unterschiedlichen Höhen nehmen die Sommer-Mitteltemperaturen von innertropischen Werten in der Kolla bis etwa 20° in der Dega ab; in den höchsten Lagen fällt im Winter Schnee. Die Hauptregen fallen als Steigungsregen bei westlichen Winden im Sommer. Zu dieser Jahreszeit liefern die Flüsse Sobat, Blauer Nil und Atbara dem Nil 95% seiner Fruchtbarkeit bringenden Wassermenge.

Wichtigste Siedlungs- und Anbaugebiete sind die Woina Dega und die Dega. Von Einzelhöfen aus werden Felder mit Mais, Gerste, Gemüse und mit Baumwolle bestellt und Kaffeepflanzungen unterhalten. In den Marktzentren und in der Hauptstadt Addis Abeba (1,2 Millionen Einwohner) trifft der Besucher Vertreter verschiedenster, ursprünglich aus den tiefer gelegenen Nachbargebieten stammender Völker: Schwarze aus dem Süden, Hamiten vom unteren Nil, Semiten aus dem Osten, Nachkommen aber auch von Weissen, die schon zur Zeit, als die Römer Nordafrika besetzt hielten, den verschiedenen afrikanischen auch abendländische Kulturelemente beifügten. Nach der Eroberung Äthiopiens durch die Italiener im Jahre 1936 erfuhr der Strassenbau besondere Förderung, und die Öffnung nach der übrigen Welt und die entsprechende Weiterentwicklung des Landes werden seit 1941, als es wieder selbständig geworden war, fortgesetzt. Die wichtigste Handelsader ist die Eisenbahnlinie, welche Djibouti am Golf von Aden mit Addis Abeba verbindet.

Asien und Ozeanien

Asien ist zur Hauptsache ein Kontinent der nördlichen Hemisphäre; in die Tropen reichen lediglich seine südlichen und südöstlichen Ausläufer, nämlich je ein Teil von Arabien, Vorder- und Hinterindien. In ihrer ganzen Ausdehnung tropisch ist überdies die Malaiische Inselwelt samt den Philippinen.

In klimatischer Hinsicht kann der Grossteil Arabiens noch als östliche Fortsetzung der Sahara gelten, für die übrigen Teile Südasiens jedoch besteht ein wesentlicher Unterschied gegenüber andern Tropenlandschaften: Sie stehen unter dem Regime der *Monsune,* ausgeprägter, jahreszeitlich wechselnder Meer- und Landwinde. Im Winterhalbjahr weht der Wintermonsun aus dem asiatischen Innern meerwärts, also vom Festland in Richtung Süden und Südwesten; dieser Wintermonsun entspricht dem Nordostpassat. Im Sommer dagegen ist die Richtung entgegengesetzt; grosse, feuchtigkeitsschwangere Luftmassen streichen von Süden und Südwesten her landwärts und bringen an den Küsten und weit landeinwärts beträchtliche Niederschlagsmengen, besonders grosse natürlich dort, wo dieser Sommermonsun an Küstengebirgen zum Aufsteigen gezwungen wird, wie etwa an den West-Ghats Vorderindiens. Dieses Monsunregime macht sich auch – freilich mit geringeren jahreszeitlichen Niederschlagsdifferenzen – auf der Malaiischen Inselwelt geltend, wo beide Monsune Regen bringen, also doppelte Regenzeiten gelten und meist alle Monate feucht sind.

Tropische Wüsten gibt es, mit Ausnahme Arabiens, kaum. Die einzige Wüste – es handelt sich eher um eine Steppe – ist die vorderindische, nördlich des Wendekreises gelegene Thar. Regenwälder sind weit verbreitet. Sie hüllen u.a. die vorderindische Südwestküste ein, wo die teilweise über 4000 mm messenden Sommerregen so viel Feuchtigkeit liefern, dass der Wald hernach eine bis zu vier Monaten während Trockenzeit zu ertragen vermag. In allen tropisch heissen Niederungen Hinterindiens und der Inselwelt blieben breite Säume tropischer Regenwälder erhalten. Im bergigen Innern, wo die Niederschläge unter 1500 mm sinken, folgen laubabwerfende Monsunwälder, in noch höheren Lagen Bergwälder und Savannen.

Arabien

Gleich der Sahara reicht Arabien erheblich über den Wendekreis hinaus, doch ist die Wüstennatur derart ausgeprägt, dass der ganze Landblock mit Ausnahme des Mittelmeerraumes zu den äusseren Tropen gerechnet werden kann. Mit seinen 3,5 Millionen Quadratkilometern ist er nahezu so gross wie Europa. Der riesigen, in etwa 500–1000 m Höhe gelegenen Tafel sind am Roten Meer bis 3670 m hohe, am Golf von Oman im Osten bis 3352 m hohe Gebirge aufgesetzt. Wüsten und Steppen walten vor, sie dienen als Weidegründe für Schafe, Kamele und Rinder; lediglich an Grundwasserquellen entstandene Oasen bieten nomadisierenden Hirten die notwendigen Stützpunkte. Die Arabische Halbinsel war schon in frühgeschichtlicher Zeit Trägerin von Transitwegen (Weihrauch- und Seidenstrasse) und als solche Mittlerin zwischen griechischer, später römischer Kultur des Mittelmeerraumes sowie osmanischer, süd- und ostasiatischer Kultur, die natürlich den Menschen und seine Landschaft mitprägten. Im 6. und 7. Jahrhundert war das praktisch restlos von Arabern bewohnte Land durch Mohammed und seine Anhänger zur politischen und religiösen Einheit zusammengefügt worden, zerfiel dann aber unter dem Wirken türkischer und später europäischer Eroberer, bis im letzten Jahrhundert mächtige Scheichs das heutige Staatengefüge zu schaffen vermochten. Das grösste «Scheichtum», Saudiarabien, umfasst den Grossteil der Halbinsel; nur im Süden und Nordosten säumen kleinere Scheichtümer die Küsten des Arabischen Meeres (Jemen, Aden, Oman) und des Persischen Golfes (Kuwait, Bahrain, Katar). Kulturell bedeutendste Landschaft ist das zu Saudiarabien gehörende Hedschas am Roten Meer. Hier in der sterilen, im Bereich des Wendekreises gelegenen Bergzone befindet sich die Wiege des Islam, Mekka, die Geburtsstätte Mohammeds mit ihrem zentralen Heiligtum, der schwarz verhüllten Kaaba, und Medina mit dem Grab des Propheten und seinen vielen Moscheen. Alljährlich kommen Tausende von Pilgern, aber auch Handelsleute in diese Städte, und die Bauern bringen ihre Oasenprodukte, wie Obst, Südfrüchte, Getreide, Gemüse, auf deren Märkte. Im Innern des Nedschd (= Hochland) werden seit alters auch die edlen Araberpferde gezüchtet. Landwirtschaftlich am besten genutzt sind Teile von Jemen (6 Millionen Einwohner) im Süden, wo dank den reichlichen Monsunregen (jährlich etwa 1000 mm) fruchtbare Landschaften von tropischer Üppigkeit den Anbau von Getreide, Hirse, Gemüse, Datteln, Feigen usw. ermöglichen. Kaffee wird hier in bester Qualität in 1000–2000 m Höhe geerntet und zum Teil über den Hafen Mokka exportiert.

SGW
Südliche gemässigte Zone West
Südamerika

107 Statuen auf der Osterinsel. Die riesigen Steinköpfe aus schwarzem Tuff wurden von den Vorfahren der heutigen Eingeborenen geschaffen. Die zu Chile gehörende Osterinsel ist 165 km² gross und wird von 1200 Menschen bewohnt. Sie liegt im Pazifischen Ozean, 4000 km von der Küste von Chile entfernt.

108 Teilansicht von Valparaiso, der Hauptstadt der gleichnamigen Provinz in Chile. Die Stadt zählt 280000 Einwohner und liegt an einer halbkreisförmigen Bucht. Valparaiso ist der bedeutendste Handelshafen von Chile.

109 Der Gray-Gletscher in der chilenischen Provinz Magallanes (Feuerland) liegt auf 51° südlicher Breite und erstreckt sich vom Cerro Cervantes (2380 m) und vom Cerro Paine (2670 m) in den Canal Sarmiento. Das Bergland längs der Magellanstrasse ist in Inseln und Fjorde, zu denen der Canal Sarmiento zählt, aufgesplittert. Nur wenige Gletscher stossen bis zum Meeresspiegel vor und bilden schwimmende Eisberge; einer der bekanntesten ist der Gray-Gletscher.

110 Abendstimmung an der Magellanstrasse. Die 585 km lange Meeresstrasse zwischen dem Südende des südamerikanischen Festlandes und Feuerland wurde 1520 vom portugiesischen Seefahrer F. de Magalhães entdeckt.

111 *Eindrückliche Formen und Farben der Felsen (z.T. Lava) von Tres Cruces im wüstenhaften Gebirgsland der Provinz Jujuy in Nordwestargentinien.*

112/113

114/115

112 Kakteen in einem trockenen Steppenhochland der Anden. An den vegetationslosen Andenabhängen im Hintergrund hat die fluviale Erosion zahllose Erosionsfurchen geschaffen.

113 Charakteristische Seenlandschaft im Nahuel-Huapi-Nationalpark am Andenrand in der argentinischen Provinz Río Negro.

114 Der Aconcagua in den argentinischen Anden ist mit 6958 m der höchste Berg Amerikas. Der vergletscherte Gebirgsstock wird von den Einheimischen «El Volcán» genannt, ist aber kein Vulkan, sondern besteht aus einem mesozoischen Sockel, auf den eine 3000 m mächtige Decke aus Hornblendeandesit aufgeschoben wurde.

115 Ushuaia, der Hauptort der argentinischen Provinz Feuerland, zählt 3500 Einwohner und wurde 1868 als protestantische Missionsstation gegründet. Ushuaia galt früher als südlichste Stadt der Erde (heute: Puerto Williams, Chile).

SGZ
Südliche gemässigte Zone Zentral
Südafrika

116

117

116 Namib-Wüste im Gebiet der Spitzkoppe (Namibia), nordwestlich von Usakos. Hier gibt es eigenartige Felsformen, die durch Verwitterung und Winderosion entstanden sind. Im Vordergrund eine Aloe.

117 Giant Castle (3323 m ü.M.), ein horizontal geschichtetes Gebirge, liegt an der Westgrenze Natals gegen Lesotho. Es hat dem Giant Castle Game Reserve 120 km westlich von Pietermaritzburg den Namen gegeben.

118 Weinbau im südlichen Kapland (Südafrika). Das breite Tal des Heks River mit seinen ausgezeichneten Böden und seinem guten Regen gehört zu den wichtigsten Anbaugebieten für Wein und Tafelfrüchte.

119

120

119 Die südafrikanische Stadt Kapstadt hat eine besonders schöne Lage an der Küste der Tafelbucht des Atlantischen Ozeans und am Fuss des Tafelberges. Kapstadt wurde 1652 von den Niederländern gegründet und ist heute wichtige Hafen-, Industrie- und Handelsstadt. Von den 1 097 000 Einwohnern der Agglomeration sind 300 000 Weisse.

120 Van-Riebeeck-Park in George (Südafrika). Das südwestliche Kapland bei George mit seinen Sommerregen, den tiefgrünen Wiesen, der Blumenpracht und den windgeschützten Outenqua-Bergen hat am meisten Ähnlichkeit mit den europäischen Mittelmeerländern. Typisch für die südafrikanische Landschaft sind die zahlreichen Proteenarten.

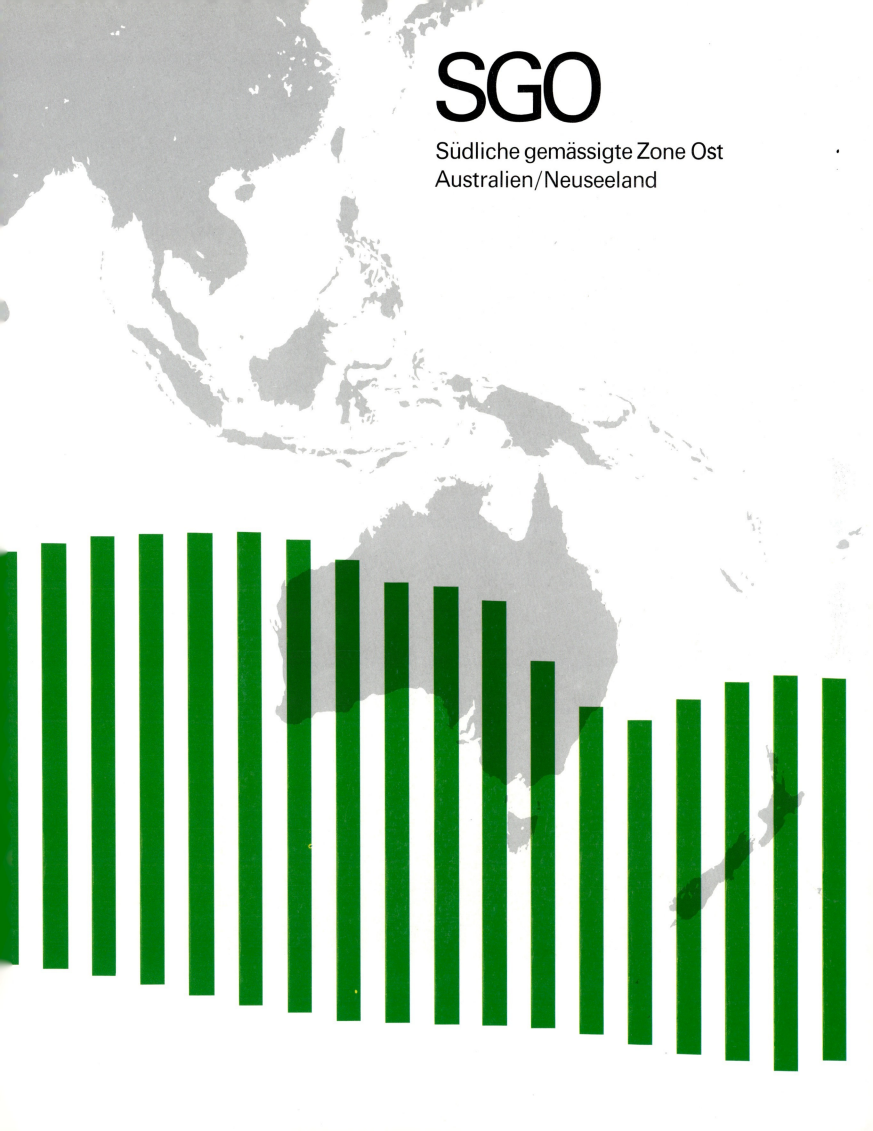

SGO
Südliche gemässigte Zone Ost
Australien/Neuseeland

121 Der Mount Olga in Zentralaustralien steigt 500 m aus der wüstenhaften Ebene bis zu einer Höhe von 1000 m ü. M. empor. Er besteht aus rotem Sandstein, der vor allem durch die grossen Temperaturschwankungen (Schalenabwitterung) zu riesigen Wollsackformen gestaltet worden ist. In der Morgen- und Abendsonne leuchten die Felsen in zauberhaftem intensivem Rot.

122

123

122 Die Schaffarm Augathella liegt einsam in der immensen flachen Wüstensteppe von Queensland (Australien). Sie besitzt heute eine Rollpiste sowie Sende- und Empfangsgeräte für die Verbindung mit den weit entfernten Städten.

123 Im Norden von Queensland (Australien) breiten sich im küstennahen Gebiet riesige Zuckerrohrplantagen aus.

124 Die Macdonnel Ranges erstrecken sich über 300 km in ostwestlicher Richtung durch das wüstenhafte Zentralaustralien und erreichen Höhen bis zu 1500 m ü. M. Die steilen, vegetationslosen, aus gefalteten Sandsteinen und Quarziten bestehenden Abhänge sind von Schluchten und Durchbrüchen zerfurcht.

125

126

125 Agrarlandschaft in Neusüdwales (Australien), deren gemässigtes Klima Südafrika entspricht. Die Gegend empfängt 1000 bis 2000 mm Niederschläge pro Jahr und erfreut sich ausgeglichener Temperaturen zwischen 10 und 20° C unter dem Einfluss des Pazifik. Angebaut werden Weizen, Hirse, Tabak und Zitrusfrüchte; im Vordergrund Eukalyptus- und Akazienbäume.

126 Melbourne, die Hauptstadt des australischen Bundesstaates Victoria, zählt 2,6 Millionen Einwohner und liegt an der Südküste an der Bucht von Port Phillip. Im älteren Stadtteil stehen noch zahlreiche neugotische Gebäude.

127 Typische Urwaldlandschaft östlich von Port Darwin in Arnhemland im australischen Nordterritorium. Der hauptsächlich aus Eukalyptusbäumen bestehende Urwald wird zur Regenzeit von Überschwemmungen heimgesucht.

128

129

128 Agrarlandschaft mit Obstplantagen in Tasmanien. Die zu Australien gehörende Insel liegt 200 km südlich des Kontinents und besitzt ein gemässigtes, relativ regenreiches Klima, das sich für Getreide-, Obstanbau und Viehzucht eignet.

129 Schafweide im Canterbury-Distrikt auf der neuseeländischen Südinsel. Infolge der Lage in der südlich-gemässigten Zone und der Höhenlage gibt es hier ausgesprochen alpine Landschaften mit Gletschern, Schneebergen und Gebirgsweiden.

130 Weideland auf der stark gebuchteten, hügeligen Coromandel-Halbinsel im Nordosten der Nordinsel Neuseelands.

131 Die Moeraki Boulders südlich von Oamaru auf der Südinsel Neuseelands sind kugelrunde Erosionsformen. Sie wurden von den Klippen abgelöst und über die Strandplatte verstreut.

132 Der Schmelzwasserstrom, der von der Gletscherzunge des Hookergletschers herunterfliesst (Südinsel Neuseelands).

TW
Tropische Zone West
Amerika

133 El Salvador: Vulkan Salvador; Blick ins Innere des Kraters. In der schmalen Landzunge zwischen Nord- und Südamerika sind einer zusammenhängenden Zone vulkanischer Aufschüttungen zahlreiche tätige und erloschene Vulkane aufgesetzt. Zu ihnen gehört auch der Salvador. Dem Kraterboden ist ein frischer Aschenkegel eingefügt; an der inneren Kraterflanke zeichnen sich ältere Lavaschichten ab, auf denen Pionierpflanzen spriessen.

134 Guatemala: Atitlán (3524 m). Der wohlgeformte Vulkankegel ragt über den Atitlán-See empor. Den Vordergrund nimmt das Mündungsgebiet eines in zahlreiche Arme aufgefächerten Flusses ein. Auf den Kies- und Schlammbänken versucht sich — immer wieder durch tropische Regenfluten gehemmt — die Vegetation festzusetzen. Auf den am wenigsten gefährdeten Böden dieser jungen Areale haben die Bauern erste Wiesen und Felder angelegt.

135 Haiti. Die einst von dichten Regenwäldern bewachsenen Hänge dieser mittelamerikanischen Insel wurden von französischen Kolonisten gerodet, welche Kaffee-, Tee- und andere Plantagen gründeten. Die Wege und zum Teil auch die Pflanzenreihen sind parallel zum Hang angelegt, der auf diese Weise am ehesten der Erosion widersteht. In den verstreuten Gebäuden leben vorwiegend schwarze Landarbeiter.

136 Mexiko: San Miguel Allende. Ein charakteristischer spanischer Kolonialort! An der steilen Strasse reihen sich die einfachen kubischen Wohnhäuser aneinander. Sie sind aus Backstein errichtet, mit Kalk verputzt und mit Flachdächern bedeckt; die kleineren bergen nur einen einzigen Raum. Vor seinem Haus bietet ein mit Sonnentüchern beschatteter Händler Landesprodukte feil, darunter Südfrüchte und Zuckerrohr. Landleute zu Pferd, mit Trageseln und mit einem alten Lastauto, schwatzende Frauen und spielende Kinder gehören zum Strassenbild. Hinter diesen Szenen steht ein aus dem 18. Jahrhundert stammender gräflicher Palast, und das Ganze wird überragt von der machtvollen, barocken Kirche San Francisco. Ihre Fassade im Stil des «Churrigueresco» stammt aus dem 17. Jahrhundert.

137

138

137 Kolumbien: Hochland bei Bogotá. Die zwischen den Kordilleren sich ausbreitende Hochebene (Altiplano) liegt hier in 2600 m, ist also tierra fría, kaltes Land. Von Natur aus eher trockene Savanne, eignet sich das Gelände für mässigen Ackerbau und als Grossviehweide. Einzelne Ackerlandblöcke sind mit Stein- oder Holzpfostenzäunen gegen die Weide abgeschirmt. Auch die waldlosen Hänge im Hintergrund dienen als Grossviehweide; sie leiten höhenwärts in die feuchteren Páramos über, die in dieser Gegend vorwiegend von Schafen beweidet werden.

138 Venezuela: Hauptstadt Caracas. Von den Spaniern in einem auf 900 m Höhe gelegenen Hochbecken im 16. Jahrhundert gegründet, wurde die Siedlung zum administrativen, kulturellen und – obwohl von den devisenbringenden Erdölfeldern weit abgelegen – auch zum wirtschaftlichen Zentrum des jungen Landes. Caracas ist Sitz eines Erzbischofs, von Schulen aller Arten und Stufen und von zahlreichen modernen Industriebetrieben. Die Entwicklung verlief in jüngster Zeit infolge anhaltender Konjunktur besonders hektisch. Hochhäuser sowie die gutausgebauten Verkehrsverbindungen zur Hafenstadt La Guaira zeugen von der neuzeitlichen Entfaltung.

139 St. Lucia (Kleine Antillen): Soufrière-Bucht. Den Ostrand des Karibischen Meeres bildet der bogenförmige Inselzug der Kleinen Antillen. Sie sind vulkanischer Natur; Vulkane, die ihre Umgebung immer wieder gefährden — man denke an Martinique (Ausbruch des Mt. Pelée 1902) und an Guadeloupe (Ausbruch der Grande Soufrière 1976) —, aber auch unter dem tropischen Regenwaldklima besonders fruchtbare vulkanische Böden bestimmen Relief und Pflanzenwelt. Im Bilde erheben sich steil über dem Meer und über dem Städtchen Soufrière die vulkanischen Kegel des Petit Piton (756 m) und dahinter des Gros Piton (795 m). Das Städtchen selbst ist von Kokospalmen umsäumt, die zum Regenwald der Hänge überleiten.

140 Ecuador: Cotopaxi (5896 m). Der ebenmässig geformte Kegel steigt auf der Westseite der Ostkordillere auf nahezu 6000 m auf. Er ist wahrscheinlich der höchste fast ständig aktive Vulkan der Erde. Aber obwohl fast unter dem Äquator (0,5° südlicher Breite) gelegen, trägt er eine Firn- und Schneekappe, die sich vom Kraterrand aus etwa 1000 m weit abwärts erstreckt, ein Zeugnis für die starken Niederschläge und für den hohen Bewölkungsgrad der innertropischen Gebirge. Im Vordergrund ein Ausschnitt aus der in 2500 bis 3000 m Höhe sich ausbreitenden innerandinen Hochebene. Es handelt sich um Busch- und Grasland, das hier als Schafweide dient.

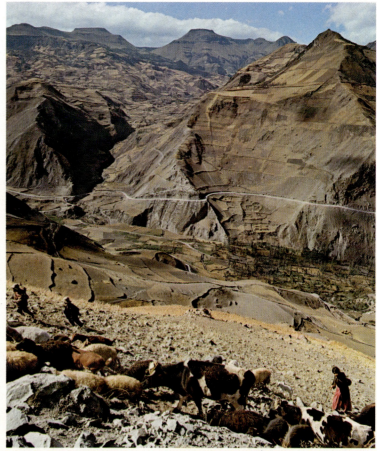

141/142

143

141 *Peru: Cuzco. Die einstige Hauptstadt des Inkareiches liegt am Ostrand des Altiplano in 3400 m und am Oberlauf des Rio Urubamba (Amazonasgebiet). Zu den Resten alter Befestigungen, Tempel und Paläste gesellten sich die Bauten der spanischen Kolonialzeit und der Neuzeit, ist doch die Stadt nach wie vor ein bedeutendes Wirtschafts- und Kulturzentrum. Bahn und Strasse verbinden Cuzco mit Puno am Titicacasee und mit dem Hafen Mollendo an der pazifischen Küste.*

142 *Ecuador: Im auf 2500 bis 3500 m gelegenen Hochland pflegen Indianer ihre dürftigen Getreidefelder. Dem Berghang folgt ein Abschnitt der «Panamericana», der Strasse, die von Norden nach Süden ganz Amerika durchzieht.*

143 *Peru: Ruinen von Chanchán. Das in der Nähe von Trujillo im Norden Perus gelegene Chanchán soll die grösste Stadt des vorgeschichtlichen Amerika gewesen sein. Sie war Residenz der Chimú-Fürsten. Eigenartig und typisch sind die «Webemuster-Ornamente», welche die Steinmauern zieren.*

144 Bolivien: La Paz. Die Hauptstadt Boliviens ist mit ihren 700000 Einwohnern die höchstgelegene Stadt dieser Grössenordnung, befindet sich doch ihr Zentrum in 3690 m, in einer Senke unterhalb des hier 4000 m hohen Altiplano. Sie wurde 1548 gegründet und zeichnet sich durch im spanischen Kolonialstil erbaute Kirchen, Paläste und breit angelegte, steile Strassenzüge aus. Ihre wirtschaftliche Geltung stützt sich vor allem auf die Bodenschätze; La Paz gehört zu einer Bergwerkszone, die sich längs der Cordillera Real von der Nordgrenze Boliviens, parallel zum Titicaca- und zum Poopó-See 800 km weit südwärts bis Tarija erstreckt und in der seit alters her Zinn, Silber, Kupfer, Blei und weitere Erze abgebaut werden. Über dem Hochland im Hintergrund türmen sich die über 6000 m hohen Gebirge der Kordillere auf.

145/146

147/148

145 *Brasilien: São Paulo.* Diese wichtigste Industrie- und Handelsstadt Brasiliens liegt in einem flachen Becken des Hochlandes, in 800 m. Hier verzweigten sich die frühesten, von der Küste heraufführenden Wege ins Landesinnere.

146 *Brasilien: Iguaçu-Fälle.* Der Fluss Iguaçu bildet auf etwa 80 km Länge die Grenze zwischen Brasilien und Argentinien. Unweit seiner Mündung, mitten in dichtestem Urwald, fällt der Fluss vom Hochland aus über mehrere Stufen in die Niederung des Rio Paraná. Die weithin donnernden, grossartigen Wasserfälle sind ein begehrtes Ziel vieler Südamerika-Besucher.

147 *Brasilien: Eisenerzgruben bei Belo Horizonte.* Der Name des Gliedstaates Minas Gerais weist auf seine Erzgruben hin. Heute sind es namentlich die hochwertigen Eisen- und Manganerze, welche im Tagebau gewonnen werden.

148 *Brasilien: Rio de Janeiro.* Das immer wieder eindrücklich schöne Bild des Stadtteils Botafogo. Vom Atlantischen Ozean (rechts) her leitet eine Meerenge – flankiert vom 390 m hohen Zuckerhut auf der einen, einer Halbinsel auf der andern Seite – in die Guanabara-Bucht, an deren gut geschütztem Westufer eine der frühesten portugiesischen Niederlassungen heranwuchs.

149 Kapverdische Inseln. Die in der Zone des Nordostpassates gelegene Inselgruppe hat gleichmässig hohe Temperaturen (Mittel 24,5° C) und mässige Regen (300 mm), bietet also der Urproduktion nur dürftige Grundlagen. Immerhin kann da und dort Grundwasser genutzt werden. Ihm verdanken die Einheimischen üppigste Vegetation; Kokos- und Dattelpalmen sowie Mais, Zuckerrohr und Südfrüchte gedeihen, und trotzdem bleibt genügend Wasser für die Viehtränke.

150 Niger (Tarka-Tenere): Sanddünen und Felssäulen. Schwarzer Tuffstein wird durch Wanderdünen zugedeckt und konserviert, später wieder blossgelegt und durch Windkorrosion zu bizarren Säulen geformt.

151 Algerische Sahara: bei El Oued (Souf). Ob in der Wüste Menschen wohnen und Pflanzungen anlegen können, hängt vom Kampf ums Wasser ab. Sofern es sich heranleiten oder aus dem Untergrund schöpfen lässt, kann eine Oase errichtet werden. Dies gilt auch für die Landschaft Souf. In der scheinbar sterilen, oberflächlich wasserlosen Wüste gibt es Grundwasser, und Dattelpalmen können mit ihrem tiefgreifenden Wurzelwerk das kostbare Nass erreichen. Doch bleibt der Kampf gegen Flugsand und Wanderdünen. Ringförmige Schutzwälle aus Palmwedeln und Sand schirmen die Bäume ab. In den bis 50 m eingetieften Geländeschüsseln können bis zu 300 Dattelpalmen gedeihen.

152 Niger: Sahelzone zwischen Tahoua und Abalak. In der in 15° nördlicher Breite sich ausbreitenden Sahelzone fallen im Nordsommer zeitweise beträchtliche Niederschläge. Es handelt sich um die Regenzeit der nördlichen äusseren Tropen. Die üblicherweise trockenen Wadis werden dann zu temporären Strömen, ihre flache Umgebung zu stehenden Gewässern, in denen die dürftige Pflanzenwelt einesteils gefährdet wird, andrerseits aber wieder Feuchtigkeit für die kommenden Trockenmonate aufzuspeichern vermag. Auf ihren Kamelen reitende, in Tücher gehüllte nomadisierende Tuareg mit den charakteristischen Kopfbedeckungen streben ihrem Weidegebiet zu.

153 Tschad: Grand Trou du Natron im Tibesti. Das Tibestigebirge besteht aus einem kristallinen Sockel, über dem sich Massen jungvulkanischen Materials aufgehäuft haben. Im Bild eine weite Caldera (Einsturz- oder Explosionskrater), auf deren Boden sich frische Vulkankegel erheben. Neben ihnen liegen ausgeblühte Natronsalze. Sie werden von den eingeborenen Tibbu abgebaut, mit Trageseln abtransportiert und verkauft.

154 Saudiarabien: bei Riad; Pferdemarkt. Ein Vorort der Hauptstadt Riad, dem hochaufgetürmte Dünen einigen Schutz vor den Wüstenwinden gewähren. Obwohl in unserer Zeit das Erdöl der weitaus wichtigste Devisenbringer dieses wirtschaftlich mächtig gewordenen Landes ist, werden wie seit alters her noch edle Araberpferde gezüchtet und — wie auf dem Bild — gehandelt.

155 Saudiarabien: Zementfabrik. Die arabische Wüstentafel macht gegenwärtig dank den hohen Einnahmen aus dem Erdölexport einen raschen wirtschaftlichen Aufschwung durch.

156 Äthiopien: Hochland bei Addis Abeba. Wir sehen im Bild einige Einzelhöfe und aus Rundhütten zusammengesetzte Weiler. Vieh weidet zwischen grossen, grünen und gelben Ackerblöcken.

157

158

157 Nigeria: Weiler in der Region Oyo. Im mittleren Nigeria berühren sich Gebiete der von Sudannegern betriebenen, mit Hackbau verbundenen Viehwirtschaft und der Plantagenwirtschaft. Die Bauernhäuser sind aus lufttrockneten Lehmziegeln (Adobe) errichtet und mit Blattwerk gedeckt. Einige Palmen spenden Schatten, Frauen tragen ihre Lasten auf dem Kopf. Der Berghang im Hintergrund ist teils nackter Fels, teils von Steppengras bewachsen.

158 Kamerun: Kirdi-Kral in den Mandarabergen. Die Kirdi sind ein von ihren Nachbarn aus fruchtbaren Niederungen in die Berge abgedrängtes Volk. Ihre kleinen, aus Lehm errichteten und mit Stroh pilzartig gedeckten Rundhütten sind zu einer geschlossenen Gehöftburg (Sarés) geschart. Sie ist von einer Bruchsteinmauer umrahmt und auf diese Weise geschützt. Ihre Umgebung mit dem nackten Felsboden, dem schütteren Gras und den wenigen Einzelbäumen bietet den ärmlichen Bauern eine nur sehr schmale wirtschaftliche Basis.

159 Zaire/Uganda: Ruwenzori. Am Steilrand des Ostafrikanischen Grabens steht der altkristalline Bergriese Ruwenzori (5119 m). Die nahezu unter dem Äquator (1° nördlicher Breite) gelegenen Gipfelpartien des Massivs sind stark vergletschert.

160 Kenia: Amboseli. Der an der Grenze gegen den Nachbarstaat Tansania gelegene Amboseli-Park ist eines der vielbesuchten Naturschutzgebiete Kenias. Mit seinen Grasfluren, Büschen und Baumgruppen ist er Lebensraum einer herrlichen Wildtierwelt. Über diesem in etwa 1600 m gelegenen Hochland erhebt sich im Hintergrund der Kilimandscharo (5895 m), der höchste Berg des afrikanischen Kontinents. An seiner Flanke folgen sich höhenwärts fruchtbare, von Plantagen besetzte Halden, in 1800 bis 3000 m immergrüne Feuchtwälder, darüber Hochweiden mit Krummholz, Gebirgswüsten und schliesslich nackter Fels und die Firnkappe.

161 Zimbabwe-Rhodesien: Victoriafälle. Zwischen der Lundaschwelle und der Kalahari breitet sich ein riesiges Tafelland aus. Die Flüsse durchbrechen die lokal durch Basalte verhärteten Randstufen in Schluchten mit Wasserfällen. Unweit der jungen Stadt Livingstone stürzt sich der hier 1800 m breite Sambesi über die berühmten Victoriafälle. Die Wasser schiessen zwischen waldigen Inseln tosend um 110 m in eine nur 40 bis 100 m breite Schlucht.

162 Namibia: Namib Desert Park. Ausgedehnte Teile Namibias (Südwestafrikas) sind Wüste, Steppe oder Grasland. Wie in Ostafrika wurden auch hier Reservate zum Schutze der gefährdeten Pflanzen- und Tierwelt geschaffen.

TO
Tropische Zone Ost
Asien/Ozeanien

163/164

165/166

163 Indien: Golconda-Fort bei Haiderabad. Wie vor allem im Norden des Landes, so residierten auch im zentralen Dekkan zeitweise islamische Fürsten. Verschiedene Bauten dieser Religionsgemeinschaft – im Bilde erkennbar an den Kuppeln – sind erhalten geblieben. Im Vordergrund die zerfallenden Reste eines Forts mit Gräbern der Golconda-Könige (Qutub-Shani-Gräber), davor eine Reihe von Besuchern in ihrer farbenfrohen Landestracht.

164 Indien: bei Agra. Der Bauer fördert mit seinem Ochsenpaar und mit Seilzug einen Ziegenledersack voll Grundwasser zur Irrigation seiner Felder. Männer und Frauen waschen sich am Brunnenrand und reinigen ihre Wäsche.

165 Indien: Bombay. Diese Stadt wurde dank ihrer Grossraumlage und ihrer natürlichen Hafenbucht, dank aber auch ihres fruchtbaren und relativ leicht erreichbaren Hinterlandes zum wichtigsten Tor Indiens. Sie wächst rasch; ständig werden – teils anstelle älterer Basarzeilen – neue Hochhäuser für Wohn- und Geschäftszwecke erstellt. Am Stadtrand aber herrscht bittere Armut...

166 Kaschmir. In einem der fruchtbaren Täler hat der Bauer sein Reisfeld angelegt und bereitet es mit dem von einem Ochsenpaar gezogenen Pflug für eine neue Pflanzung vor. Im Hintergrund die Gebirgszüge des Himalaya.

167 Indien: Wasserweg bei Alleppy. Die Malabarküste im Südwesten des Subkontinents ist flaches Schwemmland. Vorgelagerte Strandwälle schirmen Lagunen mit Sumpfrändern und langgezogene Strandseen mit brackigem Wasser, die sogenannten Backwaters, ab. Diese ermöglichen durchgehende und von den Stürmen der offenen See geschützte Kleinschiffahrt parallel zur Küste von Ponnani über Alleppy bis Trivandrum, das heisst über eine Distanz von mehr als 200 km. Überragt von den hier in dichten Beständen wachsenden Kokospalmen, bewegen die Einheimischen ihre kleinen, schmalen Boote mit Rudern, Paddeln oder Staken vorwärts zum Markt.

168 Burma: Aussicht vom Mandalay-Berg. Mandalay liegt in einer vom mittleren Irawadi durchflossenen, fruchtbaren und überwiegend mit Reis angebauten Ebene. Die Stadt ist ein Mittelpunkt des burmesischen Buddhismus und war von 1857 bis zur britischen Besetzung im Jahre 1885 Hauptstadt des Königreichs Burma. In dieser Zeit entstanden besonders schöne Bauten: der golden bemalte, weiss leuchtende und reichverzierte Palast des Königs mit seinen vielen Nebengebäuden, ausserdem Türme, Klöster, Pagoden, farbige Häuser. Im Zweiten Weltkrieg wurde Mandalay Ausgangspunkt der strategisch bedeutsamen Burmastrasse, welche nach dem 2500 km entfernten Jünnan in Südchina leitete. – Der Blick schweift vom Mandalay-Berg zu einer der Pagoden im Nordosten des Königspalastes.

169 Laos: Mekong bei Luang Prabang. Noch vor seinem Austritt aus dem Bergland in die Tiefebenen von Thailand strömt der Mekong zwischen steilen, von einem dichten Monsunwald verhüllten Berghängen südwärts. Die stark schwankende Wasser- und Geschiebeführung des Stromes zeichnet sich in zahlreichen Untiefen ab. Immerhin ist er vom Meer her bis in diese Region schiffbar, ein Umstand, der für das Binnenland von grosser Bedeutung ist.

170 Sri Lanka: Teeplantage. Im Bergland von Ceylon, hier bei Nuwara Eliya (1900 m), wurde der einstige Urwald vollständig vernichtet und von kolonisierenden Engländern durch rund 2500 Teeplantagen ersetzt – eine Monokultur, der das Land heute den Grossteil seiner Deviseneinnahmen verdankt. Die Teesträucher überziehen die Hänge in langen, homogenen Reihen. Pflückerinnen bringen die grünen Blätter in die Faktorei, wo sie, bereits angewelkt, in Trocknungsapparaturen gelangen, in denen rasch ein Fermentierungsprozess einsetzt. Hier werden sie auch maschinell gerollt, gereinigt und sortiert und schliesslich in mit Stanniol ausgekleidete Kisten verpackt. Der ganze Arbeitsgang vom Pflücken bis zur fertigen Verpackung läuft während 24 Stunden ab. Als Arbeitskräfte sind neben singhalesischen Vorarbeitern namentlich Tamilen eingesetzt, Nachkommen drawidischer, aus Südindien eingewanderter Volksgruppen hinduistischer Religion. Zum Landschaftsbild gehören ausser der Faktorei die Bungalows der Manager und ihrer Assistenten sowie die einfachen Behausungen der Arbeiter.

171 Thailand: Brandrodung bei Chalerm Larp. Ein in tropischen Wäldern immer wieder anzutreffendes Bild! Auch in der Hügelzone von Südost-Thailand dringen Pioniere in die Wälder vor, schlagen das dichte Gehölz nieder, lassen es austrocknen und zünden dann das dürre Gestrüpp an. Tagelang brennt es nieder – ein Raubbau an Pflanzen und Kleintierwelt! Im Vordergrund, auf dem für die neuen Felder nicht benötigten Areal, fand bereits eine Aufforstung mit Bombax-Bäumen statt, denn diese wachsen schnell, und ihr weiches Holz eignet sich zur Herstellung von Spanplatten.

172 Thailand: Bauerngehöft im Hinterland von Trat. Das Bild könnte die dem Obenstehenden folgende Etappe darstellen. Nach dem Brand sind niedrige bis hüfthohe Baumstrünke, dazu einige Einzelbäume und im Hintergrund der angesengte Primärwald übriggeblieben. Ein aus den übervölkerten Niederungen des Landes in diese einstige Wildnis gezogener Siedler hat in der Brandrodung bereits seine ersten Bananen gepflanzt sowie sein einfaches Haus erstellt. Der nach den Seiten offene, luftige Boden ist erhöht und über eine kurze Treppe zu erreichen.

173 Malaysia: Gummipflanzung bei Johore Bahru. Plantagenkautschuk ist neben Zinn das wichtigste Exportgut des Landes. Die Pflanzungen sind an Halden angelegt, und zwar stehen die Gummibäume in hangparallelen Reihen; dadurch wird das Abspülen des durch Starkregen gefährdeten Erdreichs verhindert.

174 Bali: Besakih. Der Ort liegt im Nordosten der Insel an der Flanke des Gunung Agung, eines aktiven Vulkans. Vorn der Zugang zum Haupttempel der hinduistischen Balinesen.

175 Celebes: Bergland bei Bamba Puang. Weil die Steilhänge dieses tertiären Gebirgslandes durch Brandrodungen entblösst sind, konnten die Wasserfluten der Regenzeiten um so leichter tiefe Schluchten und Runsen graben.

176 Borneo: Tiefland. Teile des weiten, flachen, periodisch überschwemmten Geländes sind von Regenwäldern verhüllt. Meeresarme und in Teilstränge sich auflösende Flüsse sind ineinander verzahnt.

177 Philippinen: Mount Mayon; bei Cagsawa auf Süd-Luzon. «Mayon» ist in der Sprache der Eingeborenen von «schön» abgeleitet, denn sie betrachten diesen 2421 m hohen, aktiven Vulkan als vollkommensten Bergkegel ihres Landes. Am Fusse des hauptsächlich aus Aschenlagen aufgeschichteten und durch Runsen zerfurchten Vulkans dampfen Geysire und fliessen Thermalquellen; überdies läuft ein kleines geothermisches Kraftwerk.

178 *Sumatra: Reisernte im Hochland von Padang.* In dem nördlich Padang gelegenen Hochland leben die Minankabauer, reine Malaien streng islamischer Religionszugehörigkeit. Die intelligenten Leute wohnen in Grossfamilien, in Häusern aus kunstvoll geschnitztem Holzwerk, und halten Büffel, Rinder und Kleintiere. Am wichtigsten sind ihre Reispflanzungen, die mit besonderen, schweren Pflügen und Eggen bearbeitet und mittels grosser Schöpfräder bewässert werden. Im Hintergrund links sind Felder für die Neupflanzung von Reis unter Wasser gesetzt. Bei der Reisernte beteiligen sich ausser dem Besitzer der Parzelle auch ärmere, zum Teil landlose Dorfgenossen. Sie erhalten aufgrund eines alten und stets hochgehaltenen Gewohnheitsrechts ein Zehntel der von ihnen geernteten Körner. Die so gemeinsam tätigen Männer und Frauen mit ihren typischen Kopfbedeckungen bieten dem Besucher ein lebhaftes und buntes Bild.

179/180

181

179 Insel Tutuila (Ost-Samoa). Bucht von Pago Pago. Die stellenweise von Riffen umsäumte Insel ist vulkanischen Ursprungs. Ihr zentraler Bergrücken wird von der Pago Pago Bay, einer Caldera, durchbrochen. Diese ist durch eine schmale, tiefe Bresche für Schiffe aller Grössen zugänglich und der bestgeschützte Naturhafen des Süd-Pazifik. Die Bucht ist seit dem Jahre 1900 amerikanischer Flottenstützpunkt, zugleich Hafen für 200 aus Japan, Korea und Taiwan stammende Hochsee-Fischerboote. Der Bergklotz im Hintergrund ist der Mount Rainmaker (mehr als 5000 mm Niederschlag!), im Vordergrund die Gebäude eines Hotels.

180 Insel Moorea (Französisch-Polynesien): Blick auf die Cooks Bay, auch Bay von Pao Pao genannt. Moorea ist wie Tutuila (Nr. 179) von einem Wallriff umgürtet. Ein «passe» ermöglicht den Schiffen die Einfahrt in die Bucht. Die schroffe Bergspitze im Hintergrund, der Dent de Requin (Haifischzahn), ist etwa 900 m hoch. Die Farben des Meeres zeigen an: Dunkelblau = tiefes Wasser; Weiss = Brecher am Riff; Hellblau = untiefe Korallenplatte zwischen Riff und vulkanischem Kern.

181 Fidschi-Inseln: Tropenwald mit dem charakteristischen Gewirr von eng ineinander verschachtelten Pflanzen verschiedenster Art und unterschiedlicher Höhe.

In unserer Zeit entfaltet sich in Arabien, vor allem im Bereich des Persischen Golfs, infolge der Erschliessung ergiebiger Erdölfelder ein bisher kaum für möglich gehaltener Reichtum. Saudiarabien, Katar, Kuwait, Bahrain entwickeln sich zu neuen Zentren des Kapitals, mit Geldern, die nicht nur zur Bereicherung der Fürstenhäuser, sondern auch zur Entwicklung der bisher armen Bevölkerung eingesetzt werden. Die überlieferte patriarchalische Ordnung wandelt sich, neue Städte, neue Industrien, allerlei Luxuseinrichtungen sowie die Niederlassung fremder Finanzgesellschaften belegen den raschen Umbruch alter Strukturen, und natürlich ändert sich gleichzeitig das Gesicht der Landschaften.

Vorderindien

Der Vorderindische Subkontinent reicht vom Pamir-Hochland (37° nördlicher Breite) südwärts bis zum Cap Comorin (8° nördlicher Breite) und auf Ceylon bis 6° nördlicher Breite, wobei Himalayakette, Indus-Ganges-Tiefland und Hochland des Dekkan aufeinander folgen. Wohl durchquert der Wendekreis den nördlichsten Dekkan, in klimatischer Hinsicht aber kann ganz Vorderindien als monsun-tropisch bezeichnet werden. Von der Indischen Union mit überwiegend indoarischer Bevölkerung hinduistischer Religion sind die beiden islamischen Staaten Pakistan und Bangladesh abgetrennt, und isoliert im Süden befindet sich der Inselstaat Sri Lanka (Ceylon), dessen Bewohner überwiegend Buddhisten, zum Teil auch Hindus sind.

Die Naturlandschaft mit ihren einstigen Monsun-Regenwäldern der Küstengebiete und mit den Feucht- und Trockensavannen der Tiefebenen und des Dekkan ist weitgehend umgestaltet. Dies kann in Anbetracht der dichten Besiedlung – in Vorderindien leben 600 Millionen Menschen, 150 auf den Quadratkilometer – nicht verwundern. Die ehemals reiche einheimische Tierwelt ist dezimiert; als Beispiele seien Affen, Hirsche, Wasserbüffel, Panzernashorn, der Indische Elefant und Raubkatzen wie Tiger und Leopard genannt. Axishirsche scharen sich gelegentlich noch zu Hunderten an Wasserstellen abgelegener Waldlichtungen, und gleich andern Tieren wechseln sie ihren Standort mit dem Vordringen und dem Rückzug der Monsunregen. Erbarmungsloser Verfolgung war der Tiger ausgesetzt; 1931 soll es noch etwa 40000 Exemplare dieser herrlichen Grosskatze gegeben haben; heute mögen ihrer 2000 verblieben sein. Von den vielen Affenarten vermochte sich der Rhesusaffe als Kulturfolger derart zu vermehren, dass er in nordindischen Dörfern zur Plage wurde. Jetzt werden Rhesusaffen in grosser Zahl eingefangen und als Versuchstiere für die pharmazeutische Industrie exportiert.

Von stolzer Vergangenheit zeugen die teils in Ruinen liegenden Bauwerke früherer Jahrhunderte: die Reste mehrerer Vorläufer der heutigen Hauptstadt Delhi; Moscheen, wie die «Grosse Moschee» in Alt-Delhi, und Mausoleen, wie der berühmte Taj Mahal bei Agra; ummauerte Festungswerke, wie diejenigen von Delhi und Agra; die Felsentempel von Elephanta bei Bombay und von Ellora und Ajanta auf dem Dekkan. Unzählige Hindutempel liegen verstreut über dem grossen Land; sie sind in den Städten versteckt, schmiegen sich an die Ufer der Flüsse – namentlich des Ganges –, stehen als kleine, eigenwillige Bauten in den Feldern des Dekkan, zeichnen sich in Südindien durch den Tempelbezirk umrahmende Mauern mit hochragenden Eingangstürmen *(Gopuram)* aus oder krönen Inselberge als weithin sichtbare landschaftliche Dominanten. Im nahen Sri Lanka sind Tempelreste mit Kegeltürmen *(Dagoba)*, z. B. in Anuradhapura, Zeugen früher buddhistisch-singhalesischer Kulturen. Die wichtigsten Strukturelemente der indischen Agrarlandschaft sind zweifellos die Bewässerungsanlagen; hier liegen notwendigerweise in der sonst eher spärlich bewachsenen, ja streckenweise steppenartigen Landschaft die vielen fruchtbaren Felder, welche dem Bauern die Hauptnahrung, den Reis, ausserdem die Gemüse und Gewürze liefern, wogegen die ausgedehnten Getreide- und Baumwollareale an die restlichen guten Böden gebunden sind. Die Indische Union verfügt über die grössten Irrigationsareale der Erde, und zwar sind die folgenden Methoden üblich: Kanäle, Brunnen und Stauteiche. Gebiete verbreiteter Kanalbewässerung sind die nordindischen Ebenen, wo die aus den verschiedenen Ketten des Himalaya tretenden Flüsse gestaut werden und das mit fruchtbaren Sinkstoffen reichbefrachtete Wasser in Haupt- und vielfältig verzweigte Nebenkanäle abgeführt und in die Feldparzellen geleitet wird. Wichtigste derartige Wasserlieferanten sind Indus, Ganges und Brahmaputra samt ihren vielen Nebenflüssen; aber auch im Dekkan gibt es im Bereich grosser Flüsse wie Godavari, Kaveri u.a. hochentwickelte Kanalsysteme. Bis zu 100 m tiefe Brunnen sind zu Tausenden in den Alluvialgebieten der Indogangetischen Ebene verbreitet; bei jeder Feldergruppe ist ein Schacht ausgehoben, in dessen Tiefe das Grundwasser ansteht. Über einen

Seilzug mit Rolle und angehängtem Ziegenledersack als Wassergefäss holt ein Ochsenpaar das Wasser aus der Tiefe, ein Mann leert es in den anschliessenden Graben, die Ochsen gehen rückwärts, und der Wasserhub beginnt von neuem. Wo der Grundwasserspiegel weniger tief steht, gehen die Zugtiere an einem Göpel im Kreis herum, während ein mit vielen kleinen Gefässen besetztes Paternosterwerk das Wasser hebt; in der Provinz Tamil Nadu (Madras) kann man auf hohen Tragpfosten einen breit ausladenden Querhebel montiert sehen, an dessen einem Ende das Seil mit dem Schöpfgefäss hängt, während auf dem Balken selbst ein oder zwei Männer hin- und hergehen und mit dieser Waage alternierend Wasser heben und ins Feld giessen. Diese Hebeart ist nur da möglich, wo der Grundwasserspiegel wenig unter Flur steht. Im leicht gewellten Gelände des Dekkan, aber auch in Sri Lanka gibt es ausserdem Hunderte kleiner Stauteiche (Tanks), in denen das Wasser von Flüsschen aufgestaut wird und hernach, über Wochen verteilt, in die Felder gelangt.

Kaum ein Bild wiederholt sich in Indien so oft und in so vielen Variationen wie das des Reisfeldes. Reis in seinen verschiedenen Wachstumsstadien ist überall anzutreffen: unter Wasser stehende und von einem Ochsenpaar durchpflügte Parzellen; im Wasser gebückt stehende Frauen, welche die jungen, hellgrünen Setzlinge reihenweise in den Schlammboden stecken; halbmeterhoher, dichtstehender grüner Reis; meterhohe, schnittreife gelbe Halme; endlich das Bild der Schnitterinnen, die mit der Sichel den Segen einheimsen. Reisfelder sind jedoch vielerorts auch an Hängen angelegt, wobei das Wasser durch die übereinandergetreppten und talseits mit einem Erdwall abgedämmten Terrassen herabfliesst. In ganz Monsun-Asien wiederholen sich diese Bilder in unzähligen Variationen. Anbauareale, die nicht bewässert werden können, sind mit verschiedenen Hirsearten bepflanzt, andere tragen Weizen – einst wichtiges Exportgut von Britisch-Indien –, vielerlei Gemüse (u. a. Erbsen), Gewürzpflanzen, Ölsaaten. Baumwolle gedeiht besonders gut auf Schwarzerdeboden (Regur) des Dekkan im Hinterland von Bombay, Jute in den Nassfeldern der Ganges-Brahmaputra-Ebene.

Eine Landschaft besonderen Typs stellen die Kokospalmen-Wälder dar. Ein derartiger, nur von grösseren Siedlungen unterbrochener Wald zieht sich an der Malabarküste hin und setzt sich auch auf Ceylon fort. Manche der im Mittel 18 m hohen, schlanken Stämme neigen sich an den Ufern des Meeres und der vielen Lagunen über die Wasserfläche. Oben, beim Ansatz des schirmähnlichen Blattbüschels, sitzen die grünen bis hellgelben Früchte, von denen der Bast für Geflechte, die Milch als Getränk, das Fleisch im Schaleninnern, die Kopra, zur Gewinnung von Öl und Fett Verwendung finden. Kaum sind unter dem Palmendach die kleinen Häuser der Bauern sichtbar, welche als Zwischenpflanzungen Reis und tropische Früchte erzeugen.

Manche Berghänge von Darjeeling am Himalaya, von Assam und von Ceylon sind mit Teekulturen besetzt. Buschige, grüne Bäumchen stehen in Abständen von etwa 1 m in Reihen, die sich den terrassierten Halden entlangziehen. Gruppen von Pflückerinnen rupfen von jeder Pflanze ein bestimmtes Quantum junger Blätter ab und bringen sie in die Faktorei, wo sie nach einem Fermentierungsprozess klassiert, gereinigt und verpackt werden. Unweit der Faktorei stehen *Cooli-Lines,* die einförmigen Reihenhäuschen der Tagelöhnerfamilien.

Die hohe Volksdichte Indiens spiegelt sich im Vorhandensein zahlreicher Grossstädte, darunter Kalkutta (3,2 Millionen Einwohner), die Unionshauptstadt Delhi (3,6 Millionen Einwohner), Bombay und Madras, die grossen Hafenstädte, Colombo (0,6 Millionen Einwohner), die Hauptstadt Sri Lankas, und viele andere. Das Problem der Abwanderung der ländlichen Bevölkerung in die Städte äussert sich in deprimierender Weise im Entstehen und raschen Wachstum von Elendsquartieren mit ihren Behausungen niedrigsten Standards aus Lehm, Brettern, Blechen und Palmblättern – mit übermässig hoher Wohndichte grosser Familien, mangelnder Hygiene, Hunger, Epidemien, Massenarbeitslosigkeit und Kriminalität. Als *bustees, bidonvilles, favelas* sind diese Wohnbezirke in vielen Tropenländern bekannt. In Kalkutta soll ein Drittel der Einwohnerschaft Bewohner derartiger Slums und «Strassenschläfer» sein.

Hinterindien

Das Gebirgssystem des Himalaya biegt im nördlichen Grenzgebiet zwischen Vorder- und Hinterindien aus west-östlicher Richtung scharf nach Süden ab. Durch Hinterindien streichen deshalb markante, 1000 bis 2000 m hohe Ketten, die in Vietnam Gipfelhöhen bis zu 2600 m erreichen. Zwischen den Ketten fliessen Ströme südwärts, von denen Irawadi, Salween, Menam und Mekong die wasserreichsten sind. In ihren unteren Abschnitten queren sie Tiefebenen unterschiedlicher Breite; die grössten befinden sich am Mekong, wo sie mehr als 400 km Breite erreichen. Zwischen Salween und Menam setzt sich einer der genannten Bergzüge besonders weit nach Süden fort und bildet von der geographischen Breite Bangkoks an die verhältnismässig schmale, 1600 km lange Halbinsel Malakka, an deren Südende die Stadt Singapur (2,2 Millionen Einwohner) in 2° nördlicher Breite liegt.

Im Gegensatz zu Vorderindien mit seinen vorwiegend indoarischen Volksgruppen ist Hinterindien fast ausschliesslich von Palämongoliden buddhistischer Konfession, nämlich von Burmanen, Thai, Annamiten, Khmer und einigen Restvölkern, bewohnt. Im Südteil Malakkas leben überwiegend Malaien. Auch in Hinterindien zeugen Ruinen von Tempelstätten von früheren bedeutenden Epochen und Kulturen: in Burma ist das im Flachland des Irawadi gelegene Pagan mit seinen unzähligen Pagoden ein monumentales Denkmal frühbuddhistischer Kultur, war es doch im 11.–13. Jahrhundert Hauptstadt eines starken burmesischen Reiches. Angkor mit der Tempelstadt Angkor Wat in der zentralen Ebene von Kambodscha ist wohl das gewaltigste religiöse Bauwerk Südasiens; es wurde im 12. Jahrhundert von den Khmer errichtet.

Heute teilen sich mehrere Staaten in die Halbinsel: Burma (Hauptstadt Rangun), Thailand (Bangkok), Laos (Vientiane), Kambodscha (Pnom Penh), Vietnam (Hanoi), Malaysia (Kuala Lumpur) und Singapur (Singapur). Mehrere von ihnen litten in den letzten Jahren unter langwierigen Kriegswirren; der Wiederaufbau wird von der Bevölkerung grossen Einsatz verlangen. In den grossen Städten lebt ein buntes Völkergemisch, darunter – namentlich in Singapur – viele Chinesen, die sich als Handelsleute betätigen, aber auch Inder, Pakistaner und Weisse. Von der 11 Millionen zählenden Bevölkerung Malaysias beispielsweise sind 8,5% Ureinwohner (besonders interessant in Malakka, wo sich Gruppen von Negritiden und Wedditen finden), 44% Malaien, 36% Chinesen, 10% Inder und 1,5% Europäer und Eurasier. Manchenorts erinnern kleinere Volksgruppen und Bauten an portugiesische, holländische und englische Kolonialzeiten. Mehrere dieser Städte pflegen bewusst ihr hergebrachtes Lokalkolorit; Bangkok beispielsweise lockt mit seinen innerstädtischen Wasserstrassen *(Klongs)* und deren Wohn- und Marktbooten besonders viele Touristen an.

Die klimatischen Verhältnisse und in Verbindung damit die agrarischen Wirtschaftsformen gleichen denen Vorderindiens, weshalb nicht mehr näher darauf eingegangen wird. Natürlich sind die Tiefebenen die Gebiete intensivsten Acker- und Plantagenbaus, die Bergzüge tragen allgemein noch mehr Wald als die wenigen Berge der vorderindischen Halbinsel; auf diesen Bergzügen werden denn auch Nutz- und Edelhölzer gewonnen. Einige Wirtschaftszweige erheischen indessen noch spezielle Erwähnung, tragen sie doch besonders stark zu den Exporterlösen bei: Ein wichtiger Zweig der Plantagenkulturen ist die Kautschukgewinnung. Fast überall in Südasien werden Gummibäume gezogen, besonders viele seit 1895 auf der Halbinsel Malakka. Eine moderne Pflanzung benötigt ein Areal von 800–1000 ha; die Lebensdauer der Bäume wird auf 25–30 Jahre, der Ertrag an getrocknetem Kautschuk auf gegen 2,5 t pro Jahr und Hektar veranschlagt. Landarbeiter schneiden die Rinde geschickt an; die Gummimilch fliesst langsam durch eingekerbte Rinnen in Gefässe – es können halbe Kokosschalen sein –, wird eingesammelt und in der nahen Faktorei zu Rohgummi aufbereitet. Nicht zu vergessen die Bodenschätze: Ergiebige Lagerstätten von Zinn werden ebenfalls auf Malakka, namentlich in der Provinz Perak (Malaysia), abgebaut. Das Erz muss aus Zinnseifen gewaschen werden, was früher chinesische Kulis besorgten; jetzt aber wird mit Baggern und Hydranten gearbeitet. Erdölquellen fliessen am mittleren Irawadi.

Malaiischer Archipel

Der Malaiische Archipel ist eine tropische, orographisch stark gegliederte Inselwelt. Sie besteht aus über tausend Eilanden verschiedenster Grösse, von denen rund die Hälfte zum Staat Indonesien gehören; Anteil haben ausserdem Malaysia und die Philippinen. Von der Halbinsel Malakka ausgehend säumt ein Inselbogen, aus Sumatra, Java und den Kleinen Sundainseln bestehend, den Archipel im Süden ein. Nördlich dieses Saumes befinden sich das grosse Borneo (0,76 Millionen Quadratkilometer), das fingerartig zerteilte Celebes, weiter im Norden die ebenfalls reichgegliederte Gruppe der Philippinen, und im Osten bildet Neuguinea (0,83 Millionen Quadratkilometer) den Übergang zum Pazifik mit den Ozeanischen Inseln. Die malaiischen Inseln sind teils Glieder sich gegen Südosten fortsetzender hinterindischer, teils selbständiger Faltenbüschel. Sie stammen aus erdgeschichtlich verschiedenen Phasen; kristalliner Untergrund ist mit herzynischen und mesozoischen Massen verfaltet, und jüngste Alluvialböden verhüllen in den Niederungen die geologischen Strukturen. Für die Bodengestaltung sind jedoch überdies tektonische Brüche mitbestimmend. Es handelt sich vor allem um zwei grosse Bruchsysteme: Ein erstes verläuft durch den Inselbogen im Süden, von Sumatra über Java zu den Kleinen Sundainseln, ein zweites von Japan aus südwärts durch die Philippinen und trifft sich mit dem ersten in der Gegend von Timor. Als Folge dieser Bruchlinien zählt der Archipel wohl rund 400 Vulkane, darunter mindestens 100 tätige. Sie bilden die höchsten Gipfel, auf Sumatra den 3805 m hohen Kerintji, auf Java den 3676 m messenden Semeru. Und mit den Brüchen gekoppelt sind Tiefseegräben, wie der Sundagraben (—7450 m) und der Philippinengraben (—10540 m). Von den Vulkanen abgeschwemmte Lockermassen schufen in den Niederungen die besten Böden für die intensive agrarische Produktion. Der Äquator durchquert diese Inselwelt, tropisches Regenwaldklima ist also dominant. Die Monatsmittel-Temperaturen sind ausgeglichen, schwanken sie doch lediglich zwischen 25° und 27°. Auf ausgiebigen Regen kann in allen Monaten gerechnet werden. Natürliches Pflanzenkleid ist bis etwa 1000 m der Regenwald. Höhenlagen von 1000–2500 m sind Bereiche der Bergwälder, in welchen den Laubhölzern auch Nadelholzbestände beigemischt sind. In 3000 m Höhe breiten sich Hochsteppen und Weiden aus. Manche Küstenabschnitte sind von Mangrove besetzt, und an den Flüssen wachsen mächtige Bambusbestände und ergeben willkommenes Nutzholz. Von der reichen, aber leider schwer bedrängten Tierwelt sind zu erwähnen die vielen Affen, darunter Orang-Utan auf Sumatra und Borneo und Gibbons, sowie Tiger auf Sumatra und Java und der Indische Elefant auf Sumatra.

Die Hauptmasse der Inselbewohner sind Malaien. Noch gibt es in abgelegeneren Bezirken Wanderstämme, die immer wieder jungfräulichen Urwald fällen und auf der Rodung ihre Nahrung pflanzen, vor allem Reis, Mais, Bananen, Zuckerrohr. Dieselben Produkte erzeugen die vielen sesshaften Kleinbauern. Bekannt und als Arbeitgeber und Devisenbringer geschätzt sind die vielen wohlgepflegten Plantagen, welche vorwiegend auf holländische koloniale Aufbauarbeit zurückgehen und Tee, Kaffee, Gewürze, Tabak, Zucker, Kautschuk, Palmöl, Kopra produzieren. Die meisten dieser Pflanzungen befinden sich seit Erlangung der Unabhängigkeit in indonesischen Händen. Vielseitig sind aber auch die Erzeugnisse des Bergbaus, gibt es doch Gold (Celebes, Philippinen), Eisen (Borneo, Celebes, Timor), Chrom (Philippinen) und andere Produkte. Besonders ertragreich aber waren während Jahren die Erdöllager von Sumatra, Java, Borneo und der Philippinen, doch gehen die Erträge — teils wegen Erschöpfung der Lagerstätten — zurück. Das neue Indonesien geht nun daran, die vielerlei Möglichkeiten des Landes zu nutzen und namentlich den industriellen Sektor zu entwickeln. Raffinerien, Erzhütten und Schiffswerften sind bereits vorhanden, weitere Fabrikationszweige, namentlich auch der Maschinenbau, stehen in der Entfaltung.

Die Malaien sind überwiegend Mohammedaner, nur auf den Philippinen (die Hauptstadt Manila zählt nach Eingemeindung von Quezon City 4,5 Millionen Einwohner) leben mehrheitlich Christen. In früheren Phasen der indonesischen Geschichte war unter anderem der Einfluss der Inder beträchtlich. So entstand beispielsweise im 9. Jahrhundert als grösstes Bauwerk indojavanischer religiöser Kunst in Mitteljava der Borobudur (s. unten). Noch heute macht sich der vorderindische Einfluss in Sprache und Kultur wie auch im Körperbau der Eingeborenen stark bemerkbar. Doch auch Einflüsse englischer und holländischer Kolonisation sind überall, nicht nur in den Plantagen, offenkundig. Dank der Fruchtbarkeit der Böden und der vielen weiteren Erwerbsmöglichkeiten aufgrund der Bodenschätze ist die Volksdichte namentlich im Flachland hoch; auf Java sind Dichten von mehr als 500 Einwohnern pro Quadratkilometer häufig. Das auf Java gelegene Jakarta, die Hauptstadt Indonesiens, zählt 4,6 Millionen Einwohner, daneben birgt Java noch weitere Grossstädte. Yogyakarta (0,5 Millionen Einwohner), Zentraljavas Metropole, entfaltet sich zum Touristenzentrum. Hier ist älteste javanische Kultur noch lebendig; an Feiertagen werden die klassischen Tänze vorgeführt, Schattenspiele und Gamelan-Konzerte veranstaltet, altes Kunsthandwerk, wie die Herstellung von Silber- und Batikwaren, wird weiterhin gepflegt. Etwa 35 km von der Stadt entfernt befindet sich inmitten von Urwald der im 8. Jahrhundert erbaute, pyramidenförmige Borobudur, einer der grössten buddhistischen Tempel Asiens, mit Hunderten von Buddhafiguren, Stupas und kunstvollen Reliefs mit Darstellungen aus Buddhas Leben u.a.

Im übrigen aber verleihen die ausserordentliche Gliederung des Archipels wie auch die vielseitigen orographischen Gestaltungselemente jeder einzelnen Insel eine entsprechende Vielfalt in Wirtschaft und Kultur, die jeden Besucher immer wieder fasziniert.

Ozeanien

In den Weiten des Pazifischen Ozeans zerstreut verlieren sich die Inseln Ozeaniens, und zwar die meisten im tropischen Westteil dieses Meeres, also östlich des Malaiischen Archipels: Neuguinea, östlich davon die Inselwelt von Melanesien, im Norden Mikronesien und draussen, mehr im zentralen Pazifik, Polynesien.
Neuguinea, mit 832 000 km² eine der grössten Inseln der Erde, schliesst den Malaiischen Archipel im Südosten ab. Beträchtliche Areale sind mit Urwald bedeckt. Die meisten Bewohner sind rassisch zu den Melanesiden zählende Papua, von denen viele noch auf steinzeitlicher Stufe verharren, in Pfahlbauten der Küste und der Tiefebenen oder im gebirgigen Landesinnern in Höhlen ihr Leben als Jäger, Fischer und Sammler fristen. Die meisten der hier ansässigen Weissen stammen aus der Zeit, da Holländer, Deutsche und Engländer Plantagen für Kokos, Kakao, Kaffee, Tee und Kautschuk eingerichtet hatten, welche zusammen gegen 50% des kultivierbaren Bodens bedecken, und sich erste Erfolge mit dem Abbau von Bodenschätzen wie Gold, Silber, Nickel, Kupfer, Kobalt, Bauxit und Phosphat abzeichneten. Der Bergbau ist nach wie vor durch die Schwierigkeiten der Transporte beeinträchtigt, aber die Entwicklungsmöglichkeiten sind ausgezeichnet.
Der westliche Teil der Insel gehört zu Indonesien, der Ostteil gelangte nach dem Ersten Weltkrieg als Mandat zu Australien und erhielt am 16. September 1975 unter dem Namen Papua-Neuguinea die Unabhängigkeit. Zu diesem Staat soll auch Bougainville, die Hauptinsel der zu Melanesien gehörenden Salomonen kommen, doch will sie unabhängig bleiben. Hauptursache dieser Sezession ist zweifellos der Reichtum an Erzen, der eine gute Zukunft verspricht. Eine der grössten Minen liefert im Tagebau jährlich etwa 50 Millionen Tonnen Kupfererz, aus denen 180 000 t Kupfer gewonnen werden.
Viele der übrigen *Inseln Ozeaniens* sind vulkanischer Natur, ja tragen zum Teil noch aktive Vulkane, so namentlich die zu Melanesien gehörenden Salomonen und Neuhebriden sowie die am Rande eines Tiefseegrabens (—9427 m) liegenden Tonga-Inseln. Manche sind von Korallenriffen umsäumt, andere sind eigentliche Koralleninseln oder Atolle, die sich beispielsweise auf submarinen Vulkankegeln entwickelt haben. Heimsuchungen durch Erdbeben und seismisch bedingte Springfluten sind häufig, aber auch Zyklone bilden eine stete Gefahr.

Die meisten Eilande erhielten ihre Namen von den Kolonisatoren, nämlich Briten, Spaniern, Deutschen, Franzosen, und zu diesen kamen später noch Vertreter eingesetzter Schutzmächte: US-Amerikaner, Japaner, Australier und Neuseeländer. Wir nennen: Kolonien von Grossbritannien (Gilbert-Inseln, Tuvalu [bis 1975 Ellice]), von Frankreich (Neukaledonien, Polynesien); Provinzen von Indonesien (Irian Jaya), von Chile (Osterinsel); Treuhandgebiete verwalten die USA (Karolinen, Guam), Neuseeland (Cook-Inseln); zu den USA gehören die Hawaii-Inseln; unabhängig sind Fidschi, Nauru, West-Samoa. Etwa 6 Millionen Menschen leben auf diesen Inseln; sie sprechen vielerlei Sprachen und Dialekte, haben unterschiedliche, teils sehr alte Kulturen und sehr unterschiedlichen Stand der Entwicklung. In unserer Zeit sind Wanderbewegungen festzustellen von kleineren Ausseninseln zu den Hauptinseln (Ellice, Gilbert-Inseln), aber auch neuere Arbeitsplätze, wie die Phosphatminen von Nauru und die Nickelminen von Neukaledonien, sowie das von den USA besonders geförderte Samoa ziehen Siedler an. Manche der vielen Ministaaten haben Mühe, sich zu organisieren, soziales Ungleichgewicht abzubauen und latenten Sonderwünschen von Unternehmern zu begegnen. Also auch hier eine tropische Welt in Bewegung!

Die Gefährdung der Landschaft

Seit einigen Jahrmillionen lebt der Mensch auf der Erde. Wenige Jahrtausende davon hat er massgebenden Einfluss auf deren Natur gehabt. Das Ergebnis seines Wirkens fasste der niederländische Kulturhistoriker Johan Huizinga in das harte Wort zusammen: «Gott schuf die Natur, der Mensch die Wüste». In der Tat muss, wer den zeitlichen Verlauf des politischen Geschehens durchmustert, wer insbesondere auch die zunehmende Brutalität und räumliche Ausdehnung der Weltkriege in der Gegenwart ins Auge fasst, diesem vernichtenden Urteil über die menschliche Geschichtsleistung weitgehend Recht geben, wenn anscheinend auch die mannigfaltigen Kulturlandschaften aller Erdteile mit ihren technischen, wirtschaftlichen und künstlerischen Ausdrucksformen einen nicht minder eindrücklichen Gegenbeweis führen. Denn es sind gerade die Krönungen landschaftlicher Prägung der Erde – Industriegebiete und Städte jeder Art und Grösse –, die widersprüchlichste Impressionen selbst im fortschrittlichsten Menschen wecken. In ihnen manifestiert sich am schärfsten dessen angeborener Hang zur Vermenschlichung aller Natur, die sich in deren weiträumiger Eliminierung, eben in Verstädterung und Industrialisierung (und im Gegensatz dazu auch der Entvölkerung) vieler Gebiete der bäuerlichen und insbesondere der Berglandschaften äussert. Und wenn auch bisher die Konzentration der Erdbevölkerung in Grossstädten kaum 10–15% von rund 4 Milliarden (nach anderen 30%) ausmacht und wohl wenig mehr als einige Prozent der Erdoberfläche zu beanspruchen vermocht hat, so spricht aus diesen Zahlen – hinter denen sich ebenso viele Vorzüge wie soziales Elend verbergen – eine Zwiespältigkeit der Entwicklung, die zum Nachdenken über ihren Sinn veranlasst.

In verstärktem Masse geben die Veränderungen zu denken, die unmittelbar die ökonomische Ausnützung der Landschaft hervorruft. Zu den frappantesten gehören diejenigen des Bergbaus; sein Prinzip ist von vornherein «Zerstörung, dessen Spuren Wunden und Trümmer im Antlitz der Erde sind» (T. Kraus). Obwohl diese Schäden weniger flächenhaft auftreten und zudem kaum statistisch erfasst sind, zeigt sich doch an den wenigen bekannten Beispielen – so in Grossbritannien, wo in den letzten 2000 Jahren allein mehr als 30–40 km^3 Hohlraum geschaffen wurden, was der dreifachen Schuttfläche der durch natürlichen Abtrag (durch Erosion des Wassers) verursachten Menge entspricht – eine erschreckende Tätigkeit des «Maulwurfs» Mensch. Als Folge künstlicher Aufschüttungen entstanden Schäden durch Bodensenkungen, Gebäudeeinsturz, Zerstörung von Strassen, Kanälen, Eisenbahnen und Leitungsnetzen, Grundwasserbeeinträchtigungen, Vorflutstörungen, Überschwemmungen, Versiegen von Brunnen, Sumpf- und Seenbildung, mit Auswirkungen auf das Trink- und Brauchwasser. Als mittelbarer, dafür flächenhaft weit mehr in Erscheinung tretend erwiesen sich Folgen, welche den *Landbau* in grossen Gebieten beeinflussten. Besonders verhängnisvoll war in den Prärien und Great Plains von Nordamerika sowie in den entsprechenden Regionen der Sowjetunion der Umbruch von Hunderttausenden von Quadratkilometern Grasfläche zu Agrar- und insbesondere zu Ackerland vor und nach dem Zweiten Weltkrieg. Als aber Dürreperioden folgten – die zudem von grossen Wirtschaftskrisen überschattet wurden –, traten katastrophale Auswirkungen auf. Zehntausende von Farmen mussten aufgegeben werden, und der an sich fruchtbare Boden wurde eine Beute des Windes. Dieser wehte den Boden in riesigen Staubwolken in weiteste Ferne, das frühere Weideland in eine Staubhölle verwandelnd, deren Name Dust Bowl für ähnliche und kaum weniger gravierende Erscheinungen in Südamerika, Nord-, Süd- und Ostafrika, Asien und Europa wie auch in Australien sprichwörtlich geworden ist. Dass die *Waldrodung*, die in den letzten tausend Jahren die Hälfte bis zwei Drittel der früheren Wälder der Erde auslöschte, ebenso verheerend, wenn nicht gar noch vernichtender an der praktisch in allen Ländern der Erde zu konstatierenden Bodenzerstörung beteiligt war, ist zu bekannt, als dass es hier eingehend behandelt werden müsste. Wohl aber kann festgehalten werden, dass dies in der Gegenwart neben der teilweise durch den Menschen veranlassten weltweiten Wasserverknappung zum Daseinsproblem Nummer eins der Erde geworden ist. Denn ein fruchtbarer Boden bildet die unentbehrliche Ernährungs- und damit Existenzbasis des Menschen. Obwohl eine exakte Feststellung der Gesamtheit der Schäden zur Zeit wohl nicht möglich scheint, erleben wir neben unzweifelhaft positiven landschaftlichen Gestaltungen als Gesamtergebnis der wirtschaftlichen Tätigkeit eine immer bedrohlicher werdende «Versteppung» und

Verarmung der Erde, die das zu Anfang zitierte Wort Huizingas durchaus rechtfertigt. «Die moderne Zeit hat die vertrauensvolle Zusammenarbeit der Menschen mit der Natur zum Verschwinden gebracht und den Kampf gegen die Natur eröffnet. Damit hat sie begonnen, die Daseinsgrundlagen der Erdbewohner anzugreifen und in Gefahr zu bringen. Wenn ein Grossteil der Menschheit sich vorläufig auch noch geborgen fühlt in seinem natürlichen Besitzstand und auf seiner noch verbliebenen Versorgungsgrundlage, so beginnen doch verantwortungsbewusste Menschen sich um die Zukunft zu sorgen. Daran ändert auch nichts, wenn gelegentlich hier und da noch zur Stützung der Märkte Weizen in Lokomotiven verbrannt, Kaffee ins Meer geworfen und Berge von Baumwolle dem Vernichtungsfeuer preisgegeben werden. Die Frage ist akut geworden, wie die Erde ihre Bewohner von morgen ernähren soll, wenn nicht bald im Verhältnis des Menschen zu seiner nahrungsspendenden Erde, insbesondere in den Methoden des Landbaus, der zweifelhaften Bodenkultur und Bodenpflege und in der Behandlung und Nutzung der Wertbestände der Natur und ihrer schöpferischen Kräfte eine gründliche Änderung eintritt» (H. Metternich).

Am Beispiel von Waikiki, einem Stadtteil von Honolulu (Oahu/Hawaii), sei für einen Zeitraum von 80 Jahren (1890–1970) gezeigt, wie rasch ein völliger Landschaftswandel vor sich gehen kann: Den wahrscheinlich ursprünglichen Landschaftszustand von Waikiki kennzeichneten Sumpf- und Grasländer, die mit Bananen- und Kokospalmenhainen abwechselten. Zwanzig Jahre später traten an ihre Stelle ausgedehnte Taro- und Reisfelder mit verstreut liegenden Bauernhütten. Nach weiteren zwanzig Jahren entstanden die ersten Hotels am Strand von Waikiki, wobei die aufgelockerte Bebauung mit ein- oder zweistöckigen Häusern unter Palmen und Banyans *(Ficus bengalensis)* kaum im Landschaftsbild auffiel. Abermals dreissig Jahre später gesellten sich als hervorstechendes Merkmal einer Fremdenverkehrslandschaft die mehrstöckigen Hotelgebäude dazu. Auch die Zersiedlung der Landschaft mit Wohnhütten am Fusse des Diamond Head hatte beachtlich zugenommen. Der Trend zu eng aneinandergebauten Hotelhochhäusern und vierzig- bis fünfzigstöckigen Wohnhochhäusern ist unverkennbar. Trotz allem hat man jedoch einige Erholungsfreiräume gelassen, wie zum Beispiel ein Fort, das militärischen Einheiten und den Touristen zur Erholung dient, und eine Golfanlage mit einem daran angrenzenden Kanal für Wassersport. Am Fusse des Diamond Head dehnen sich Park- und Zooanlagen aus. An den 5 km langen Sandstrand von Waikiki schliessen sich eine Badelagune und ein Privatbootshafen an. Da die Schönheit einer Landschaft im Auge des Schauenden liegt und die Zweckmässigkeit einer Landschaft sich am Profit einzelner orientiert, müssen objektivere Kriterien herangezogen werden, mit deren Hilfe man beurteilen kann, ob eine bestimmte Landschaftsentwicklung eine Landschaftsschädigung oder Landschaftsverbesserung darstellt. Zur Beantwortung dieser Frage und zur Erklärung der phänomenalen Entwicklung Waikikis und Honolulus – und damit Hawaiis – seien einige Teilentwicklungen, wie beispielsweise die der Bevölkerung, des Fremdenverkehrs, der Bauindustrie und der Verkehrsdichte, näher untersucht. Die Gesamtbevölkerung Hawaiis stieg von 154 000 im Jahre 1900 auf 737 000 im Jahre 1971 an. Davon leben mehr als 80% auf der Insel Oahu mit Honolulu als grösster Stadt. Mit rund 30 000 Bewohnern pro Quadratkilometer ist der Stadtteil Waikiki eines der am dichtesten besiedelten Gebiete der Welt. Interessant für die Verkehrssituation ist, dass auf 1,7 Personen ein Kraftfahrzeug kommt, und dass jedem Fahrzeug im Durchschnitt nur 16 m Strasse zur Verfügung stehen. Der Fremdenverkehr verzeichnete 32 000 Übernachtungen im Jahre 1941 und erreichte mit mehr als 1,8 Millionen einen Höhepunkt im Jahre 1971. Die Ausgaben der Besucher stiegen im gleichen Zeitraum von 16,4 Millionen auf 645 Millionen US-Dollar. In diesem Zusammenhang ist es wichtig zu vermerken, dass von 1958 bis 1971 die Anzahl der Hotelzimmer in Hawaii von ungefähr 5000 auf mehr als 35 000 anstieg, dass aber von den 21 000 Hotelzimmern in Waikiki im Durchschnitt nur 59% belegt sind. Das wirft die Frage auf, ob es sinnvoll ist, weitere Hotels zu bauen. Bisher hält jedoch der Bauboom unvermindert an. Im Jahre 1971 wurden Baugenehmigungen im Werte von 226 Millionen Dollar für Wohnsiedlungen und 100 Millionen Dollar für Hotelneubauten verteilt. In der Bauindustrie war 1971 mit 23 360 Arbeitern die Beschäftigungsrate höher als die der Zuckerrohr- und Ananasindustrie mit insgesamt rund 18 000 Beschäftigten. Die aufgenommenen Hypotheken erreichten 1,8 Milliarden Dollar, während Land im Werte von mehr als 1 Milliarde Dollar den Besitzer wechselte. Die für Hawaii in den nächsten fünf Jahren vorgesehene Landschaftsumgestaltung lässt sich an Hand der in beigefügter Tabelle angegebenen Neugliederungsanträge ablesen. Die Neugliederungsfläche auf der kleinen Insel Oahu beträgt allein rund 44 km², was fast der Fläche von Manhattan mit 58 km² entspricht. Man beabsichtigt, von der gesamten zur Umwandlung vorgesehenen Fläche auf Oahu 96% und für ganz Hawaii 78% der landwirtschaftlichen Nutzung zu entziehen und städtischen, industriellen und fremdenverkehrsgewerblichen Funktionen zuzuführen.

Was hat die Verstädterung der Landschaft bisher der Bevölkerung und den Touristen gebracht? Es entstand eine Bevölkerungs- und Bebauungsdichte in Waikiki, die jeder nordamerikanischen, europäischen oder asiatischen Stadtagglomeration vergleichbar ist. Eng aneinandergebaute Wohnsilos an verkehrs- und lärmreichen Strassen vermitteln dem Touristen heimatliche Atmosphäre. Die gemessenen 200 mg/m³ Schwebestaub und 30 mg/m³ Kohlenmonoxid pro Stunde tragen dazu im wörtlichsten Sinne bei. Die täglich rund 4 km von der Küste in die Bucht von Waikiki abgelassenen 227 Millionen Liter ungereinigter Hotelabwässer verursachen bei landeinwärtsgerichteten Winden mittelmeerähnliche Verhältnisse. Zu einer positiven Landschaftsumgestaltung gehört nicht nur, dass man sich in der neuen Landschaft wohl fühlt und in ihr gerne leben möchte, sondern dass man sich das Leben in dieser neuen Umwelt auch leisten kann. Nicht nur ist der Verbraucher-Preis-Index seit 1967 um mehr als 22% gestiegen; es sind auch die Lebenshaltungskosten in Honolulu rund 19% höher als in gleich grossen amerikanischen Städten. Weitsichtige Einwohner Hawaiis fragen sich mit Recht, ob dieser fortschreitende Eingriff in die natürliche Landschaft nicht doch der Lebensgemeinschaft Mensch–Landschaft mehr schadet als nützt.

Los Angeles ist vermutlich das am besten bekannte Beispiel einer zersiedelten Landschaft. Zwischen den San Bernardino Mountains und dem Meer erstrecken sich auf einer Länge von mehr als 60 km der Welt vielleicht ausgedehnteste Vorortssiedlungen. Bis in

Anträge zur Landneugliederung in Hawaii bis 1979

Umwandlung der Nutzungsart	Fläche (km²)				
	Oahu	Kauai	Maui	Hawaii	Total
Landwirtschaftliche Gebiete in städtische und industrielle Gebiete	36,8	12,7	8,1	37,7	95,3
Landwirtschaftliche Gebiete in Fremdenverkehrsgebiete	5,1	1,1	3,5	10,9	40,6
Naturschutzgebiete in städtische Gebiete	1,3	3,8	0,6	2,0	7,7
Städtische Gebiete in Naturschutzgebiete	0,4			2,5	2,9
Städtische Gebiete in landwirtschaftliche Gebiete	0,02	0,01	0,3		0,32
Naturschutzgebiete in landwirtschaftliche Gebiete		0,01	0,5	33,2	33,7
Landwirtschaftliche Gebiete in Naturschutzgebiete		1,5			1,5
Landwirtschaftliche Gebiete in dörfliche Gebiete		1,8	1,3		3,1
Naturschutzgebiete in dörfliche Gebiete			0,02		0,02
Dörfliche Gebiete in landwirtschaftliche Gebiete			0,02		0,02
Dörfliche Gebiete in städtische Gebiete			0,07		0,07
Naturschutzgebiete in Fremdenverkehrsgebiete				9,1	9,1
Total	43,62	20,92	14,41	95,4	174,35

Quelle: State of Hawaii Land Use Commission

182 *Java: Bromo. Der Bromo (2392 m) ist einer der grössten immer noch aktiven Vulkane Javas. Sein Krater mit den Innen-Massen von 8,5 × 10 km ist eine Caldera, das heisst ein durch vulkanische Explosion oder durch Einsturz entstandener Kessel. Im Bild ein mächtiger, frischer, aber durch tropische Regenfluten bereits durchschrundeter Aschenkegel, und im Mittelgrund treten die schwefligen Dämpfe von Solfataren aus. Doch in der Niederung haben sich schon einige Pionierpflanzen festgesetzt, und im Vordergrund bestellen Bauern ihre kleinen Felder.*

183 Hawaii: Lavalandschaft. Eine gespenstische Landschaft! Die grösste Insel der Hawaii-Gruppe trägt aktive Vulkane. Ihre fast ständig ausfliessenden Laven füllen Geländeunebenheiten aus und schufen und schaffen noch heute kuppige Vorberge und sanfte Hänge. Die Lage innerhalb der Tropen und im Bereich des sich jahreszeitlich verschiebenden Nordostpassat-Gürtels sowie die zu Humus umgewandelten, fruchtbaren Lavaböden bringen Teilen dieser Insel üppigste Fruchtbarkeit. Vielerlei Kulturpflanzen wie Reis, Zuckerrohr, Ananas, Kaffee und andere tropische Erzeugnisse werden angebaut, und an einzelnen Küstenabschnitten gedeihen Kokospalmen und Orangen. Doch in der Nachbarschaft, in Gebieten rezenter Lava-Ausbrüche – wie auf diesem Bild – ist die Vegetation vernichtet, ihre Reste sind zugedeckt, die noch teilweise herausragenden Bäume sind zu weisslichen, geisterhaften Baumleichen geworden.

184 Hawaii: Wasserfall im Tropenwald. Welch ein Gegensatz zum vorangehenden Bild! Dort die tote, hier die lebensprühende Landschaft mit ihrem alles überziehenden, artenreichen und farbenfrohen Wald und mit dem überschüssigen, in freiem Fall herniederstürzenden Wasser – ein Bild der immer wieder eindrücklichen tropischen Pflanzenfülle.

die vierziger Jahre besass Los Angeles das beste Massentransitsystem Amerikas, bestehend aus einer Kombination von Strassenbahn, Trolleybus und Eisenbahn. Mit der Verdrängung der Massenverkehrsmittel durch den motorisierten Einzelverkehr geschah zweierlei: einerseits wurde die Stadt durch breitangelegte Schnellbahnen zerstückelt, und als Folge des zunehmenden Verkehrs wurde andererseits ein neuer Landschaftstyp kreiert, nämlich die Smoglandschaft. Smoglandschaften sind nicht auf Los Angeles beschränkt; sie können bei genügend grossem Verkehrsvolumen und Sonnenschein in jeder beliebigen Stadt auftreten. Natur und Mensch vereinigen sich hier bei der Schaffung einer Gespensterlandschaft.

Es ist Sache der Psychologen herauszufinden, warum sich tagtäglich Millionen von Menschen durch kilometerlange Verkehrsstauungen zwängen, nur um die Monotonie der Vorortssiedlungen zu geniessen. Es wäre einer Untersuchung wert, inwieweit sich diese Klötzchenlandschaft, die an die Urnenfächer italienischer Campi Santi erinnert, auf das Gemüt der Bewohner ausprägt. Es besteht sicher kein Zweifel, dass der Mensch mit keinem anderen technischen Hilfsmittel so schädigend auf seine Landschaft eingewirkt hat wie mit dem Kraftfahrzeug. Überall auf der Welt werden ständig mehrspurige Schnellbahnen in die Landschaft gegraben. Lärm und Auspuffgase schaffen zusätzlich auf beiden Seiten dieser Strassenlandschaft mehrere hundert Meter breite Todeszonen. Bisher wurden Strassen ohne Beachtung der Folgen in die Landschaft gelegt. Seit 1970 müssen in den USA Umweltgutachten angefertigt werden, die genauestens über Sinn, Zweck und Folgen eines Strassenbaus Rechenschaft abzulegen haben. Die auf diese Weise geschaffenen Autoschrottlandschaften gehören zu den hässlichsten Verschandelungen einer Landschaft. Auslaufendes Öl verursacht meist noch Boden- und Grundwasserverseuchung, und die Aufarbeitung des Altmetalls durch Ausbrennen der Autowracks ist eine ständige Quelle der Luftverschmutzung.

Erst die Mobilität des Autos hat die Profilierung von Wohlstandsmüll an Strassenrändern in dem heutigen Ausmasse möglich gemacht. Besonders Landstrassen werden zu beiden Seiten von bandartigen Müll-Landschaften begleitet. Das Automobil ist auch für die Anlage der breiten, oft kilometerlangen Ausfallstrassen mit ihren poppig glitzernden und mit Reklame überhäuften Tankstellen, Gebrauchtwagenständen, Restaurants usw. verantwortlich. Weiträumige Parkplätze vermitteln trotz der bunten Reklame das abstossend Kalte einer Fabriklandschaft. – Obwohl in einigen Ländern Europas schon von der Erdoberfläche verbannt, verunstalten in den USA immer noch ganze Wälder von Telegraphenmasten das Stadtbild. Es ist interessant, dass in diesem Teil der Welt das Leitungsgewirr das ästhetische Empfinden der Bewohner nicht zu stören scheint.

Es war hier vorwiegend von der Landschaftsbedrohung durch den Menschen die Rede. Von Zeit zu Zeit wird jedoch die Menschheit durch Ereignisse aufgeschreckt, die erkennen lassen, dass auch die Naturkräfte nicht geringen Anteil an Zerstörungen der Umwelt haben (Karte V). Dies verdeutlicht die Tabelle der zehn grössten Naturkatastrophen des 20. Jahrhunderts. Die Angaben stammen vom Delegierten des schweizerischen Bundesrates für Katastrophenhilfe.

Jahr	*Natur-katastrophe*	*Ort bzw. Land*	*Opfer*
1908	Erdbeben	Messina/Italien	80 000
1911	Überschwemmung	Jangtsekiang/China	100 000
1920	Erdbeben	Kansu/China	180 000
1927	Erdbeben	Narha/China	200 000
1931	Überschwemmung	Hwangho/China	1 000 000
1932	Erdbeben	Kansu/China	70 000
1939	Taifun	Trentin/China	200 000
1959	Überschwemmung	China	2 000 000
1970	Erdbeben	Peru	70 000
1970	Zyklon	Ostpakistan	206 000
1976	Erdbeben	Nordchina	1 000 000

Die Tabelle zeigt, dass der Kampf zwischen Natur und Mensch trotz unseres technischen Zeitalters weitergeht. Die Entstehungsgeschichte der Erde ist gleichsam die Geschichte einer Reihe von grossen Naturkatastrophen. Das heutige Gesicht der Erde entstand durch gewaltige Erdverschiebungen, Flutwellen, Vulkanausbrüche, Einstürze usw., und noch immer ist der Mensch diesen Naturgewalten zum grossen Teil hilflos preisgegeben. Ja gerade durch die Erstarkung der menschlichen Zivilisation und die zunehmende Fähigkeit des Menschen, Naturkräfte zu beherrschen, kam es erst recht – so paradox das klingen mag – zu noch grösseren Naturkatastrophen. Jeder technische Fortschritt und jedes Vordringen der Zivilisation erweiterten das Gebiet der Katastrophenmöglichkeiten. Die Errichtung grosser Städte erhöhte die Wirkung von Erdbeben und Überschwemmungen gegenüber früheren Zeiten. Auf die aufsehenerregendsten Naturkatastrophen sei im folgenden hingewiesen.

Die unheimliche Gewalt *vulkanischer Ausbrüche* und die Plötzlichkeit, mit der neue Vulkane entstehen können, haben dem Menschen seit jeher Furcht eingeflösst. Zahlreiche verheerende Ausbrüche sind aus der Geschichte bekannt, zum Beispiel der des Vesuvs im Jahre 79 n. Chr., der Herculaneum und Pompeji begrub, der des Krakatau von 1883, dessen Explosion aus einer Entfernung von 700 km noch zu sehen war und dessen ungeheure Mengen herausgeschleuderter Asche das Klima in vielen Teilen der Erde nachweisbar beeinflusst hat, oder der des Mt. Pelée auf der Insel Martinique, der 1902 eine Stadt mit 28000 Einwohnern zerstörte. Am furchtbarsten wirken durch ihre Plötzlichkeit und Wucht die Explosionsvulkane (hochgespannte Gase); bei den anderen haben oft die Begleiterscheinungen, wie vulkanische Beben, Menschenverluste gefordert. Die meisten heute noch tätigen Vulkane sind an die grossen Störungszonen (Bruchzonen) der Erde gebunden. In engem Zusammenhang mit den Bruchzonen stehen die meisten *Erdbeben,* die dem Menschen ebenfalls von eh und je Angst und Schrecken einjagen und nicht selten ungeheure Opfer fordern. «Alle Zeugnisse unserer Sinne haben den Glauben an die Unbeweglichkeit des Bodens, auf dem wir stehen, befestigt. Wenn nun urplötzlich der Boden erbebt, so tritt geheimnisvoll eine unbekannte Naturmacht als das Starre bewegend, als etwas Handelndes auf. Ein Augenblick vernichtet die Illusion des ganzen früheren Lebens ... Das Erdbeben stellt sich als etwas Allgegenwärtiges, Unbegrenztes dar. Von einem tätigen Ausbruchskrater, von einem auf unsere Wohnung gerichteten Lavastrom kann man sich entfernen, bei dem Erdbeben glaubt man sich überall, wohin auch die Flucht gerichtet sei, über dem Herd des Verderbens.» So schrieb Alexander v. Humboldt in seinem «Kosmos» aufgrund seiner Erfahrungen aus Südamerika. Erdbeben vermitteln zusammen mit Vulkanausbrüchen in der Tat die eindrucksvollste Anschauung vom Wirken der innenbürtigen Kräfte der Erde.

Verheerend wirken auch die *tropischen Wirbelstürme* oder *Zyklone.* Auf den Karibischen Inseln heisst der Zyklon «Hurrikan», in Asien «Taifun». Der Zyklon ist im Grunde ein Wirbel, bestehend aus feucht-heisser Luft, mit einem Durchmesser von ca. 160–240 km, der sich um das Zentrum eines Tiefdrucksystems dreht. Mit einer Geschwindigkeit von etwa 280 km/h umkreisen Winde das Zentrum oder «Auge» des Orkans, peitschen das Meer zu gewaltigen Wogen auf und treiben Regengüsse fast horizontal über das Wasser. Im Spätsommer und Frühherbst sind starke Zyklone am häufigsten. Je weiter sie sich vom feucht-heissen Entstehungsort entfernen, um so mehr schwächen sie sich ab, bleiben jedoch gelegentlich bis in nördliche Breiten wetterwirksam. Viele Hurrikane aus der Karibik haben noch im Norden Neuenglands schwere Schäden verursacht. Am häufigsten wird Ostasien von Wirbelstürmen heimgesucht; allein in China und Ostpakistan haben die Wirbelstürme in diesem Jahrhundert bereits eine halbe Million Menschenopfer gefordert.

Seit Jahrhunderten sind *Flutkatastrophen* an der Nordseeküste gefürchtet. Die Geschichte der Niederlande zum Beispiel ist gekennzeichnet durch einen ewigen Kampf gegen die Sturm- und Springfluten. Hohe Wassermauern überraschten immer wieder die Menschen und zerstörten Deiche. Häuser, ja ganze Dörfer wurden oft weggeschwemmt und Tausende von Menschen ertranken. Da Flusstäler seit jeher bevorzugte Siedlungsgebiete waren, sind sie oft dicht besiedelt und bei den immer wiederkehrenden Überschwemmungen besonders katastrophengefährdet. Der Mississippi, der «Vater der Gewässer», wie ihn die Indianer genannt haben, ist nicht nur der Stolz des Bürgers der Vereinigten Staaten, sondern verursacht auch fast jährlich schwere Katastrophen. Über den Hwangho, den Riesenstrom, der von Osttibet herkommend das gesamte nördliche China entwässert, ist einmal gesagt worden: «Die Geschichte des Gelben Flusses, seiner Verlegungen und Verwüstungen ist die Geschichte von China selbst.» 600 km oberhalb der Meeresküste brachen immer wieder riesige Wassermassen bald nach Nordosten, bald nach Osten, bald nach Südosten durch und schafften sich oft bis zur Mündung des Jangtsekiang ein neues eigenes Bett – in einem Gebiet, das in der Ausdehnung die Bundesrepublik oder Frankreich weit übertraf. Viele Millionen von Menschen müssen im Laufe der Geschichte allein hierdurch den Tod gefunden haben. Während der Hwangho besonders durch die Verlegung seines Unterlaufes berüchtigt ist, ist der Jangtsekiang gefürchtet durch seine immer wiederkehrenden Hochwasserwellen. Im Gegensatz dazu werden die früher nicht weniger gefährlichen *Dürrekatastrophen* heute in den gemässigten Breiten insofern gemildert, als durch Anlage von Wasserreservoirs in Form von Leitungen und Talsperren die fehlende Wassermenge sich einigermassen ersetzen lässt. Aber in weitausgedehnten Gebieten, wie etwa im Mississippi-Becken, versagen solche Methoden. Langdauernde Dürreperioden mit schweren Missernten und zahlreichem Viehsterben sind in dieser Region Nordamerikas keine Seltenheit. Aber noch verheerender sind sie in den Tropen. Hier sind sie nicht nur häufiger, sondern sie erstrecken sich auch auf grössere Gebiete. Allein in diesem Jahrhundert ist die Zahl der Opfer besonders in China und Indien unabsehbar. Im Mai 1973 erfuhr die Welt von einer Dürrekatastrophe, welche die Länder der Sahel-Zone Westafrikas, die Randgebiete der Sahara, heimgesucht hatte. In Wirklichkeit war diese Dürre nur die letzte, allerdings schwerste Serie von Dürreperioden und Fehlernten. Die Folgen dieser Dürre waren besonders schwerwiegend. Nach den Berichten der FAO und des internationalen Roten Kreuzes waren 13 Millionen der hier lebenden 23 Millionen Menschen von ihr unmittelbar betroffen und weit über die Hälfte des gesamten Viehbestandes war verhungert oder verdurstet. Die Ernte in den Ackerbaugebieten wurde zu einem erheblichen Teil vernichtet und mehrere Millionen Menschen verloren Obdach und Einkommen.

Damit konnten nur einige Beispiele wiederkehrender Naturkatastrophen aus einer Vielzahl herausgegriffen werden. Andere, wie Bergrutsche, Lawinen, Wildbäche, Seuchen, Heuschreckenplagen, seien nur genannt, um zu belegen, dass trotz des Fortschritts in der Technik beinahe alle Landschaften durch sie bedroht werden können. – Es fällt schwer, eine vergleichende Bilanz der Gefährdung der Landschaft durch Naturkräfte zu ziehen. Aber fest steht, dass in allen Landschaften der Erde immer wieder Katastrophen auftreten, die ein die Entwicklung sehr belastendes Problem darstellen. Nach Landschaftsgruppen unterteilt, seien sie noch einmal zusammengefasst. In den *Ballungsgebieten*, den Stadtlandschaften (Karte VI), ist es der Mensch allein, der die Natur und sich selbst durch die Übervölkerung, die zu dichte Besiedlung und durch eine zu rasche wirtschaftliche und technologische Entwicklung aufs stärkste gefährdet, wie die Beispiele von Los Angeles und Waikiki zeigten. Wird bedacht, dass die Erdbevölkerung gegenwärtig um rund 1,7% pro Jahr zunimmt, ihre Gesamtzahl demnach von ca. 4 Milliarden bis zum Jahre 2000 auf über 5–6 Milliarden anwachsen wird, mit einem Anteil der Stadtbevölkerung von rund 50–60%, so wird klar, dass der Mensch das mutmasslich grösste Problem bleiben wird. Dagegen erscheinen die *tropischen Wälder*, die zusammen mit ihren Randgebieten, den Monsunwäldern, Savannen, Bergregenwäldern 40% des ganzen Waldbestandes der Erde ausmachen, im höchsten Masse vom Menschen und – sekundär – von der Natur bedroht. So fürchtet man, dass die 2,7 Millionen Quadratkilometer grosse Waldreserve Amazoniens bis zum Jahr 2000 völlig durch Abholzung vernichtet sein wird, und auch auf andere Erdteile treffen ähnliche Vermutungen zu.

Einerseits sind es exogene, nicht vom Menschen ausgelöste Faktoren, wie zum Beispiel solar zu interpretierende globale Veränderungen seit den Eis- bzw. Pluvialzeiten, die grössere Areale des Regenwaldes zu Feuchtsavannen, Feuchtsavannen zu Trockensavannen und Trocken- und Dornstrauchsavannen zu Halbwüsten «degradiert» und umgewandelt haben. Wegen der relativ kurzen Zeiträume, für die exakte klimatologische Unterlagen über diese Regionen zur Verfügung stehen, ist die Interpretation von langfristigen Klima-, Boden- und Vegetationsänderungen schwierig. Andrerseits haben Rodungen in kaum verantwortbarem Ausmass zu katastrophalen Waldverlusten und schwerwiegenden Umweltschäden geführt. Vielfach ist es der Mangel an Kenntnissen der natürlichen Zusammenhänge, das heisst der Abhängigkeit von Klima, Boden und Vegetation, der weite Landstriche zu einer «man-made desert» mit ihren vielfältigen Verödungserscheinungen, wie Verkrustung, Bodenerschöpfung und -erosion, werden liess. Gefördert wurde ihre Ausbreitung durch Überweidung und Kahlschlag oder wahlloses Niederbrennen des Pflanzenkleides. Die Urwälder schützen nämlich nicht nur den Boden vor Auslaugung, sie sind auch gewaltige Wasserspeicher. Ihre Zerstörung kann sich auf das Rückstrahlungsvermögen der Erdoberfläche auswirken und damit das Klima und das pflanzliche, tierische und menschliche Leben nachteilig beeinflussen.

Der Raubbau ist in den Tropen sehr alt. Vor allem sind es die in weiten Teilen vorherrschenden Wirtschafts- und Betriebsformen, der Wanderfeldbau und die Landwechselwirtschaft, durch die der Bestand des tropischen Regenwaldes vom Menschen im Laufe der Jahrhunderte stark verändert wurde. Diese Anbausysteme haben sich trotzdem über lange Zeit aufgrund der relativ geringen Bevölkerungsdichte harmonisch in den Naturhaushalt einfügen können. Erst die starke Zunahme der Bevölkerung im 19. und 20. Jahrhundert, die zum Teil eine Folge der verbesserten hygienischen Bedingungen ist, und das damit verbundene

Zusammenschrumpfen der Reserven an anbaufähigem Boden hat diese Landnutzungssysteme unzureichend werden lassen. Die gegebenen technischen Fortschritte und finanziellen Möglichkeiten der Kolonialmächte machten eine allzu rasche Überwindung dieser fest in ihre geographische Umwelt integrierten Nutzungssysteme möglich. Die transplantierten Nutzungsstrategien wie etwa radikale Rodungswirtschaft und der nachfolgende Anbau von Monokulturen konnten wohl für kurze Zeit den ersten Hunger in überbevölkerten Gebieten mancher Entwicklungsländer stillen. Eine Dauerlösung des Problems stellen sie aber nicht dar, weil mit der Vernichtung des Waldes auch die Produktionsgrundlagen der Landwirtschaft hinfällig werden. Es ist eine bekannte und durch die Geschichte vielfach bestätigte Tatsache, dass durch Waldvernichtung arme Länder noch ärmer werden.

Nicht geringer ist das Problem der Gefährdung der *Steppenländer* und der Trockengebiete überhaupt. So vieldeutig der Begriff Steppenländer ist, so vielseitig sind die Gefährdungen. Steppenländer – wie Savannen, Prärien und Grasländer – gibt es als Naturlandschaften kaum noch. Überall werden sie mehr oder weniger intensiv bewirtschaftet. Je nach der Bewirtschaftung lassen sich Steppen in vorwiegend viehwirtschaftlich und mehr ackerbaulich genutzte Systeme einteilen. Dementsprechend sind auch die Gefährdungen recht unterschiedlich. Aber letzten Endes ist der wirtschaftende Mensch verantwortlich für die dem Land zugefügten Schäden. Darüber hinaus ergeben sich besondere Probleme aus der allgemeinen Struktur der Steppenländer. An erster Stelle steht das Wasserproblem. Die klimatische Definition der Steppen geht von einer Regenmenge zwischen 250 und 500 mm/Jahr aus. In diesem Bereich verläuft auch die «agronomische Trockengrenze», die aber auch noch von der Temperatur abhängig ist. Für die Bewirtschaftung von Steppengebieten ist die Verteilung der Regenmengen über das Jahr wichtig. Konzentrieren sich die Niederschläge auf eine relativ kurze Periode, so kann auch noch mit niedrigen Jahresdurchschnittsregenmengen Feldbau (dry farming) betrieben werden, was bei einer gleichmässigen Verteilung über das ganze Jahr beispielsweise mit 500 mm/Jahr kaum noch ohne Bewässerung möglich ist. In diesen in jeder Beziehung Grenzwirtschaftsgebiete darstellenden Räumen wirken sich schon kleine Verschiebungen im ökologisch labilen Gleichgewicht verheerend aus. Fällt der Regen einmal teilweise oder ganz aus, so ergeben sich Dürrekatastrophen mit ihren sozialen, wirtschaftlichen und ökologischen Folgen in den entsprechenden Regionen. So hat der Mensch in den ariden und semiariden Gebieten schon vor Jahrtausenden begonnen, mit Bewässerungsanlagen der Trockenheit zu begegnen (Euphrat-und-Tigris-Tiefland, Indus und Ganges, Nilstromtal etc.).

Eine besondere Gefahr bilden die Bodenversalzung und die Bodenalkalisierung. Vielfach werden auch die Anzeichen einer Alkalisierung der Böden, nämlich die braune bis schwarzbraune Färbung, missdeutet. Zur Versalzung ist festzuhalten, dass das zur Bewässerung meist verwendete Flusswasser der Trockenländer schon an sich einen höheren Salzgehalt aufweist als das Flusswasser humider Regionen. So bleiben beträchtliche Mengen von Salz (vor allem Natriumsalze) durch die Verdunstung zurück, die mit der Zeit die Fruchtbarkeit beeinträchtigen, indem das Salz den Wasserhaushalt der Pflanzen verändert. Eine einmal eingetretene Versalzung bzw. Alkalisierung kann nur noch mit beträchtlichem Aufwand an finanziellen und technischen Mitteln durch Abspülung und Drainagen wieder beseitigt oder eingeschränkt werden. In solchen Gebieten entsteht – trotz des niedrigen Salzgehaltes – zusätzlich eine natürliche Versalzung durch das kapillar aufsteigende Grundwasser. Man findet deshalb in diesen Gebieten schon Salzböden (Solontschake) vor.

Eine zweite wichtige Gruppe von Gefährdungen der Trockengebiete stellen die verschiedenen Arten von Bodenerosionen dar. Mit Erosion werden Erscheinungen bezeichnet, bei denen Gesteins- und Bodenmaterial durch Wasser, Eis (Gletscher) oder Wind wegtransportiert wird. Voraussetzung für das erodierende Wirken von Wasser und Wind in den semiariden Steppen ist die Zerstörung der Grasnarbe. In den Steppen hat man es hauptsächlich mit Winderosion zu tun, da die weiten Ebenen und das weitgehende Fehlen von Baumvegetation den Wind voll wirken lassen. Die Erosion wiegt im Gegensatz zur Versalzung und Alkalisierung um so schwerer, als durch die Ausblasung des Windes der ganze Boden auf lange Zeiten hinaus zerstört werden kann, was dann schon zur Wüstenbildung führt. Eine Regeneration ist oft in einem fortgeschrittenen Stadium nicht mehr möglich. Erosionsschäden finden wir besonders in Weidegebieten durch starke Übernutzung. Eine erste Massnahme besteht in einer extensiveren Nutzung der gefährdeten Flächen. Die Anlage von Windschutzstreifen und die Konservierung der Wasserreserven können längerfristig Erfolge bringen.

Vielfältig sind die Probleme der Gefährdung auch in den Wüstengebieten, die insgesamt etwa 26 Millionen Quadratkilometer einnehmen, wovon 14 Millionen auf echte Wüsten entfallen. Entsprechend ihrer Natur konnte es sich hier bei den Siedlungen alten Stils immer nur um «Inseln» handeln. Die sesshaften, vorwiegend von pflanzlicher Kost lebenden Oasenbewohner waren darauf angewiesen, in unmittelbarer Nähe der Wasservorkommen geeignetes Land zu finden, das — wenn auch nur unter Aufwendung beträchtlicher Arbeitsleistung und technischen Scharfsinns — angebaut werden konnte. Die Wassergewinnung erfolgt aus Flüssen, die im Norden der Sahara ein- bis zweimal im Jahr Wasser führen, im Süden oft nur alle paar Jahre. Das Wasser wird durch Dämme gestaut und zum Versickern auf die Felder geleitet. Auf das durchfeuchtete Feld wird Getreide gesät, das meist ohne weitere Wassergaben reift. Unterirdische Stollen, sogenannte Foggaras oder Qanate, führen Wasser aus Grundwasserhorizonten heran. Diese können in günstigen Höhen in der Randzone der Wadis oder an Piedmontflächen vorhanden sein. Vorteil des Foggara-Systems ist die regelmässige und «automatische» Wasserversorgung. Wegen der hohen Unterhaltskosten beginnen sie heute weithin zu verfallen. Ihr Hauptverbreitungsgebiet ist im Mzab, im Tidikelt und in El Golea. Flachbrunnen sind bei hohem Grundwasserstand anzutreffen. Hier kann das Wasser mit einfachen Geräten auf das Land gebracht werden. Tiefbrunnen, die zur Bewässerung verwendet werden, können eine Tiefe von 90 m erreichen. Das Wasser wird mit Hilfe von Tieren, die es mit Eimern über Rollen emporziehen, gehoben. Eine weitere Hebevorrichtung sind Schwenkbalken (Shadufs). Artesische Brunnen wurden von den Bewohnern des Mzab schon vor der Ankunft von Europäern genutzt. Gespeichert wird Wasser in Zisternen, Tanks und Wassertürmen. Zu den automatischen Vorrichtungen gehören Wasserräder, Windmotor- und moderne Motorpumpen.

Das ökologische Gleichgewicht der Oasen ist sehr labil; so kann zuviel Wasser zu Versumpfung wie zu Versalzung führen. Gerade die Ausdehnung der Bodenbewässerung aus wirtschaftlichen Gründen hat in den letzten Jahrzehnten die Fläche versalzter Böden stark vergrössert (z. B. im Fezzan). Das ist dadurch bedingt, dass die Verdunstung die Niederschläge in den ariden Gebieten übertrifft und dass der Salzgehalt des Bewässerungswassers an sich höher ist als in humiden Zonen. Die Böden, die vor der Bewässerung salzfrei waren, tragen durch zu starke Salzanreicherung oft zur Vernichtung von Kulturpflanzen bei. Die Versalzung stellt ein weltweites Problem für die Bewirtschaftung in Trockengebieten dar. Abhilfe schaffen möglichst salzarmes Bewässerungswasser in hohen Gaben, Drainage zur Verhinderung allzu schneller Evaporisation, sowie Kalk-, Gips- und Gründüngung. Am weitesten fortgeschritten sind Versuche in Israel, die auf eine Nutzung von salzhaltigem Wasser hinzielen (Arbeiten bei Elath). Dabei werden die sich bei grossen Temperaturunterschieden zwischen Tag und Nacht an den Pflanzenwurzeln bildenden, winzigen Wassertröpfchen ausgenützt («Tau der Tiefe»).

Im Gegensatz zum Trockenfeldbau wird durch die Bewässerung die — meist äolische — Bodenerosion verhindert. Ursachen der Empfindlichkeit der Böden in Trockengebieten sind neben Wassermangel, aus dem sich Humusmangel und zu geringe Tonmineralbildung ergeben, die Flachgründigkeit, die Unregelmässigkeit der Niederschläge mit ihren bodenzerstörenden Folgen und die Tendenz zu Krustenbildung. Die chemische Verwitterung führt zur Bildung der sogenannten Wüstenlacke. Durch Insolation gelangen Lösungen aus Mangan-, Kieselsäure- und Eisenverbindungen an die Erdoberfläche, wo sie verdunsten. Die gelösten Stoffe lagern sich ab und bilden eine Kruste, die vom Wind «poliert» wird. Unter dieser harten Oberfläche ist das Gestein durch innere Auslaugung völlig zersetzt, was einer etwaigen Bodennutzung entgegensteht, da die Nährstoffe nur mit kostspieliger Düngung kurzfristig zu ersetzen sind. Während Verkrustung, Versalzung und Alkalisierung der Böden nur eine — wenn auch oft sehr schwerwiegende — Ertragsverminderung auslösen, bedeutet die Bodenerosion darüber hinaus oft eine vollkommene Vernichtung. Zu ihrer Bekämpfung muss eine genaue Kartierung der geschädigten Gebiete nach geographischen Gesichtspunkten erfolgen, die Pflanzendecke muss durch Regelung der zulässigen Bevölkerungsdichte geschützt werden und wasserbautechnische Massnahmen gegen die fortschreitenden Talvertiefungen, vor allem zur Erhaltung des wenigen Niederschlagswassers (statt es ungenutzt ins Meer oder in Salzpfannen abfliessen zu lassen), müssen ergriffen werden. Ferner sollten die Quelläste des Erosionssystems oberhalb der Talsperren verbaut, das Wasser in Quergräben längs den Höhenlinien abgeleitet und die Sand- und Schlammmassen abgefangen werden. Diese Massnahmen haben sich in Südafrika bereits bewährt.

Neben den meist kleinräumigen, dörflich organisierten Oasenwirtschaften des Trockengürtels, den Stauteichen (wie den Tanks in Ceylon und Südindien) und den verbreiteten Terrassenkulturen tritt der Bewässerungsfeldbau oft in Verbindung mit grossangelegten, staatlich geförderten Projekten auf. Die grossen Staudämme und Bewässerungskulturen am Nil (Assuan, Gezira), Niger (Office du Niger), am Indus, in Turkestan oder Kalifornien ähneln einander in technischer Hinsicht. Das grösste bestehende Bewässerungsgebiet Afrikas (ausserhalb Ägyptens) ist Gezira, das mit der dazugehörigen Managil-Extension eine Fläche von 720 000 ha einnimmt. Am Zusammenfluss von Weissem und Blauem Nil in der Republik Sudan gibt dieses schon in den zwanziger Jahren von der britischen Kolonialverwaltung für Baumwollanbau geplante Bewässerungsnetz etwa 80 000 Pächtern und Arbeitern Wirtschaftsland. Um die Bodenqualität und die Ernährung zu verbessern, wurde Viehhaltung eingeführt. Die Herden werden gemeinschaftlich auf den Brachfeldern geweidet. Sie müssen aber unter scharfer Kontrolle gehalten werden, um Schädigungen zu vermeiden.

Wie problematisch Irrigationsvorhaben sein können, indem sie bestehende ökologische Verhältnisse stören, zeigt sich deutlich in der dünnbesiedelten Kalahari Botswanas, in der nach Bohrung zahlreicher Brunnen die Zahl der Rinder wesentlich vermehrt werden konnte. Dadurch wurde die Vegetation im Umkreis der Wasserstellen durch Überweidung so sehr zerstört, dass die Tiere weniger an Wassermangel als an akuter Futterknappheit zu leiden hatten. Als nachteilig erwies sich weiter, dass Buschmänner aus grossen Entfernungen zu den Wasserstellen in der Kalahari wanderten und sich dort fest niederliessen. Die Folge war eine starke Zunahme der Infektionskrankheiten. Zudem gerieten die Neueindringlinge mit den Gruppen, denen das Land um die Brunnen früher gehört hatte, in Stammesstreitigkeiten. Das Wild der Umgebung wurde verjagt, die Nährpflanzen wurden schnell aufgebraucht. Eine wenig umsichtige Bewässerungsplanung hat in diesem Fall zur Verschlechterung der Lebensqualität und nicht zu ihrer Verbesserung geführt. Um der Bevölkerungsansammlung entgegenzuwirken und die negativen Folgen des Projektes wieder zu beseitigen, mussten einige Brunnen sogar geschlossen werden. – Im Rahmen der FAO wird angestrebt, das weitere Vordringen der Wüste durch Verkleinerung der Herden, Vermehrung von Brunnen (unter Fachleuten, wie obiges Beispiel zeigt, zu Recht umstritten), Anlage von Muster-Oasen und Aufforstung in den Randgebieten zu verhindern. Gegenwärtig nehmen allein in Nordafrika die Wüstenflächen um mindestens 10 000 ha pro Jahr zu.

Ein weiterer wesentlicher Faktor für Wüstungen und Siedlungsverlegungen sind neben den verschiedenartigen hydrologischen Schwierigkeiten die klimatischen Verhältnisse, die wir im Zusammenhang mit der Bodenerosion bereits kurz erwähnten. Bei der starken Aufheizung der Luft tagsüber entsteht eine kräftige Zirkulation mit Wirbelbildungen (Staub- und Windhosen). Die Winde erreichen, wegen des Fehlens einer geschlossenen Vegetationsdecke und der dadurch verminderten Reibung, höhere Geschwindigkeiten. Es können sich gefürchtete Staub- und Sandstürme ausbilden, die schon manche Oase zugedeckt haben. Dattelpalmenhaine und Schutzmauern vermögen dagegen kaum Widerstand zu leisten, können aber für eine gewisse Zeit Wanderdünen aufhalten.

Auch *politische* Gründe können zur Bildung von Wüstungen führen. Ein klassisches Beispiel dafür ist im Norden der Palmenoase Sabha im Fezzan (Libyen) anzutreffen. Die Bewohner der heute verlassenen Orte Gasr-Charef, al Ahmer und Umm er Ruis zogen im 15./16. Jahrhundert während der Unruhen und Kriegszüge der Uled Mohammed in das neugegründete Dorf al Jedid. Auch die Veränderung von Verkehrsverhältnissen kann Anlass sein, intakte Oasen zu verlassen (Selima und Merga in der Ostwüste).

In den letzten Jahren hat das beispielsweise in Libyen geförderte Erdöl einen bedeutenden Strukturwandel der Oasenwirtschaft eingeleitet. In grösserem Umfang noch als in Djalo und Marada, wo einige Oasengärten zur Frischgemüseversorgung der Erdölarbeiter bestellt wurden, hat in den nördlichen Oasen von Kufra (Tazerbo und Bseima) die Feldbebauung nachgelassen und zur Verödung und Versandung geführt. Eine Art Arbeiterpendelwanderung in die Erdölgebiete hat eingesetzt. Ein Viertel der Bevölkerung von Tazerbo, alle Männer im arbeitsfähigen Alter, sind in einem Erdöllager tätig. Bald wird wohl die vollständige Abwanderung grosser Bevölkerungsteile beginnen. Leere Häuser deuten den Anfang dieser Entwicklung bereits an. Während in den ägyptischen Oasen durch Neulandgewinnung und Neuansiedlung von Bauern die Oasenbevölkerung zunimmt (Projekt «Neues Tal») und durch Errichtung von Industriebetrieben in den neuen Orten auch der gewerbliche Bevölkerungsteil künftig noch erheblich wachsen wird, hat die Erdölwirtschaft in Libyen, deren Zentren oft abseits der

Oasen liegen, zu einer Abwerbung der Bevölkerung aus den grünen Inseln im Sandmeer und zu deren Schrumpfung geführt. Dagegen sind in der menschenleeren Wüste plötzlich neue, mit Hilfe der modernen Technik recht komfortable, wenn auch sicher zum Teil nur temporäre Siedlungen entstanden. Ein Sonderproblem ist die Abholzung, für baumarme Gegenden besonders gravierend. Für Nordafrika und den asiatischen Orient wurde sie auf jährlich 25 Millionen Hektar geschätzt, ein bei der langsamen Regeneration der Bestände geradezu nicht wiedergutzumachender Verlust. Die Verkehrsfeindlichkeit der Wüste ist mit der Fliegerei überwunden und kaum ein Gebiet ist unerreichbar. Das hat seine Schattenseiten. So zerstört etwa im Hoggar- und Tibesti-Hochland die eingeflogene Nahrung das alte Selbstversorgungssystem. Die Landwirtschaft verkommt, die einst unabhängigen, stolzen Tuareg verarmen und werden meist als Strassenarbeiter beschäftigt. Ob die Fortentwicklung der Technik – Atomtechnik, Komputertechnik usw. – für den Menschen zum Vor- oder Nachteil ausfällt, wird die Zukunft zeigen. – Mannigfach sind so die menschlichen Eingriffe in die Landschaftsentwicklung. Wir verändern viel, wollen und können verbessern, zerstören aber gleichzeitig manches – und unwiderruflich.

Die Abwehr der Gefährdung

Die Gefahren, die der Landschaft – und damit auch dem Menschen – drohen, sind diesem natürlich nicht unbekannt. Er scheint sich ihrer allerdings nicht immer klar bewusst, und doch ist die ganze Menschheitsgeschichte ein einziger immerwährender Versuch, sie bald kämpferisch, bald friedlich zu bannen, indem versucht wird, die Natur zu bändigen, die Erde zu beherrschen. In der Gegenwart ist dieses Ringen härter geworden, da trotz der raffinierten Technik und Organisation – oder gerade deswegen – auch die Gefährdung zugenommen hat. Wenn man auch vom frühern mehr unbewussten Kampf gegen die Natur abkam, so bleibt doch grundsätzlich die Auseinandersetzung dieselbe. Allerdings hat der Mensch eingesehen, dass er es nicht auf blossen Kampf ankommen lassen darf, sondern dass es gilt, mit der Natur zu leben, und das heisst: weitgehend mit der *Landschaft* zu leben. Aus dieser Erkenntnis heraus baut sich die Arbeit an und mit der Landschaft grundsätzlich aus drei Phasen auf: sie geht von der systematischen Landschafts*forschung* über die Landschafts*planung* zur Landschafts*gestaltung* und *-pflege,* Bereiche, von denen aus zu einer sinnvollen schonenden Landschafts*nutzung* als dem eigentlichen Ziel menschlicher Betätigung gelangt werden kann.

Landschaftsforschung

Der erste Schritt zum Leben mit der Natur, der Ansatz, ist die Landschaftsforschung. Der Vielfalt landschaftlicher Wesensausprägung entsprechend ist ihr Verfahren, ihr Methodengefüge, natürlich sehr vielfältiger Natur. An ihr beteiligen sich ausser den eigentlichen Landschaftsdisziplinen, deren Zahl in Zunahme begriffen ist, mehr randliche Wissenschaftszweige, die mit dem Ausdruck Erd- und Umweltwissenschaften der Natur- und Sozialwissenschaften zusammengefasst werden können und sich alle ständig spezialisieren und differenzieren. Wie alle Wissenschaften haben sie ihren Gegenstand, die Landschaft, mit den Mitteln der Axiomatik, der Analyse und Synthese, der Induktion (Reduktion) und Deduktion, der Beschreibung (Deskription) und Erklärung (Kausal- und Finalkonstruktion), der Abstraktion und Konkretisation, der diskursiven und intuitiven Denkweise zu erfassen. Sie bedienen sich hierbei sowohl der Feld- als auch der Institutsforschung (der Archive, Bibliotheken, der Institute), mathematischer, statistischer, graphischer (kartographischer, photographischer), kurz, sie bedienen sich sämtlicher Verfahren und Techniken, die zur möglichst objektiven Erkenntnis eines so vielfältigen Objekts wie der Landschaft eingesetzt werden können und müssen.

Die eigentlichen Landschaftswissenschaften

Es ist klar, dass in der Anwendung auf dieses besondere Gebiet die genannten allgemeinwissenschaftlichen Verfahren erhebliche Modifikationen notwendig machen. Hieraus hat sich eine spezifische landschaftskundliche Methodik entwickelt, die bisher vor allem von der Geographie, insbesondere von ihren Teilbereichen der Landschaftskunde geleistet wurde. Im Mittelpunkt der landschaftlichen Forschung stehen zweifellos die Untersuchungsweisen, welche auf das Ganze des landschaftlichen Objekts gerichtet sind. Wenn dieses in seiner vollen Ganzheit auch nie erfasst werden kann, so muss doch auch die «Stückwerkerfassung» auf das Ganze gerichtet sein. Es geht in diesen Forschungsgebieten einerseits um die Frage nach dem zuständlichen Gefüge der Landschaften, welches in deren äusseren und inneren Form und im sachlich-stofflichen Gehalt Ausdruck findet. Andererseits hat sie nach den Vorgängen zu fragen, die sich im Ganzen abspielen, es konstant erhalten oder es wandeln, und schliesslich hat sie den Kräften zu gelten, welche die Vorgänge, den Wechsel der äussern und innern Gefüge der Landschaft bewirken. Danach lassen sich die Zweige der Landschaftsforschung, welche sich diesen Seiten der Landschaften widmen, in Analogie zu den Wissenschaften mit ähnlichen Gefügen bzw. «Strukturen» (im Grunde in Analogie zu den meisten Realwissenschaften) als Formenlehre (Landschaftsmorphologie), Gefüge- oder Strukturlehre, als Lehre von den innern Vorgängen (Physiologie) und den äussern Vorgängen (bzw. von den Beziehungen der Landschaften zur nähern und weitern Umwelt: Ökologie, Chorologie) und als Lehre von den Landschaftswandlungen (Chronologie, Landschaftsgeschichte, -genese) bezeichnen. Doch sei hier auf die Gliederung im einzelnen nicht eingegangen. Da Landschaften sowohl in individueller Prägung (als einmalige Landschaftsindividualitäten) wie auch als Typen auftreten, gemeinsame Merkmale haben und Gesetzmässigkeiten (Form- und Strukturgesetzen wie Vorgangs-Prozessgesetzen) unterliegen, muss ferner der Individualuntersuchung eine Betrachtungsweise zur Seite gestellt werden, die den allgemeinen oder generellen Zügen der Landschaft nachspürt. Einer speziellen, individuellen (idiographischen) tritt so eine allgemeine, typologische und nomothetische (Gesetzes-) Betrachtung zur Seite. Beide können je nach Betrachtungsschwerpunkten den zuvor genannten Teildisziplinen neben-, über- oder untergeordnet werden.

Diesen das Landschaftsganze behandelnden Zentral- oder Kerndisziplinen der Landschaftsforschung, den Geographien im engern eigentlichen Sinne, ordnen sich die auf die Elemente oder Bestandteile der Landschaft gerichteten mehr randlich unter, so sehr sie oft als Hauptwissenschaften erscheinen mögen. Andererseits lassen sie sich, da sie die tragenden Grundlagen der Landschaften behandeln, auch als Basis- oder Grundwissenschaften (Geofaktorenlehren) auffassen. Nun sind die Landschaftsteile oder -komponenten grundsätzlich bereits Objekte zahlreicher Spezialwissenschaften (Umweltwissenschaften), ja ganzer Wissenschafts*gruppen*. Es sei nur an die uferlose Zahl der Natur-, Geistes- und Kulturwissenschaften (Sozialwissenschaften) erinnert. Sie alle dienen der Erkenntnis einerseits der Natur, andererseits des Menschen, der selbst einen der massgebendsten Gestaltungsfaktoren der Landschaft darstellt. Für die Landschaftsforschung ergab sich aus dieser Tatsache der systematischen Behandlung der Landschaftselemente durch besondere Disziplinen ein heikles und bisher ungelöstes Problem. Es stellte sich die Frage, inwieweit sie zuständig ist, die Komponenten ihres Objektes Landschaft zu untersuchen, ohne mit den hierzu entschieden besser legitimierten (systematischen) Disziplinen in Konflikt zu geraten oder aber Doppelspurigkeiten zu begehen. Da indessen andererseits die Landschaften ohne ihre Bestandteile überhaupt nicht existieren können und deshalb ohne sie auch nicht zu erkennen sind, muss die Landschaftsforschung sie notwendigerweise im Rahmen ihrer Forschungsarbeit berücksichtigen. Grundsätzlich allerdings kann es sich für sie dabei nur darum handeln, die Landschaftsteile – Litho-, Hydro-, Atmo- und Biosphäre – in ihrer Anteilhaftigkeit am Landschaftsganzen zu würdigen, wobei sie sich im wesentlichen auf jene Wissenschaften stützen muss, die sich mit diesen besonders befassen. Als spezifische Teilwissenschaften der Landschaftsforschung oder Geographie – also Partialgeographien – können

185 *Die Atlantik-Küste bei Tarfaya, 10 km südlich Kap Juby im äussersten Süden Marokkos, ist ein Beispiel für die von Schiffstrümmern und Überbleibseln des Touristenstroms «verschönte» natürliche Strandlandschaft.*

186 *Geothermische Kraftwerke Larderello, im toskanischen Erzgebirge. Nach dem Zweiten Weltkrieg entstanden, sind sie die ersten Werke dieser Art. Ihre Produktion beläuft sich auf etwa 3 Milliarden Kilowattstunden pro Jahr.*

187 *Kehrichtdeponie in einem bernischen Dorf, wie sie zu Hunderten die Landschaft aller Weltgegenden «verschönern». Der Schaden, den sie anrichten, ist hygienischer Art, da sie das Grundwasser verunreinigen und durch ihren Geruch unangenehm auffallen, zumindest aber ästhetischer Natur, da sie die Landschaft verschandeln.*

188 Schnellstrassen («speedways») durchschneiden die Siebenmillionenstadt Mexico City: organisch Gewachsenes wird künstlich und widernatürlich getrennt.

189/190

191/192

189 Bohrtürme im Meer bei Maracaibo, Venezuela. Auch die Meerlandschaft wird auf diese Art und Weise – zumindest im Küstenbereich – in die Umgestaltung einbezogen.

190 Kehrichttümpel bieten ein trostloses Bild: der von Algen überwucherte Müll vergiftet den Lebensraum der Wasserfauna; Fische haben hier keine Überlebenschance.

191 Hassi-Messaoud bei Ouargla, Algerien. Die grössten Erdölfelder Algeriens (Nordsahara) sind durch Pipelines mit der Küste verbunden – ein eindrückliches Zeugnis für die moderne Entwicklung der Wüstenlandschaft.

192 Fabrikrauch über einer westeuropäischen Stadt – symbolisch für die meisten Industriegebiete der Erde.

demnach nur Disziplinen gelten, die nach der Funktion von Boden, Gewässern, Klimaten und Lebewesen im Gesamthaushalt der Landschaft fragen. Ausschliesslich in diesem Sinne lassen sich also Geographien der Lithosphäre (Bodengeographie, Reliefgeographie), der Hydrosphäre (Hydrogeographie), Atmosphäre (Meteorographie, Klimageographie) und Biosphäre (Pflanzengeographie, Tiergeographie, Menschen-, Human- oder Anthropogeographie) unterscheiden und ins Wissenschaftssystem der Landschaftsforschung einfügen.

Dagegen gehören Betrachtungsrichtungen, welche nach der Abhängigkeit dieser Phänomene von der Erde oder Erdhülle fragen, ebenso ausschliesslich zu den betreffenden Einzelwissenschaften: zu jenen vom Boden und Relief, von den Gewässern, Klimaten, Lebewesen. Sie können als geographische Boden- und Relieflehre (Geomorphologie), geographische Meteorologie (Geometeorologie), Geohydrologie, Pflanzenkunde (Geobotanik), Tierkunde (Geozoologie) und Anthropologie (Geoanthropologie), Wirtschaftskunde (Geoökonomie), Politik (Geopolitik) usw. bezeichnet werden, insofern sie ihre Objekte von der Landschaft her, von der Bedeutung der Landschaft für sie zu beurteilen versuchen. Dies erscheint insofern durchaus nötig, als diese Gegenstände durch die landschaftliche Umwelt mitbestimmt werden.

Auch die Landschaftsanalyse hat also ihre Arbeit auf das Landschaftsganze auszurichten. Sie muss, um es schärfer auszudrücken, Zergliederung der Landschaft oder Analyse der Beziehungen der Landschaftsteile zum Landschaftsganzen leisten, darf aber nicht etwa Analyse dieser Teile an sich sein. Diese Grenzziehung übersieht keineswegs, dass eine absolute Trennung von geographisch betonten Teilwissenschaften und Spezialdisziplinen unmöglich ist, weil Landschaftsganzes und Landschaftsteile in unauflöslicher Wechselwirkung stehen. Das heisst, jedermann muss einsichtig sein, dass alle Wissenschaftsgliederung und -begrenzung lediglich aus den denkökonomischen Gründen erfolgt. Darauf weist vor allem auch die Tatsache hin, dass Landschaften letztlich keine «Dinge an sich», sondern Glieder höherer Einheiten sind: des Planeten Erde und des Kosmos.

Die Landschaftsforschung gipfelt im übrigen als Disziplin wie jede andere Wissenschaft in einer Theorie ihres Gegenstandes, der Landschaft, das heisst in einem Gefüge von Begriffen und Sätzen (Urteilen), die dessen Wesen möglichst wirklichkeitsgemäss (adäquat) auszudrücken sucht und auf ein «natürliches System» von Landschaften – von Landschaftsindividuen und Landschaftstypen (und Gesetzen) – zielt. Die Landschaftsklassifikation (Typologie, Systematik, Taxonomie) im weitern und umfassenden Sinne, die nicht lediglich Einteilung, die vielmehr Zusammenfügung aller Landschaften (ihrer Integration) zum Ganzen der Erdhülle, gewissermassen zum «Kosmos» der Landschaften der Erde repräsentiert, ist ein Ziel, von dem die Landschaftsforschung freilich noch so weit entfernt ist wie die meisten übrigen Wissenschaften von ähnlichen komplexen Gegenständen (Biologie, Kristallographie, Soziologie, Linguistik usw.).

Die Hilfswissenschaften der Landschaftsforschung

Die Landschaftsforschung baut – wie übrigens alle konkreten Wissenschaften – auf so gut wie sämtlichen andern Disziplinen auf, da ihre Gegenstände sich aus deren Objekten zusammensetzen. Für sie sind also sämtliche andern Wissenschaften ebenso Hilfsdisziplinen, wie sie Hilfsdisziplin jener ist. Eine Aufzählung müsste somit alle Wissenschaften umfassen, was nicht Zweck dieser Übersicht sein kann. Wohl aber muss auf diejenigen hingewiesen werden, die der Landschaftsforschung näherstehen. Abgesehen von den «allgemeinen» Forschungszweigen, die als Grundlage jeder konkreten Einzelwissenschaft zu gelten haben – wie Mathematik, Physik, Chemie und Biologie, auch Philosophie, Psychologie, Wirtschaftswissenschaft und andere –, handelt es sich dabei um die Gesamtheit der Natur- und Geisteswissenschaften. Von den ersteren sind es namentlich die Erdwissenschaften im engern Sinne, die der Landschaftsforschung wertvolle Dienste leisten, so Bodenkunde, Geomorphologie, Geologie und Geophysik, Hydrologie und Klimatologie, sodann Vegetations- und Tierforschung. Ausser ihrer Funktion, Forschungszweige der Gesetze der betreffenden Gegenstände – der Landschaftselemente oder Geofaktoren – zu sein, haben sie für die Landschaftsforschung Bedeutung, insofern sie die Eigenart derselben tiefer und differenzierter erfassen, als es dieser möglich ist. So untersucht beispielsweise die Geomorphologie die Formung aller an der festen Erdoberfläche beteiligten Vorgänge wie Verwitterung, Bodenbildung, Massenbewegungen, Abtragung und Ablagerung und die dadurch entstehenden Formen wie Gebirge, Täler und Ebenen und wird dadurch zu einer grundlegenden Disziplin der Landschaft, insofern die genannten Erscheinungen wesentlich die Landschaftsformen wie deren Teile – Klima, Gewässer, Vegetation – bestimmen. Analoges gilt für die Klimatologie, für die Lehre von den atmosphärischen Zuständen und Witterungsvorgängen, für die Hydrologie, die Wissenschaft von den Grundwässern, Flüssen, Seen, Gletschern und dem Meer in ihren Gesamterscheinungen wie nach ihren Elementen, für die Bodenkunde, die Lehre von der Vielfalt der Bodenarten und Bodentypen, wie schliesslich für die Vegetationskunde und Faunistik, die Wissenschaften von den Vegetationen und Tieren als wesentlichen Elementen der Landschaft. Sie werden denn auch oftmals direkt zur Landschaftsforschung gerechnet, obwohl sie an sich völlig selbständige Forschungszweige sind und mit dieser nur gemeinsam haben, dass ihre Gegenstände auch Bestandteile der Landschaft sind.

Ähnliches gilt von den meisten Humanwissenschaften oder den Wissenschaften vom Menschen. Bildet doch dieser einen – positiv und negativ – entscheidenden Faktor der Landschaftsbildung, insbesondere in seiner Gestaltung der Siedlung, der wirtschaftlichen Nutzung und technischen Gestaltung (Verkehr, Hoch- und Tiefbau, Veränderung von Gewässern, Oberflächenformen, Vegetation und Fauna). Daher sind die Siedlungsforschung, die Lehre von den ländlichen und städtischen Wohnräumen nach innerem und äusserem Aufbau und nach ihren Veränderungen, die Forschungszweige der verschiedenen Wirtschaftsformen – Landwirtschaft, Gewerbe, Industrie, Verkehr – kurz: die Einzeldisziplinen wichtige Hilfswissenschaften, welche insgesamt der Kulturlandschaft gewidmet sind. Dass auch die Geschichte zu ihnen zu rechnen ist, ergibt sich aus der Tatsache, dass sich die menschliche Landschaft teils langsam, teils schneller ändert. Deshalb muss sie auch in ihren Wandlungen begriffen werden. Aber ebenso sind Volkskunde, Ethnographie und Soziologie, Staats- und Rechtswissenschaft, Kunst- und Religionswissenschaften beizuziehen, um die Landschaftsstrukturen zu erfassen, die mitbedingt werden, also ohne diese Wissenschaften nicht verstehbar wären. So erweist sich die Landschaftsforschung als ein aus vielfachen Erkenntnissen erwachsendes und mit zahlreichen Wissenschaften verbundenes Fach, das insbesondere aus dieser Verbundenheit wesentliche Hilfe bei der Beurteilung von Landschaftsgefährdung, der Landschaftsschäden und Landschaftstherapie bezieht.

Landschaftsplanung

Den zweiten Schritt zur Abwehr der Gefährdung der Landschaft, auch einen Schritt der Vorbereitung praktischer Landschaftsgestaltung stellt die Landschaftsplanung dar. Dieser Begriff lässt mehrere Deutungen zu. Wohl erscheint die Landschaftsplanung in den meisten ihrer Umschreibungen als ein Mittel, das dazu dient, die landschaftliche Ordnung mit dem Ziel einer für den Menschen gesunden und nachhaltig leistungsfähigen Landschaft zu gestalten. Andererseits haben sich jedoch in der Praxis bei der Verfolgung dieses Zieles sehr verschiedene Auffassungen ergeben. Anfänglich namentlich von Geographen gefördert, wurde die Landschaftsplanung zunächst als Bindeglied zwischen Landschaftsforschung und Landschaftsgestaltung herausgestellt. Ziel dieser Landschaftsplanung war eine harmonische Landschaftsentwicklung, welche zugleich die bestmögliche Nutzung der Landschaft garantiert. Die Landschaft selbst wurde dabei als das Gefüge aller Einzelerscheinungen der Erdoberfläche definiert: des Bodens, der Lufthülle, der Gewässer, der Pflanzen, der Tiere, aber auch der Menschen und seiner Werke. Dadurch entsprach die Landschaftsplanung weitgehend der Landes- oder Raumplanung im umfassendsten Sinne.

Eine weitere, geographisch orientierte Begriffsbildung erklärte die überörtliche Planung, speziell die Regionalplanung als Landschaftsplanung. Als Landschaften galten dabei einzelne Individuen, welche eine bestimmte räumliche Grössenordnung aufwiesen. Die Landschaftsplanung gilt nicht zuletzt als eigenständige Fachplanung, die zugleich als «ökologische Raumplanung» oder als «Umweltgestaltung im geographischen Raum» bezeichnet wird. Diese Landschaftsplanung vollzieht sich zwar ausserhalb der Landes-, Regional- und Ortsplanung, sie stellt jedoch eine notwendige Ergänzung der Raumplanung aller Stufen dar. Das Zusammenwirken von Landschaftsplanung und Raumplanung führt zu einem Gesamtentwicklungsplan, der die Landnutzung und Landesentwicklung in funktionsfähigen und «lebbaren» Landschaften koordiniert. Die Notwendigkeit einer eigenständigen Landschaftsplanung wird vor allem damit begründet, dass es unmöglich ist, landschaftsökologische Ziele im Rahmen der Raumplanung durchzusetzen. Die Auffassung, die Landschaftsplanung sei ein integrierender Teil der Raumplanung, hat sich heute in den meisten Ländern der Welt durchgesetzt. Als Bestandteil der Landes- oder Raumplanung unterliegt sie verständlicherweise einigen Einschränkungen. Diese können sich sowohl auf die Ziele als auch auf die Inhalte, aber auch auf das Verfahren der Landschaftsplanung beziehen. Da nun selbst über die Aufgaben und das Vorgehen der Raumplanung von Land zu Land unterschiedliche Auffassungen bestehen, konnte eine Differenzierung der Landschaftsplanung nach Ländern nicht verhindert werden. Im wesentlichen dürfte aber zutreffen, dass die Landschaftsplanung in der Raumplanung eine zweckmässige Nutzungsordnung des Bodens und eine geordnete Besiedlung des Landes erstrebt. Indem sie bestimmte Landschaftsräume der Besiedlung vorenthält, um wertvolle natürliche Lebensgrundlagen zu sichern, beeinflusst sie unmittelbar die künftige besiedlungsmässige Entwicklung des Landes. Aus diesem Grunde erweist sich die Landschaftsplanung als eine wichtige Grundlage für andere Teilbereiche der Raumplanung, besonders für die Siedlungs- und Verkehrsplanung. Im folgenden soll nun versucht werden, die Landschaftsplanung als Bestandteil der Raumplanung näher vorzustellen.

Der Inhalt der Landschaftsplanung

Der räumliche Wirkungsbereich

Die Landschaftsplanung erfasst grundsätzlich den ganzen Raum, der je nach Aufgabestellung dem Areal einer Gemeinde oder einer Region entspricht. Die Abgrenzung der Landschaftsplanung gegen die übrigen Teilplanungen (Siedlungs-, Verkehrs- und Versorgungsplanung sowie Planung der öffentlichen Bauten und Anlagen) ist deshalb vor allem sachlich, nicht räumlich. Allerdings beschränkt sich die Landschaftsplanung bei der Erfüllung ihrer Aufgaben vornehmlich auf den Freiraum eines Planungsgebietes, und zwar auf den Freiraum, der zu Beginn der Planung vorhanden ist. Dieser umfasst sowohl die freie, das heisst die nichtüberbaute Landschaft als auch die Freiräume in den Siedlungen.

Nach der Festlegung der Baugebiete und Nichtbaugebiete im Rahmen des Planungsprozesses konzentriert sich die Landschaftsplanung insbesondere auf die Nutzungsordnung der künftigen freien Landschaft. Parallel dazu hat sie jedoch die Aufgabe, Vorschläge zur Lage und Gestaltung der Freiräume innerhalb der Siedlungsgebiete, speziell für öffentliche Anlagen, zu erarbeiten und eine zweckmässige Differenzierung der Bauzonen nach landschaftlichen Gesichtspunkten zu prüfen. In den eigentlichen städtischen Planungsregionen verlagert sich ihr Schwergewicht auf die Planung von Grünflächensystemen, unter besonderer Beachtung der öffentlichen Anlagen.

Der sachliche Wirkungsbereich

Wegen ihrer komplexen Aufgabenstellung muss die Landschaftsplanung als eine teilintegrierende Planung bzw. als eine Gesamtplanung spezieller Art betrachtet werden. Ihr sind im wesentlichen folgende Sachplanungen zugewiesen: die Schutzplanung (mit den Teilgebieten Natur- und Landschaftsschutz, Gewässerschutz und Gefahrenschutz), die Waldentwicklungsplanung, die Planung der Landwirtschaftsgebiete, die Abbauflächenplanung, die Erholungsplanung, die Pflege- und Gestaltungsplanung (Landschaftsschäden, gestalterische Einzelmassnahmen). Die Summe der einzelnen Sachplanungen ergibt noch keine Landschaftsplanung. Das Wesen der Landschaftsplanung besteht vielmehr in der Synthese, in der Integration dieser Fachplanungen. Dabei wird jede Fachplanung auf das oberste Ziel des Gesamtsystems, das heisst auf die Erhaltung des Landschaftshaushaltes und des Nutzungspotentials des Landschaftsganzen abgestimmt. Im Planungsprozess der Landschaftsplanung können somit zwei grundlegende Phasen voneinander unterschieden werden: In der Phase der Fachplanungen wurden spezifisch sachgebietsbezogene Konzepte mehr oder weniger unabhängig voneinander entwickelt; in der Phase der Koordination (Synthese) müssen diese Sachkonzepte zu einem sinnvollen Gesamtkonzept integriert werden. In der Praxis der Landschaftsplanung überschneiden sich die zwei Phasen mannigfach.

Das Verfahren der Landschaftsplanung

Die vorhin geschilderten Funktionen setzen ein bestimmtes Planungsverfahren voraus, das die Landschaftsplanung in die Gesamtplanung integriert, schon in einer Frühphase des Planungsprozesses Ergebnisse liefert, welche für andere planerische Entscheidungen unentbehrlich sind (Vorranggebiete), und die Durchführung von eigentlichen Sachplanungen und deren Koordination auf ein Gesamtkonzept der Landschaftsplanung hin ermöglicht. Im wesentlichen enthält es folgende Arbeitsschritte: generelle Analyse des Planungsgebietes, Festlegung der allgemeinen Ziele, Eignungsbewertungen, Bedarfsermittlungen, Ausscheidung der Vorranggebiete, Koordination der Vorranggebiete, Konfrontation der Vorranggebiete mit den Konzepten der anderen Teilplanungen, Detaillierung der Konzepte der Landschaftsplanung, Detaillierung der Sachkonzepte, Zusammenbau der Sachkonzepte. Bei der praktischen Durchführung werden einzelne Arbeitsschritte oft zusammengefasst oder auch weiter unterteilt. Auch Rückkoppelungen sind des öftern notwendig.

Generelle Analyse des Planungsgebietes

Speziell sind folgende Sachverhalte zu erfassen: Landschaftsgliederung des Planungsgebietes, Landschaftshaushalt (Ist-Zustand, Störungen, Trend), Landschaftsnutzung: a. Besiedlung (Siedlungsentwicklung), b. Landwirtschaft (Ist-Zustand, Trend), c. Waldwirtschaft (Ist-Zustand, Trend, Funktion, Besitz), d. Abbau (Ist-Zustand, Potential, Nachfrage), e. Erholung (bisherige Entwicklung, Potential, Nachfrage), f. Landschaftsschutz (Ist-Zustand, Gefährdung, Landschaftsschäden), g. Landschaftspflege/Gestaltung.

Festlegung der allgemeinen Ziele

Für jedes Planungsgebiet müssen die Ziele der Landschaftsplanung formuliert werden. Zweck der weiteren Arbeitsschritte ist es, aus solchen allgemeinen Zielen operable Ziele abzuleiten und diese in ihren räumlichen Auswirkungen aufzuzeigen. Die Grundsätze der Landschaftsplanung und deren Sachplanungen – man könnte auch von Randbedingungen sprechen – sind vielfach in den Gesetzesgrundlagen der Raumplanung enthalten. Als Beispiele seien hier einige solcher Grundsätze genannt: Erhaltung des Waldareals in seinem Bestand und in seiner regionalen Verteilung, Schutz der Grundwasserströme, Sicherung ausreichender Naherholungsräume usw.

Die Eignungsbewertungen

Diese werden mit Hilfe von spezifischen Bewertungskriterien durchgeführt. Sie beziehen sich vor allem auf die Eignung für die landwirtschaftliche Nutzung, für Erholung, für den Abbau, auf die Schutzwürdigkeit, die Naturgefahren und Landschaftsschäden. Die Ergebnisse der Bewertungen werden in Eignungs-, Schutzwürdigkeits-, Gefahrenkarten usw. dargestellt.

Bedarfsermittlungen

Das Problem der Bedarfsermittlungen ist im Rahmen der Landschaftsplanung noch nicht befriedigend gelöst. Es muss allerdings gesagt werden, dass dieses Problem für verschiedene Sachgebiete ein Scheinproblem darstellt, da der Bedarf nicht realisiert werden kann (Landwirtschaft) oder sich objektiv nicht bestimmen lässt (Landschaftsschutz) oder für die Erhaltung des vorhandenen Bestandes gesetzliche Bestimmungen bestehen (Wald). Aus diesem Grunde werden die Raumbedarfe der Sachplanungen vielfach auf das vorhandene Potential des Planungsgebietes bezogen, das heisst die Landwirtschaft beansprucht alle für sie gut geeigneten Gebiete, die Forstwirtschaft das vorhandene Waldareal und der Landschaftsschutz alle schutzwürdigen Gebiete und Einzelobjekte.

Ausscheidung der Vorranggebiete

Auf der Grundlage der Eignungskarten und der Bedarfsangaben werden zuerst die Ziele der Sachplanungen konkretisiert. Sie betreffen insbesondere Qualität und Quantität der benötigten Räume. In einem zweiten Schritt erfolgt dann die Umsetzung der so formulierten Ziele in räumliche Konzepte. Dabei wird jede Sachplanung versuchen, von ihrer Sicht aus optimale Konzepte zu erarbeiten. Die von den einzelnen Sachplanungen beanspruchten Räume werden als Vorranggebiete bezeichnet.

Die Koordination der Vorranggebiete

Um zu einem Gesamtkonzept der Landschaftsplanung zu gelangen, müssen die Sachkonzepte aufeinander abgestimmt werden. Zu diesem Zweck werden die Vorranggebiete zuerst kartographisch überlagert. Darauf folgt die Suche nach den Konflikten und deren Darstellung. Unterschieden wird gewöhnlich zwischen absoluten Flächenkonflikten, bei denen eine gleichzeitige Nutzungsüberlagerung nicht möglich ist, und strukturellen Konflikten, deren Lösung eine Prioritätsordnung der Nutzungen erfordert. Alle Konflikte werden mit Hilfe von Kriterien, die aus den jeweiligen Zielen der Landschaftsplanung abgeleitet werden, bereinigt. Die so aufeinander abgestimmten Sachkonzepte ergeben zusammen die Vorranggebiete der Landschaftsplanung.

Die Konfrontation der Vorranggebiete mit den Konzepten der anderen Teilplanungen

Die Vorranggebiete der Landschaftsplanung werden nun mit den Konzepten der Siedlungsplanung, Verkehrsplanung, Versorgungsplanung und der Planung der öffentlichen Bauten und Anlagen konfrontiert, um eine gesamtplanerische Konzeption zu entwickeln, welche eine bestmögliche Landschaftsentwicklung und Landschaftsnutzung garantiert. Es geht hier also wiederum um die Suche nach Konflikten und ihre Lösung, Konflikten, die zwischen dem Konzept der Landschaftsplanung und den Konzepten der andern Teilplanungen bestehen. Bei sachlichen Entscheidungen solcher Konflikte muss das Konzept der Landschaftsplanung Priorität haben, da es die Belange des Landschaftsganzen vertritt und insbesondere die Erhaltung von wichtigen Lebensgrundlagen ermöglicht. Oft entscheiden jedoch politische Erwägungen, wodurch nicht nur die Landschaft als Lebensraum des Menschen, sondern auch das Image der Planung Schaden erleidet. Als das Hauptergebnis der Konfrontation ist die definitive Festlegung der Baugebiete und der Nichtbaugebiete im Planungsraum zu betrachten. Gleichzeitig wird auch die Linienführung von Verkehrsanlagen, Leitungen usw. fixiert.

Detaillierung der Konzepte

Nachdem das Baugebiet festgelegt ist, erfolgt die Nutzungsordnung der Freiräume innerhalb und ausserhalb des Baugebietes. Der *Zusammenbau der Sachkonzepte,* als letzter Schritt, spielt sich unter ständiger gegenseitiger Koordination bzw. im Kontakt mit den anderen Teilplanungen ab. In der Praxis werden die Sachgebiete Landwirtschaft, Forstwirtschaft, Abbau und Erholung oft zu einem Sachbereich «Nutzung» zusammengefasst. Ebenfalls üblich ist es, die Sachgebiete Natur- und Landschaftsschutz, Grundwasserschutz, Gefahrenschutz zu einem Bereich «Schutz» zu vereinigen. Das Ergebnis der Landschaftsplanung ist der Landschaftsplan (s. Beispiel, Karte VII), der unterteilt wird in den Richtplan, welcher in der Regel nur für die Behörden verbindlich ist, und den Nutzungsplan, der für alle Benützer der Landschaft obligatorische Verpflichtung bedeutet. Der Landschaftsplan ist in der Regel ein Sammelwerk von Einzelplänen, da sich alle Details kaum jemals durch einen einzigen Plan erfassen lassen. So bestehen viele Möglichkeiten, den Landschaftsplan zu gliedern. In jedem Falle bleiben alle Einzelpläne Bestandteil des Landschaftsplanes, der dann wiederum in den Gesamtplan integriert wird, welcher Landschaft, Siedlung, Verkehr und öffentliche Anlagen umfasst. Mit dem Landschaftsplan ist der Schritt zur Landschaftsgestaltung oder -pflege, von der Theorie zur eigentlichen Praxis vorbereitet. Wesentlich ist beim ganzen Verfahren, dass es in der Praxis immer wieder überprüft wird, das heisst, dass die *Revisionen* der Planung zum obligatorischen Mittel der Realisierung der Landschaftspflege erhoben werden.

Landschaftspflege

Der dritte und entscheidende Schritt bei der Abwehr der Gefährdung der Landschaft ist die Landschaftspflege. Er folgt planerischen, wissenschaftlichen, technischen, sozialen, politischen, ästhetischen, wirtschaftlichen und ethischen Grundsätzen und kann vorbeugenden (prophylaktischen), konservierenden, korrigierenden (therapeutischen) wie auch schlechthin innovierenden (erneuernden) Charakter haben. In jedem Fall ist er auf allgemeine Wohlfahrt, auf harmonische Landschaften ausgerichtet. Sein einziges Ziel muss ein optimales Zusammenwirken aller Landschaftsbestandteile oder -elemente sein, anders ausgedrückt: ein Zusammenwirken, das jedem Landschaftselement die ihm bestmögliche Existenz gewährleistet. Das mag vielleicht ein illusorisch erscheinendes Ziel sein; es sollte dennoch angestrebt werden.

Grundsätzliches

Die Vielzahl verschiedener Landschaften allerdings macht die Erfüllung schwer. Sie kann aber grundsätzlich umrissen werden. Die Landschaften lassen sich optimal – gesund – gestalten, indem aus ihnen kranke Elemente entfernt, andererseits neue, gesunde in sie verpflanzt werden, oder indem versucht wird, gesunde Landschaften vor Schäden zu bewahren und kranke zu heilen. Die Begriffe «gesund» und «krank» werden in der Regel auf den Menschen, daneben auf Pflanzen und Tiere, also auf Lebewesen angewandt. Lassen sie sich aber auch auf Landschaften übertragen? Menschen haben als krank zu gelten, wenn einzelne oder mehrere ihrer Organe Störungen der «normalen» Funktionen erleiden, wodurch das körperliche, seelische oder geistige Wohlbefinden beeinträchtigt wird. Landschaften sind indessen keine Organismen, auch keine anorganischen Gebilde. Sie können aber Erscheinungen zeigen, die an Krankheiten erinnern, wodurch das Wort «krank» auf sie anwendbar wird. So können Waldlandschaften durch Abholzung oder Stürme, Tierfrass oder Pflanzenkrankheiten Strukturänderungen erfahren, die sich als Störungen ihrer normalen Entwicklung auffassen lassen. Oasen werden – um ein weiteres Beispiel zu nennen – nicht selten von Dünenüberwehungen eliminiert, die gleichfalls Unterbrechungen ihrer Normalentwicklung darstellen.

Der Strukturwandel von Gesellschaft und Wirtschaft in Verbindung mit gesteigerten technischen Möglichkeiten und mit wachsenden menschlichen Ansprüchen bedingt einen schnell fortschreitenden Nutzungswandel der Landschaft. Dieser führt bei ungenügender Ordnung und Pflege und unzureichendem Schutz zur Entwertung oder Zerstörung von für die menschliche Existenz wesentlichen Landschaftselementen (Luft- und Gewässerverschmutzung, Störung des Wasserhaushaltes, Erosionsschäden, Verarmung der Vegetations- und Tierwelt, Beeinträchtigung der natürlichen Erholungseignung usw.) und damit der materiellen wie der immateriellen Potentiale für die Gesellschaft. Die Verhinderung dieser Vorgänge erfordert nicht nur allgemein eine Erhöhung landschaftspflegerischer Arbeit, sondern in der Regel ein System von Massnahmen, das in seiner Gesamtheit «Landschaftspflege» oder «Landschaftsgestaltung» genannt wird. Es beansprucht je länger, desto mehr die volle Tätigkeit der Staaten bzw. ihrer Infrastrukturen. Zu den Einzelmassnahmen, die früher im Vordergrund landschaftspflegerischer Arbeit standen, wie der Gestaltung von Strassen und Gewässern, der Pflanzung von Flurbäumen, den Schutzpflanzungen, der Begrünung von Halden und technischen Anlagen (Industriebetrieben, Kraftwerkanlagen, Stauseen usw.), tritt immer mehr die Aufgabe, die Ordnung und Entwicklung ganzer Landschaften unter landschaftspflegerischen Gesichtspunkten sicherzustellen: eine Melioration im weitesten Sinne des Wortes. Überdies gesellt sich zur Arbeit an Einzelobjekten (Ortsgestaltung) in zunehmendem Masse die Tätigkeit in grösseren Räumen (Regionen, Ländern). Damit wird neben den üblichen Planungsarten – neben der Objekt- und Detailplanung und -gestaltung – die Rahmenplanung und -gestaltung nötig. Es gibt praktisch keinen Bereich der Landschaftsplanung und -gestaltung mehr, der nicht der pfleglichen Betreuung und insbesondere der pfleglichen Nutzung bedarf, da sich erwiesen hat, dass bewusste (landwirtschaftliche, waldbauliche, industrielandschaftliche, städtische) Nutzung von landschaftspflegerischer Gestaltung weitgehend abhängig ist, ja nur mit dieser zusammen optimal betrieben werden kann.

Für die einzelnen Landschaften müssen naturgemäss unterschiedliche Grundsätze und Massnahmen angewendet werden. Die wesentlichen seien im folgenden nach den Hauptgruppen Natur- und Kulturlandschaften skizziert, wobei auf das Kapitel «Gefährdung der Landschaft» verwiesen sei (S.198 ff.). Was die Waldlandschaften anbetrifft, so muss zunächst bemerkt werden, dass jene der gemässigten und subtropischen Zonen wohl ihren Charakter als geschlossene Baumgebiete durch jahrhunderte-, ja jahrtausendelange Rodung verloren haben, aber zu Kulturparks oder Kultursteppen geworden sind, die besondere Würdigung verdienen.

Die *tropischen Wälder* hingegen, obwohl stärkstens gefährdet, scheinen noch so viel Regenerationskräfte in sich zu bergen, dass sie trotz des seit jeher betriebenen Raubbaus der Eingeborenen durch geeignete Massnahmen zu «retten» sind. Ein wichtiges Problem der künftigen Landschaftsgestaltung der Tropen liegt also zweifellos in der Erhaltung oder Regeneration des Baumbestandes. In den letzten Jahren haben glücklicherweise viele Führungskräfte der tropischen Entwicklungsländer den Wert und die Bedeutung der Waldreserven für Klima, Grundwasser und Boden, für die Regulierung und Restaurierung des Naturhaushaltes eingesehen. Trotzdem geht es bei den zu ergreifenden Gegenmassnahmen noch immer in erster Linie um eine Erziehungs- und Aufklärungskampagne. Die Bevölkerung jener Länder, die noch ausgedehnte Regenwälder besitzen, müssen von deren Bedeutung für die ganze Erde überzeugt werden. Man muss ihnen nahebringen, dass die Ernährung fortan nicht mehr auf Kosten der Wälder, wohl aber mit verbesserten Anbaumethoden gesichert werden soll. Dabei liegt die Schwierigkeit darin, dass soziale Verhaltensweisen in ihrer Traditionsgebundenheit die Bereitschaft zu Neuerungen hemmen.

Um überhaupt in den Tropen zu verbesserten Anbaumethoden zu gelangen, sind vorerst umfassende ökologische Grundlagenforschungen notwendig, und zwar unter Berücksichtigung des lokalen Wirtschaftsgeistes, Lebensstils und Sozialverhaltens der Bevölkerung. Die wirtschaftliche Leistung wird letzten Endes immer durch die Eigenschaften, die Einstellung und

Triebkräfte gewisser Menschengruppen bestimmt. Deshalb wären Erziehung und Unterweisung zur Anregung geistiger Kräfte oft wichtiger als die in vielen tropischen Entwicklungsländern auf eine rasche Industrialisierung zielenden Grossinvestitionen der Entwicklungshilfe. Ein erster Schritt zur Sanierung besteht in einer extensiveren Nutzung der gefährdeten Flächen. Denn auch die Anlegung von Windschutzstreifen und die Konservierung der Wasserreserven sind Massnahmen, von denen man sich längerfristig Erfolge erhofft.

Um in Zukunft grosse Katastrophen wie in den vergangenen Jahren in der *Sahelzone* zu verhindern oder mindestens zu mildern, müssten die Nutzungsmethoden des Menschen (Regenfeldbau, nomadische Weidewirtschaft) wieder vermehrt den natur- und kulturgeographischen Gegebenheiten angepasst werden. Erste Massnahmen sollten sich vor allem — nach genauer Analyse der Zustände — der Frage der Belastbarkeit eines Raumes widmen. Eine sinnvolle Beschränkung ist selbst bei verbesserten Wassernutzungsmethoden erforderlich. Durch humanitäre Augenblickshilfe von aussen kann jeweils das Ärgste verhindert werden, die Gefahr neuer Katastrophen kann jedoch nur durch intensive langfristige Planung und Forschung und die daraus resultierenden Massnahmen vermindert werden.

Es bestehen heute auch technische Möglichkeiten, den Ausdehnungsprozess von *Wüstengebieten* zu verlangsamen oder diese durch grosse Begrünungspläne sogar in ihr Gegenteil zu verwandeln. Das zentrale Problem besteht dabei immer in der Änderung des Wasserhaushaltes. So sollen für Australien und die Küstenwüste Chiles Eisberge aus der Antarktis das Wasser zur Urbarmachung liefern. Weiter sind Projektstudien im Gange, die Kattara-Depression im nordwestlichen Ägypten durch einen Kanal mit dem Mittelmeer zu verbinden, mit entsalztem Meerwasser zu einem See aufzufüllen und gleichzeitig das Gefälle für ein Kraftwerk auszunützen. Seit langem spricht man davon, die ausgedehnten Grundwasservorkommen unter der Sahara für ein grossangelegtes Bewässerungssystem nutzbar zu machen und die Wüste zu begrünen. Allerdings weiss man heute noch viel zuwenig über den Ursprung und vor allem über die Erneuerungsfähigkeit dieser Vorräte. Viele dieser Grossprojekte werden vor allem aus Kostengründen nicht zu verwirklichen sein. So waren es auch bis heute vor allem kleinere Experimente verschiedener Weltregionen, die von Erfolg gekrönt wurden. Ein «Saharaprojekt» im kleinen Rahmen ist den Israeli im Negev bereits gelungen. An verschiedenen Stellen konnte durch Errichtung von Palmenhecken, welche dazu bestimmt sind, Wanderdünen aufzuhalten, der Verödungsprozess aufgehalten werden. Nebst den herkömmlichen Mitteln der Aufforstung, der Sammlung von Regenwasser in Zisternen und dem Bau von Wassergräben hat man auch neuartige, recht erfolgreiche Methoden erprobt, wie zum Beispiel die Beschichtung von Sandböden mit Erdölemulsionen, um die Bodenfeuchtigkeit besser zu erhalten.

Beispiele

Im folgenden seien einige Fälle von grossräumigen Landschaftsgestaltungen geschildert, die als beispielhaft gelten können. Jahrhunderte währt der Kampf des niederländischen Volkes gegen das Meer (Nordsee). In einer einzigen Nacht des Jahres 1421 verschlang die Sturmflut 65 Dörfer mit 10 000 Einwohnern, und durch derartige Ereignisse gab es immer wieder Rückschläge. Doch die Niederländer liessen sich nicht entmutigen. So entstanden unzählige Projekte von Technikern und Laien zur Erhaltung des Landes bzw. zur Abwehr der Fluten. Im Jahre 1891 legte der Ingenieur Cornelis Lely ein Projekt vor, das geeignet schien, den Schwierigkeiten abzuhelfen. Es sah den Bau eines Abschlussdeiches quer durch die Zuidersee zwischen den Provinzen Nordholland und Friesland vor. Die Zuidersee reichte hier als tiefe Meeresbucht weit ins Land hinein und umfasste eine Fläche von 350 000 ha. Die Fläche sollte aufgeteilt werden in einen grösseren Teil mit fünf Poldern, welche 225 000 ha umfassen sollten, und einen kleineren Teil von 120 000 ha, den ein See (Ijsselmeer) bilden sollte, der langsam ausgesüsst wird. Jeder der fünf Polder (Wieringer Meerpolder, Nordost-Polder, Ostflevoland, Südflevoland, Markerwaard) erhält eine besondere Eindeichung, wodurch die Trockenlegung eingeleitet werden kann. Ziele des Projektes waren: 1. die Verhinderung der immer weitergehenden Zerstörungen des Landes durch die Einwirkung der Nordsee — bei Deichbrüchen kamen kleinere oder grössere Überschwemmungen vor, welche zur Versalzung der Böden und des Grundwassers führten; 2. die Gewinnung von Land für die Landwirtschaft, die durch die Verluste infolge der Ausdehnung der städtischen Siedlungen und der Verkehrsanlagen notwendig waren, und 3. das infolge der Aussüssung des Ijsselmeers dringend benötigte Trink- und Brauchwasser.

Besonders wichtig war dieses für die Durchspülung der Kanäle und die Entsalzung landwirtschaftlicher Flächen. Es war klar, dass dadurch die gesamte Landschaft der nördlichen Niederlande grundlegende Veränderungen erfahren musste.

Dieses Projekt wurde dann im Jahre 1918 durch Gesetz bewilligt, und ein Jahr später wurde mit dem Bau begonnen. Als zentraler Bestandteil ist der Hauptabschlussdeich «Afsluitdijk» zu betrachten, dessen Bau 1932 beendet war, während die Trockenlegung der Polder bis heute noch nicht ganz abgeschlossen werden konnte. Der Hauptdeich ist 30 km lang und hat eine Breite von 90 m. 25 Entwässerungsschleusen regeln den Wasseraustausch. Für die Schiffahrt wurden verschiedene Kammerschleusen vorgesehen. Voraussetzung für die Trockenlegung der Polder sind die Polderdeiche, da das Wasser des Ijsselmeers höher liegt. Durch ein System von Haupt- und Nebenkanälen werden die Entwässerung und die Binnenschiffahrt gefördert. Pumpwerke und Schleusen dienen der permanenten Regulierung der Wasserstände, die bis zu 6 m differieren. Die Trockenlegung und Urbarmachung des Meeresbodens ermöglichte die Schaffung hochwertiger landwirtschaftlicher Böden. Ihre Nutzung für Ackerbau, Viehzucht, Obst- oder Gartenbau erfolgt aufgrund sorgfältiger Standortuntersuchungen. Auf diese Weise konnte die landwirtschaftliche Nutzfläche der Niederlande um 9% vergrössert werden. Zur rationellen Bewirtschaftung des neugewonnenen Landes schuf man in jedem Polder mehrere Dörfer, zudem ein Polderzentrum mit städtischem Gepräge. Als ein Hauptmittelpunkt wurde Lelystad ausersehen, dem zentralörtliche Infrastrukturen wie Versorgung, Bildung, Verwaltung usw. zugewiesen wurden (zwischen Markerwaard und Ostflevoland). Eine besondere Bedeutung erhält auch die verkehrsmässige Erschliessung der neugewonnenen Gebiete durch ein entsprechendes Strassennetz (Karte VIII).

Aus Gründen der Erholung, Klimaverbesserung und Holzgewinnung werden agrarisch ungünstige Standorte aufgeforstet. Zunächst werden vorwiegend Pappeln, Erlen und Weiden angepflanzt, dann auch Eschen, Eichen, Buchen. Die Baum- und Strauchpflanzungen an Strassen, Wegen, Kanälen, Dorfrändern, Höfen usw. ergeben ein System von Windschutzpflanzungen. Sie verleihen der Landschaft das Gepräge eines kammerartigen Bildes und lassen die Hochbauten nicht schroff aus dem völlig ebenen Land aufsteigen. Im Haushalt der Natur spielen die Randseen zwischen den Poldern und dem ehemaligen Festland eine wichtige Rolle. Sie dienen dem Wasserausgleich, der Schiffahrt, dem Wassersport, wie überhaupt der Erholung der Einheimischen und der Fremden (Strände, Campingplätze usw.). Es wurde auch die Gelegenheit benutzt, Gebiete auszuscheiden, in denen Tiere und Pflanzen Priorität haben (Naturschutzgebiete). So erhielt eine ursprünglich ganz vom Meer eingenommene niederländische Region ein völlig neues landschaftliches Gesicht, das sich weiterhin zum Wohl der gesamten Nation verändert und dem sich übrigens im Deltaland ein Werk von ähnlich grosszügiger Gestaltung beigesellt.

Eine interessante Landschaftsgestaltung erfolgte und erfolgt in einem der grössten Braunkohlegebiete Europas, am Niederrhein (Bundesrepublik Deutschland). Es zieht sich vom Raum Brühl/Bonn/Euskirchen über Mönchengladbach/Rheydt bis zur niederländischen Grenze und erstreckt sich über ein Gesamtgebiet von rund 2500 km². Der durch Gesetz als «Braunkohleplanungsgebiet» festgelegte Raum umfasst 1445 km². Die Mächtigkeit der Braunkohlenflöze schwankt zwischen 20 m und 100 m, der Durchschnittswert liegt etwa bei 40 m. Die Mächtigkeit des Deckgebirges ist sehr unterschiedlich – in den Anfängen des Abbaues mussten Schichten von 10–20 m weggeräumt werden; heute sind diese bereits zwischen 100 und 200 m mächtig. Im Laufe der weiteren Ausbeutung der Kohlevorkommen werden schliesslich auch Flöze, die über 300 m tief unter der jetzigen Oberfläche liegen, noch abgebaut werden. Das heutige Verhältnis von 3:1 zwischen Abraum und Kohle wird sich folglich mit der Zeit verschlechtern und Werte von 4:1 und 6:1 erreichen (Karte X).

Das für den Tagebau geeignete Braunkohlevorkommen liegt in einer dichtbesiedelten Kulturlandschaft; es umfasst Landwirtschaftsgebiete mit bester Eignung (im nördlichen Teil besonders fruchtbare Böden dank Lössablagerungen), Wälder, Dörfer und kleinere Städte. Der grossflächige Tagebau bringt tiefgreifende Eingriffe in Landschaftsbild und -haushalt. Die Koordination aller Massnahmen verlangt nach einer ausgezeichneten Organisation. Als erster Schritt zur Freilegung der Kohlelager müssen die Menschen umgesiedelt, Wälder gerodet, Dörfer, Strassen, Eisenbahnlinien und Wasserläufe verlegt werden. In einer zweiten Phase werden die Kohleflöze durch Beseitigung des Deckgebirges freigelegt. Der wertvolle Löss wird sorgfältig abgetragen, speziell gelagert und später bei der Rekultivierung wiederverwendet. Das darunterliegende Gesteinsmaterial wird abgeräumt, wegtransportiert und sukzessive im bereits ausgekohlten Gebiet auf sogenannten Innenkippen abgelagert oder auf Aussenkippen geschüttet. Um den Abbau zu ermöglichen, musste der Grundwasserspiegel gesenkt werden. Dazu wurde das Grundwasser durch Brunnengalerien angezapft und über spezielle Kanäle in den Rhein geleitet. Nach dem Abbau der Kohle erfolgt die Neugestaltung des Reliefs sowie die land- und forstwirtschaftliche Rekultivierung des «gekippten» Untergrundes. Es werden neue Dörfer gebaut und Verkehrsnetze erstellt.

Der Abbau der Braunkohle im Tagebau führt damit zu einer vollständigen Umwandlung der Landschaft. Die völlige Neugestaltung durch den Menschen ist mit grossem ökologischem Risiko verbunden, da Wasserhaushalt, Relief, Klima, Vegetation, Fauna verändert werden. Ein derartiger Eingriff in die Landschaft kann nur verantwortet werden, wenn fundierte ökologische Untersuchungen und eine sorgfältige Landschaftsplanung das gesamte Unternehmen begleiten und mithelfen, nachteilige Folgen zu verhindern und wieder eine funktionierende Kulturlandschaft aufzubauen.

Der Wiederaufbau und die Rekultivierung der Landschaft verlangen nach einer gründlichen Koordinierung verschiedenster Massnahmen. Die zukünftige Oberflächengestaltung und die dazu führenden Massnahmen sind in Landschaftsplänen enthalten. Sie beinhalten u.a. die höhenmässige Gestaltung des Reliefs, Entwässerung und Wasserrückhaltung, Waldflächen und Feldgehölze, Gliederung der landwirtschaftlichen Nutzflächen, Lage der bäuerlichen Siedlungen und Verkehrsnetz, Erholungseinrichtungen, Naturreservate usw. Die Massnahmen zur landwirtschaftlichen Rekultivierung zielen auf den Ersatz der verlorengegangenen landwirtschaftlichen Nutzflächen. Nach der reliefmässigen Neugestaltung des abgebauten Gebietes wird zuerst eine Lössschicht von 1–2 m Mächtigkeit aufgetragen und diese mit speziellen bodenaufbauenden Vorkulturen eingesät. Nach einiger Zeit kann die landwirtschaftliche Nutzung beginnen, wobei zunächst bodenschonende «Anlauffruchtfolgen» verwendet werden (z.B. Deckfrucht und Leguminosen – Feldfutter – Hackfrüchte / Mais – Getreide und Leguminosen–Feldfutter–Hackfrüchte/Mais). Im Rahmen der forstwirtschaftlichen Rekultivierung werden Aufforstungen vorgenommen, die vielfältige Funktionen zu erfüllen haben, wie Holzproduktion, Erholungsraum, Schutz der Kippenböschungen, Klimaverbesserung, Lebensraum für Tiere und Abtrennung von Industriegebieten. Einem Vorwald mit Pioniergehölzen folgt die den spezifischen Aufgaben des Waldes entsprechende Umstrukturierung der Bestände. Neben den eigentlichen Aufforstungen dienen Pflanzungen kleineren Ausmasses beispielsweise der Stabilisierung von Böschungen, der Kleinklimaverbesserung (z.B. Windschutzpflanzungen), dem Lärm- und Staubschutz, der Aufwertung des Landschaftsbildes und der Eingliederung technischer Bauwerke.

Nicht mit Abraum aufgeschüttete Löcher füllen sich allmählich mit Grundwasser und bilden sogenannte Restseen. Diese prägen in einigen Gebieten (z.B. bei Ville) weitgehend den Charakter der Landschaft. Durch die Gestaltung der Restseen bietet sich die Möglichkeit, Erholungsgebiete (Baden, Bootfahren, Wasserski), künstliche Naturreservate (Wasservögel, Niederwild), Fischgewässer, Speicherbecken usw. zu schaffen. Dem Bedarf des Rheinisch-Westfälischen Industriegebietes und der Grossstadt Köln entsprechend wurden ausser den Seen auch Wälder und Hügel für die Erholung erschlossen und mit Erholungseinrichtungen (Parkplätze, Wanderwege, Badestelle, Schutzhütten, Campingplätze) ausgerüstet. Parallel zur Ausführung der bereits erwähnten Massnahmen läuft die Schaffung neuer Höfe und Dörfer mit der notwendigen Infrastruktur als Ersatz für die durch den Tagebau verlorengegangenen Überbauungen.

Das in der Welt wohl bekannteste Beispiel grosszügiger Planung und Landschaftsgestaltung wurde unter dem Namen TVA, Tennessee Valley Authority, in den USA in Angriff genommen (Karte XI). Zum nationalen Problem für den Fortbestand der Land- und Forstwirtschaft und der Besiedlung war im Mittelwesten die Bodenerosion geworden. Im 18. und besonders im frühen 19. Jahrhundert setzte hier der starke Wanderzug der Farmer nach dem «Middle West» ein, dem Gebiet von Mississippi–Missouri und Ohio. Auf riesigen Flächen wurden die Wälder und Prärien niedergebrannt und gerodet. Auf Grossflächen und ohne entsprechende Düngung und Bodenpflege wurde Weizen angebaut, jahrzehntelang als Monokultur auf immer den gleichen Flächen. Viele Jahre lang brachte man hohe Ernten ein. Dann verarmten allmählich die Böden, ihre Struktur verschlechterte sich, und nun setzte auf den weiten, völlig windoffenen Flächen Winderosion gewaltigen Ausmasses ein. Bennett gab 1939 die Menge des in den USA jährlich durch Wind- und Wassererosion abgetragenen Bodens mit 3 Milliarden Tonnen an. Der jährliche Schaden beziffert sich für die Landwirtschaft auf mehr als 3 Milliarden

Dollar. Für die Staaten Colorado, Tennessee, Oklahoma und Mississippi bemerkte Bennett: «In dem kurzen Leben dieses Landes haben wir 282 Millionen acre Land, Anbau- und Weideland, wesentlich zerstört (1 acre = 0,4 ha). Dazu wirkte sich die Erosion verheerend auf weitere 775 Millionen acre aus. Rund 100 Millionen acre anbaufähigen Bodens, die das beste Getreideland repräsentieren, sind in diesem Land durch uns praktisch erledigt. Wir können sie nicht wiederherstellen. Infolge Erosion verlieren wir täglich den Gegenwert von 200 Farmen von je 40 acre.» In Amerika spricht man von der «man-made desert», der vom Menschen erzeugten Wüste!

Unter dem Eindruck dieser Zerstörung wurde 1935 in den USA ein «Soil Conservation Act», ein Bodenerhaltungsgesetz erlassen. Unter grossem finanziellem Aufwand eines staatlichen Bodenerhaltungsdienstes wird seither versucht, durch bodenpflegerische Massnahmen, Windschutzanlagen, Konturenpflügen und Flurneugliederung sowie durch wasserwirtschaftliche Massnahmen (Hochwasserrückhalt, Bewässerung usw.) die Bodenzerstörung aufzuhalten und erodiertes Gelände zum Teil zu rekultivieren. Das für die Entwicklung des Planungsgedankens wichtigste Ereignis ist aber die Gründung der Tennessee Valley Authority im Jahre 1933. Damit wurde zum ersten Male eine umfassende Regionalplanung im Stil des zwanzigsten Jahrhunderts innerhalb weniger Jahre konzipiert und mit glänzendem Erfolg durchgeführt.

Die Zeit war günstig. Amerika begann die Lähmung der Depression zu überwinden. Ein wichtiger Gedanke war, die Trennung von Industrie und Landwirtschaft zu beheben; der Industriearbeiter sollte die Möglichkeit haben, einen Teil seines Bedarfes an Lebensmitteln selber anzupflanzen, während Industrie als neue Erwerbsquelle in ländliche Gebiete gebracht werden sollte. Wenn dieser Gedanke auch seither teilweise überholt erscheint, ist er doch interessant, weil er den sozialen Grund des neuen Planes offenbart. Es war die schöpferische Zeit des amerikanischen Liberalismus, die Zeit, in der die wesentlichen Züge des modernen Amerika geschaffen wurden. In dieser merkwürdigen Zeit zwischen den beiden Weltkriegen wurde das Werk der TVA zum leuchtenden Symbol aller Hoffnung auf eine gerechtere Ordnung und glücklichere Zukunft, eine wunderbare Bestätigung der neuen Zeit mit ihren neuen Möglichkeiten und Werten. Der Erfolg des Unternehmens bestand nicht nur in der glänzenden technischen Leistung und im fabelhaften wirtschaftlichen Erfolg, sondern vor allem darin, dass es vermochte, die Vorstellungskraft der Menschen zu erwecken und ihren Glauben zu verkörpern.

Von Anfang an sollte das Unternehmen nicht einfach als ein Routineprojekt zur Gewinnung von elektrischer Energie, sondern als grosszügiges Experiment durchgeführt werden. Zunächst handelte es sich darum, die Region mit Elektrizität zu versehen, Schiffahrtskanäle und Schleusen zu bauen. Um ein rasches Versanden der Anlagen zu verhindern, war es nötig, die Erosion im Einzugsgebiet zu reduzieren; dies konnte nur durch Aufforstung und Bepflanzen der kahlen Flächen geschehen – dies wiederum war aber nur möglich bei aktiver Teilnahme der Bevölkerung, durch Entwicklung der rückständigen Landwirtschaft mit Hilfe von neuen Bebauungsmethoden und Düngemitteln. Dies machte weitgehendes Aufklären und Anlernen der Farmer unumgänglich und führte schliesslich zur Organisation gegenseitiger Hilfe.

Die Aufgaben der TVA waren nichts Neues. Die Probleme der Hochwasserregulierung, der Bodenverbesserung waren seit Jahrzehnten in allen Einzelheiten bekannt. Der Soil Conservation Service des Department of Agriculture, das Bureau of Reclamation, das US Army Corps of Engineers sowie private Unternehmen hatten seit langem Bedeutendes geschaffen. Aber es waren nur vereinzelte, voneinander unabhängige Projekte. Durch die TVA wurden zum ersten Mal alle Einzelanstrengungen in einer einzigen Organisation zusammengefasst. Ein von 4,5 Millionen Menschen bewohntes Einzugsgebiet, so gross wie England und Schottland zusammen, wurde als ein Ganzes betrachtet und als Einheit entwickelt. Die natürlichen Gegebenheiten – und nicht die diesen überlagerten politischen oder verwaltungstechnischen Strukturen – wurden als Grundlage der Planung berücksichtigt. Eine einzige Behörde war dafür verantwortlich, die natürlichen Schätze des Gebietes als untrennbares Ganzes zum Wohle aller zu entwickeln. Jeder Entschluss wurde im Hinblick auf diese natürliche Einheit gefasst. Vor allem war nicht lediglich ein Plan verlangt, sondern dessen Verwirklichung; die gleiche Behörde, die plante, war auch für die Ausführung verantwortlich. Nicht der Plan war wichtig, sondern die Resultate seiner Verwirklichung. Dies ist ein wichtiger Unterschied; fast alle heute verfassten Pläne sind nur Übungen im Pläne-Machen. Der Grundgedanke dieser organisatorischen Zusammenfassung bedeutete eine Revolution administrativer Gewohnheiten. Die TVA war ermächtigt, die zur Verwirklichung der Projekte notwendigen Entscheidungen unabhängig von allen andern Branchen der Regierung an Ort und Stelle selber zu treffen. Dies trug entscheidend zum Erfolg aller Massnahmen bei; die TVA wurde ein grosszügiges Experiment, die Administration der im modernen Staate unvermeidlich zentralisierten Regierungsautorität zu dezentralisieren.

Am wichtigsten war schliesslich der Entschluss, den Ertrag eines Teiles des Unternehmens, nämlich die unmittelbaren Produkte der Flussregulierung – Elektrizität, Bewässerung, Dünger – direkt den Farmern zukommen zu lassen. Der durch einen Teil des Unternehmens geschaffene Mehrwert trug als neues Vermögen direkt und nicht auf dem Umweg über Bargeld zum wachsenden Nutzen des Projektes bei. Ein Prinzip, das im Geschäftsleben natürlich wohlbekannt ist, wurde aus sozialen Gründen auf das Gebiet der Landschaftsplanung neu angewendet.

Die Auswirkungen der TVA-Regionalplanung waren von Anfang an wunderbar. Ein armes, rückständiges, durch Vernachlässigung und Unwissenheit oder durch rücksichtslose Ausbeutung von Mineralvorkommen in Wüstenei verwandeltes Gebiet wurde vor dem völligen Zerfall gerettet. Die Landwirtschaft wurde belebt und entwickelt; billige elektrische Kraft wurde in reichlichem Umfang erhältlich, so dass ein neues Absatzgebiet für Apparate und Werkzeuge entstand. Neue Industrien wurden eingeführt; neuer Wohlstand, mehr Freizeit und neue Erholungsgebiete entstanden aus derselben Quelle. Zum erstenmal in der Geschichte der Vereinigten Staaten wurde die Natur nicht mehr lediglich als Kraft betrachtet, die gebändigt werden muss, nicht mehr lediglich als Rohmaterial, das ausgebeutet werden kann. Eine Region mit ihren natürlichen Gegebenheiten und die dort lebenden Menschen mit ihren Wünschen und Hoffnungen wurden als ein organisches Ganzes verstanden, das erhalten und gepflegt werden muss. Die revolutionäre Errungenschaft der TVA liegt deshalb nicht so sehr im materiellen Erfolg, sondern vielmehr in der Entwicklung des Denkens.

Die Kriegsjahre 1942 bis 1945 brachten zahlreiche Gelegenheiten, auf dem Gebiete des Siedlungsbaus Fortschritte zu machen. Zahlreiche grosse Siedlungen mit Läden und Schulen wurden in allen Teilen des Landes in kurzer Zeit gebaut. Oft war das gewählte Gelände topographisch schwierig, aber landschaftlich ansprechend, und da vor allem jüngere Architekten am Werke waren, entstanden manche bahnbrechenden Lösungen, bei denen rationale Ausnützung des Bodens, gute Wohnungsgrundrisse, moderner architektonischer Ausdruck und Gartengestaltung erfolgreich zu einem Ganzen verbunden wurden.

Nicht minder spektakulären Charakter haben die Versuche der Russen, in ihren Regionen geplante Landschaftsgestaltung durchzuführen. Das vielleicht bekannteste Beispiel bilden die Windschutzanlagen zur Überwindung der Dürren in den Steppengebieten Südrusslands. Dort waren schon von deutschen Mennoniten seit etwa 1830 Windschutzanlagen errichtet worden. Die bereits 1841 sichtbaren Erfolge ermutigten den Staat, in der Ukraine mit systematischeren Aufforstungsversuchen gegen den Wind zu kämpfen. Im Rahmen des Stalinschen Planes zur Umgestaltung der Natur wurden sodann 1949 bis 1965 in den Steppen und Waldsteppen des europäischen Teils der Sowjetunion ca. 2 Millionen Hektar Schutzwaldstreifen und feldschützende Waldstreifen angepflanzt. «Der Steppen- und Waldsteppengürtel im Südosten des europäischen Teils unseres Landes hat von alters her unter periodisch wiederkehrenden Missernten infolge von Dürren gelitten. Diese haben ihre Wirkung auf eine gewaltige Fläche ausgedehnt: auf den untern und mittlern Wolgabezirk, auf Nordkaukasien, das Schwarzerdezentrum sowie auf die Krim und die südöstliche Ukraine. Im zaristischen Russland haben die Dürren unter der bäuerlichen Bevölkerung oft Hungersnot hervorgerufen. Unter den Verhältnissen der kapitalistischen und kleinbäuerlichen Landwirtschaft gab es keine wirksamen Massnahmen, diesem Zustande abzuhelfen. Es konnte sie auch nicht geben, so dass diesem weiten Lande die Gefahr drohte, zu einer unfruchtbaren Wüste zu werden. Der Kampf gegen die Dürre, der über die Kräfte des alten Systems hinausging, ist jedoch unter den Bedingungen der neuen, sozialistischen Gesellschaftsordnung durchaus möglich und realisierbar. Ausgehend von der Lehre der berühmten russischen Wissenschaftler W. W. Dokutschajew, P. A. Kostytschew und W. R. Wiljams, hat die Sowjetwissenschaft ein ganzes System agronomischer Massnahmen ausgearbeitet, das unter der Bezeichnung Trawopolnaja-System bekannt ist. Es gestattet, hohe und stabile Ernten zu erzielen und eine feste Futtergrundlage für die Viehzucht zu schaffen. Dies haben umfangreiche Erfahrungen fortschrittlicher Kolchose und Sowchose in den betroffenen Gebieten bewiesen. Im Herbst 1948 fassten der Ministerrat und das Zentralkomitee der KPDSU (Kommunistische Partei der Sowjetunion) den geschichtlich bedeutsamen Beschluss eines ‚Plans zur Anpflanzung von Schutzwaldstreifen, zur Einführung des Trawopolnaja-Systems sowie zur Anlage von Teichen und Wasserreservoiren zur Sicherung hoher und stabiler Ernten in den Steppen- und Waldsteppengebieten des europäischen Teils der UDSSR'» (Baranski). Vorgesehen waren acht solcher Streifen längs des Uralflusses von Wischnjowaja-Berg, längs der Wolga von Saratow bis zur Mündung, längs des Donez von Belogorod abwärts, längs des Don abwärts von Woronesch, parallel dem linken Wolgaufer von Tschapajewks bis Wladimirowka, parallel dem rechten Wolgaufer von Kamyschyn bis Wolgograd, südlich von Wolgograd über Stepnoi nach Tscherkask und von Pensa nach Kamensk am Donez. «Diese Waldpflanzungen werden nicht nur die Felder vor den austrocknenden Winden bewahren, sondern auch die Auswaschung und Abspülung des Bodens verhindern sowie die Wasserreservoire schützen. Vorgesehen ist weiter auch die Befestigung und Bewaldung der Sandflächen. Nach einer im Plane niedergelegten Berechnung beträgt die Fläche der Waldanpflanzungen in den staatlichen Schutzwaldstreifen rund 120 000 Hektar und in den Feldschutzpflanzungen der Kolchose und Sowchose über 6 Millionen Hektar, wofür mehr als 30 Milliarden Bäume und Sträucher benötigt werden. Zur Aufzucht des Pflanzenmaterials ist sowohl die Anlage von staatlichen Baumschulen mit fortschrittlicher und technischer Ausstattung geplant als auch die von Baumschulen in Sowchosen und Kolchosen. Zu den wichtigsten Baumarten gehört in den meisten Gebieten die Eiche, die ‚Königin der Steppe', nicht nur wegen ihres wertvollen Holzes, sondern auch, weil dieser Baum am langlebigsten und am widerstandsfähigsten gegen Steppenschäden ist. Neben den Schutzwaldpflanzungen ist eines der wichtigsten Mittel, den Ertrag der landwirtschaftlichen Kulturen zu steigern (bisher zum Drei- bis Vierfachen) und eine dauerhafte Futtergrundlage zu schaffen, die Einführung und Auswertung des Trawopolnaja-Systems mit Einbeziehung vieljähriger Kräuter... Der Plan sah weiterhin die Vergrösserung des Bewässerungssystems sowie die Anlage von ungefähr 50 000 Teichen und Wasserreservoiren vor. Jeder von ihnen bietet die Möglichkeit der Bewässerung von durchschnittlich 50 Hektar Land; alle Anlagen zusammen können rund 2,5 Millionen Hektar neu bewässern und damit gegen Dürren sichern. Dieser Teil hat nicht nur die Erhöhung der Ertragsfähigkeit des Bodens zum Ziel, sondern zugleich die Entwicklung der Fischzucht und die Gewinnung elektrischer Kraft für die Bedürfnisse der Landwirtschaft. Um die Durchführung aller dieser Arbeiten zu erleichtern und zu beschleunigen, sind Schutzwaldstreifen eingerichtet worden, die mit Traktoren, Pflügen, Kraftwagen, Kultivatoren, Waldpflanzungsmaschinen usw. bearbeitet worden sind. Das ist in den Grundzügen jener bemerkenswerte Plan zum konzentrierten Angriff auf die Dürre, ein Plan, der ein Territorium betrifft, das grösser ist als Frankreich und Deutschland zusammen... Im Jahre 1950 wurde (zudem) eine Reihe äusserst wichtiger Entschliessungen über den Bau dreier Wasserkraftwerke (bei Kujbyschew und Wolgograd an der Wolga und bei Kachowka am Dnjepr) sowie dreier Bewässerungskanäle (des Südukraine-Kanals, des Nordkrim-Kanals und des Turkmenischen Hauptkanals) angenommen. Diese neuen ... Grossbauten werden ermöglichen, Millionen Quadratkilometer fruchtbaren Landes zu bewässern ... und das nicht nur in den Trockensteppen des Südens und Südostens des europäischen Teils der UDSSR, sondern auch in den Wüsten Turkmeniens. Zu den Grossbauten muss man auch den Bau des Wolga-Don-Kanals zählen, der bereits im Frühjahr 1952 für die Schiffahrt freigegeben wurde. Zusammen mit dem Wolga-Don-Kanal wird gleichzeitig die Wasserkraftzentrale von Zimljanskaya am Don geschaffen, die aus einem Staudamm und einem mächtigen Wasserkraftwerk besteht... Das Staubecken ... wird ermöglichen, durch die von dort ausgehenden Kanäle grosse Flächen der Trockensteppe zwischen Don und Wolga zu bewässern und auch die Bevölkerung mit Wasser zu versorgen. Die Bewässerung wird zusammen mit den Waldpflanzungen die Natur dieser Steppen umgestalten und sie in fruchtbare ... Felder verwandeln, auf denen man nicht nur Weizen, sondern auch andere wertvolle Kulturen, wie Baumwolle, Reis und Wein, anbauen wird... So werden in ungeheuer weiten Räumen Klima, Boden und Pflanzendecke verändert» (Baranski) – Vgl. Karte XIV.

Den skizzierten Beispielen liessen sich Planungen aller Erdteile in China und Südasien, neuerdings auch in Afrika und in Australien zur Seite stellen, die zwar vielleicht nicht gleiche räumliche Ausmasse haben, indes die Landschaften in nicht weniger grundlegender Weise transformieren werden als jene. Für ihr Gelingen sind zweifellos weniger die technischen Grosstaten und ökonomischen Überlegungen massgebend als die Gesinnung, mit der man an sie herantritt und mit der man sie zu verwirklichen trachtet.

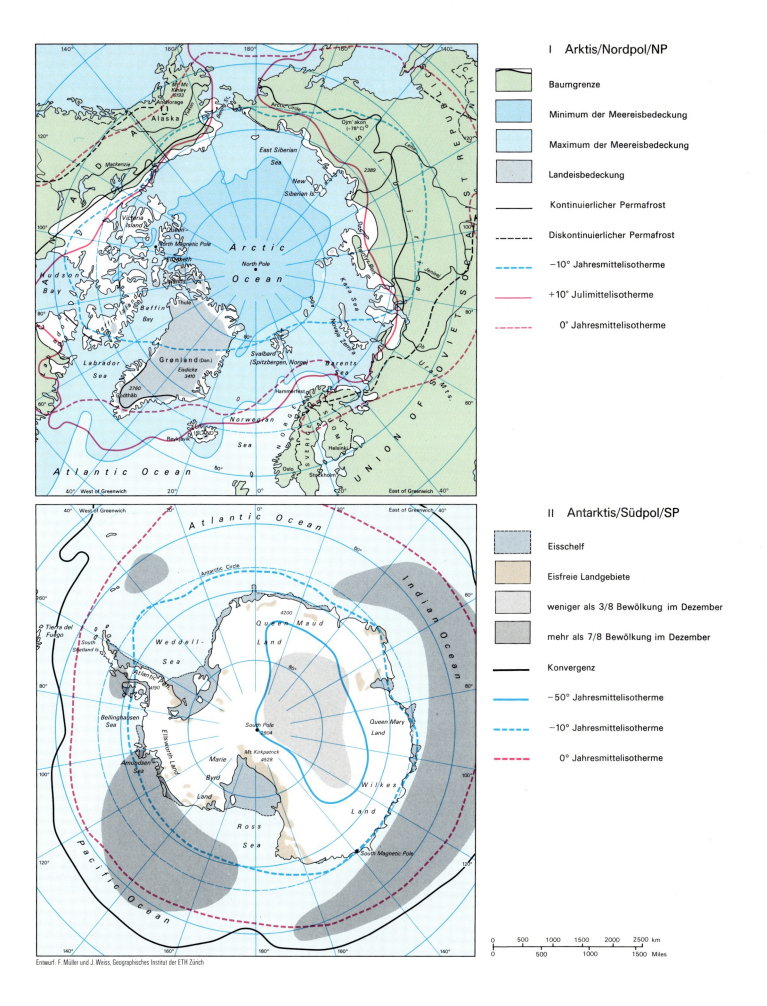

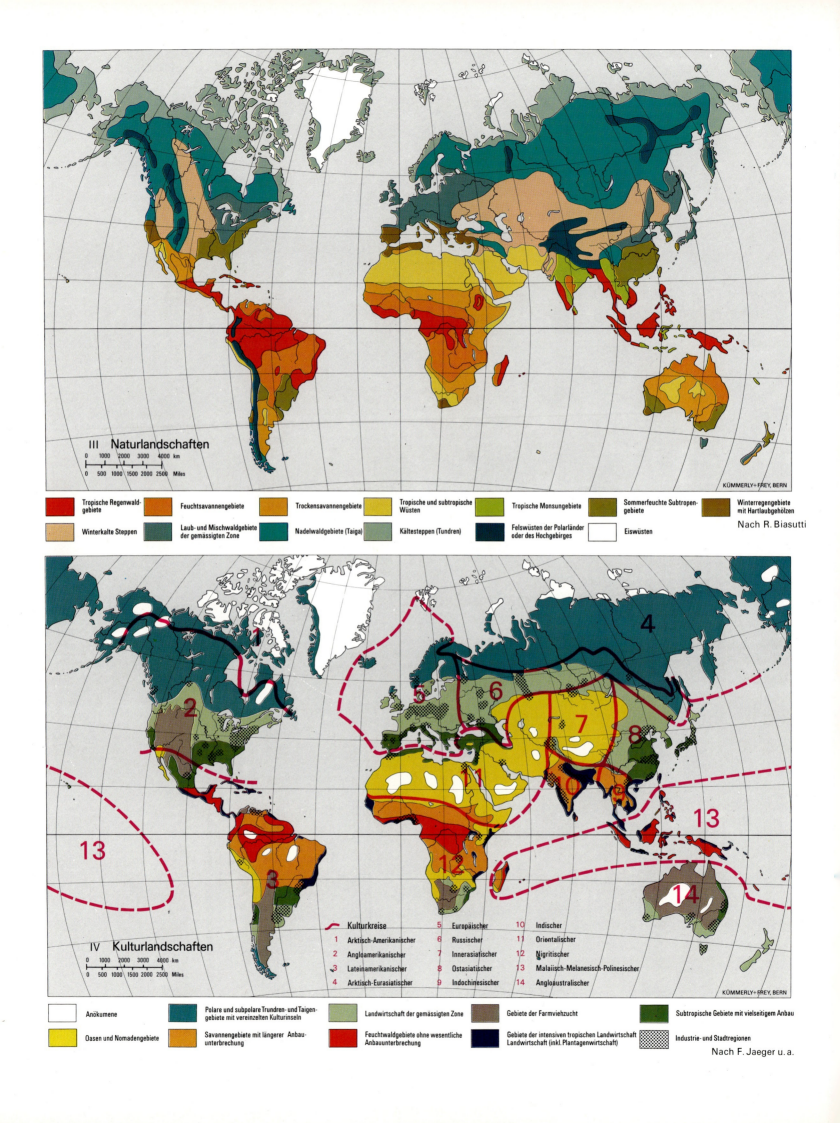

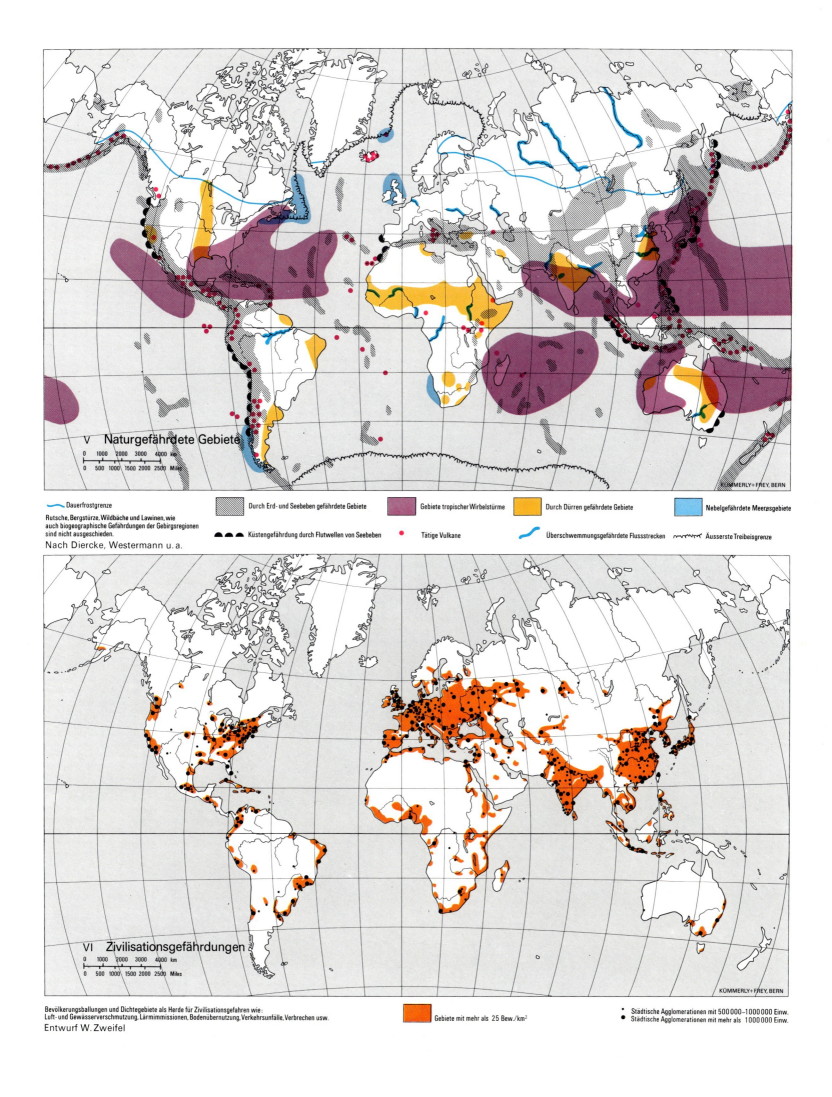

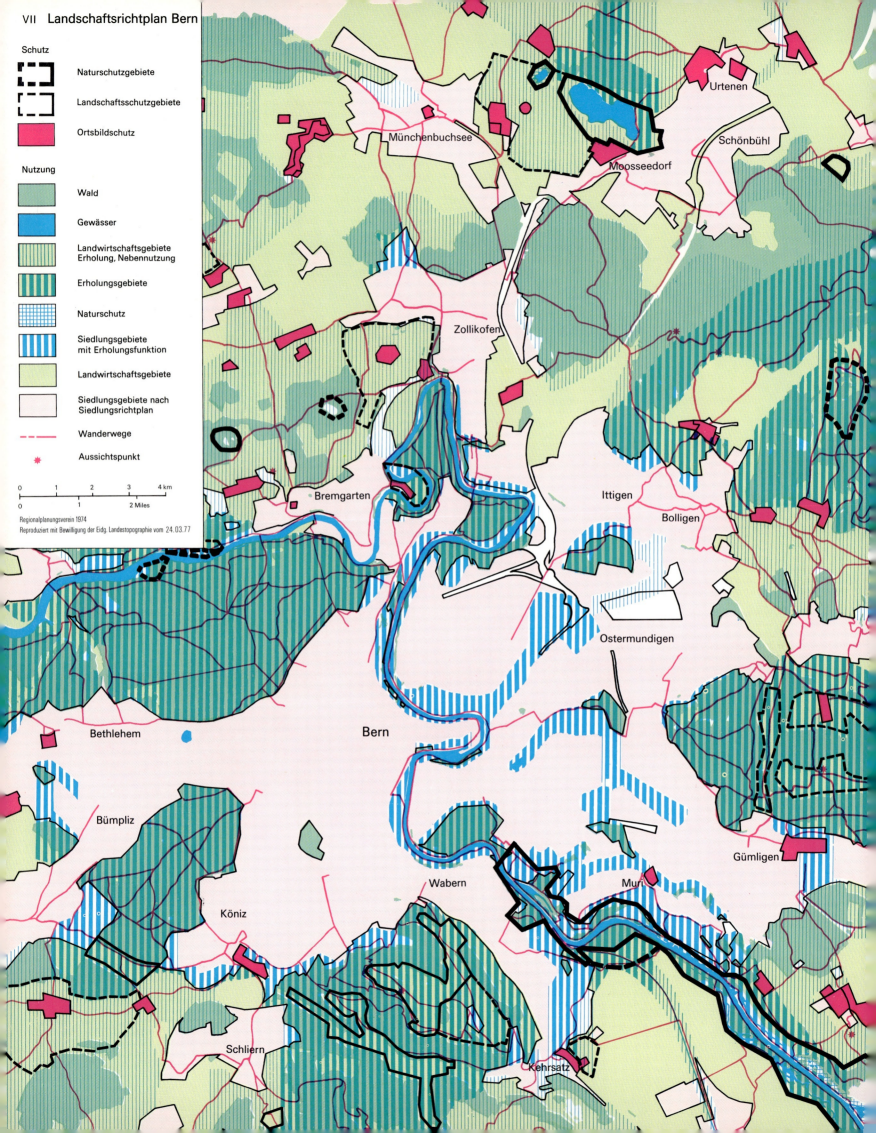

IX Landschaftsschutz Sils im Engadin (Schweiz)

Wirkungsvolle Massnahmen zum Landschaftsschutz erfolgten durch die behördliche Einschränkung der Bauzone in der Gemeinde Sils. Damit ist eine der schönsten, bewohnten Gebirgslandschaften Europas, die mit Zweitwohnungs- und Apartementbauten der endgültigen Zerstörung ausgesetzt war, gerettet worden.

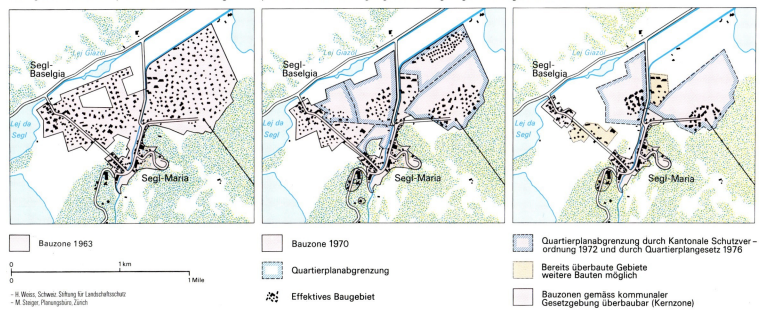

- H. Weiss, Schweiz. Stiftung für Landschaftsschutz
- M. Steiger, Planungsbüro, Zürich

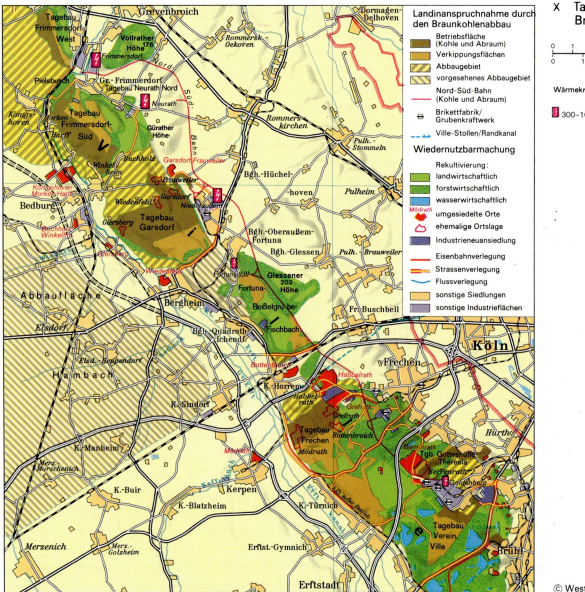

X Tagebau im rheinischen Braunkohlengebiet

XI Industrien im Tennesseetal

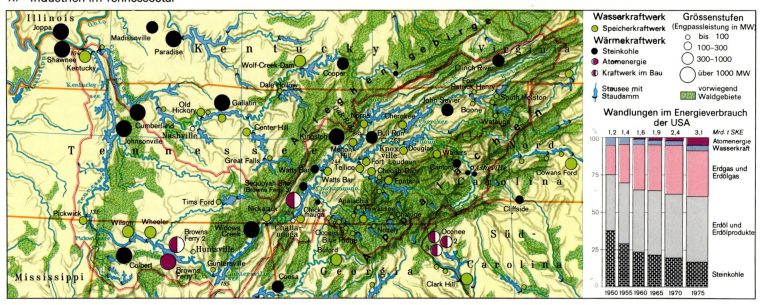

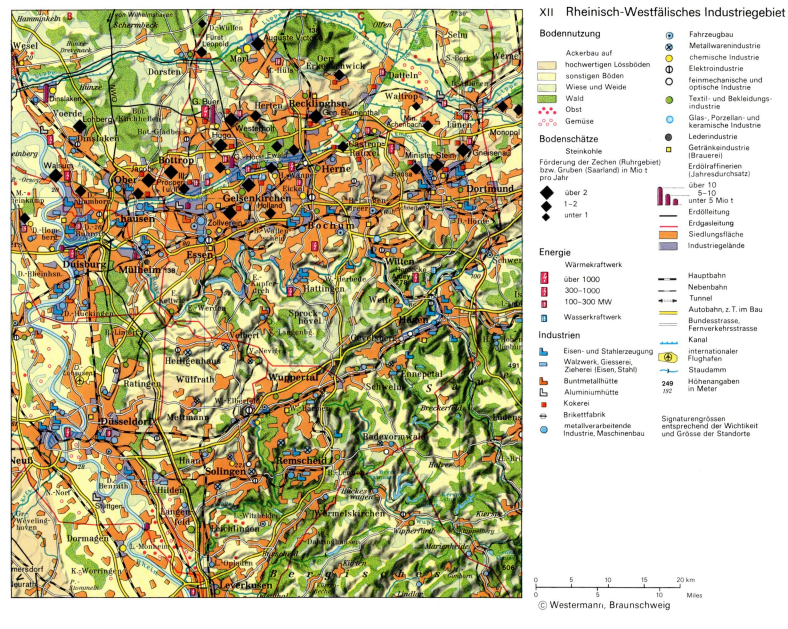

XII Rheinisch-Westfälisches Industriegebiet

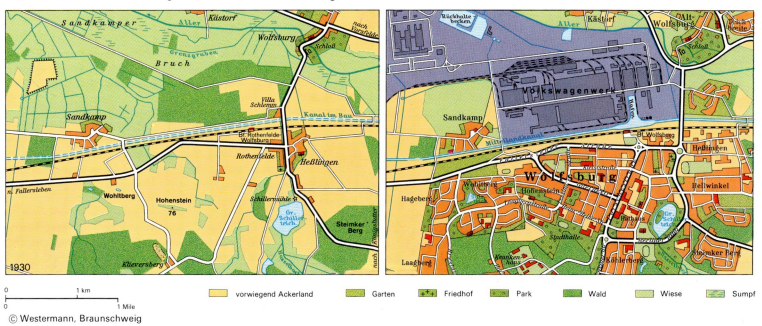

XIII Landschaftsveränderungen durch Industrie: Wolfsburg

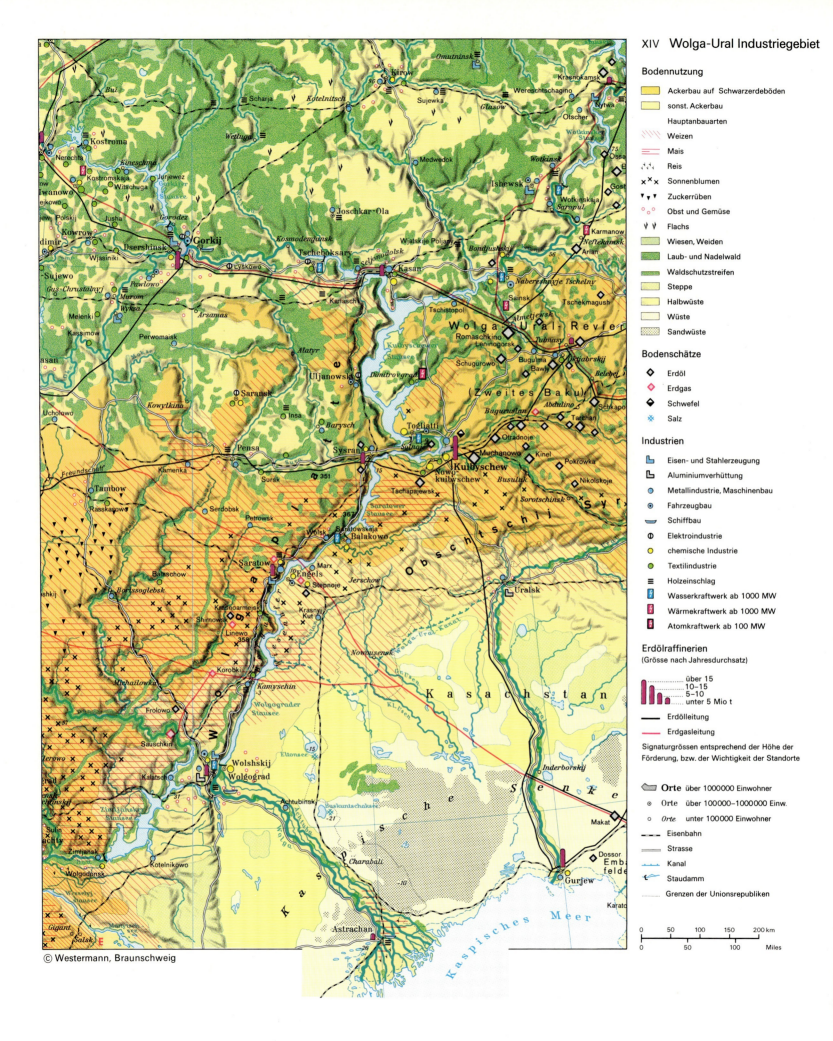

Landschaftsschutz

Im Rahmen der Landschaftspflege kommt dem Landschafts*schutz* besondere Bedeutung zu, so dass er spezielle Würdigung verdient. Verwandt mit Natur-, Heimat- und Umweltschutz, ist er doch nicht identisch mit ihnen. Während Umweltschutz der Sammelbegriff für alle Massnahmen zur Erhaltung und Pflege lebensgerechter Bedingungen für alle Lebewesen, insbesondere aber für den Menschen bedeutet, Naturschutz der Erhaltung der anorganischen (Boden, Luft, Gewässer) und organischen (Pflanzen, Tiere) Natur dient und Heimatschutz namentlich Kulturgüter (Bauten, Anlagen, Bräuche) erhalten möchte, kommt es dem Landschaftsschutz auf die Erhaltung der Gesamtheit aller Bereiche in bestimmten Gebieten an. Er ist also in gewissem Sinne Synthese jener Massnahmen. Schutz bedeutet in diesem Zusammenhang nicht Fixierung eines bestimmten Zustandes – das wäre, da alle Gebilde der Wirklichkeit der dauernden Wandlung unterliegen, illusorisch –, sondern Sicherung der natürlichen, der wesensgemässen Entwicklung.

Für ihre Geschichte und Grundsätze bietet die «Umweltrevolution» von M. Nicholson beispielhafte Anhaltspunkte: «Der Mensch findet den Weg zum Umweltschutz nur nach vielen Umwegen. Offenbar werden Fehler und Nachlässigkeiten erst nach bitteren Erfahrungen mit einer unklugen Umweltausbeutung in all ihrer Schärfe erkannt. Die Menschheit hat leider die hartnäckige Gewohnheit, nur aus den eigenen Fehlern zu lernen. Und sogar da gibt es Rückfälle, und in Vergessenheit geratene Lektionen müssen im selben Gebiet noch einmal nachgeholt werden. In den frühesten Kulturen, deren Herrscher auf eine weise Nutzung der reichlich vorhandenen natürlichen Reichtümer achteten, bildeten Tätigkeiten wie Ackerbau, Bewässerung, Gärtnerei, Forstwirtschaft, Jagd, Fischerei, Freiluftunterhaltungen und sogar Astronomie und andere Formen von Wissenschaft und Technik noch eine innere Einheit, wie wir sie heute in verspäteten Bemühungen wiederherzustellen versuchen. Die ältesten schriftlichen Aufzeichnungen reichen aber bloss etwa 5500 Jahre zurück, beginnen also mehr als 20 000 Jahre nach den frühesten bekannten Höhlenzeichnungen der Aurignac-Periode. In diesen 20 000 prähistorischen Jahren hatte der Mensch gelernt, Feuer zu machen, Hunde, Schafe, Ziegen, Schweine und Rinder waren domestiziert worden, der Ackerbau hatte begonnen, das Bauwesen, der Schiffbau und die ersten Städte hatten sich entwickelt. Viel war bereits geschehen, was die natürliche Umwelt bis heute beeinflusst. Da es jedoch keine hinreichende Angaben gibt, hätte es wenig Sinn, die Anfänge des Naturschutzes in prähistorischen Zeiten zu behandeln.

Für die fünfeinhalb historischen Jahrtausende gibt es bestimmte, wenn auch meist nur fragmentarische Anhaltspunkte in vier unterscheidbaren Formen. Man kann die Spuren bestimmter Strukturen oder künstlich veränderter Gebiete erkennen, die Zwecken dienten, die man heute als Umweltschutz bezeichnen würde – dazu gehören Hügelterrassierungen, bewirtschaftete Wälder, Garten- und Parkanlagen, Wildreservate und Stätten, die durch Tabus oder religiöse Bestimmung geschützt waren. Die zweite Gruppe sind Überreste von Einrichtungen oder Praktiken, die vor allem der Ausbeutung des Landes dienten, aber nebenbei Naturschutzzwecke erfüllten, wie Dämme, Zisternen, Bewässerungskanäle, schliesslich Versuchsstationen für Land- und Forstwirtschaft sowie Fischerei und so weiter.

Schon in den frühen Zeiten machten sich einige der wichtigsten chronischen Probleme bemerkbar, wirksame Praktiken des Naturschutzes sicherzustellen... Die häufigste und immer wiederkehrende Art von Schutzmassnahmen betrifft die Erhaltung von Wild und Jagdgründen. Bis zur neolithischen Zeit waren Sammeln und Jagd die normale Grundlage der menschlichen Wirtschaft, und unter solchen Verhältnissen war eine Bevölkerungsdichte von etwa 0,4 Personen pro Quadratkilometer möglich. In der Übergangszeit stieg die Obergrenze auf 1 Einwohner pro Quadratkilometer. Das Brandrodungssystem konnte 2–3 Personen pro Quadratkilometer nähren, das frühe Brache-System 4–10, die mittelalterliche Zweifelderwirtschaft 10–15, die Dreifelderwirtschaft 15–35. Von den beiden kritischen Veränderungen des menschlichen Bevölkerungsdrucks auf die Umwelt war die erste mit der Einführung des Ackerbaus verbunden und die zweite mit dem Aufkommen der Städte und der modernen Technik. Die erste ermöglichte eine Steigerung der Volksdichte von 1–35, die zweite die moderne Bevölkerungsexplosion mit Hunderten von Menschen pro Quadratkilometer.

Bei aller Anerkennung der Beiträge anderer Länder waren es vor allem England und die Vereinigten Staaten, wo die Grundprinzipien des Naturschutzes, wie sie heute in aller Welt verbreitet sind, erarbeitet wurden. In England hat diese Entwicklung zuerst begonnen. Im 19. und in der ersten Hälfte des 20. Jahrhunderts verlagerte sich der Schwerpunkt nach Nordamerika. Man findet hier höchst unterschiedliche Gebiete, die noch in einem ziemlich unversehrten Naturzustand und frei von irgendeiner ernsteren menschlichen Störung sind, Gebiete, wo die Besucherzahlen so gross sind, dass sie kaum mehr als echte Naturschutzgebiete bezeichnet werden können, und wieder andere, die bewusst und manchmal mit ziemlich drastischen Eingriffen gemanagt werden, um etwas zu bieten, was als ‚Ersatz-Natur' bezeichnet werden könnte.

Alle diese Gebiete haben eines gemeinsam: sie geniessen einen gewissen Schutz, vor allem vor dem Menschen selbst, damit sie als Beispiele einer natürlichen oder halbnatürlichen Umwelt für künftige Generationen erhalten bleiben. Sie sind Ausdruck eines guten Willens, der jedoch oft schwach ist oder schnell erlahmt und der anderen Einflüssen nicht immer genug Widerstand entgegensetzen kann. Nicht alle Nationalparks sind als Gebiete unberührter Natur ausgewählt oder in diesem Zustand erhalten worden. Die tatsächlichen Verhältnisse in solchen Gebieten müssen kritisch untersucht werden, ehe man sie als Land im Naturzustand einstufen kann.

Erst im vergangenen Jahrzehnt ist es gelungen, den etwas engen Begriff ‚Nationalpark' brauchbar in das Konzept eines Beitrages zu einem weltumspannenden Netz zu übertragen. Nach dieser Vorstellung ist jedes Volk gleichsam von der Menschheit als Ganzes damit betraut, besondere Naturschönheiten und Naturdenkmäler auf seinem Gebiet zu erhalten. Die drei Hauptfaktoren, die diesen Fortschritt brachten, waren: die von den Vereinten Nationen erarbeitete Liste von Nationalparks und gleichwertigen Gebieten; die Abteilung für Nationalparks und Schutzgebiete in der I.U.C.N. (International Union for Conservation of Nature and Natural Recources – Internationale Union für die Erhaltung der Natur und der natürlichen Hilfsquellen), die Fortschritte festhält und fördert; schliesslich die häufigen regionalen oder technischen Tagungen sowie die Ausbildungskurse für das verantwortliche Personal dieser Gebiete. Diese Begegnungen tragen dazu bei, dass die Verwalter von Naturschutzgebieten und -parks bald eine einzige internationale Gemeinschaft bilden und gemeinsame Fertigkeiten anwenden werden. Zur Zeit ist es jedoch noch nicht leicht, auch nur die Zahl und die Grösse aller auf der Erde bestehenden Schutzgebiete festzustellen und sich darüber klarzuwerden, ob es hier eine erstklassige Serie von jeder Art Lebensraum auf der Erde gibt. Die jüngste Liste der Vereinten Nationen nennt 1205 Nationalparks oder gleichwertige Schutzgebiete in über 80 Ländern mit einer Gesamtfläche von 97 Millionen Hektar. Davon liegen 37 Millionen Hektar in Nordamerika, fast 5 Millionen in Lateinamerika, rund 40 Millionen in Afrika, 3 Millionen in Europa (ohne UDSSR), rund 4,85 Millionen in Asien (ohne UDSSR), 3 Millionen in der Sowjetunion und 4 Millionen in Ozeanien, davon die Hälfte in Neuseeland. Selbst diesen sehr unvollkommenen Querschnitt durch die Welt kann man nur schwer auf einen gemeinsamen Nenner bringen, einerseits, weil die einzelnen Gebiete in vielerlei Hinsicht sehr verschieden sind, und andererseits, weil es die Möglichkeit eines einzelnen Menschen weit übersteigt, auch nur den grössten Teil von ihnen kennenzulernen. Wer auch nur eine Anzahl dieser Gebiete gesehen hat, wird den ungeheuren und oft heroischen Anstrengungen, die für ihre Schaffung und ihre Entwicklung bis zum heutigen Zustand nötig waren, seine Bewunderung nicht versagen können. Selbst auf einer Weltkarte sind sie als Faktor auszumachen – etwa 0,75% der Landoberfläche ohne Antarktis, die man beinahe als ein einziges riesiges Naturschutzgebiet einstufen könnte. Dennoch ist es offensichtlich, dass einige wenige Pionierländer einen unverhältnismässig grossen Beitrag geleistet haben; die USA etwa 25%, Kanada etwa 10%, Süd- und Südwestafrika etwa 8%, Ostafrika nahezu 7%, was zusammen bereits rund die Hälfte des Gesamtgebietes ausmacht. Viele Länder und viele Lebensräume sind trotz der jüngsten kräftigen Erweiterung der Naturschutzgebiete noch immer schwach vertreten.

Nicht nur in der Öffentlichkeit, sondern selbst bei den unmittelbar zuständigen Stellen ist man sich oft nicht klar darüber, mit welchen Zielsetzungen solche Gebiete erworben und gemanagt werden sollen und wieweit sich die verschiedenen Ziele verbinden lassen. Es ist keineswegs klar, wieweit sich die Erhaltung der natürlichen Umwelt, der Flora und Fauna unter möglichst unveränderten natürlichen Bedingungen, Tourismus und Freude an der Natur, Unterricht und der Schutz schöner und eindrucksvoller Landschaften miteinander in einem Gebiet vereinigen lassen. Man kann nur hoffen, dass allmählich Ordnung in diese verwirrend vielfältigen Zielsetzungen gebracht wird.»

Da leider nicht alle Landschaften, nicht die ganze Erdoberfläche einem Schutz im strengen Sinn zugeführt werden können, ist – neben der grösstmöglichen Schonung – eine Auswahl zu treffen, die wenigstens Beispiele der möglichen Landschafts*typen* als schutzwürdig erklärt. Grundlage dieser Auswahl ist ein gründliches weltweites *Landschaftsinventar,* das sämtliche Landschaftsformen feststellt und erlaubt, die systematische Auswahl der schützenswerten vorzunehmen. Das wäre ein Anfang, der dem Wunsch Nicholsons weitgehend entspräche.

Schon jetzt aber ist klar: um (wir zitieren Russell E. Trains, den Administrator der US Environmental Protection Agency in Washington) die künftige Landschaftsgestaltung und die Umweltverschmutzung in den Griff zu bekommen, müssen wir *auf internationaler Basis* zusammenarbeiten. «Erste Anfänge sind gemacht mit Abkommen zwischen einzelnen Ländern auf niedriger Ebene, die globale Umweltschutzmassnahmen vorbereiten mögen. Länder, die an den gleichen Flüssen liegen, haben gemeinsam Mittel und Wege zur Verringerung der Verschmutzung gefunden, so in Westeuropa bei Rhein und Donau, in Amerika am Colorado, Rio Grande und an den Grossen Seen. Weitere internationale Vereinbarungen über die Verringerung der Meeresverschmutzung und über den freien Austausch von wissenschaftlichen und technischen Informationen sind in Vorbereitung. So haben zum Beispiel auf der Grundlage des Umweltprogrammes der Vereinten Nationen vor kurzem 16 Länder einen Vertrag zur Verhinderung der Verschmutzung des Mittelmeeres unterzeichnet.

Diese Anfangserfolge auf dem Gebiet des Umweltschutzes ermutigen auch zu einer breiter angelegten wissenschaftlichen Zusammenarbeit im sparsameren Umgang mit Rohstoffen. Internationale Vereinbarungen, die sorgfältig eingehalten werden, verstärken die Einsicht, dass das Wohlergehen eines Landes weitgehend von dem Verhalten seines Nachbarn abhängt. Gleichzeitig wird das öffentliche Bewusstsein dafür geschärft, wie sehr unsere Gesellschaft aufeinander angewiesen ist.

Alle Umweltschutz-Übereinkommen zwischen einzelnen Ländern, ebenso wie die Bemühungen innerhalb eines Landes, können nur so erfolgreich sein, wie die wissenschaftlichen Kenntnisse und das Verständnis all dieser Zusammenhänge vorhanden sind. Wir haben in den vergangenen Jahrhunderten eine beinahe erschreckende Fähigkeit entwickelt, unsere Umwelt in einer Weise zu verändern, die wir gar nicht beabsichtigt haben und zum Teil noch gar nicht gewahr geworden sind. Erst jetzt beginnen wir langsam zu verstehen, was wir unserer Umwelt antun.

Inzwischen wissen wir, dass unsere Biosphäre mit ihrem vielfältigen Leben nicht ohne Gefahr für uns selbst geplündert werden kann. Die Biosphäre ist mit uns in komplizierter und verwickelter Weise verbunden, und wir erlangen erst jetzt nach und nach Einsicht in diese Zusammenhänge – eine Voraussetzung für eine systematische Erforschung unserer Umwelt. Wenn der Schutz unserer Umwelt einen positiven Stellenwert erhalten soll – anstelle einer blossen Bestrafung oder Kontroverse –, dann muss er im internationalen Einvernehmen auf eine solide wissenschaftliche Basis gestellt werden. Wir müssen unsere gemeinsamen internationalen Anstrengungen auf dem Gebiete des Gesundheitswesens und des Umweltschutzes weiter ausbauen und eine gemeinsame politische Lösung der globalen ökologischen Probleme anstreben. Immerhin haben wir einen guten Anfang gemacht in Richtung auf eine Anerkennung unserer Verantwortung für die Umwelt auf der ganzen Erde.»

Landschaftspflege vor allem ein ethisches Problem

Die zitierten Sätze verdienen allgemeine Folgeleistung. Indessen bedürfen sie noch der grundsätzlichen Vertiefung. Die bisherige Landschaftsgestaltung und -nutzung wurde weitgehend von der Maxime bestimmt: Alles für den Menschen. Die Folge war Einseitigkeit der Nutzung, *Über*nutzung, Verarmung, Verödung der Landschaften, wobei innerhalb dieses rein homozentrischen Nutzungsprinzips überdies partielle Interessen – Individual- und Kollektivinteressen, Volks-, Partei-, Staats- und Rassen-Interessen – divergierend um Vormacht und Haupteinfluss kämpften. Auch ihr Resultat, in Krisen, Machtkämpfen, Kriegen zum Ausdruck kommend, war Verarmung, Verwüstung der Landschaft und damit Bedrohung des Menschen selbst und seines Fortbestandes. Es kann nicht anders sein, als dass deshalb die Maxime des Handelns entscheidend zu ändern ist. In Kants «Kategorischem Imperativ» sind hierfür die klaren Leitlinien umrissen, wenn auch seine Sicht erweitert werden muss, um wirklich das Sein des Menschen umfassend zu ergreifen. Kants «Kategorischer Imperativ» fordert: «Handle so, dass die Maxime deines Willens jederzeit zugleich als Prinzip einer allgemeinen Gesetzgebung gelten könnte.» Wir möchten seinen Satz erweitern und von einem allgemeinen *Naturgesetz* sprechen. Die Gegenwart zeigt eindrücklich genug, dass des Menschen Zukunft sich nur dann sichern lässt und allen optimistischen Hoffnungen auf völlige Beherrschung der Natur durch den Besitz der Atomkernenergie zum Trotz nur dann gewährleistet wird, wenn er jener menschlichen Maxime gemäss zu leben lernt und sie auf seine ganze irdische Umwelt erweitert, indem er sich – einfach gesagt – der Natur der Erde, ihren Landschaften als Glied, wenn auch als schöpferisches Glied einordnet, sich nicht als deren *Be*herrscher, sondern als *Mit*herrscher gebärdet. Kein Geringerer als der amerikanische Wirtschaftspolitiker B. M. Baruch hat dies erkannt, wenn er in seinem Vorwort zu dem alarmierenden Buch seines Landsmannes W. Vogt «Road to Survival» feststellte: «Wenn wir fragen, warum wir uns in einen solchen Irrgarten von Schwierigkeiten verwickeln liessen (Schwierigkeiten des gravierenden Schwundes der Ertragsfähigkeit der Landschaft), so finden wir den Hauptgrund darin, dass der Mensch in seiner Geschichte selten versucht hat, sich selbst als einen Teil seines Milieus aufzufassen.» Alle Anzeichen deuten darauf hin, dass es hohe Zeit ist, diese Erkenntnis in die Tat umzusetzen. Die Erde hat bereits begonnen, sich zu «rächen».

Vom Sinn der Landschaft

Es sind kaum viel Worte darüber zu verlieren, dass wir nicht den Sinn der Landschaft an sich ermitteln können. Vielmehr ist doch die Frage im Zusammenhang mit dem Menschen, der in der Landschaft lebt und dem sie als Wohnstätte dient, zu erörtern. Da Landschaftsforschung als eigenständige Wissenschaft nur einen Sinn hat, wenn über die Wechselwirkung Mensch → Landschaft → Mensch nachgedacht wird, handelt es sich um eine Grundfrage der Wissenschaft und eine Existenzfrage der Menschheit überhaupt.

Die Landschaft kann mit vornehmlich naturwissenschaftlichen Methoden analysiert werden, das heisst es wird versucht, die «Wirklichkeit» mit Modellen nachzubilden und deren Funktion zu studieren. Solche Modelle der Landschaft, oder besser: bestimmter Aspekte von ihr – denn die «ganze» Landschaft lässt sich nie mit *einem*, aber auch nicht mit vielen Modellen einfangen –, können klärend wirken und sind für das verstandesmässige Erfassen, das Verstehen gewisser Tatbestände und Abläufe sinnvoll. Aber diese naturwissenschaftlichen Einsichten sind bei der Titelfrage nicht gemeint. Vielmehr ist damit eine irrationale Frage angeschnitten, die – wenigstens zum Teil – in verständliche Worte zu fassen zwar schwer, aber doch nicht ganz unmöglich ist.

Denn bei der Sinnfrage geht es doch um die Existenz von uns Menschen, um die Frage, ob das Leben einen Sinn hat. Wenn wir dies völlig verneinen, dann ist die Titelfrage erledigt. Denn wenn für einen erlebenden und erkennenden Menschen das Dasein in jeder Beziehung keinen Sinn hat, dann ist auch die Landschaft sinnlos, ein Weiterleben auch kaum erwünscht. Diesen Extremfall können wir ausschliessen. Wenn aber im Leben ein Sinn erkannt wird, so ist dieser immer sehr komplexer Art und subjektiv gefärbt, so dass nur Hinweise möglich sind.

Mit dem Wort Sinn assoziiert man unwillkürlich die Sinne. Und tatsächlich ist der Mensch, solange er lebt, durch seine Sinne mit der Landschaft verknüpft. So besteht der «Grundsinn», den die Landschaft für den Menschen hat, in den *sinnlichen Reizen* der Landschaft. Bei diesen handelt es sich nicht einfach um physiologische Vorgänge, sondern um irrationale Umsetzungen in das Erleben der Landschaft, ein Vorgang, der nicht passiv vor sich geht. Vielmehr werden die Eindrücke aktiv ausgelesen und gestaltet. Dazu gibt es je nach Individuum viele Wege.

Das Landschaftserlebnis ist immer perspektivisch. Als Erlebende befinden wir uns in der Mitte und können stets eine Nähe als Aktionsraum und eine Ferne, die wir nur passiv, kontemplativ erleben, in uns aufnehmen. Nähe und Ferne bleiben getrennt. Für das Erleben gibt es nicht *eine* Landschaft, sondern unendlich viele Ansichten, die mit dem Standort wechseln, aber auch mit der Zeit sich verändern. Das, was man Wetter nennt, gibt der Landschaft ihr momentanes Gepräge (als Regen-, Nebel-, Schnee-, Sommerlandschaft). Für die Nähe und Ferne gibt es zwei Extreme: den geschlossenen kleinen natürlichen oder künstlichen Raum, dem die Ferne fehlt, aber auch den Fernraum, dem die Nähe fehlt, so zum Beispiel wenn wir auf einem Berggipfel stehen. Dann ist zwar unter unsern Füssen Nähe, die wir aber ignorieren können, so dass uns nur Ferne umgibt. Darauf beruht wohl das einzigartige Erlebnis eines Gipfels. Betrachten wir die Landschaft von einem festen Standort, so ist das Erlebnis ein statisches. Die Ferne bleibt Ferne. Wenn wir uns aber bewegen, so ändern sich Nah und Fern ununterbrochen (wenn wir nicht auf dem offenen Meer fahren). Die Nähe wird zur Ferne, die Ferne zur Nähe, was zur Faszination des Wanderns, Fahrens und Fliegens gehört.

Der *Sinnesgenuss* der Landschaftserlebnisse ist unfassbar vielgestaltig. Wir können auf den ersten Beitrag dieses Buches verweisen, worin eine Auswahl an Adjektiven zur Landschaft aufgezählt wird. Hier sei nur nochmals hervorgehoben: das ästhetische Erlebnis der Landschaft – die schöne oder hässliche, harmonische oder disparate Landschaft; das physiologisch-psychologische Erlebnis – die erholsame oder aufregende, ruhige oder lärmige, balsamisch riechende oder stinkende Landschaft; das ethische Erlebnis – die erhabene oder teuflische, tröstliche oder deprimierende Landschaft. Die Reaktionen auf die verschiedenartigen Landschaftsreize sind eminent subjektiver Art. Denn wenn zum Beispiel ein Junger den Lärm als anregend und erregend, die Stille als langweilig empfindet, wird ein Älterer vielleicht gerade den Lärm meiden und die Stille aufsuchen. So spielt die Landschaft im Lebensgenuss oder Lebensüberdruss immer eine wichtige, sinnvolle Rolle.

Überwiegend ist wohl der Sinnesanteil des Sehens. Denn vor allem mit dem Auge erfassen wir die Ferne. Diese ist für das Ohr im allgemeinen stumm, und Gerüche müssen uns durch den Wind zugetragen werden. Die wohltätige oder brennende Wärme der Sonne wird uns immer auch an den Kosmos erinnern. Hingegen ist das so wichtige Sinnesorgan des Tastens, durch das wir uns ein Objekt erst richtig aneignen, völlig auf die Nähe beschränkt.

Das Irrationale des Landschaftserlebnisses kann der Dichter in Worten anklingen lassen: «Trinkt, o Augen, was die Wimper hält, von dem goldnen Überfluss der Welt» (G. Keller); «Laue Luft kommt blau geflossen, Frühling, Frühling soll es sein!»; «O Lust, vom Berg zu schauen, weit über Wald und Strom...» (Joseph v. Eichendorff); «Es war an einer Bergseite... Wie Ahnenbilder im grossen Rittersaale standen im Hintergrunde, einem guten Auge sichtbar, die alten, grossen Berge in stiller Majestät, mit reichem Mondlicht war die niedere Welt übergossen, Feld und Wald, Tal und Hügel ohne Unterschied...» (Jeremias Gotthelf). Was sind – als poetische Bilder aus ihrem Sinnzusammenhang gelöst – das Trinken der Augen, der goldene Überfluss, die blaue Luft, die Lust, zu schauen, die Ahnenbilder? Erst in dieser Verbindung vermögen sie Realitäten des Erlebens einzufangen.

Aus diesem Irrationalen fliesst uns der tiefere Sinn der Landschaft zu. Dieser Aspekt gehört auch zum Aufgabenbereich des Geographen, und er hat ihn aus persönlicher Verantwortung mitzugestalten. Denn gerade die Landschaftsforschung darf die unglückliche Spaltung in Natur- und Geisteswissenschaft nicht mitmachen. Karl Schmid hat treffend formuliert: «Der exakte Naturwissenschaftler, der auf die wertfreie Steigerung der Erkenntnismöglichkeiten eingeschworen ist, kann durch eine eklatante Blindheit gegenüber der Sinn-Frage ausgezeichnet sein.» Und er zitiert den Physiker und Nobelpreisträger Wolfgang Pauli: «Es gibt Dinge, die ich wissenschaftlich nicht erklären kann, aber es gibt sie, und vielleicht gehört es zu ihrem Wesen, dass man sie wissenschaftlich nicht erklären kann.»

Die Sinn-Frage beim Landschaftserlebnis führt zu Grundfragen unserer Existenz. Auf sie vermag die Naturwissenschaft keine Antwort zu geben. Aber geblendet durch ihren faszinierenden Fortschritt und die technischen Möglichkeiten, die daraus hervorgingen und die sich mannigfach in der Landschaft äussern, schreiben die Verfechter der naturwissenschaftlichen Methoden diesen gern Unfehlbarkeit zu und erheben folgende Hypothesen zu Glaubenssätzen: Die «Natur» wird regiert durch physikalisch-chemische Gesetze, die Entwicklung geht aus Zufallsereignissen durch Zucht und Auswahl im Kampf ums Dasein vor sich. Der Sinn besteht in der Hoffnung auf immer besseres Leben für zu erwartende Übermenschen in einer harmonischen Zukunftslandschaft.

Einem solchen «Naturglauben» stehen uralte Erfahrungen einer sinnvoll geplanten, für uns Menschen aber in den Tiefen unerforschlichen Schöpfung gegenüber. Diese können wir staunend bewundern. Aber auch das Grausame, das Leiden und Seufzen der Kreatur erleben wir schmerzlich. Der Schöpfung stehen wir aber nicht als Unbeteiligte, lediglich interessierte, objektive, naturwissenschaftliche Beobachter gegenüber. Vielmehr sind wir mit eingeschlossen, zur sinnvollen Nutzung und Gestaltung der Landschaft, wir sind aber auch zur sinnvollen Hilfsbereitschaft und Anteilnahme gegenüber aller Kreatur, zu der wir ja auch gehören, aufgerufen. Durch dieses Leben und Miterleben, das kontemplative Bewundern des nicht Fassbaren und das aktive Verantwortungsbewusstsein erschliesst sich uns der tiefste Sinn der Landschaft.

Verzeichnis von Nationalparks und Reservaten

Der Wandel von der Naturlandschaft zur Kulturlandschaft ist schon weit fortgeschritten und vollzieht sich in immer schnellerem Ablauf. Deshalb sind die Bestrebungen zur Erhaltung von organischer und anorganischer Natur sehr zu begrüssen.

Der Naturschutz bildet einen Teil der Landschaftspflege, und die Nationalparks vermitteln einen weiteren Einblick in die landschaftlichen Eigenheiten. Im Rahmen des Bildbandes ist nur eine Auswahl von 382 Parks aus 96 Ländern möglich. Von der IUCN (Internationale Union zur Erhaltung der Natur und ihrer Bodenschätze) werden aber rund 1200 Parks registriert. Die Namen und die Ausdehnung der geschützten Grundstücke sind einem ständigen Wechsel unterworfen, und auch die Qualität des Schutzes ist sehr verschieden.

Die Reihenfolge der Länder erfolgt in gleichem Sinn nach Klimazonen wie im ersten Teil des Bildbandes, so dass Länder mit ähnlichen atmosphärischen Bedingungen zusammengefasst sind. Die IUCN hat 1975 eine andere Klassifikation der biogeographischen Regionen der Welt publiziert, die aber als Grundlage für dieses Werk nicht geeignet war. Daraus hat sich aber die neuartige Charakteristik von Reservaten abgeleitet, welche mit einer Formel von drei Ziffern den biosphärischen Typus des Reservates bestimmt.

Der Beschreibung sollte eine ausführliche Dokumentation zugrunde liegen. Die Daten sind aber nicht überall in vollständiger, einheitlicher Form zu erhalten. Der Bestand an Reservaten ist ausserdem dauernden Veränderungen ausgesetzt, so dass Verzeichnisse nach kurzer Zeit nicht mehr stimmen. Soweit möglich sind vermerkt worden: Namen mit abgekürzten Bezeichnungen, wie NP = Nationalpark, NR = Naturreservat, WR = Wildtierreservat, FR = Faunareservat, BR = biosphärisches Reservat und viele andere; die Oberfläche der Reservate in Hektaren, mittlere Temperaturen und Niederschläge des Jahres. Dann folgen Angaben über die geographische Lage, über botanische Merkmale und Hinweise auf den Bestand von Wildtieren.

Durch die Belebung der Landschaften mit Tieren und Pflanzen wird die Wechselbeziehung zwischen Mensch und Biosphäre geschaffen. Damit wird die Reise durch die Landschaften von Reservat zu Reservat in anderer Formulierung zum weiteren, vielgestaltigen Erlebnis.

Zone	Land		Fläche ha	Höhenlage m ü. M.
NGW	Kanada	*Wood Buffalo NP (Alberta)*	4 480 700 /	212– 732

Der Park ist zum Schutz der noch überlebenden Bisonherden gegründet worden. Er ist ein Beispiel für die unendlich ausgedehnten Ebenen von Kanada.

Jasper NP (Alberta) — 1 087 800 / 1058–3747

Rocky Mountains; hohe Gipfel und tiefeingeschnittene Täler. Berühmter Gletscher (Columbia-Eismeer). Heisse Quellen, Nadelholzwälder bis 2000 m, darüber alpine Landschaft. Heimat des Grizzlybären.

Banff NP (Alberta) — 664 076 / 1383–3628

Typische Landschaft der zentralen Rockies, geologisch-tektonisch aufschlussreich, antiklinale Faltungen, heisse Quellen, Naturwälder mit Föhren, Fichten, Weisstannen, Pappeln und Birken. Über 2,5 Millionen Besucher im Jahr.

Prince Albert NP (Saskatchewan) — 387 464 / 532– 900

Waldreiche Seen- und Flusslandschaft mit Bären, Wölfen, Luchsen und Bibern.

Riding Mountain NP (Manitoba) — 297 591 / höchste Erhebung 600

Bewaldetes Plateau, die 350 m hohen Bergrücken überragen die umliegenden Ebenen. Viele glaziale Seen, einzelne bis zu 7 km Länge. Wald mit Fichte, Ahorn und Birke.

Kootenay NP (Brit. Columbia) — 137 788 / höchster Punkt 3440 Mt Deltaform

Teil der Rockies von besonderem geologischen Interesse, heisse Mineralquellen mit Schwimmbädern, Canyons, Wald in den Tälern, Hochmoore in höheren Lagen. Bären, Grossohrhirsche, Wapitihirsche, Rocky-Mountain-Ziegen.

Glacier NP (Brit. Columbia) — 134 939 / höchster Punkt 3423 Mt Dawson

Längste Höhlen von Kanada. Dichter Nadelwald, alpine Tundra.

Yoho NP (Brit. Columbia) — 131 313 / 1440–3562

Gebirgslandschaft mit Wasserfällen; grösster ist der Takakaw-Fall, 540 m hoch. Schönste Bergseen von Nordamerika.

Cape Breton Highlands NP (Nova Scotia) — 95 053 / höchster Punkt 524

Ausdehnung vom Atlantik bis zum St.-Lorenz-Golf. Tiefere Lagen bewaldet mit Fichten, Ahorn, Buchen und Birken. Hochebenen mit Heidekraut und Moosen bedeckt.

Waterton Lakes NP (Alberta) — 52 577 / 1278–2692

Internationaler Park (Kanada/USA), Bezeichnung deshalb auch «Waterton-Glacier International Peace Park». Flora der alpinen Hochmoore, reichhaltigste aller kanadischen Nationalparks.

Terra Nova NP (Newfoundland) — 39 653 / 0– 320

Typische Küstenlandschaft dieser Region, z. T. Wald, aber auch felsige Buckel mit Runsen und Schluchten zum Meer. Elche, Karibu oder Kanadisches Waldren, Bären und Pelztiere.

Fundy NP (New Brunswick) — 20 590 / 0– 380

Hügeliges Plateau mit steilen, bewaldeten Abhängen zu der Bucht von Fundy. Fichte und Balsamtanne, gemischt mit Ahorn. Elche, Hirsche, Bären, Pelztiere. Fauna und Flora des Ebbe-und-Flut-Strandes.

NGW USA *Yellowstone NP (Wyoming, Montana, Idaho)* — 899 139 / 1620–3462

Ältester Park der Welt, grösster Park der USA, grösstes Geysirgebiet, grösster Bergsee von Nordamerika; Ablagerung von versteinerten Bäumen, Grand Canyon von 38 km Länge, höchster Berg Eagle Peak. Stark bewaldet, Nadelholz bis zu 2700 m: Föhren, Fichten, Douglastannen, Weisstannen und Wacholder. Laubholz: Pappeln, Eichen und Weiden. Fauna: Dickhornschaf, Wapiti, Elch, Gabelbock, Bison, Puma, Luchs, Rotluchs, Schwarzbär, Grizzlybär, Vielfrass, Dachs, Marder, Kojote, Fuchs, Biber, Pfeifhase, Schneehase, Gelbbauch-Murmeltier, Bisamratte und Stachelschwein, dazu 238 Arten Vögel, besonders Trompeterschwan und Weisser Pelikan.

Mount McKinley NP (Alaska) — 2 356 900 / 457–6194

Höchster Berg der USA, mit Eis und Schnee bedeckt. Untere Hänge mit subarktischem Fichtenwald, in grösserer Höhe übergehend in Permafrost-Tundra, vorwiegend mit Weide und Birke bewachsen. Fauna: Weisses Schaf *(Ovis dalli)*, Elch, Grizzlybär.

Everglades NP (Florida) — 566 796 / 0 – 2

Ausgedehntes Sumpfgebiet mit tropischen Pflanzen, Sumpfgras, Dschungel, Palmen und Zypressen, an den Küsten Mangrove. Fauna: Puma, Schwarzbär, Rundschwanz-Seekuh, Alligator, der seltene Rosalöffler.

Glacier NP (Montana) — 410 058 / 972–3185

An der kanadischen Grenze, turmartige Berggipfel, Gletscher und Seen, Nadelholz-Urwald. Mit dem kanadischen Gebiet zusammen bezeichnet als Waterton-Glacier International Peace Park.

Olympic NP (Washington) — 362 848 / 0–2428

Auf der Halbinsel am Pazifischen Ozean (Seattle) Bergspitzen und Gletscher, in den Tälern gigantische Rot- und Weisstannen. Fauna: der seltene «Roosevelt Elk» (eine Wapiti-Unterart) und das Olympic-Murmeltier *(Marmota olympus)*.

Yosemite NP (Kalifornien) — 308 300 / 671–3964

In der Sierra Nevada, geographische Breite von San Francisco. Tiefe Canyons, an den Hängen dichter Nadelwald, zum Teil *Sequoia gigantea*. Fauna: 78 Säugetiere und 200 Vogelarten.

Big Bend NP (Texas) — 283 288 / 564–2388

Ausgedehnte, trockene Mulde, bewachsen mit verschiedenen Kaktusarten und Yuccas. Inmitten des Flachlandes die spektakulären Chios-Berge, bewaldet mit Föhren *(Pinus edulis* und *P. ponderosa)*, Eichen und Wacholder.

Grand Canyon NP (Arizona) — 493 070 / 518–2793

Der Coloradofluss hat die horizontalen Gesteinsschichten so angeschnitten, dass die Altersabstufung über Millionen von Jahren abgelesen werden kann. Im Innern der «Schlucht» wüstenhafte Vegetation, auf dem Plateau Föhren- und Tannenwald. Fauna: 100 Arten Vögel, 60 Arten Säugetiere und 25 Arten Reptilien und Amphibien.

Isle Royale NP (Michigan) — 215 740 / 183– 425

Insel im «Lake Superior» dicht bewaldet mit Nadelholzwald. Fauna: Elch, Kojote, Kaninchen und Biber.

Great Smoky Mountain (North Carolina und Tennessee) — 208 284 / 304–2024

Berge (Clingmans Dome) mit 130 Baumarten bewaldet, besonders Rhododendron und Azaleen. Fauna: wilde Truthähne.

Kings Canyon und — 184 132 / 427–4418
Sequoia NP (Kalifornien) — 154 744 /

Die zwei Parks grenzen aneinander; dort finden sich die prächtigen *Sequoia gigantea*, die höchsten Bäume der Welt (135 m hoch).

Grand Teton NP (Wyoming) — 124 140 / höchster Punkt 4588

Bergmassiv; erhebt sich unvermittelt um rund 2300 m aus der Sagebrusk-Ebene. Fauna: seltener Trompeterschwan.

Rocky Mountain NP (Colorado) — 104 930 / höchster Punkt 4752

65 hohe Gipfel, mehr als 700 Arten von Pflanzen. Herden von Hirschen, wilden Schafen. In der Nähe von Denver.

Hawaii Vulkan NP — 87 830 / höchster Punkt 4171

Von den beiden aktiven Vulkanen weist Kilauea tropischen Regenwald auf, während Mauna Loa nur lockeren Wald, aber eine einzigartige Flora hat. Kraterlandschaft, Lavaströme, Kau-Wüste, rauhe, steinige Küste, schwarzer Sandstrand mit Palmen.

Shenandoah NP (Virginia) — 84 921 / 1349

Zwei Stunden Autofahrt von der Hauptstadt Washington entfernt, ausgedehnte Laub- und Nadelholz-Waldungen der «Blue-Ridge»-Berge. Nach dem Great Smoky Park der meistbesuchte Nationalpark.

Zone	Land		Fläche ha	Höhenlage m ü. M.
		Crater Lake NP (Oregon) Kratersee (Caldera) mit farbenreichen Klippen. Wald aus *Tsuga heterophylla*, *Pinus albicaulis* und *Abies magnifica shastensis*, an niedrigeren Standorten *Pseudostuga menziesi*, *Pinus ponderosa* und *Pinus lambertiana*.	64 116 /	höchster Punkt 2973
		Versteinerter Wald NP (Arizona) Versteinerte Baumstämme und farbenreiche Wüste. Versteinerung aus der Trias (vor 160 Millionen Jahren). Rund 1 Million Besucher im Jahr.	38 089 /	1524–1900
		Mesa Verde NP (Colorado) Ausgedehnte Hochebene, durch Canyons geteilt und von geschlossenem Nadelwald bedeckt. «Cliff Palace», grösstes tausendjähriges Dorf der Mesa Verde mit gemauerten Häusern und Türmen in einer Felsenhöhle.	20 830 /	2200
		Mammoth Cave NP (Kentucky) Die Umgebung der Höhle ist mit Laubholz bewaldet. Ausserhalb der Höhle reiche Fauna und Avifauna, in der Höhle blinde und augenlose Fische.	20 541 /	100–200
		Carlsbad Caverns NP (New Mexico) Grösste bekannte Höhle der Welt. Aus dem Kalkstein ausgewaschen, reich an Stalaktiten und Stalagmiten in allen Farben.	18 921 /	1097–1935
		Bryce Canyon NP (Utah) Eigenartige Felsformen, durch Erosion entstanden. Farben der Steine heben sich ab von dunkelgrünem Nadelwald.	14 405 /	1800–2775
		Acadia NP (Maine) Inseln im Atlantik nahe der kanadischen Grenze. Von Gletschern gerundete Fels- und Bergformen. Laub- und Nadelholz-Mischwald. Zahlreiche Waldtiere und Seevögel.	13 901 /	0–466
		Wind Cave NP (Süd-Dakota) Prärie-Grasland mit Herden von Bisons, aber auch Antilopen, Hirschen, Präriehund *(Cynomys ludovicianus)*.	11 223 /	–
		Haleakala NP (Hawaii) Seit 200 Jahren untätiger Vulkan mit einem der grössten Krater der Welt.	10 560 /	3055
		Virgin Islands NP (Antillen) Zwischen den Kleinen und Grossen Antillen, östlich von Puerto Rico, befindet sich diese ideale Landschaft: tiefblaues Meer, Inselgruppe mit grünen Hügeln, Buchten mit weissem Sand, tropische Vegetation und sekundär bewirtschafteter Wald. Keine Schlangen, wenig Fliegen und Mücken.	6 060 /	–
NGZ	Albanien	*Dajti NP 3 km südl. Tirana* Berglandschaft mit Gipfel Dajti, teilweise bewaldet mit Buchen, Föhren und Steineichen *(Quercus ilex)*.	3 000 /	400–1611
		Lura NP Zwei Bergketten, Deja 1500–2246 m und Lura 1000–2114 m. Wald, bestehend aus vier Föhrenarten, Buchen und Weisstannen. Zahlreiche Hochmoore und Bergseen.	3 000 /	1000–2246
		Tomori NP Bergrücken östlich von Berat. Wald, bestehend aus Buchen und Föhren.	3 000 /	800–2400
NGZ	Belgien	*Hautes Fagnes-NR* Hochplateau mit Bergseen, *Sphagnum*-Grasland; Wald, bestehend aus Buchen, Eichen und Birken, ist verdrängt durch Pflanzung von Fichten. Fauna: Hirsch, Reh, Wildschwein und Wildkatze.	3 651 /	500–675
NGZ	Bulgarien	*Ousoun-Bodjak-Reservat* Mehrere hundert Jahre alter Wald mit Eichen und Buchen sowie Stechpalmen. Fauna: Rothirsch, Wildschwein, Baummarder, Uhu.	2 530 /	100–150
		Djendema-Reservat Abwechslungsreiche Landschaft in der Gebirgskette des Balkans. Wasserfall von 100 m Höhe. Fauna: Braunbär, Rothirsch, Gemse, Steinadler.	1 775 /	1500–2000
		Maritza-Seen-Reservat Alpine Region um den Rila mit höchster Spitze des Monssala-Gipfels. Fauna: Gemse, Braunbär.	1 509 /	1900–2925
NGZ	BRD	*Ammergauer Naturschutzgebiet (Bayern)* Kalksteingebirge, angrenzend an Österreich, bewachsen mit sehr alten Wäldern. In den Lichtungen und Wiesen reiche Alpenflora.	27 600 /	2000–2500
		Lüneburger-Heide-Naturschutzpark (Niedersachsen) Landschaft der Heide und der Moore mit glazialem geologischem Untergrund. Seit dem Jahre 1750 sind an Stelle der ursprünglichen Vegetation Föhrenpflanzungen entstanden. Die Verwaltung des Reservates setzt sich für eine Wiederherstellung des Ursprünglichen mit Buchen, Eichen, Birken und Heideland ein. In dem Naturschutzpark leben 40 Arten Säugetiere und 200 Arten Vögel. Schafe werden gehalten, um den Heidecharakter zu bewahren.	20 000 /	70–169
		Königssee NR Teil der Berchtesgadener Alpen, einschliesslich des Königssees und des Obersees. Reiche alpine Flora.	20 000 /	1000–2700
		Lister Dünen (Sylt) (Schleswig-Holstein) Bemerkenswerte Wanderdünen auf der Nordseeinsel Sylt.	1 790 /	Meeresniveau
NGZ	Dänemark	*Nordost-Grönland NP* Küstenstreifen zwischen dem europäischen Nordmeer und dem Inlandeis von Grönland und längs der Küste vom Scoresby-Sund (70° n. Br.) bis Pearyland, Independence-Fjord (83° n. Br.). Arktische Region des Moschusochsen, des Polarfuchses, des Eisbären und Seehundes.	70 000 000 /	–
		Hansted-Reservat Jütlandküste mit Dünen, Marschland und Seen. Brutplatz für Vögel, u.a. Enten und den nur hier in Dänemark anzutreffenden *Pluvialis apricaria* (Goldregenpfeifer).	3 000 /	unter 50
NGZ	Finnland	*Lemmenjoki NP* Über dem Polarkreis in Lappland; durchzogen von den Flüssen Lemmenjoki und Ravadasjoki mit Wasserfällen und Seen. Abwechslungsweise Heide, Birkenwald, Sandflächen an Seeufern mit Föhrenwald, Sümpfen und Mooren mit Weidengehölz. Rentierherden der Lappen, Elch, Bär und Wolf.	172 197 /	123–600
		Pallas Ounastunturi NP Im Norden am Ounasfluss, Granit- und Gneisfelsen. Ursprünglicher Wald, bestehend aus Fichte, Föhre und Birke. Fauna: Rentier, Rothörnchen, Schneehase, Fuchs, Waldspitzmaus, Graurötelmaus. Vögel: Rauhfussbussard, Moorschneehuhn, Goldregenpfeifer, Regenbrachvogel, Baum- und Wiesenpieper. Reptilien: nördlichstes Vorkommen der Kreuzotter.	48 717 /	272–807
		Kevo-Naturpark Im äussersten Norden des Landes im Raume des grossen Kevoioki-Canyon. Vorwiegend Birkenwald, längs den Flüssen Föhren. In günstigen Lagen reiche Vegetation mit seltenen Arten.	34 200 /	74–551
		Oulanka NP Am Polarkreis, vollständig geschützt, biologische Forschungsstation der Universität von Oulu. Wald: Fichte, Föhre, Birke. Fauna: Rentier, Elch und Bär.	10 270 /	143–380
		Pyhähäkki NP Beispiel eines Waldes im südlichen Finnland mit alten Föhren von 250–450 Jahren. Torfmoorflächen und Seen.	1 010 /	159–193
NGZ	Frankreich	*Ecrins NP* Ein alpines Hochgebirgsgebiet bei Grenoble mit dem Massiv von Champ-Saur und Oisan, hohen Berggipfeln, Gletschern und Steilwänden. Der Naturpark wurde am 27. März 1973 eingerichtet. Die Vegetation umfasst Kiefern-, Lärchen- und Pinienbestände sowie die Pflanzenwelt der Bergmatten. Es gibt zahlreiche Gemsen und Murmeltiere sowie Adler und Auerhahn.	91 800 /	800–4103

Zone	Land		Fläche ha	Höhenlage m ü. M.

La Vanoise NP (Savoyen) — 52 839 / 1250–3852
Rund um den Park besteht eine «Pufferzone» mit weniger strengem Naturschutz. Höchste Erhebung in diesem Gebiet von Savoyen ist Grande Casse 3852 m. Alpine Landschaft, in unteren Lagen Laubbäume (Buchen und Eichen), mittlere Partien Buchen und Fichten bis zur Waldgrenze, dann nur noch Nadelholz. Fauna: Gemse, Steinbock, Murmeltier, Schneehase, Fuchs, Königsadler und Uhu.

Pyrénées NP — 47 707 / 1100–3298
Ein etwa 100 km langes Stück der zentralen Pyrenäenkette mit tiefeingeschnittenen Tälern, Bergbächen, Wasserfällen und zahlreichen Seen. Die Vegetation in den unteren Bereichen besteht aus Eichen und Buchen, in grösserer Höhe aus Nadelbäumen, auf den Bergmatten finden sich Edelweiss, Enzian und Lilien. Einige Braunbären und Wölfe gibt es noch, dazu etwa 3000 Gemsen, ferner Geier, Königsadler und Auerhähne. Bester Zugang besteht von Tarbes aus. Errichtet wurde dieser Naturpark 1967.

Mercantour nationales Tierreservat — 27 843 / 1500–3060
Staatliches Reservat für Hochwild. Angrenzend an Italien, wildes Berggebiet mit Arven, Lärchen, Fichten und Föhren. Seltene Alpenflora und Fauna: Gemse, Mufflon, Steinbock, Sikahirsch, Dachs, Fuchs und Marder. Steinzeichnungen im Val des Merveilles aus prähistorischer Zeit.

Camargue NP, zoologisches und botanisches Reservat — 13 117 / 0–30
Eines der bedeutendsten Flussdeltas von Europa. Salzsteppen, Schilfflächen, Seen und Tümpel von verschiedenem Salzgehalt, zeitweise oder dauernd bewässert, Sanddünen und 50 km Strand. Vegetation: Tamariske, Phönizischer Wacholder, Steinlinde. Fauna: halbwilde Rinder und Pferde, Wildschwein, Lurche, Reptilien, 393 Arten Vögel; einziger Nistplatz der Flamingos in Europa.

Port-Cros NP (l'île) — 685 / 0–200
Felsige Insel der Iles d'Hyères mit typischer Mittelmeerflora und -fauna. Bewaldung mit Aleppokiefern und Eichen sowie mit dichtem Unterholz (Macchia). Fauna: Wildes Kaninchen und Schwarze Ratte. Tausende von Zugvögeln im Frühjahr und Herbst auf dem Hin- und Rückflug nach bzw. von Afrika.

NGZ Griechenland *Pindus NP* — 12 935 / 1000–2300
Wildes, einsames Bergland im Nordwesten des Landes, südwestlich von Ioannina. Fauna: Bär, Wolf, Luchs, Fuchs, Wildschwein, Reh, Lämmergeier.

Samarias-Schluchten NP (Kreta) — 4 850 / 800–2200
Berggebiet mit Felswänden und Schluchten. Baumwuchs: Italienische Zypresse *(Cupressus sempervirens)*, Aleppokiefer *(Pinus halepensis* var. *brutia)* und Kermeseiche. Fauna: Kretische Wildziege.

Olymp-Gebirge NP — 3 998 / 800–3200
Thessalonien, 50 km nördlich Larissa. Wald, bestehend aus Föhren und Buchen. Fauna: Wilde Bergziege, Gemse, Hasen und Adler.

Parnass NP (Attika) — 3 512 / 300–1413
Touristisch erschlossene Region auf Attika mit steilen Hängen. Ursprünglicher Wald zerstört, Aufforstung mit Aleppokiefer, Kermeseichen, Hainbuchen, Ulmen, Rosskastanien und Zypressen; über den Laubhölzern Griechische Tanne und Schwarzkiefer. Fauna: ausgesetzt Reh, Hirsch und Gemse.

NGZ Grossbritannien *Lake District NP* — 224 285 / 0–977
Nordwest-England, zwischen Dünen an der Küste bis zu den Bergen im Zentraldistrikt. Grasflächen und Wälder in den Talschaften, besonders Eichen und Erlen. Fauna: Hase, Fuchs, Marder, Dachs, Fischotter, Reh und Hirsch. Zahlreiche Greif- und Wasservögel.

Yorkshire Dales NP — 176 114 / 120–730
Nord-England, penninisches Hügelland, Wasserscheide dieser Landschaft. Hochmoore mit entsprechender Vegetation. Bäume: Esche und Weissdorn. Fauna: Hase, Kaninchen, Fuchs, Dachs und Wiesel. Zahlreiche Arten von heimischen und durchziehenden Vögeln im Sommer und Winter.

Cairngorms Nat. NR (Inverness) — 25 949 / 260–1310
In diesem schottischen Reservat (dem grössten Grossbritanniens) gibt es ausgedehnte Hochebenen, Abhänge und tiefe Täler. In den Ebenen wechseln Moore, Sümpfe, Riedflächen und Auenwälder miteinander ab. Baum- und Pflanzenwuchs vermitteln einen alpinen und sogar arktischen Eindruck; Bäume: Schottische Kiefer, Wacholder und Birke sowie bis an die Waldgrenze von 730 m Weide. Fauna: Reh, Hirsch, Dachs, Fuchs, Wildkatze, Schneehase.

Inverpolly Nat. NR — 10 857 / –
Umfasst den ganzen Loch Sionascaig, einige Torridon-Sandstein-Gipfel sowie kleinere Lochs, Flüsse, Küsten und Inseln.

Rhum Nat. NR (Inverness) — 10 560 / 750
Insel mit Bergen von Urgestein vulkanischer Herkunft. Pilzflora (700 Arten).

Caerlaverok Nat. NR — 5 870 / –
An der tiefeingeschnittenen Bucht des Solway Firth gelegen, zwischen dem Nith-Fluss und dem Lochar-See. Ganz besonders reichhaltiges Vorkommen der Vögel, am meisten während der Winterszeit zwischen September und April. Das Reservat umfasst Buchten mit Sand- und Schlammküsten, mit Salzsümpfen und Wiesen.

Beinn Eighe Nat. NR (Schottland) — 4 251 / –
Berg mit Quarzit aus dem Kambrium und Torridon-Sandstein aus dem Präkambrium, mit bedeutenden Funden von versteinertem Wald Kaledonischer Kiefern, Stechpalme, Birke und *Sphagnum*-Moos.

Moor House Nat. NR (Schottland) — 4 047 / –
Blosser, von der Erosion freigelegter Kalkstein als Ergebnis einer früheren Bergwerktätigkeit und landwirtschaftlicher Übernutzung.

Caenlochan Nat. NR (Schottland) — 3 596 / 250–1000
Kalkberge, die von 250 m bis über 1000 m steigen. Kontinentales Klima mit grossen Temperaturunterschieden zwischen Sommer und Winter und entsprechender Flora.

Upper Teesdale Nat. NR (Yorkshire) — 3 498 / –
Die Moor-Vegetation mit *Sphagnum*-Sumpf und Heide entspricht dieser Region, daneben erscheinen arktisch-alpine Pflanzengruppen, besonders wo der Kalkstein an die Oberfläche tritt.

Loch Druidibeg Nat. NR (Inverness) — 1 671 / –
Im Bereich der südlichen Inseln der Äusseren Hebriden ist die Küste zersplittert in unzählige Buchten, Inseln und Halbinseln, bedeckt mit Torf oder Geröll. Sehr wichtiger Brutplatz für Graugänse.

Snowdonia-NP (Caernarvon) — 218 847 / höchster Punkt 1085
Im nordwestlichen Wales; Berge alle vulkanischen Ursprungs. Verschiedene Vegetationsformen: Eichenwald mit Bäumen von 50 m Höhe, Grasland mit Schafweide, auf Kalkklippen arktisch-alpine Pflanzengesellschaften und subarktische Heide in der Gipfelregion.

NGZ Iran *Kavir NP* — 700 000 / 600–2015
Von Teheran 170 km im Südosten (grosse Salzwüste), mit Wüstenformationen des persischen Plateaus, besonders gewaltige Dünen. Temperatur von —15 bis 40 °C. Die Wanderdünen sind durch Pflanzungen stabilisiert. Mannabaum *(Alhagi)* und Tamarisken sind typisch. Die Wüstenfauna besteht aus verschiedenen Gazellenarten, dem Wildschaf *(Ovis ammon)* und der Bergziege *(Capra aegagrus)*.

Lake Rezaiyeh NP — 463 600 / 1126–1526
Nordwesten von Iran bei Täbris, grösster See von Iran mit hohem Salzgehalt. Temperatur von —30 bis 33 °C. Rund um den See Grasland, auf den Inseln Steppe mit Pistazienbäumen *Pistacia atlantica)*. Enten, Flamingos und Pelikane, Winteraufenthalt für Zugvögel.

Zone	Land		Fläche ha	Höhenlage m ü. M.
		Central Alborz NP Laubwald mit Buche, Hagebuche, Ahorn, Linde, Erle und Eiche. Fauna: Wolf, Bär, Marder, Otter, Wildkatze, Leopard, Wildschwein, Hirsch, Reh, Steinbock und Wildschaf. Rund um die NP-Fläche besteht eine Pufferzone von weiteren 215 450 ha.	399 376 /	Felsengebirge bis 4375
NGZ	Irland	*Bourn Vincent Memorial Park* Zugang unbeschränkt für Fussgänger, Radfahrer und Pferdefuhrwerke. Seen- und Waldlandschaft mit Hügeln von 500–750 m Höhe. Im Süden pleistozäne Ablagerungen auf rotem Sandstein, im Norden Kohle führender Kalkstein. Im ursprünglichen Wald Erdbeerbaum, Traubeneichen und Eiben. Der Park gewährt dem einheimischen Rothirsch *(Cervus elaphus scotius)* Zuflucht.	4 500 /	höchster Punkt 750
NGZ	Island	*Skaftafell NP* Im Südosten von Island am Vatnajökull, Europas grösstem Gletscher. Grenzzone des pflanzlichen und tierischen Lebens. An den Berghängen noch Birken und Weiden. Daneben 200 blühende Pflanzenarten, im Sumpfland Segge und Wollgras. In der arktisch-alpinen Zone vorwiegend Moose und Flechten. Fauna: Polarfuchs und an der Küste Seehunde; Grosse Raubmöwe und Grosse Schwarzrückenmöwe.	20 000 /	100–1000
		Thingvellir NP Teil einer vielgestaltigen vulkanischen Landschaft; tektonischer Graben, überschüttet mit aufeinanderfolgenden Lavaergüssen. Wasserfall des Flusses Oxara. Zwergbirken. Thingvallavatn, Islands grösster See, enthält viele Fische, besonders Forellen.	2 700 /	103– 140
		Eldey NR Unzugängliche Felseninsel westlich Island, wertvoll durch die umfangreichen Brutkolonien, 11 000 Nester des Basstölpels *(Sula bassana)*; sie war auch das letzte Refugium des jetzt ausgestorbenen Riesenalks *(Pinguinus impennis)*.	2 /	0– 77
NGZ	Israel	*Mount Carmel NP* Bei Haifa an der Mittelmeerküste drei Landformen: im Osten «Maqui» mit Eichen und Azarole, einer Weissdornart *(Crataegus azarolus)*; nördliche Hänge mit Weisser Lilie *(Lilium candidum)*, Lorbeer-Schneeball *(Viburnum tinus)* und Judasbaum *(Cercis siliquastrum)*; westlich tiefeingeschnittene Täler mit *Pistacia*-Arten, Eichen und Föhren, an der Küste übergehend zu Tamarisken. Raubvögel, z. B. der Schelladler *(Aquila clanga)*.	12 140 /	50– 528
		Mount Meiron NR (Obergaliläa) Zum Mount Meiron, dem höchsten Berg der Gegend, führt eine Strasse. Verschiedene Stufen der Mittelmeervegetation sind vorhanden, von der Heide zum Wald mit Vertretern der Kernobstgewächse *(Sorbus trilobata* und *Pyrus syriaca)*, unter den Blumen Zyklamen und Hyazinthen.	10 117 /	480–1208
		Hai Bar R Im Süden von Israel (32 km nördlich Eilat). Aride, afrikanische Savanne mit sandigen und steinigen Böden, teilweise Salzstauden-Wüste. Kein Regen, aber Untergrundwasser. Bäume und Büsche als Nahrung für die Tiere *(Acacia tortilis* und *Acacia spirocarpa)*. Wiedereinführung von «biblischer» Fauna: Arabische Gazelle, Addax-Antilope, Wildesel, Strauss.	3 000 /	
NGZ	Italien	*Stelvio NP* Im Norden von Italien an der Schweizer Grenze, Trentino–Alto Adige. Grösster Park von Italien. Tiefere Lagen bewaldet mit Birke, Erle und Fichte, weiter oben übergehend in Föhren- und Lärchenwald und zur Waldgrenze von 2400 m niedriger Wuchs von Weiden, Rhododendron und Bergföhre. Fauna: Rothirsch, Reh, Gemse, Murmeltier und Adler.	95 361 /	650–3905
		Gran Paradiso NP Grenzt an den französischen Park Vanoise. Alpine Landschaft mit Bergwald von Lärchen, Rot- und Weisstannen. Fauna: Steinbock, Gemse, Schneehase, Adler und Uhu. Eine wissenschaftliche Kommission befasst sich mit dem biologischen Gleichgewicht des Parks.	62 000 /	850–4061
		Abruzzo NP Charakteristischer Teil des Apennins, 165 km östlich von Rom. Ausgeprägtes Relief mit glazialen Formen. Ausserordentlich schön ist der 300–500 Jahre alte Buchenwald, einzigartig in Europa. Höhenlage zwischen 600 und 1650 m. Fauna: Bär, Gemse der Abruzzen-Rasse, daneben Wolf, Fuchs, Dachs und Wildkatze.	29 160 /	höchster Punkt 2247
NGZ	Jugoslawien	*Mavrovo NP (Mazedonien)* Im Südwesten des Landes am Adriatischen Meer. Berge stark bewaldet, höhere Lagen mit Alpweiden. Baumarten: Fichte mit ihrem südlichsten Vorkommen in Europa und Rosskastanie. Fauna: Gemse, Reh, Bär, Luchs und Wolf.	79 070 /	600–2764
		Durmitor NP (Montenegro) In den Durmitor-Bergen im nördlichen Montenegro, Sommer- und Winterkurort. Mehrere Seen und eine Schlucht des Taru-Flusses, die bis 1000 m tief eingeschnitten ist. Nadelwald aus Fichten, Weisstannen und Föhren. Fauna: Gemse, Bär, Wolf und Auerhahn.	32 000 /	538–2522
		Fruska Gora (Serbien) Im Nordosten des Landes, nahe der Donau, alleinstehende Berggruppe zwischen Donau und Save. Ursprünglicher Wald aus Buche und Eiche verdrängt durch Pflanzungen von Nadelhölzern. Fauna: Reh, Wildschwein, Hase, Adler, Falke, Gabelweihe, Storch.	22 000 /	150– 539
		Plitvice-Seen NP (Kroatien) Im Nordwesten des Landes, Kalksteinberge und Seen, Wasserfälle und Höhlen. Ausgedehnter ursprünglicher Wald mit Buchen, Eichen, Erlen und Birken, in höheren Stufen Fichten und Föhren. An den Bächen sehr üppige Vegetation von besonderem landschaftlichem Reiz; deshalb ist der Park einer der am stärksten besuchten von Europa. Fauna: Bär, Wolf, Fuchs, Wildkatze, Marder, Dachs, Reh, Hirsch, Wildschwein. Dank des natürlichen Waldbestandes sind acht Arten Spechte zu beobachten. Habichtskauz, Auerhahn, Haselhuhn, Adler, Gabelweihe und Reiher.	19 172 /	417–1270
		Sutjeska NP (Bosnien/Herzegowina) Wichtigster Teil des Parkes ist der Wald Perucica mit vollem Naturschutz und zahlreichen Holzarten: Weisstanne, Buche, Eiche, Hainbuche, Bergföhre, Fichte und Omorika oder Serbische Fichte.	17 250 /	532–2386
		Resava-Reservat (Serbien) Nahe der bulgarischen Grenze im Südosten des Landes. Karstlandschaft mit mehr als 100 Höhlen, wovon eine 1963 entdeckt und für den Tourismus erschlossen wurde. Andere Höhlen in Jugoslawien befinden sich in Slowenien bei Postojna, wo fünf Kilometer Gänge und Galerien begangen werden können.	10 000 /	1500–2000
NGZ	Niederlande	*Texel Seehundreservat NR* Die südlichste friesische Insel mit vier Siedlungen bietet in den Buchten und auf den Dünen den Pflanzen und Tieren einen dauernden Lebensbereich. Auf der Insel sind drei Reservate eingerichtet: 1. De Muy oder Binnen en Buiten Muy en Slufter 800 ha 2. De Geul en Westerduinen 1800 ha 3. Schorren achter de Polder Endracht 6700 ha Die übrigen 10 700 ha dienen dem Schutz der Seehunde und betreffen die Küste von Texel und Vlieland. Die Vegetation entfaltet sich vom mageren Dünengras an der Küste über das Buschland zum Weideland für Schafe und zu Baumgruppen von Erlen und Ahorn. Die Fauna ist unterschiedlich, je nachdem, ob sie am offenen Meer siedelt oder an den Seen und Tümpeln im Innern der Insel: Strandläufer, Regenpfeifer, Fischreiher, Seeschwalbe, Möwe, Eiderente, Turmfalke, Austernfischer, Turteltaube, Löffelente, Stockente, Krickente.	20 000 /	Meereshöhe

Zone	Land		Fläche ha	Höhenlage m ü. M.
	Veluwe Randmeren und Zwarte Meer R		5 500 /	Meereshöhe
	Im Südosten der Zuidersee entstanden beim Bau des Nordostpolders. Die Insel- und Seelandschaft ist ein bevorzugter Aufenthaltsort für Wasservögel zum Teil für die Überwinterung, zum Teil für kurze Rast der Zugvögel: Reiher, Rohrdommel, Möwen, Enten (mehrere tausend), Schwäne, Gänse, Blässhühner, Schnepfen.			
	Boschplaat Reservat		4 400 /	0– 50
	Umfasst Dünen, Buchten und Sandflächen der friesischen Insel Terschelling. Zeigt das Vorrücken salzliebender Pflanzen auf kalten, salzigen Böden. Von der reichhaltigen Vogelwelt ist besonders *Platalea leucordia*, der Löffler, zu erwähnen.			
	De Wieden Reservat		3 750 /	10– 50
	Bedeutende Anzahl Seen und Sümpfe, Torfmoore und Spuren alter Siedlungen. Gräser und Sumpfblumen, viele Vögel, unter anderem Kormoran *(Phalacrocorax carbo)* und Purpurreiher.			
	Weerribben biogenetisches Reservat		2 150 /	–
	Lage südlich des Ortes Oldemarkt. Teilweise gestochenes Torfgebiet. Ausgetorfte Gräben wechseln mit noch ursprünglichen Bodenrippen von wechselnder Breite ab. Vegetation in den Gräben ist Laichkraut, Fronlattich und, sofern unter Wasser, Schilf und Binsen. Auf den Rippen magerer Boden mit Gras und Sträuchern. Im Nordosten Purpurreiher-Kolonie und zahlreiche weitere Wasser- und Sumpfvögel. Die umliegenden Dörfer beuten das Schilf aus, umgeben es mit Dämmen und bewässern es mit kleinen, speziellen Windmühlen.			
	Geul und Westerduinen Reservat		1 800 /	Meereshöhe
	Südwesten der Insel Texel. Dünen mit eigenartigen Windkanälen, dazwischen Heidekraut mit *Juniperus communis* (Wacholder).			
NGZ	**Norwegen**	*Spitzbergen*		
	Liegt 600 km nördlich des Nordkaps von Europa auf dem 80. Breitengrad. Die Inselgruppe umfasst 62500 km², wovon 35 000 km² unvergletschertes Land sind. Die Auswirkungen des temperierten Golfstroms reichen bis an die Westküste Spitzbergens; deshalb ist das Meer und sind die Fjorde im Winter wenig vom Eis behindert. Aus diesem Grunde ist auch die Tierwelt reichlich vertreten, und Massnahmen zu ihrem Schutz sind notwendig in Anbetracht der rücksichtslosen Jagd und sogar Ausrottung verschiedener Tierarten. Die Schaffung von vier Nationalparks ist 1972 erfolgt, nämlich			
	Nordost-Spitzbergen		1 550 000 /	361– 637
	Die stark vergletscherte Nordostland-Insel östlich der Hinlopen-Wasserstrasse			
	Südostspitzbergen		645 000 /	716
	Die Barents- und die Edge-Insel; nur ungefähr zur Hälfte vergletschert			
	Südspitzbergen		467 000 /	1432
	Südlich des Eisfjordes mit dem tiefeingeschnittenen Bell-Sund und dem Horn-Sund; ungefähr zu zwei Dritteln eisfrei und zu einem Drittel Gletscher			
	Nordwest-Spitzbergen		328 300 /	1151
	Mittlerer Teil vergletschert (zwei Drittel), tiefere Lagen (ein Drittel) eisfrei			
	Flora: Moose und Flechten bilden die Pflanzendecke der Moostundra. Dazwischen an begünstigten Stellen 125 Arten von Blütenpflanzen, meistens Gräser. Einzige Holzgewächse sind die Krähenbeere und die Zwergbirke. Fauna: Eisbär, Polarfuchs, Rentier. Avifauna: Gänse, Enten, Möwen, Alken, Lummen, Eissturmvögel und Strandläufer. Von den früher zahlreich vorhandenen Walarten ist heute nur noch der kleine 4–6 m lange Weisswal übriggeblieben. Ebenso ist das Walross verschwunden. So ist es an der Zeit, die Tiere zu schützen, was mit der Errichtung der vier Nationalparks mit einer Gesamtfläche von 2 995 600 ha geschehen ist.			
	Børgefjell NP		108 700 /	450–1703
	Nördlichster Park von Norwegen (65° nördl. Breite), höchster Berg Koigtind (1703 m) mit ewigem Schnee. Fichten und Föhren bis 500 m, Birke bis 600 m, Weiden und Wacholder bis 750 m. Fauna: Elch, Polarfuchs, Hase, Lemming, Vielfrass. Vögel: Kranich, Schnepfe, Bussard, Falke, Auerhahn.			
	Rondane NP		57 200 /	900–2200
	Südlich von Trondheim (115 km), Hochebene mit bis zu 2200 m hohen Berggruppen. Rund 30 km von Rondane NP entfernt Vogelschutzgebiet Fokstumyra (900 ha). Gegenüber Børgefjell NP liegen die Vegetationsgruppen bedeutend höher, nämlich Föhrenwald auf 900 m, Birken auf 1000 m. Fauna: vor allem Wildes Rentier; sehr reichhaltige Avifauna. Auf der geographischen Breite von Oslo und Bergen wird ein weiterer Nationalpark namens Hardangervidda geplant mit 60000 ha. Dank dem Golfstrom ist das Klima mild, und dementsprechend finden sich 15 Arten Säugetiere sowie 60 Arten Vögel, davon 33 mit ihren Brutplätzen.			
NGZ	**Österreich**	*Karwendel NR (Tirol)*	72 000 /	1000–2756
	Nördlich von Innsbruck, Kalkalpen bis zur deutschen Grenze. Höchster Berg die Birkkarspitze.			
	Neusiedler See und Seewinkel-Reservat		35 000 /	180
	Bestrebungen des WWF für weitgehenderen Schutz der Tierwelt. Einzige «Seesteppe» in Zentraleuropa. Vegetation hat Ähnlichkeit mit derjenigen am Schwarzen Meer. Der chemische Wechsel des Salzgehaltes schafft einzigartige Bedingungen für Pflanzen und Tiere. Umfangreiche Kolonien von Purpur- und Silberreihern sowie Löfflern. 300 Arten Wasservögel und Raubvögel (Seeadler, Kaiseradler, Schreiadler).			
	Grossglockner-Pasterze mit Gamsgrube NR (Kärnten)		3 698 /	2200–3797
	Gebirgslandschaft in den Hohen Tauern mit alpiner Flora und Fauna. Geologisch bedeutende eiszeitliche Relikte.			
	Marchauen-Marchegg NR		1 200 /	200
	Nordöstlich von Wien an der March, jährlich bei Hochwasser überschwemmt. Waldlandschaft mit Sümpfen, Tümpeln und Lichtungen. Fauna: Hirsch, Reh, Wildschwein, Fischotter; Wasservögel: Schwan, Kormoran, Reiher, Ralle, Enten; ferner Bussard und Falke.			
NGZ	**Polen**	*Kampinos NP*	22 077 /	80
	Anschwemmland längs des früheren Flusslaufes der Weichsel, bewaldet mit Föhren, Hagebuchen und Erlen, zum Teil Sandboden und daneben Torfmoor. Fauna: Elch; Vögel: Graukranich, Rotkopf-Würger, Trauerschwan, Fischreiher.			
	Tatra NP		22 075 /	1000–2449
	Im Süden an der Grenze gegen die Tschechoslowakei gelegen, mit mehr als 1 Million Besuchern im Jahr. Bis 1250 m liegt ein Waldgürtel mit Weisstanne, Fichte, Buche und Bergahorn. Von 1250 m bis 1650 m Fichte, Arve und Lärche, oberhalb 1650 m Bergföhre. Fauna: Gemse, Murmeltier, Luchs. Angrenzend an Park der Tschechoslowakei.			
	Słowinski NP		18 069 /	0– 115
	Ostseeküste mit zwei Salzseen, die vom offenen Meer durch Wanderdünen von 50 m Höhe getrennt sind, im Inland Wald und Sumpf. Fauna: Rothirsch, Reh, Wildschwein und Dachs.			
	Karkonosze NP		5 562 /	höchster Punkt 1604
	Granitisches Gebirge mit glazialen Formen, Karen und Seen. Fauna: Mufflon *(Ovis ammon musimon)*.			
	Wielkopolski NP		5 385 /	60– 132
	Moränenlandschaft, typisch für die Umgebung von Poznań; 1 Million Besucher im Jahr. Fauna: Schwarzer Storch.			

Zone	Land		Fläche ha	Höhenlage m ü. M.
		Białowieża NP Berühmtester, wertvollster Park von Polen, botanischer Garten und Museum, gründliche Erforschung des Urwaldes, Muster von primärem Wald europäischer Ebenen. Wichtigste Bäume: Hainbuche, Föhre, Fichte, Eiche, Pappel und Erle. Fauna: Flachland-Wisent *(Bison bonasus)*.	5 169 /	250
		Wolin NP Ostseeinsel am Oderhaff, steile Felsen am Meeresufer, Moränenhügel, Seen. Magerer Wald von Buchen, Föhren, Eichen und Stechpalmen. Fauna: Weissschwanz-Seeadler.	4 628 /	0– 115
NGZ	**Portugal**	*Gerês* An der spanischen Grenze im Norden des Landes. Berglandschaft mit Flüssen und Seen. Föhren- und Eichenwald. Fauna: Reh, wilde Pferde, Wolf, Wildschwein, Hase, Steinadler und Rebhuhn.	60 000 /	350–1545
NGZ	**Rumänien**	*Donaudelta-Reservat* Mündung der Donau in das Schwarze Meer, für Europa einzigartige Flora. Ausgedehnte Süsswasserregion mit einem unübersehbaren Netz von Wasserwegen und unzähligen Inseln. Bedeutendster Brutplatz Europas für den Gemeinen Pelikan und für den Krauskopf-Pelikan, aber auch für sehr viele andere Wasservögel: Kormoran, Zwergscharbe, Sichler, Löffler, Seidenreiher, Seeadler, Schelladler und Schreiadler. Rastplatz oder Überwinterungslager für Zugvögel wie Gänse, Enten, Kraniche und viele andere. Ebenfalls im Donaudelta liegt das Letea-Wald-Reservat (701 ha) mit Eiche, Esche, Pappel, Zitterpappel, Erle, Ulme, Hainbuche und Haselnuss.	40 000 /	0,8–2,5
		Retezat NP Lage in den südlichen Karpaten, höchster Berg Peleaga (2511 m). Von früherer Vergletscherung Moränen und Seen, Flüsse und Wasserfälle. Wald in tieferen Lagen: Rotbuche, Hainbuche, Fichte, Weisstanne, in grösserer Höhe Eiche, Erle, Föhre und Birke. Fauna: Gemse, Reh, Wildschwein, Bär, Wolf und Luchs.	13 000 /	784–2511
NGZ	**Schweden**	*Padjelanta NP* Im Nordwesten (Lappland) an der norwegischen Grenze nördlich des Polarkreises. Die Region weist acht weitere Parks, Vogelschutzgebiete und Waldreservate von insgesamt 900 000 ha auf. Padjelanta ist eine Gebirgsgegend und befindet sich an der Waldgrenze auf 600–700 m Höhe, aber mit ungewöhnlich reicher Flora. Fauna: Polarfuchs, Bär, Luchs, Wolf, Vielfrass, Dachs, Fischotter, Lemming, Hase sowie Elch und Rentier.	201 000 /	531–1592
		Sarek NP Östlich von Padjelanta, aber höhere Lage mit wilderer Berglandschaft, Flüssen, Seen und 70 Gletschern.	194 000 /	477–2150
		Muddus NP Im Nordosten von Schwedisch-Lappland; unverändertes, natürliches Zusammenleben von Tieren und Pflanzen. Hochebene durchzogen von Flüssen, Schluchten, Wasserfällen und Seen, Urwald aus Fichte und Föhre; Birke und Weide in den Sümpfen. Fauna: Vielfrass, Marder, Wiesel, Fischotter, Lemming, Mäuse sowie 100 Vogelarten.	49 200 /	160– 661
		Peljekaise NP 50 km südlich des Sarek NP, Hochebene mit umliegenden Bergen, deren Hänge mit Birkenwald bewachsen sind. Typisch lappländische Fauna in natürlicher, ungestörter Landschaft.	14 600 /	470–1133
		Abisko NP Nördlich von Kiruna, in Verbindung mit dem Vadvetjåkko NP (2450 ha). Birkenwald, Zwergbirken und Zwergweiden. 80% Sumpf und Hochmoor. Flora: seltenes Vorkommen von Orchideen. See mit reicher Avifauna: Schnepfe, Alpen- und Moorschneehuhn, Raubmöwe, Blaukehlchen und viele andere.	7 500 /	342–1174
NGZ	**Schweiz**	*Schweizerischer NP* Alpenlandschaft mit trockenem, kontinentalem Klima. Vegetationszonen: subalpin bis 2300 m, alpin bis 2800 m, darüber Schnee- und Gletschergebiet (Waldgrenze 2200 m). Bäume: Föhre, Fichte, Arve, Lärche und Bergföhre. Fauna: Steinbock, Rothirsch, Reh, Gemse, Murmeltier, Fuchs, Dachs, Marder, Wiesel, Schneehase. Steinadler, Auerhahn.	16 887 /	1500–3173
NGZ	**Spanien**	*Coto Doñana NP* Im Raume des Guadalquivir-Deltas, vom Meer durch Sanddünen getrennt. Sandige Heide mit Pinien und Korkeichen, daneben Sumpf (marismas). Fauna: besonders spanischer Pardelluchs und spanischer Kaiseradler.	75 765 /	3– 30
		La Montaña de Covadonga de Peña Santa NP (Oviedo) Berge von Asturien und León, Gipfel mit Schnee bedeckt, darunter Wald von Buche, Esche, Birke und Eiche. Fauna: Gemse, Reh, Bär, Wolf, Wildschwein, Fuchs, Dachs und Eichhörnchen; Auerhahn.	16 925 /	140–2595
		Valle de Ordesa NP Tal der Pyrenäen, reichhaltige Vegetation, so auch noch Weisstanne und Wacholder im Wald und Azaleen, Veilchen und Edelweiss auf freiem Feld. Fauna: Steinbock, Fuchs, Eichhörnchen; Lämmergeier.	15 709 /	1064–2460
NGZ	**Tschechoslowakei**	*Hohe Tatra NP* Angrenzend an polnischen Nationalpark, Zusammenarbeit auf wissenschaftlichem und touristischem Gebiet. Kristalline und Kalkfelsen der Beskiden und Karpaten-Berge. Glaziale Morphologie. Fauna: Gemse, Bär, Wolf, Wildkatze, Luchs, Murmeltier.	50 000 /	höchster Punkt 2663
		Krkonoše oder Riesengebirge NP In den Sudeten typische gerundete Bergformen. Kaledonische und herzynische Faltungen, vulkanische Erscheinungen (Basalt). Weite Waldungen, Hochmoore.	38 000 /	höchster Punkt 1603
		Pieniny NP An der polnischen Grenze im Nordosten des Landes. In Verbindung mit polnischem NP. Fläche zusammen 4858 ha. Wie in Polen Kalkgebirge mit tiefeingeschnittenem Tal des Dunajec-Flusses.	2 150 /	höchster Punkt 982
NGZ	**Tunesien**	*Ichkeul NP* Der Park liegt im Staatswald, die Vegetation wurde geschädigt durch Schafe und Ziegen. Restbestände von *Acacia tortilis* sind von besonderem botanischem Interesse als Vertreter der Waldsteppe.	10 775 /	90– 821
NGZ	**Türkei**	*Köprülü Canyon NP* Lage 80 km nordöstlich von Antalya im Taurusgebirge. Höchste Berge Bozburun Dağ (2504 m) und Dipoyraz Dağ im Nordosten. Starke Bewaldung, 450 ha Bestand von Zypressen. Weitere Bäume: Schwarzkiefer, Libanon-Zeder, Lorbeer und wilder Ölbaum. Fauna: Hase, Fuchs, Wolf, Marder, Dachs, Fischotter, Wildschwein, Hirsch und Steinbock. Im Fluss leben Forellen und Karpfen.	36 614 /	150–2500
		Ulu Dağ NP Im Nordwesten des Landes, nahe der Südküste des Marmarameeres, an den Abhängen des Ulu-Dağ-Berges. Vegetationszonen vom Mittelmeerklima bis zur Region des ewigen Schnees. Unterhalb 850 m Buche, Kastanie, Ahorn und Ulme. 850–1200 m Föhre und darüber Fichte bis zur Waldgrenze von 1900 m. Fauna: Schakal, Fuchs, Wolf, Bär, Wildschwein.	11 338 /	höchster Punkt 2543
		Dilek-Yarimadasi NP An der Westküste des Landes, am Menderes-Fluss. Vegetation gutes Beispiel für Flora der Mittelmeerküste. Fauna: Fuchs, Schakal, Wildschwein, Marder, Stachelschwein, Dachs, Hyäne, Hase, Leopard und viele Arten Wasservögel.	10 700 /	0–1237

Zone	Land		Fläche ha	Höhenlage m ü. M.
		Karatepe NP	7 715 /	80– 630

An den Hängen des Taurusgebirges, im Süden der Türkei. Tiefliegende Ebene von Flusstälern durchfurcht, vorwiegend mit Wald aus Föhren, Eichen und Olivenbäumen bedeckt. Fauna: Reh, Wildschwein, Wolf, Schakal, Marder, Dachs und Biber. Sehenswürdigkeiten bilden die Ruinen, Inschriften, Mosaiken und Reliefs der Hethiter.

Soguksu NP (Ankara) — 1 025 / 1020–1303

Der Parkwald vermittelt eine Überraschung im trockenen Anatolien. Er ist eine Demonstration der Möglichkeiten des Naturschutzes, neben der übernutzten, verarmten Landschaft der Umgebung. Plateau bedeckt mit Wald in kontinentalem Klima mit heissem Sommer und kaltem Winter.

NGZ Ungarn *Hortobágy NP* — 52 000 / 100

Weitausgedehnte, mit Gras bewachsene Ebene im Nordosten, nur unterbrochen durch einzelne Seen, Tümpel, Sümpfe und Gehölze. Herden von Rindern, Pferden und Schafen in halbwildem Zustand sowie Rothirsche beleben die Landschaft, abgesehen von der besonders reichhaltigen Avifauna: Rohrdommel, Reiher, Storch, Löffler, Gänse, Enten, Sumpfbussard, Falke.

Kisbalaton NR — 1 403 / 108

Im Südwesten von Ungarn, am westlichen Ende des Balaton (Plattensee). Verlandung einer früheren Bucht, heute 5000 ha Sumpfland. Einzelne Inseln mit Weiden bewachsen und vom Reh bewohnt. Von europäischer Bedeutung sind die Kolonien der Wasservögel.

NGO Japan *Daisetsuzan NP (Hokkaido)* — 231 929 / 400–2290

Nördlichster, grösster und wildester Park Japans; höchster Berg der vulkanischen Daisetsu-Berge: Asahi-Dake 2290 m. Heisse Quellen, Seen, Schluchten und Wasserfälle. Abhänge der Berge mit Nadelholz-Urwald bedeckt. Fauna: Asiatischer Schwarzbär, Nördlicher Pfeifhase, Backenhörnchen und Sikahirsch.

Bandai-Asahi NP (Honshu) — 189 699 / 100–2128

Rauhes, zerklüftetes Gelände auf Grund neuerer vulkanischer Tätigkeit und unterirdischer Verschiebungen zu prähistorischer Zeit. Im Park ausgedehnte Fläche von Urwald aus Laubhölzern, schönster Wald des Landes. Fauna: Schwarzbär, Makak, Seran (Japanische Waldziegenantilope, *Capricornis crispus*), ein sehr seltenes Huftier.

Jo-Shin-Etsu Kogen NP (Honshu) — 188 915 / 550–2542

Sehr stark besuchter Park in Nähe von Tokio. Nordöstlich Bergkette Tanigawa, im Süden Vulkane, wovon der aktivste Asame ist. Wald, vorwiegend aus Lärche (*Larix leptolepis*), Birke (*Betula platyphylla*) und *Rhododendron japonicum* bestehend.

Chubu-Sangaku NP (Honshu) — 169 768 / 400–3190

Teil der «Japanischen Alpen», erloschene und tätige Vulkane. Eigenartige Weidenart (*Chosenia arbustifolia*).

Nikko NP (Honshu) — 140 698 / 300–2578

Bergstrassen bis in hohe Lage vorhanden, viele Tempel, besonders der berühmte Toshugu-Schrein. Laub- und Nadelwald gemischt, 300 Jahre alte Zedern. Sikahirsch (*Cervus nippon centralis*).

Fuji Hakone-Izu NP (Honshu) — 122 309 / 0–3776

Der Vulkan Fuji, höchster Berg Japans, spielt wichtige Rolle im religiösen, sozialen, künstlerischen und touristischen Leben von Japan. Dieser Park ist daher der am meisten besuchte mit 20 Millionen Besuchern pro Jahr. Auch der Hakone und die Halbinsel Izu sowie 7 Inseln sind vulkanisch mit heissen Quellen. Tiefere Berghänge sind mit Azaleen und Föhren bewaldet, nach oben wechseln die Holzarten über zu Eiche, Buche, zu Japanischer Schwarzkiefer, zu Lärche, Fichte und Japanischer Hemlocktanne.

Chichibu-Tama NP (Honshu) — 121 600 / 200–2600

In der Region Tokio; Wald genutzt, Stausee zur Versorgung von Tokio mit Wasser. Über 5 Millionen Besucher pro Jahr. Berge aus Sedimentgestein, tief durchfurcht von Wasserläufen. Über der Bambus-Zone liegt ein ursprünglicher Föhrenwald sowie teilweise Mischwald von Fichten, Hemlocktannen und Föhren. Schwarzbären, Sikahirsche und Wildschweine.

Shikotsu-Toya NP (Hokkaido) — 98 660 / 80–1893

Nord-Japan, Skigebiet Sapporo. Vielbesuchter Fichtenwald «Yezo» rund um den Shikotsu-See, alpine Flora. Braunbär und Rotes Eichhörnchen.

Akan NP (Hokkaido) — 87 498 / 120–1502

Im Osten von Hokkaido tätige Vulkane und die Caldera-Seen Akan, Kutcharo und Mashu. Hier leben noch rund 15000 Ureinwohner, die Ainu. Der Mashu-See hat so klares Wasser, dass die Sicht bis auf 41 m Tiefe reicht, und die Kutcharo-Caldera ist einer der umfangreichsten Krater der Welt. Ausgedehnte, unberührte Wälder von Sachalintannen und Yezofichten mit Birken in höheren Lagen. Fauna: Braunbär, Dachs, Hermelin, Rappenantilope, Eichhörnchen und Sikahirsch.

Towada-Hachimantai NP (Honshu) — 83 351 / 500–2041

Im Norden doppelter Krater (Caldera) ausgefüllt mit dem Towada-See, wo der Oirase-Fluss entspringt und Laubwald den Boden bedeckt. An den Hängen der Vulkane (Hakkoda, Hachimantai) finden sich Nadelwälder.

Aso NP (Kyushu) — 73 060 / 220–1788

Süd-Japan, gute Verbindung mit Bahn und Strasse. Aso-Vulkan mit eingebrochenem Krater, daneben tätige Vulkane, stark erodierte Hänge der Vulkane.

Seto-Nakai NP — 63 118 / 0– 932

Fischerdörfer an der Küste von Honshu und Shikoku sowie auf den 600 Inseln und Inselchen. Wald von Japanischer Schwarzkiefer, Seelöwen (*Neophoca cinerea*).

Yoshino-Kumano NP (Honshu) — 56 063 / 0–1915

Nördlicher Park, bemerkenswert wegen der vielen Kirschbäume. Südlicher Teil geologische Bruchlinie mit Schluchten, Wasserfällen und Schollenlandschaft.

Kirishima-Yaku NP (Kyushu) — 55 258 / 200–1700

23 Vulkane im tätigen, erloschenen und eingebrochenen Stadium. Subtropische Vegetation, u.a. Japanische Zeder (*Cryptomeria japonica*), bis 3000 Jahre alte Bäume, nun unter besonderem Schutz.

NGO Nepal *Royal Chitwan NP* — 93 200 / 350

Am Südfuss des Himalaya, 80 km südwestlich von Kathmandu am Zusammenfluss der Flüsse Rapti und Reu gelegen. Sumpfiges Anschwemmland wird vom grossen Indischen Nashorn bevorzugt. Das Zuckerrohr (*Saccharum*) wird bis 6 m hoch, je nach Wasserstand verändert sich die Vegetation von Busch und Savanne. Fauna: Muntjakhirsch, Sambar, Axishirsch, Gaur (grösstes Wildrind), Wildschwein, Elefant, Tiger, Leopard, Sumpfkrokodil und im Ganges der Gavial (Gangeskrokodil).

Royal Karnali WR — 36 800 / 150–1220

Lage im Westen des Landes bei Gaindakanda, östlich des Karnali-Flusses. Zwei Drittel flaches Schwemmland unter 300 m, dann erheben sich die felsigen Flanken des Himalaya steil bis auf 1200 m. Monsun-Klima mit Niederschlag im Sommer von mehr als 1500 mm. Temperatur 10 °C im Dezember und 40 °C im Mai. Teilweise Weidenbusch, aber auch immergrüner Galeriewald und Akazien. Im Fluss Delphine (*Platanista gangetica*). Auf dem Festland Bär, Tiger, Leopard, Elefant. Reptil: Sumpfkrokodil (*Crocodylus palustris*).

Zone	Land	Fläche ha	Höhenlage m ü. M.
	Sukla Phanta Schongebiet Teil der Ganges-Ebene, Wald, Sumpf und Grasland, Beispiel der typischen Vegetation von Südwest-Nepal. Fauna: besonders Barasingha (*Rucervus duvaucelli*).	15 500 /	180
NGO	**Pakistan** *Kirthar NP* Im Süden des Landes in der Provinz Sind auf dem Kirthar-Bergzug, in geringer Entfernung von Karachi. Semiarider Boden in schlechtem Zustand infolge Übernutzung durch die Landwirtschaft. Nach genauem Wirtschaftsplan sollen der Schutz und die Erhaltung von Flora und Fauna gewährleistet werden.	308 733 /	1000–3000
NGO	**UdSSR** *Kronotsky NR* Lage an der Ostküste der Halbinsel Kamtschatka. Die Bergketten am Pazifik mit erloschenen und aktiven Vulkanen, Geysiren und heissen Quellen. Häufig Basaltgestein, Bodentypen, Podsol und Tundralehm. Holzarten sind Birken, Lärchen und Weisstanne. Registriert werden 30 Arten Säugetiere und 140 Vogelarten. Auf dem Land Braunbär, Murmeltier, Eichhorn, Marder, Rentier, im Wasser Wildschwan und Seelöwe.	964 000 /	0–3528
	Altaisky Staatsreservat Im Norden des Altaigebirges, am Teletskysee. Übergangsformen von Hochgebirge zu Bergwald und zu Bergsteppe. Baumgrenze auf 1800–1900 m, Temperatur von −16 bis 20 °C. Nadelwald mit sibirischer Silbertanne und sibirischer Kiefer. 60 Säugetiere und 300 Vogelarten, 10 Reptilien und Amphibien sowie 20 Arten Fische.	863 861 /	400–3000
	Pechora Ilychsky Reservat Berge im Nord-Ural am Pechora-Fluss. Nadelholz-Taiga (*Pinus sibirica*) und spärlicher Wald in der Tundra. Höhlen mit paläolithischen Ablagerungen.	721 300 /	200–1200
	Sikhote-Alinsky Reservat Sikhote-Alin-Berge am Japanischen Meer, typisch für Mandschurei und die nördliche Taiga. Laub- und Nadelwald. Fauna: Sibirischer Tiger.	340 000 /	0–1600
	Barguzinsky Reservat Nordost-Küste des Baikal-Sees und westliche Hänge der Barguzin-Berge. Vegetation: Lärche, Nadelholz-Taiga mit Arve und alpiner Tundra. Säbelantilope, Moschusochse und Baikal-Robbe (*Pusa sibirica*).	263 200 /	400–4000
	Kavkazsky Reservat (Kaukasus) Westlicher Teil des Kaukasus-Massivs. Alle Vegetationsgürtel vom Eichenwald bis zur alpinen Weide. Fauna: Wisent (*Bison bonasus*).	263 500 /	1200–3300
	Kyzyl-Agachsky Reservat (Aserbeidschan) Südwestküste des Kaspischen Meeres, an der iranischen Grenze. Gruppe von Inseln, Riedland, Salzsumpf und Torfmoor. Wasservögel wie Schwäne, Gänse, Enten, Flamingos, Pelikane, Reiher.	88 000 /	Kaspische Meereshöhe −30
	Badkhyzsky Reservat (Turkmenien) Im Süden an der iranischen Grenze. 1. Ebene mit Wüstensteppe, 2. Salzsee und Depression mit Verwerfung (300 m), 3. tiefeingeschnittenes Plateau. In tieferen Lagen Pistazien-Pflanzungen. Fauna: Halbesel, Mufflon, Gazellen, Leopard.	87 700 /	800–1200
	Berezinsky Reservat (Weiss-Russland) Flaches Land mit Nadelholz- und Birkenwald, ausgedehnte Gebiete mit sumpfigem Erlendickicht. Fauna: Biber, zu dessen Schutz das Reservat gegründet wurde.	76 200 /	300
	Astrakhansky Staatsreservat Delta der Wolga bei Astrachan am Kaspischen Meer. Netz von Flussarmen, kleinen und grossen Inseln, Lagunen und salzlosen Buchten. Infolge Errichtung von Stauseen im Oberlauf Zufluss im Delta nur noch die Hälfte. Vegetation: Weiden und Wasserpflanzen, darunter der Lotos *Nelumbium caspicum*. Fauna: Wildschwein, Fischotter, Fuchs. Avifauna: Zugvögel und Brutvögel, Enten, Gänse, Kormoran, sieben Arten Reiher, zwei Pelikan-Arten.	62 500 /	Meereshöhe
	Kandalakshsky Staatsreservat Inselgruppe von 53 Inseln des Weissen Meeres und der Barentsee unter dem Polarkreis. Nordküste der Halbinsel Kola ist Tundra, Südküste Taiga. Die Halbinsel ist flach und liegt auf 150–210 m. Sie ist je nach Lage bewaldet mit Fichten, Föhren und Birken. Fauna: Polarfuchs, Hermelin, Wiesel, Marder, Fischotter, skandinavischer Berglemming, Schneehase, Eichhorn, Rentier und Elch, Seehunde. Avifauna: Gänse, Enten, Singschwan, Möwen, Watvögel.	35 030 /	–
	Barsa-Kelmessky (Aral-See) Insel im Aral-See. Flach, Sanddünen, Salzboden und Salzseen, magere Wüstenflora. Halbesel, Antilopen, Gazellen, Wolf und Fuchs. 200 Arten sesshafte Vögel und Zugvögel.	20 000 /	Meereshöhe
	Lagodekhsky Reservat (Georgien) Im Kaukasus östlich von Tiflis und südliche Ausläufer des Kaukasus längs dem Alzan-Fluss. Seen und Wasserfälle. Vegetationszonen von Buchen/Eichenwald zu Nadelholz und zu alpinen Weiden. Anpassung des Wisents an kaukasisches Klima.	17 668 /	600–3500
	Transamin Reservat (Usbekistan) Westliche Ausläufer der turkestanischen Bergkette, wo die Wacholderzone gut zu erkennen ist. Fauna: Sibirischer Steinbock, Schneeleopard.	10 500 /	600–3500
	Askania Nova Reservat (Ukraine) Beispiel einer unberührten Trockensteppe mit den Gräsern *Stipa lessingiana*, *S. uranica* und *S. capillata*. Fauna: Schwarzer Storch, Schwarzer Schwan, 40 eingeführte Säugetiere, darunter Halbesel (Onager), Przewalski-Pferd, Zebra, Gnu, amerikanischer Präriebison und europäischer Wisent, Strausse. In einer Versuchsstation wird das Verhalten der fremden Tiere in der Steppenlandschaft untersucht.	11 000 /	0–8
	Slitere (Lettland) Sandige Ebene an der Ostseeküste, umgeben von den Zilie-Kalni-Hügeln. Föhren- und Birkenwälder, durchsetzt mit Reliktpflanzen des atlantischen Florenelements wie Eibe und Efeu.	9 330 /	Meereshöhe
	Zhuvintas (Litauen) Zhuvintas-See und Umgebung mit Sumpfgras, Nadel- und Laubholzwälder. Fauna: Gänsevögel und Watvögel, Brutplatz des Höckerschwans (*Cygnus olor*).	5 420 /	Meereshöhe
SGW	**Argentinien** *Nahuel Huapi NP* Vegetation von Pampas bis zur alpinen Region. Der Huapi-See (852 m) ist 70 km lang und 9 km breit. Höchster Berg ist der erloschene Vulkan Tronador 3410 m. Grosse Waldungen an den Berghängen, meist Antarktische Scheinbuche (*Nothofagus antarctica*), Baumgrenze auf 1700 m. Fauna: Vicuña, Guanaco, Pudu (kleinster Hirsch). Vögel: Seetaucher, Reiher, Enten, Kondor, Möwen, Kormorane, Fasane.	758 100 /	720–3410
	Los Glaciares NP Subantarktische Landschaft mit Bergen, Gletschern und Seen im Südwesten von Argentinien. Moreno-Gletscher, 4 km lang und 60 m hoch, senkrecht zu einem Fjord des Lago Argentino. Cerro Murallon höchster Berg, an der chilenischen Grenze (3600 m). Fauna: Pudu, Guanaco, Chinchilla.	600 000 /	300–3600
	Lanín NP Seen-Distrikt mit 25 Seen, Mooren und Sümpfen, überragt vom erloschenen Vulkan Lanín (3776 m). Wald mit Araukarie, Antarktischer Scheinbuche und Chilenischer Schuppenzeder. Fauna: wie bei Nahuel Huapi.	379 000 /	600–3776
	Los Alerces NP Lage: patagonische Anden, in schmalem Streifen von Nord nach Süd. Ein Damm ist projektiert für die gleichmässige Wasserversorgung im Laufe des Jahres. Wald mit Patagonischer Zypresse, *Fitzroya cupressoides* (hierzulande alerce = Lärche genannt, daher der Name des Parks). Fauna: Pudu, Graufuchs, Opossum, Puma, Grossohrfledermaus, Enten, Lappentaucher, Drosseln, Habicht.	263 000 /	400–2447

Zone	Land		Fläche ha	Höhenlage m ü. M.
		Iguazú NP	55 500 /	120– 730

Auf beiden Seiten des Río Iguazú (Iguaçu) argentinischer und brasilianischer Nationalpark. Wasserfälle höher als Niagara- und ausgedehnter als Victoria-Fälle. Basalt- und Lateritgestein. Üppige Vegetation infolge reichlicher Bewässerung.

Zone	Land		Fläche ha	Höhenlage m ü. M.
SGW	Chile	*Lauca NP*	400 000 /	3500

Lage im Nordosten von Chile, teilweise wüstenhaft. Hochebene auf 4000 m, dem Altiplano. Hier noch Vicuñas und Guanacos.

Cape Horn NP — 63 093 / 0– 50

Südlichste Insel des Küstenarchipels, autochthone Flora von Südchile: die Scheinbuchen *Nothofagus dombeyi* und *Nothofagus betuloides*.

Torres del Paine NP — 24 530 / 100–2500

In der Provinz Magallanes, mit Berglandschaft (Felstürme). Zusammenhang mit dem chilenischen Nationalpark «Bernardo O'Higgins» und dem argentinischen Nationalpark «Glaciares». Ostseite vergletschert und im Park 10 grössere Seen. Vier Landschaftsformen: 1. dichter Trockenbuschwald der Vor-Anden, 2. Magellan-Laubwald, 3. Magellan-Tundra, 4. alpine Steinwüste. Fauna: 15 Säugetierarten und 47 verschiedene Vögel wurden beobachtet. Guanacos *(Lama guanicoe)* sind mit 500 Tieren vertreten.

Juan-Fernández NP — 18 300 / 0–1651

Drei kleine Inseln im Pazifik mehrere Kilometer vor der chilenischen Küste. Die Insel Más a tierra ist bekannt als Robinson-Crusoe-Insel. Die Inseln sind landschaftlich eindrucksvoll mit Bergen und Tälern sowie mit den felsigen Kaps und sandigen Buchten. Besonderes wissenschaftliches Interesse gilt der einmaligen Flora mit 120 Pflanzenarten, die nur auf diesen Inseln vorkommen. Die Fauna besteht aus eingeführten Schafen, Ziegen, Kühen und Pferden. Die einzigen Wildtiere sind 30 Seehunde, nachdem früher Tausende die Küsten belebt hatten.

Fray Jorge NP — 6 845 / 0– 760

Verbindung mit dem Panamerican Highway durch Fahrstrasse von 20 km Länge. Berglandschaft mit Überresten des subtropischen Waldes, der früher in ganz Nordchile heimisch war.

SGW **Falkland-Inseln (GB)** *Kidney Island NR* — 29,5 / 0– 16

Kleine Insel im Osten des Archipels, schmale Sandbuchten und Geröllhalden. Charakteristische Vegetation und Tierwelt: Seelöwen, See-Elefanten; 24 verschiedene Vögel haben Brutplätze auf der Kidney-Insel.

Cochon Island NR — 7,5 / 0– 31

Flächenmässig unbedeutend, doch von grossem wissenschaftlichem Interesse; Tussok-Gras ist vorherrschend. Tierwelt wie auf Kidney-Insel.

SGZ **Lesotho** *Sehlabathebe NP* — 6 500 / 2500–3000

Das Gebiet liegt im Westen des Landes auf den höchsten Erhebungen mit Weitblick über tiefere, hügelige Landschaften der Republik. Felsformationen mit ausgehöhlten Sandsteinen, Basaltblöcken und Doloritgraten. Wasserfälle und Bergseen beleben das Landschaftsbild. Dank gutem Klima und Boden gedeiht eine üppige Bergflora. Von der Fauna sind Bartgeier und Ibis zu erwähnen; unter dem Naturschutz werden sich verschiedene Antilopenarten ansiedeln.

SGZ **Südafrika** *Krüger NP* — 1 948 528 / 100– 800

Im Nordosten des Landes längs der Grenze von Moçambique, einer der grössten und übersichtlichsten Parks der Welt. Flaches Land, abwechslungsweise mit Buschwald und Gras bewachsen. Dazwischen auch künstliche Wasserbecken als Tränke für die Wildtiere. Wechselvolle Landschaft aufgelockert durch Felsköpfe und Waldgruppen (Baobabs, Mahagoni, Feigensykomoren und Ebenholz). Dadurch, dass fehlende Wildtiere ergänzt und neu ausgesetzt wurden, verfügt der Park über besonders reichhaltige Fauna. Der Raum ist hier nicht vorhanden, um das umfangreiche Verzeichnis aufzunehmen.

Kalahari Gemsbok NP — 958 103 / 1200

An den Grenzen von Südwestafrika und von Botswana mit einem Anteil von 2 480 000 ha. Halbwüste, trotz Trockenheit Aufenthalt von Buschmännern als Nomaden im Park und hoher Bestand von Wildtieren. Rotgefärbter Sand der Dünen (Eisenoxydgehalt). Kein Oberflächenwasser, aber Bohrungen zur Versorgung mit Grundwasser. Fauna in grosser Zahl, Hunderte, wenn nicht gar Tausende Exemplare von Spiessbock, *Oryx gazella* (afrikaans «gemsbok»; daher der Name des Parks), Springbock, Elenantilopen und Streifengnus. Aber auch Kuhantilope, Grosser Kudu und Ducker. Im selben Lebenskreis finden sich die Raubkatzen, Wildhund, Dachs, Ameisenbär und Warzenschwein, aber auch Strausse und – besonders eigenartig – die zu den Webervögeln zählenden Siedelsperlinge, die ihre grossen Gemeinschaftsnester auf Bäumen und Telefonstangen bauen.

Addo Elephant NP — 7 735 / 60– 180

Damit die Elefantenherden (40–50 Tiere) nicht entweichen und Schaden anrichten, ist eine 18 km lange Einfriedung erstellt worden. Ein Beobachtungsturm dient zur Beobachtung der Tiere bei Tag und Nacht. Welliges Gelände, mit dichtem Busch bedeckt.

Mountain Zebra NP — 6 536 / 700– 915

Nördlich von Port Elizabeth bei Cradlock, Karroo Veld. Rauhe Bergsteppe mit widerstandsfähigen Gräsern und xerophytische Pflanzen; Karroo-Akazie; Aloe und *Crassula* (Dickblatt) als Sukkulenten. Gründung des Parks zur Rettung des Bergzebras, das früher in Afrika weitverbreitet bis über 2000 m lebte und 1937 bis 1971 von sechs überlebenden wieder auf 127 Tiere aufgezogen werden konnte.

Bontebok NP — 2 786 / 90– 100

Kap-Provinz, sandige Mulde in felsigem Plateau. Gründung des Parks zur Erhaltung des Buntbocks (bontebok), der früher in der Kapregion lebte, aber schon vor 100 Jahren von Siedlern gejagt und fast ganz ausgerottet wurde. Vegetation: Buschwald und Grasland mit einheimischen Karroo-Akazien und Steineiben. Fauna: neben dem Buntbock beleben noch acht weitere Antilopen-Arten, Kaffernbüffel und Strausse den Park.

SGZ **Swasiland** *Mlilwane Tierreservat* — 4 452 / 600– 480

Flanken des Nyonyane-Berges mit häufigem Regen. Stausee von 1 km Länge wird von Vögeln aufgesucht. Seltene Tierart: Breitmaulnashorn.

SGO **Australien** *Kosciusko NP (Neusüdwales)* — 612 196 / 210–2200

Grösster Park von Australien. Stark bewaldet, Eukalyptus bis 2000 m Höhe. Grundgebirge Granit, überlagert von zwei Kalksteinzonen. Gletscherformationen des Pleistozäns. Wasserfälle, Schluchten und Seen. Die Flora ist überaus wechselvoll mit 700 Blütenpflanzen, 200 Moosen und Flechten sowie 24 Arten Farne. Fauna ebenfalls reichhaltig mit 30 Arten von Säugetieren und 150 Arten Vögel (Emu und Leierschwanz).

Zone	Land	Fläche ha	Höhenlage m ü. M.
	Cradle Mountain Lake St. Clair NP (Tasmanien) In den Bergen von Mt Ossa 1617 m, dem höchsten Gipfel von Tasmanien. Föhrenwald, Eukalyptus, feuchter tropischer Wald und Savanne. Beutelwolf im Westen des Parkes, Existenz gefährdet.	126 062 /	600–1600
	Stirling Range NP (Westaustralien) Ausgeprägtes Relief mit mehreren Gipfeln über 1000 m Höhe. Die meisten Hänge sind nicht mehr bewaldet, in den tieferen Lagen finden sich Gehölze von drei Eukalyptus-Arten.	115 689 /	0–1090
	Blue Mountains NP (Neusüdwales) Canyon-Landschaft mit bunten Felswänden, Täler und Hochebenen dicht bewaldet, hauptsächlich Eukalyptus und Akazien. Fauna: Riesenkänguruh und weitere Arten von Känguruhs (Busch-Wallabies).	198 881 /	50–1300
	Hincks (Murlong and Nicholls) Wild Life Reserve (Südaustralien) 6–12 m hohe Sandhügel, mit Stauden bewachsen, insgesamt 102 verschiedene Arten von Pflanzen. Die Landschaft ist belebt durch Schwarzkopf-Riesenkänguruhs.	66 240 /	50–200
	Flinders Chase NP (Südaustralien) Für wissenschaftliche Forschung bestes Reservat des Staates Südaustralien. Känguruh-Insel im Westen, Wasserläufe sowie Klippen und Höhlen. Im Innern finden sich alte und neue Dünen. Je nach Bodenqualität wechseln die Eukalyptus-Arten, hier besonders *E. baxteri* und *E. cosmophylla*.	59 003 /	Meereshöhe
	Wyperfeld NP (Victoria) Halbwüste, grösster Park von Victoria. Welliges Gelände, Gebiete mit 45 m hohen Sandhügeln, vom Wind während Jahrtausenden gebildet, aber trotz der Trockenheit Vorkommen verschiedener Eukalyptus-Arten und 348 Blütenpflanzen. Fauna: Schwarzkopf-Riesenkänguruh, Opossum; Vögel 196 Arten, z. B. Emu.	100 000 /	75–120
	Eungella NP (Queensland) 37 km Fusswege in gebirgiger Landschaft oberhalb der Küste in Mittel-Queensland. Baumfarn-Dschungel, Palmen und Reben an den Osthängen, Eukalyptuswald an der Westseite der Clarke Range.	49 400 /	320–1244
	Wilson's Promontory NP (Victoria) Gebirgige Küste; 130 km Kaps und Buchten. Mt Wilson 709 m und Mt La Trobe 754 m. Sehr reichhaltige Flora (700 Arten), Blaugummibaum (eine Eukalyptus-Art), bis 60 m hoch. 36 Arten von Säugetieren und 181 Arten Vögel, besonders auch Wasservögel. Brutplatz der seltenen Hühnergans (*Cereopis novaehollandiae*).	48 917 /	0–754
	Hinchinbrook Island NP (Queensland) Bekannt als die zweitgrösste unbewohnte Insel der Welt (nach der Isle Royale im Lake Superior, Michigan).	46 192 /	0–1095
	Bellenden Ker NP (Queensland) Schönste Berglandschaft des Kontinents mit Aussicht auf Buchten und Korallenriffe des Pazifik. Tropischer Regenwald an Hängen und zwischen Felsklippen. In den Bartle-Fiere-Bergen Katarakt von 600 m Höhe. Fauna: mehrere Arten von Känguruhs und Wallabies und die Amethyst-Python, grösste Schlange Australiens.	35 213 /	30–1608
	New England NP (Neusüdwales) Berglandschaft der östlichen Flanke der grossen Australischen Bergkette. Feuchter tropischer Regenwald.	23 369 /	300–1560
	Katherine Gorge NP (Nordterritorium) Die Schlucht ist in rote und braune Quarzite eingeschnitten. Länge 24 km, Tiefe 60 m.	180 000 /	120
	Lamington NP (Queensland) Im rauhen McPherson-Gebirge mit über 500 Wasserfällen. Tiefere Lagen Regenwald, höhere Lagen Wälder aus der Scheinbuche *Nothofagus moorei;* Eukalyptusbäume im Buchenwald sind über 1000 Jahre alt. Fauna: Opossum, Kletterbeutler und Koala. Bedeutendster Lebensraum für Vögel in Australien.	20 342 /-	250–1190
	Gibraltar Range NP (Neusüdwales) Geologischer Untergrund: Granit und tertiärer Basalterguss. Vegetation von Granitboden im Kontrast zum feuchten Wald auf reichem basaltischem Boden.	17 273 /	200–1200
	Mount Buffalo NP (Victoria) Granit aus verschiedenen geologischen Zeitaltern mit 250 m tiefer Schlucht. Eukalyptus-Wälder.	31 000 /	275–1680
	Yanchep NP (Westaustralien) Nur 48 km von Perth entfernt, daher 200 000 Besucher im Jahr. Sandablagerungen auf Kalkstein, vielbesuchte Höhlen.	2 790 /	Meereshöhe
SGO	**Neuseeland** *Fiordland NP (Südinsel)* Lage an der Südwestküste der Südinsel, der grösste Park von Neuseeland und einer der ausgedehntesten der Welt. Ausserordentlich eindrucksvolle Landschaft mit den hohen Bergen an der Küste und im Hinterland und den weit in das Landesinnere eindringenden Buchten. Mt Tutoko ist der höchste Berg mit 2756 m. Die Sutherland Falls (580 m) zählen zu den grössten Wasserfällen der Welt. Holzart des Waldes ist die Scheinbuche (*Nothofagus*). Neuseeland ist für einheimische, seltene Vögel bekannt: drei Arten Kiwi, der Kea, der Kakapo, der Takahe und der Weka. Fauna: auf dem Land Wapiti, Rot- und Axishirsche, Elch und Gemse (alle eingeführt). Seehund und Seelöwe am Meer.	1 212 000 /	
	Urewera NP (Nordinsel) Lage an der mittleren Ostküste der Nordinsel, besonders ausgedehnte Fläche unberührten Bergwaldes. Der Waikaremona-See gehört den Maori. Waldgrenze des Scheinbuchenwaldes 1157 m. Fauna: Wildschwein, Ziege, Rothirsch und Opossum (alle eingeführt), dazu eine grosse Zahl von Vögeln.	206 523 /	152–1402
	Arthur's Pass NP (Südinsel) Der Park ist durch die Südalpen geteilt und weist auf den Osthängen eine andere Vegetation auf als an den Westhängen. Zugang von Christchurch (152 km entfernt). Passhöhe auf 923 m. Der Park ist für die reichhaltige alpine Flora bekannt. Hirsch, Gemse und Opossum (alle drei eingeführt) zerstören die ursprüngliche Vegetation. Avifauna: Grosser Gestreifter Kiwi und Kea.	98 371 /	548–2271
	Mount Cook NP	70 002 /	3764
	Westland NP (Südinsel) Lage Mitte der Südinsel; Mt Cook NP im Landesinnern und Westland NP an der Westküste. Höchster Berg Mt Cook (3764 m). Föhrenwälder gedeihen in den tieferen Regionen. Baumfarne sind typisch für Neuseeland. Im Mt Cook NP sind 300 Spezies alpiner Flora gezählt worden.	88 680 /	
	Tongariro NP (Nordinsel) Lage in der Mitte der Nordinsel in der Umgebung der drei Vulkane Tongariro, Ngauruhoe und Ruapehu. Ngauruhoe und Tongariro sind die aktivsten Vulkane Neuseelands. Ruapehu ist der höchste Berg der Nordinsel mit 2796 m. Heftige Vulkanausbrüche des Tongariro fanden statt: 1869, 1949 und 1954/55. Das Wasser von den 6 Gletschern des Ruapehu hat aus den Lavafeldern tiefe Schluchten ausgewaschen. Dazwischen liegen kahle Steinwüsten und Streifen von Vegetation. Die Flora dieses Parks mit 470 verschiedenen Pflanzen ist den vier bis fünf Höhenstufen von 600–2000 m angepasst. Fauna: eingeführt Hirsch, Wildschwein, Hermelin, Opossum, Wildkatze, Kaninchen und Hase. In den bewaldeten Regionen sind zahlreiche Vögel, hier besonders auch die Chatham-Taube.	76 655 /	600–2796

Zone	Land		Fläche ha	Höhenlage m ü. M.
		Egmont NP (Nordinsel)	33 536 /	0–2475
		Vulkankegel Mt Egmont und weitere Umgebung mit vielen Wasserfällen. Abstufung vom dichten subtropischen Wald bis zur Schneegrenze auf 1800 m.		
		Abel Tasman NP (Südinsel)	22 370 /	0–1100
		Küstenregion an der Tasman-Bucht, Dünen, Sümpfe und Regenwald mit viel Epiphyten. Neun Zehntel des Parks enthalten Scheinbuchenwald. Seehunde und Seelöwen neben reicher Avifauna.		
TW	**Bahamas**	*Exuma Cays (Land and Sea Park)*	45 584 davon 2265 Land und 43 319 Wasser	
		Lage 80 km südwestlich von Nassau. Maximale Höhe 27 m, grösste Tiefe 1300 m. Die Sicht unter Wasser ist 25 m weit. Am Nordende des Parks ist das Korallenriff besonders gut entwickelt. Das Land ist mit niederem Buschwerk bewachsen. Die Fauna ist auf der kleinen Landfläche begrenzt auf Wasservögel, Eidechsen und Chamäleon.		
TW	**Bolivien**	*Ulla Ulla (Nationales Tierreservat)*	200 000 /	4300–5200
		Lage am Osthang der Anden, 200 km nördlich von La Paz in der Nähe der peruanischen Grenze. Jahrestemperatur im Mittel 8–10 °C. Zufolge der Höhenlage Tundra und Steppenformationen. Besonderes Vorkommen von Chinchillas *(Lagidium Cuvieri* und *Chinchilla laniger)*, die auf der Liste der gefährdeten Tiere stehen. Typisch ist auch das Vicuña *(Vicugna vicugna)*, der Anden-Flamingo und der Anden-Kondor.		
TW	**Brasilien**	*Amazon NP*	1 000 000 /	100– 300
		Urwaldgebiet mit indianischer Besiedlung. Tropischer Regenwald bisher im Amazonasgebiet noch durch keinen anderen Nationalpark geschützt.		
		Iguaçu NP (Paraná)	156 000 /	120– 730
		Iguaçu-Fälle (85 m). Subtropischer Wald, Assai-Palme *(Euterpe edulis)* und *Araucaria angustifolia*.		
		Emas NP (Goias)	100 000 /	700– 800
		Südwestlich von Brasília auf welliger Hochebene, Landschaft mit Grasland und Buschwald oder Galeriewald längs der Flüsse, brasilianischer «Cerrado». Fauna: Mähnenwolf, Grosser Ameisenbär, Pampas- oder Kamphirsch, Riesengürteltier.		
		Monte Pascoal NP (Bahia)	22 500 /	0– 580
		Immergrüner Regenwald. Letztes Vorkommen von Rosenholz *(Dalbergia nigra)*.		
		Itatiaia NP (Minas Gerais)	12 000 /	750–2787
		Das Itatiaia-Massiv erreicht 2787 m mit dem höchsten Gipfel Agulhas Negras. Regenwald bis 1600 m, bis 2000 m dichter Trockenwald. 800–2250 m einzelne Araukarien. Über 2000 m alpine Steppe. Fauna: typisch der Südamerikanische Tapir.		
		Aparados da Serra NP (Rio Grande do Sul)	10 250 /	20– 800
		Küstenlandschaft mit Felswänden gegen das Meer. Eindrucksvolle Canyons mit senkrechten Wänden von 400 m Höhe.		
		Caparaó NP (Espirito Santo)	10 435 /	100–2890
		Bergmassiv im Staat Espirito Santo, an den Atlantik grenzend. Bis 1800 m Regenwald, 1800–2400 m Buschwald und Prärie. Über 2400 m nur noch Prärie.		
TW	**Ecuador**	*Galápagos NP*	691 200 /	0–1707
		Von den 13 Inseln ist die östliche Hälfte der Insel Santa Cruz geschützt. Zur Erhaltung der einzigartigen Fauna sorgt die Charles-Darwin-Stiftung. Urwald, Buschwald und Mangrove, sandige Buchten und felsige Klippen. Riesenschildkröten, Leguane, Flamingos, Pelikane und Reiher.		
		– auf Santa Cruz		864 m
		– auf Isabela		1700 m
		– auf Cerro Azul		1688 m
		– auf Fernandina		1494 m
		Flora: 40% der Pflanzen kommen nur auf Galápagos vor. Fauna: Seelöwen, Pelzrobben, Ratten und Fledermäuse, Ziegen, Kühe, Hunde und Katzen. Von 89 brütenden Vogelarten sind 77 endemisch. Schildkröten (10 Arten von ursprünglich 15), Landleguane und Meerechsen.		
		Sangay NP	50 000 /	1000–5000
		Östliche Kordilleren vom tropischen Regenwald im Amazonasbecken bis zum Hochgebirge. Die Abgrenzung ist noch nicht geklärt, doch handelt es sich um mehr als 1 Million Hektar, wovon der grösste Teil unberührtes Land ist. Flora und Fauna befinden sich zwischen 4800 m (Grenze des ewigen Schnees) und 1000 m im Amazonas. Die aktive Vulkantätigkeit gibt zu der Vermutung Anlass, dass zusätzlich zu den zwei vorhandenen Anden-Gebirgszügen ein dritter, östlicher im Entstehen begriffen ist.		
TW	**Guatemala**	*Tikal NP*	57 600 /	–
		Hauptsächlich von archäologischer Bedeutung, mit reichhaltiger Fauna: Puma, Jaguar, Ozelot, Aguti *(Dasyprocta)* und Tapir.		
		Rio Dulce NP	24 200 /	15
		Flache Landschaft mit heissem, feuchtem Klima. Izahel-See und Rio Dulce mit der Mündung in den Atlantik. Üppiger Pflanzenwuchs und reichhaltige Tierwelt, besonders der Zentralamerikanische Tapir.		
		Atitlán NP	13 000 /	1558
		Prächtiger See, alte indianische Siedlungen, hervorragendes Touristenzentrum. Bergige Landschaft mit Basalt- und Andesitformationen. Aktive Vulkane, Abhänge u. a. bewaldet mit Föhren und Eichen.		
TW	**Guyana**	*Kaieteur NP*	11 695 /	100– 500
		Wald zwischen den Flüssen Potaro, Mure Mure und Elinku, berühmt wegen des Kaieteur-Falles von 225 m Höhe. An Flüssen und Schluchten feuchter Tropenwald, auf den sandigen Böden Trockenwald und Savanne. Tierwelt: Jaguar, Ozelot, Tapir und Opossum, neben reicher Anzahl von Vogelarten.		
TW	**Kolumbien**	*Sierra de la Macarena NP*	600 000 /	50–2500
		Im Park befindet sich eine Forschungsstation für Tropenkrankheiten. Er zeigt eine interessante Mischung des Anden- und des Guyana-Florenelements. Ebenso vielgestaltige Fauna, z. B. drei Hirscharten, Brillenbär und Tapir.		
		El Tuparro Tierreservat	290 000 /	75– 250
		Im Osten des Landes, in der Provinz Vichada. Flaches Land am Orinoco; die Region von Tomi, Tuparro und Tuparrito bleibt fast das ganze Jahr überschwemmt. Temperatur-Jahresmittel 30 °C und Niederschlag 2000 mm. Tropischer Trocken- und Feuchtwald, Savanne, Sumpf- und Galeriewälder längs der Flussläufe. Der Riesenfischotter *(Pteronura brasiliensis)* ist von der Ausrottung bedroht, ebenso die Kaimane und Krokodile. In diesen Wäldern sind die Boaschlangen heimisch.		
		Puracé NP	83 000 /	2500–4640
		Hauptgipfel ist der aktive Vulkan Puracé. Der Gipfel ist das ganze Jahr mit Schnee bedeckt. Feuchter tropischer Regenwald und Páramos an den Hängen. Besondere Tiere: Bär, Bergtapir und Pudu. Zugang von Papayán im Süden, von den kolumbianischen Anden.		
		Sierra Nevada NP	50 000 /	höchster Punkt 5800
		Ein isolierter, mit den Anden nicht verbundener Berg, die höchste Erhebung von Columbien mit dem Namen «Simon Bolivar». Ewiger Schnee von 4800 m im Norden und 5100 m auf der Südseite. Bemerkenswert sind die Gletscherschliffe und Moränen. Im «Paramo» ist ein Waldbestand von 4–5 m hohen Espeletia-Bäumen. Der Spiesshirsch *(Mazama americana carrikeri)* und die grösste Kolonie des Anden-Kondors sind bemerkenswert.		
		Las Orquideas NP	32 000 /	bis 3850
		West-Kordillieren (Bezirk Antioqia) mit tropischen und subtropischen Regenwäldern. Flora ist reich an Orchideen, die deshalb auch dem Park den Namen gegeben haben. Ebenso ist aber auch die Fauna reich an Säugetieren, Vögeln, Reptilien und Fischen.		

Zone	Land		Fläche ha	Höhenlage m ü. M.
		Salamanca Isld. NP	21 000 /	0– 200
		Küste zwischen Barranquilla und Santa Marta am Karibischen Meer mit Lagunen, Mangroven, Sümpfen und Buschwald, mit Süsswasser-Seen und Sümpfen im tropischen Gebiet. Säugetiere und Reptilien durch Farmer reduziert, z. B. Weisswedelhirsch und Reptilien wie Kaiman und amerikanisches Krokodil. Park ist Überwinterungsstation für Zugvögel von Nord-, Zentral- und Südamerika.		
TW	Kuba	*Cupeyal NR*	10 260 /	400– 800
		Totaler Naturschutz, selbst Zugang für Besucher verboten. Berglandschaft mit gemischtem Nadel- und Laubholzwald. Avifauna: Elfenbeinschnabel und Cubaclarino (Drossel).		
TW	Mexiko	*La Malinche NP*	45 711 /	höchster Punkt 4461
		Strassenverbindung mit Mexiko City. Park zum Schutz der Föhren- und Tannenwälder an den Hängen des Vulkans La Malinche.		
		Iztaccihuatl-Popocatépetl NP	25 679 /	höchster Punkt 5451
		Lage südöstlich von Mexiko City. Zwei Vulkane von mehr als 5000 m Höhe, beide Vulkane erloschen; die Hänge sind bewaldet mit verschiedenen Arten Föhren (Baumgrenze auf 3780 m). Avifauna besonders reichhaltig.		
		Zoquiapán Reservat NP	19 418 /	2500–3000
		Trotz der Höhenlage mildes Klima, Föhren und Tannenwald.		
		Bosencheve NP	15 000 /	2000–3000
		Lage 160 km westlich von Mexiko City bei Zitacuaro. Vulkanische Kordillere in einer Zone von jüngerem Vulkanismus (Cerro de Zacatones). Wald bestehend aus Montezuma-Föhren und Fichten. Die Laguna del Carmen im Park bildet einen Rastplatz für viele Zugvögel.		
		Cofre de Perote NP	11 700 /	höchster Punkt 4282
		Vulkan, unterer Teil der Hänge bedeckt mit verschiedenen Föhrenarten, Tannen, Mexikanischer Zypresse, Erlen und Eichen.		
		Lagunen von Chacahua NP	10 000 /	100
		Lagunen umgeben von Mangroven und im Hinterland Wald von Wollbaum, Ebenholz, Zeder, Mahagoni.		
TW	Panama	*Altos de Campana NP*	4 816 /	250–1034
		Unebener Boden, rauhes Klima, kühl und nass, tätige Vulkane. Lage 70 km südwestlich von Panama City. Je nach Höhenlage mehrere, stark verschiedene Vegetations-Zonen.		
TW	Peru	*Manu NP*	1 532 806 /	200–4000
		Der Park liegt im oberen Becken des Río Manu in den Departamentos Madre de Dios und Cuzco im Südosten des Landes. Teilweise gehören noch unerforschte Gebiete mit unberührter Flora und Fauna zum Park. Andere Teile werden von eingeborenen Stämmen bewohnt oder für die Jagd begangen.		
		Samiria-Pacaya NR	1 387 500 /	125– 200
		Lage in Nordost-Peru zwischen den Flüssen Marañon und Ucayali, im oberen Amazonas-Einzugsgebiet. Temperatur 25,7 °C Jahresmittel, Niederschlag 2400 mm. Tropischer Regenwald mit verschiedenen Nutzholzarten, unter anderen auch Palmen, Zedern, Gummibaum, Mahagoni und Feigen. Pacaya war vor der Parkgründung 1972 beliebtes Jagdgebiet für Ozelot, Jaguar sowie die südamerikanische Flussschildkröte, den Brillenkaiman (*Caiman crocodilus*) und den Mohrenkaiman (*Melanosuchus niger*). Weitere Vögel, Amphibien und Fische sind in dem Park sehr gut vertreten.		
		Cerros de Amotape NP	91 300 /	200–1613
		Lage im Nordwesten des Landes am Pazifik, Provinz Sullana, Departamento Piura. Regenzeit Dezember bis März und Trockenzeit April bis November. Fauna: Ozelot, Jaguar und Kondor. Vegetation: trockener Buschwald.		
		Pampa Galeras NR	60 000 /	höchster Punkt 4000
		Lage in der Ayacucho-Region; ungefähr 1000 wildlebende Vicuñas.		
		Cutervo NP	2 500 /	2650
		Teil der Anden im Gebiet der San-Andres-Höhlen. Die Täler sind bewaldet mit Nussbäumen, Erlen, Steineichen und Zedern. Fauna: Guacharo (Ölvogel), Bär, Puma, Hirsch, Wildschwein und Fuchs.		
TW	Surinam	*Tafelberg NR*	140 000 /	500–1026
		Sandsteinformationen, schwach bewaldete Ebene umgeben von stark bewaldeten, steilen Abhängen und einigen Schluchten mit Wasserfällen. Flora: verschiedene örtlich beschränkte Pflanzenarten.		
		Voltzberg Raleighvallen	56 000 /	50– 360
		Zahlreiche Wildwasser und Wasserfälle, zum Teil Wald zwischen Granitfelsen, zum Teil steinige Savanne. Eigentümliche Flora mit *Melocactus* (Melonenkaktus) und andern endemischen Pflanzen.		
		Coppename-Flussmündung NR	12 000 /	Meeresniveau
		Atlantikküste mit Sandbuchten, Frisch- und Brackwasserlagunen und Sumpfwald. Fauna: Wasservögel wie Ibis, Pelikan und Reiher.		
TW	Venezuela	*Canaima NP*	3 000 000 /	–
		Bergland im Südosten des Landes an den Flüssen Cawni und Carras, bekannt durch Gold- und Diamantenfunde. Der Angel-Wasserfall ist mit 800 m Höhe der höchste der Welt. Den Flüssen entlang Galeriewald mit Orchideen, die übrige Fläche verteilt sich auf Regenwald und Savanne. Fauna: unter vielen andern Jaguar und Tapir.		
		Archipiélago Los Roques NP	225 153 /	0– 40
		Insel im karibischen Meer, Landschaftscharakter: Atoll mit mehr als 30 Inseln und 300 kleinen Korallenriff-Inselchen. Trockenes Klima mit gelegentlichen Sturmregen zwischen September und Januar. Jahrestemperatur 28,9 °C. Mangroven (*Rhizophora, Avicennia*). Zahlreiche Arten Wasservögel, in der See Korallen und Hummer.		
		Sierra Nevada de Mérida	190 000 /	600–5007
		Teil der westlichen Anden mit der Sierra Nevada de Mérida und der Sierra de Santo Domingo. Höchster Berg des Landes ist der Bolívar 5007 m. Entsprechend sind die Vegetationszonen gelagert: die unterste, heisse mit feuchtem Regenwald, die mittlere mit Buschwald aus Föhren und Steineichen. Die oberste, kalte Zone entspricht dem Páramo-Typus mit alpiner Vegetation. Fauna: Anden-Kondor *(Vultur gryphus)*.		
		El Avila NP	85 192 /	0–2700
		Berglandschaft, höchste Erhebung der Naiguata-Gipfel; bildet Wasserscheide zwischen dem Caracas-Tal und der Küste des Karibischen Meers. Wechsel nach Höhenlage: trockener, tropischer Typus mit Riesenkaktus – Laubwald und Savanne – Regenwald und Anden-Buschwald. Mehrere Flüsse und Wasserfälle.		
		Guatopo NP	92 640 /	400–2200
		Lage südlich der Hauptstadt Caracas, in den Bergen des Cerro Azul. Im Osten Urwald vom trockenen Laubwald und der Savanne bis zum eigentlichen Regenwald. Der Park speichert Wasser für die Quellen, welche Caracas mit Wasser versorgen.		
		Henri Pittier NP	107 800 /	0–2344
		Am Karibischen Meer im Golf von Triste von der Küste bis über die Cordillera de la Costa. Namen des Parkes zu Ehren eines Schweizer Naturforschers. Im Rancho Grande zwei biologische Forschungsinstitute, ein Museum und eine Schule. Am Meer und an den Flüssen Mangroven und Palmen. Im Landesinnern Dornbusch und Riesenkakteen. Auf höherer Stufe Savanne und Laubwald übergehend in subtropischen Regenwald. Fauna: Halsbandpekaris, Kleiner Nasenbär, Waschbär, Maikong oder krabbenfressender Fuchs, Jaguar, Wieselkatze, Tayra-Marder, Stummelschwanz-Aguti, Eichhörnchen, Waldkaninchen, Faultier. Die Avifauna beläuft sich auf 530 Arten, wovon allein 30 die Kolibris betreffen.		

Zone	Land		Fläche ha	Höhenlage m ü. M.
TZ	**Angola**	*Iona NP*	1 600 000 /	0–1070
	Im Süden des Landes an der Grenze gegen Südwestafrika gelegen, Savanne mit Akazien. Fauna: besonders Spitzmaulnashorn und Hartmanns Bergzebra.			
		Kissama NP	1 400 000 /	0– 240
	Lage am Cuonca-Fluss und an der Atlantikküste, nur 70 km von der Hauptstadt Luanda entfernt. Savannenlandschaft. Fauna: Flusspferd, Elefant, Pferdeantilope, Buschbock, Riedbock, Elenantilope, Büffel, Flussschwein, Warzenschwein und die seltenen Rundschwanz-Seekühe, Leopard und Schakal. Krokodil in den Flüssen.			
TZ	**Äthiopien**	*Awash NP*	72 000 /	1200–1829
	Lage am Ostrand des Rift Valleys, 225 km östlich von Addis Abeba. Im Südwesten des Parks befindet sich der Vulkan Mount Fantalle mit Ausbrüchen während der vergangenen Jahre. Der Awash-Fluss bildet einen Wasserfall und eine tiefe Schlucht. Im nördlichen Teil des Parks gedeiht neben den heissen Quellen ein Palmenwald. Die Paviane *(Papio hamadryas und P. dugnera)* sind vertreten, ebenso afrikanischer Wildesel *(Equus asinus)*, und Grevyzebra *(Equus Grevyi)*. Auch zum Bestand gehören die Kudu-Arten *(Tragelaphus)*.			
		Simien Mountains NP	16 500 /	3500–4500
	Im Norden von Äthiopien in der Provinz Begemder mit einem ausgedehnten Gebirgsmassiv. Stark wellige Hochebene mit tiefeingeschnittenen Felstälern. Nur noch in Äthiopien vorkommende Tierarten sind der Semien-Fuchs und der Dschelada oder Blaubrustpavian sowie der Walia-Steinbock *(Capra ibex walie)*, von dem nur noch 200 im und rund um den Park leben. Die Bewirtschaftung des Parks ist erschwert durch die einheimischen Bewohner dieses Parkgebietes.			
TZ	**Benin**	*«W» NP*	502 050 /	175– 373
	Teil eines internationalen Parks, angrenzend im Norden 300 000 ha der Republik Niger, total ein kombinierter Park von 802 050 ha. Hochfläche auf rund 250 m Höhe, unterbrochen durch mehrere Flussläufe. Bewaldeter, sudanesischer Savannentypus.			
		Boucle de la Pendjari NP	275 500 /	175
	Anschwemmebene des Pendjari und seiner Zuflüsse. Grasland mit zahlreichen Tümpeln. Bewaldete Savanne sudanesisch-ghanesischen Typus. Darüber hinaus noch mehr oder weniger geschützter Wald. Internationaler Park mit Obervolta zusammen 605 000 ha.			
TZ	**Botswana**	*Gemsbok NP*	2 480 000 /	1200
	Kgalagadi-Distrikt im Südwesten von Botswana, arides Klima. Spärlicher Baumwuchs. Fauna: Elenantilope, Spiessbock, Kuhantilope, Springbock, Streifengnu und Löwe.			
TZ	**Elfenbeinküste**	*Comoé Tierreservat und geschützter Wald*	1 150 000 /	250– 650
	500 km Fahrwege für Besucher. Gipfelflur auf 250 bis 300 m, darüber einige Bergrücken und Inselberge bis 650 m. Guinea-Savanne. Verschiedene grosse und kleine Antilopenarten.			
		Forêt de Tai NP	330 000 /	160– 220
	Schutz für einen Teil des letzten tropischen Tiefland-Regenwaldes an der Westgrenze, da Holzhandelsgesellschaften aktiv vorstossen, Zufahrtswege bauen und auch schon eine Sägerei eingerichtet haben. Die Fauna besteht aus vielen grossen Säugetieren; davon sind das Zwergflusspferd und acht weitere Tierarten gefährdet.			
TZ	**Gabun**	*Wonga-Wongué NP*	358 000 /	200– 500
	Von der Atlantikküste ostwärts bis zum Azingo-See. Teilweise Regenwald, zum Teil Savanne.			
TZ	**Ghana**	*Mole NP*	492 100 /	180– 360
	Im Nordwesten des Landes. Totaler Naturschutz, sechs Dörfer evakuiert. Hügelige Landschaft des Guinea-Savannentypus und Galeriewälder längs der Flüsse. Fauna: Elefant, Löwe, Leopard, Büffel, Pferdeantilope, Riedbock, Wasserbock, Buschbock, Bleichböckchen.			
		Digya NP	312 354 /	91– 182
	Halbinsel an der westlichen, zentralen Küste des Voltasees. Eine Regenzeit im Gebiet der Savannen und zwei feuchte Jahreszeiten im Waldgebiet. Februar bis April 40 °C, August 25 °C und Dezember 9 °C. Savannen-Trockenwald mit Galeriewald längs den Entwässerungskanälen. Zahlreiche Affenarten, Elefanten, Buschschwein, Gazellen und Büffel.			
		Bia NP	7 700 /	100– 200
	Im Südwesten von Ghana, nahe der Grenze zur Elfenbeinküste. Tropischer Regenwald und reiche Fauna: Elefant, Löwe, Leopard, Büffel, Pferdeantilope, Wasserbock und Krokodil.			
TZ	**Guinea**	*Nimba-Berge NR*	13 000 /	500–1752
	Dank dem Nimba-Berge-Forschungslaboratorium sind über 100 Publikationen erschienen. Der Park besteht aus einem rechteckigen Gebirgszug von 50 km Länge. Die Berge sind in den unteren Lagen umgeben von verschiedenen Waldformen, z.B. Ölpalmen und Galeriewald längs den Wassergräben bis auf 1200 m. Darüber findet sich Grassavanne. Schimpansen und Zwergbüffel beleben die Landschaft.			
TZ	**Kamerun**	*Bouba N'Djiddah NP*	220 000 /	400– 600
	Im Nordosten an der Grenze gegen Tschad. Hochebene bedeckt mit sudanesischer Savanne, den Flüssen entlang Galeriewald. Besondere Tiergattung: das Spitzmaulnashorn.			
		Benoue NP	180 000 /	höchster Punkt 1100
	Am Benoue-Fluss gelegen; Feuchtsavanne. Fauna: Elefant, Flusspferd, Elenantilope, Wasserbock, Kuhantilope, Riedbock, Buschbock, Büffel, Giraffe, Spitzmaulnashorn.			
		Waza NP	170 000 /	320
	Im Norden von Kamerun, Teil der Talad-Mulde. Im Westen sudanesisch-sahelische Flora, vorwiegend Akazien, im Osten weite Grasebenen, während der Regenzeit überflutet. Fauna: sehr grosse Zahl von Antilopen (40 000–50 000 Tiere).			
TZ	**Kenia**	*Tsavo NP*	2 082 114 /	600–2600
	Semiarides Plateau, bedeckt mit dichtem Dornbusch, Vulkankegel mit erkalteten Lavaströmen. Hauptgebiet der Tierwelt von Kenia, speziell des Spitzmaulnashorns.			
		Meru NP	87 044 /	300–1320
	Grösster Teil mit Buschwald bedeckt, durch einige Grasflächen unterbrochen. Guter Bestand an ostafrikanischen Säugetieren.			
		Aberdare NP	76 619 /	2000–4000
	Bergwald mit Bambus, dem Rosengewächs *Hagenia* und Hartheu *(Hypericum)*. Über 3300 m afro-alpine Zone mit Torfmooren. Trotz Höhenlage grosse Zahl von Wildtieren.			
		Mount Kenya NP	71 559 /	3300–5194
	Autos fahren bis zur Schneegrenze, Unterkunft in der Klubhütte des Alpenklubs von Kenia. An Vulkankegel Gletschermoränen bis herab auf 3000 m. Unterhalb des Parks Bergwald, von da bis 3200 m Bambus. Alpine Vegetationszone 3300–4500 m, über 4500 m Gletscher und ewiger Schnee.			
		Mount Elgon NP	16 923 /	Park 1500–2500 Mt Elgon 4321
	An den Ostflanken schöne Steineiben und Regenwald mit Mahagony *(Khaya senegalensis)*.			

Zone	Land		Fläche ha	Höhenlage m ü. M.
		Nairobi NP	11 721 /	1500–1800
		Nähe Nairobi, rund 100 000 Besucher pro Jahr. Hochebene mit Buschwald und Savanne (Akazien). Über 20 Arten afrikanischer Wildtiere, besonders das Spitzmaulnashorn.		
		Lake Nakuru NP	5 763 /	1750
		Salzsee im Ostafrikanischen Graben. 370 Arten Vögel; darunter zahllose Flamingos.		
TZ	**Kongo Republik (Brazzaville)**	*Odzala NP*	110 000 /	400
		Schwer zugänglich, wenig besucht (500 km von Brazzaville entfernt). Hochebene mit feuchtem, tropischem Wald, im Süden Übergang zu Savanne.		
TZ	**Mali**	*Baoulé NP*	77 100 /	300
		Im Nordwesten Ebenen, im Südosten gebirgig. Trotz dünner Besiedlung ist die Vegetation als Folge früherer Buschfeuer verarmt. Galeriewald von Baoulé mit Borassuspalmen, im Osten Kapokbäume.		
TZ	**Mauretanien**	*Banc d'Arguin NP*	1 173 000 /	0– 15
		An der Atlantikküste, flache Gebiete (weniger als 5 m tief). 14 Inseln und mehrere hundert Quadratkilometer Untiefen, die bei Ebbe über dem Wasserspiegel liegen. Unglaublich viele Vögel, die hier brüten oder auf dem Durchzug sind.		
TZ	**Moçambique**	*Gorongosa NP*	377 000 /	400– 600
		Im mittleren Teil des Landes, 137 km nordwestlich der Stadt Beira. Ebene abwechselnd mit Baumsavanne, Wäldern, Sümpfen, Tümpeln und Seen. Fauna: grosser Bestand von Flusspferden, Elefant, Spitzmaulnashorn, Büffel, Zebra, Gnu, Wasserbock, Buschbock und Elenantilope. Raubtiere: Löwe, Leopard, Gepard, Wüstenluchs, Wildhund, Schakal, Hyäne. Avifauna ebenfalls reichaltig, unter anderem Pelikan, Löffler, Kronenkranich, Reiher.		
TZ	**Namibia**	*Namib Desert NP*	2 283 609 /	800–1000
		Im Gebiet Swakopmund–Walvis Bay. Tiefe Canyons der Flüsse Swakop und Kniseb. Temperatur Jahresmittel 16–18 °C. Ausgesprochene Wüstenvegetation mit Sukkulenten. In dieser Gegend ist 1863 die Welwitschia mirabilis entdeckt worden. Belebte Tierwelt, Elefanten, Bergzebra, Gazellen (Gemsantilope und Springbock), Strauss, Schakal, Wüstenfuchs, Hyänen, Leopard, Kormorane, Reiher.		
		Etosha NP	2 227 000 /	1000–1500
		Im Norden von Südwestafrika nahe der Landesgrenze von Angola. Ein Viertel des Parks besteht aus der unfruchtbaren «Salzpfanne»; anschliessend an den Park befindet sich das Kaokoveld-Tierreservat mit rund 9 000 000 ha. So erstreckt sich die Schutzzone von der Namib-Sandwüste bis weit in das Landesinnere mit Busch, Dornbusch und Grasland semiariden Landschaftscharakters. In dieser unwirtlichen Gegend ist eine erstaunlich reiche Fauna vorhanden. Sieben Arten Antilopen, Giraffen, Nashorn, Elefant, Hartmanns Bergzebra *(Equus zebra hartmannae)*. In der Etosha-Pfanne brüten über 100 000 Flamingos, und der Strauss hält sich im Gras- und Steppengebiet auf.		
		Skeleton Coast NP	1 639 000 /	0– 500
		Im Norden von Swakopmund in 190 km Entfernung. Küste mit sandigen Buchten und vereinzelten Felsköpfen. Nördlich hohe Dünen, die von einigen Flüssen die Mündung in das Meer verhindern und Süsswasserseen bilden. Wenig Niederschlag, spärliche Vegetation. Fauna: Schakal und Hyänen. An der Küste und in den Süsswasserseen zahlreiche Strand- und Zugvögel.		
TZ	**Niger**	*«W» NP*	334 375 /	250
		Name «W» herrührend vom Doppelbogen des Niger-Flusses. Dieser Park steht im Südosten mit dem Park von Benin und im Südwesten mit Obervolta in Verbindung, zusammen 1 130 000 ha. Hochebene zerteilt durch Flussläufe. Sudanesischer Typus von bewaldeter Savanne und im Norden Sahelform der Savanne. Reiche Skala afrikanischer Tierwelt: Elefant, Büffel, Warzenschwein, Pferdeantilope, Kuhantilope, Wasserbock, Löwe, Leopard, Gepard, Wüstenluchs, Schakal, Flusspferd und Krokodil.		
TZ	**Nigeria**	*Kainji Lake*	530 900 /	rund 500
		Nördlicher Typus der Guinea-Savanne, sehr dichter Buschwald und Sumpf in den Überschwemmungsgebieten der Flüsse mit Grasflächen und Grundwasserwald. Heisse Quellen und ehemalige Zisternen, aus dem Fels herausgebrochen zur Wasserspeicherung. Fauna: afrikanische Tierwelt, besonders auch Flusspferd und Krokodil.		
TZ	**Obervolta**	*«W» NP*	190 000 /	250
		Gemeinsam mit Benin und Niger beteiligt sich Obervolta am internationalen Park von insgesamt 1 130 000 ha am Flusslauf des Niger. Bewaldeter Savannentypus im Norden in Wüste (Sahel) übergehend, im Süden in tropischen Regenwald. Längs den Gewässern dichter Galeriewald mit Kolanuss- und Elefantenbaum. Fauna: Antilope, Gazelle, Warzenschwein, Elefant, Büffel, Nilpferd, Pavian, Löwe, Hyäne, Schakal, Gepard. Avifauna sehr zahlreich während der Überschwemmungen (Dezember bis Mai).		
		Po NP	155 000 /	200– 400
		Von Ouagadougou 140 km entfernt, am roten Voltafluss. Klima der Sahel-Sudan-Zone mit unregelmässigem Niederschlag von durchschnittlich 950 mm im Juni bis September, mittlere Jahrestemperatur 20–35 °C. 72 % Savannenwald mit vorwiegend *Butyrospermum parteii*, 21 % *Anogeinus biocarpus* und 1 % *Isoberlinia doka*. Die Schätzung von grösseren Säugetieren ergibt die Zahl von 4568 Tieren (16 Arten), vorwiegend Affen, Elefanten und Gazellen.		
TZ	**Ruanda**	*Kagera NP*	251 000 /	1250–1825
		Das Institut für Nationalparks, Brüssel, hat seit 1933 300 Bände mit 500 Abhandlungen über den Kagera-Park herausgegeben. Der Westen des Parks ist sehr wasserarm. Im Osten Seen, Sümpfe und der Kagera-Fluss. Grasland, Savanne und Buschwald. Fauna: Spitzmaulnashorn *(Diceros bicornis)*.		
		Volcanoes NP	23 000 /	2000–4507
		Östliche Gruppe der Virunga-Vulkane, weist folgende Vegetationsstufen auf: Bergregenwald um 2000 m, Bambuswald 2300–2600 m, *Hagenia*-Bäume 2600–3100 m, Baumheide-Gesellschaften 3100–3700 m und alpine Moorpflanzen über 3600 m. Fauna: Berggorilla, Schimpanse.		
TZ	**Senegal**	*Niokolo Koba NP*	913 000 /	300– 500
		Südosten von Senegal, an der Grenze zu Guinea. Sudanesischer Typus von Savanne. Im Park Laboratorien für wissenschaftliche Studien (Universität von Dakar). Flüsse Niokolo und Gambia. Ausgedehnte grasbewachsene Ebenen, einzelstehende wasserspeichernde Bäume. Fauna: Büffel, Wasserbock, Riedbock, Bleichböckchen, Buschbock, Pferdeantilope, Kuhantilope, Topi, Rotflankenducker, Flusspferd, Warzenschwein, Serval, Zibetkatze, Stachelschwein, Hyäne, Schakal, Löwe, Leopard, Wüstenluchs. Krokodil, Python und Kobra sowie Schildkröten. Aus der Ebene ragen Termitenstöcke auf.		
TZ	**Sudan**	*Southern NP*	1 600 000 /	600 -
		Im Südwesten, 180 km von der Grenze der Zentralafrikanischen Republik entfernt. Flaches Land mit Buschwald bedeckt, an den Flüssen Galeriewald. Fauna: Elefant, Breitmaulnashorn, Giraffe, Grosse Elenantilope, Kuhantilope, Wasserbock, Pferdeantilope, Flusspferd, Riesenwaldschwein, Leopard, Löwe, Guereza (Stummelaffe) und Krokodil.		

Zone	Land		Fläche ha	Höhenlage m ü. M.
		Numatina GR	675 000 /	600– 800

Lage im Osten nahe der Grenze von Äthiopien, zwischen Dinder-Fluss und Blauem Nil. Im Norden Savanne, im Süden Wald. Auf dem Überschwemmungsgebiet der Flüsse Dinder und Rahad Dumpalmen *(Hyphaene thebaica).* Fauna: Antilopen und Gazellen, Büffel, Strauss, Spitzmaulnashorn, Leopard, Gepard, Elefant, Hyäne und Schakal.

TZ	**Tansania**	*Serengeti NP*	1 476 300 /	1100–2200

Im Osten des Victoriasees, angrenzend an Kenia, in Verbindung mit dem Masai-Mara-Tierreservat. Riesige Graslandsteppe, unterbrochen durch einzelne Granitfelsen oder durch Akazien-Buschwald, besonders an Wasserläufen. Fauna: Gewaltige Ansammlung von Huftieren, so Gnu, Thomson- und Grant-Gazelle, Topi oder Leiergazelle und Zebra — insgesamt mehrere hunderttausend Tiere. In etwas kleinerer Zahl sind auch andere Antilopenarten sowie Büffel, Giraffe und Warzenschwein vertreten. Von den Raubtieren finden sich Löwe, Leopard, Gepard und Hyäne. Im nördlichen Teil des Parks halten sich Elefant und Nashorn auf.

Ruaha NP   1 295 000 / 730–1600

Hochebene in zentraler Lage des Landes, 100 km von der Stadt Iringa entfernt. Teilweise bewaldet, zum Teil Graslandmulden, die während der jährlichen Regenzeit zur Sumpflandschaft werden. Fauna: Kudu, Impala, Wasserbock, Warzenschwein, Büffel und Elefant. Ausserdem verstreut Spitzmaulnashorn, Flusspferd, Giraffe und als Raubtiere Löwe, Leopard, Hyäne, Fuchs und Schakal.

Ngorongoro Schutzgebiet   528 000 / 1700–2200

Südlich anschliessend an Serengeti NP, einzigartig in der Welt durch die gewaltige Kraterlandschaft. Höhe des Kraterrandes 2370 m, Calderaboden 1607 m, Durchmesser des Kraters rund 20 km. Im Kraterboden Salz- und Süsswassersee. Vegetation von Steppe bis zu tropischem Regenwald. Fauna: Spitzmaulnashorn, Büffel, Elefant, Löwe, Leopard, Gnu, Zebra, Grant- und Thomson-Gazelle, Bergriedbock, Flussschwein und Riesenwaldschwein.

Mikumi NP   323 000 / durchschnittliche Höhe 500

Im Osten des Landes, verbunden mit dem Selous Game Reserve. Von zwei Regenzeiten die kürzere November/Dezember, die lange März bis Mai. Flussufer mit Galeriewald und Hinterland mit dichtem Buschwald. Tierwelt: Löwe, Panther, Elefant, Giraffe, Zebra, Nilpferd, Büffel, Wasserbock und Gazellenarten.

Tarangire NP   261 440 / 1000–1800

Ein Park in der Gruppe Serengeti–Manyara-See in der Höhenlage von 1200 m, teilweise erhöht durch Hügel und vertieft durch den Einschnitt des Tarangire-Flusses. Boden bedeckt mit Akazien-Buschwald. Fauna: besonders zu beachten Spitzmaulnashorn und Giraffengazelle.

Katavi NP   225 300 / 900

Regenzeit März bis Mai. Flussebene mit Katavi-, Chada- und Rukwa-Seen. Miombo-Waldregion mit *Brachystegia und Isoberlinia,* daneben Akazien und Palmen. Zahlreich das Nilpferd, in den Sümpfen Krokodil und Pelikan sowie 400 Arten anderer Vögel. Auf dem Trockenen Löwe, Leopard, Elefant, Zebra, Büffel und Antilope. Eine Gefahr für die Landschaft sind die Waldbrände.

TZ	**Togo**	*Koué Reservat*	40 000 /	250– 730

Im Westen der Stadt Sohode, 120 km entfernt. Teil des Fazao-Malfacassa-Waldreservats (192 000 ha). Fazao-Massiv bedeckt mit Waldsavanne und Galeriewald.

Zone	Land		Fläche ha	Höhenlage m ü. M.
		Kamassi GR	17 000 /	200– 840

In der Nachbarschaft des Koué-Reservats. Teil des Fazao-Malfacassa-Waldreservats, verbunden mit dem Fazao-Bergmassiv, das im Westen die Bassari-Ebene mit 500 m hohen, steilen Hängen überragt. Die Berge sind bedeckt mit Baumsavanne, durchzogen von schmalen Streifen Galeriewald. Diese Landschaft ist für den Tourismus sehr geeignet. Fauna: Elefant, Büffelherden, Antilopen, Löwe, Leopard, Gorilla, Schimpanse, Pavian, Flusspferd, Marabu, Seidenreiher, Sekretär, Geier.

TZ	**Tschad**	*Ouadi Rimé–Ouadi Achim Tierreservat*	8 000 000 / –	–

Im Norden des Landes, einer der wenigen Parks in der Sahelzone und zum besonderen Schutz der Addax- und Oryx-Antilopen, aber auch für viele andere Tiere. Während der vergangenen Jahre ist eine starke Abnahme der Bestände festgestellt worden, die der Jagd durch Wilderer und Jäger zuzuschreiben ist, welche das Wild mit Autos oder mit Pferden und Hunden verfolgen. Zu einer wirkungsvollen Bewachung des umfangreichen Gebietes sind kostspielige Ausrüstungen mit geländegängigen Wagen, Reitkamelen, Waffen, Zelten, Ferngläsern, Kompassen und Lampen notwendig.

Zakouma NP   297 200 / 300

Lage bei Amtiman, im Süden des Landes, mitten in einem Tierreservat von 2 060 000 ha. Allgemein flaches Land, einige Hügel von 150–300 m. Im Westen Wechsel von offenem Wald und dichtbewachsener Savanne, im Osten tiefer liegendes Grasland, während der Regenzeit aufgefüllt zu Sümpfen, die meistens auch während der Trockenzeit erhalten bleiben. Fauna: Elefant, Nashorn, Büffel, Antilopen, Giraffe, Löwe, Leopard, Gepard, Hyäne, Pavian und Strauss.

TZ	**Uganda**	*Kabalega (Murchison Falls) NP*	384 000 /	500–1300

Lage im Nordwesten des Landes, am Albert-Nil; grösster Park von Uganda, durchflossen vom Victoria-Nil mit dem Murchison-Fall. Ausflüge mit dem Schiff sehr lohnend zur Beobachtung der Wasservögel, der Krokodile, Flusspferde und Elefanten. Landschaft umfasst flache Savanne, Sümpfe, Buschwald und Hochwald; Papyrus längs des Nils und an den Ufern des Albert-Sees. Fauna: viele tausend Elefanten, Flusspferd, Büffel, Spitzmaul- und Breitmaulnashorn, Giraffe, Antilopen (Uganda-Wasserbock), Warzenschwein, Löwe, Leopard, Schakal, Hyäne und zahlreiche Steppen- und Waldtiere.

Ruwenzori (Queen Elizabeth) NP   220 000 / 900–1350

Lage unter dem Äquator, am Edward-See und am Kazinga-Kanal, der die Verbindung mit dem George-See herstellt. Ruwenzori NP grenzt direkt an den zu Zaire gehörenden Virunga NP (früher Albert NP; 809 000 ha). Der Park liegt noch im Zentralafrikanischen Graben; nordöstlich vom Edward-See werden am Fuss des Ruwenzori über 70 kleine Krater gezählt. Diese Landschaft ist besonders abwechslungsreich und eindrucksvoll. Längs der Flüsse und Seen Savanne und Sumpf, vulkanisches Gelände im Nordosten sowie der tropische Maramagambo-Wald im Südosten. Virunga- und Ruwenzori-Park sind äusserst reich an Wildtieren: über 10 000 Flusspferde, 18 000 Büffel und 4000 Elefanten. Hier im Wald leben auch die Schimpansen. Die Avifauna ist mit über 500 Vogelarten sehr mannigfaltig.

Kidepo Valley NP   125 000 / 1300–2750

Lage im Nordosten des Landes, angrenzend an Sudan und Kenia, in der Umgebung des Berges Morongole, 2750 m. Trockensavanne abwechselnd mit Grasland. Akazienbusch- und Regenwald, in höheren Lagen Hochmoore. Fauna: von den Huftieren 21 verschiedene Arten, besonders Burchell-Zebra *(Equus burchelli),* Chandlers Bergriedbock und Brights Gazelle. Löwe, Leopard und Gepard, fünf Arten Ichneumons, Erdwolf, Löffelhund, Streifen- und Schabrackenschakale. Von der Avifauna wurden 480 Arten festgestellt.

Zone	Land		Fläche ha	Höhenlage m ü. M.

Kigezi Gorilla Schutzgebiet — 33 000 / 1524–1676
Vom Ruwenzori-Park 56 km entfernt, an der Grenze gegen Zaire, befindet sich das Gorilla-Schutzgebiet. An steilen Hängen im unteren Teil liegt der Kayonza-Wald, in welchem 100–200 Gorillas leben.

TZ Zaire *Salonga NP* — 3 656 000 / 350–1700
Im Kongobecken, südlich des Kongoflusses, mit äquatorialem Regenwald. Der Park dient in erster Linie der Erhaltung des Zwergschimpansen *(Pan paniscus)*, der sehr gefährdet ist. Eingeborene und Wilderer jagen im Gebiet, und Holzindustrie sowie Farmer versuchen in das Land einzudringen.

Upemba NP — 1 173 000 / 500–1800
Lage in Katanga, im tropischen Savannengürtel im Süden des Landes. Die höher gelegene Ebene besteht aus Savanne und offenem Grasland, an Flüssen und Quellen Galeriewald. Die Flanken der Hochebene sind bewaldet. Fauna: Elenantilope, Burchell-Zebra, Kuhantilope, Pferdeantilope, Rappenantilope, Elefant, Flusspferd, Büffel, Wasserbock (Unterart *Kobus defassa*). Avifauna ist vertreten mit 500 verschiedenen Arten, besonders Wasservögel rund um den Upemba-See.

Maiko NP — 1 083 000 / 700–1300
In der Zaire-Flussmulde und am Westabhang des Rift-Valley gelegen, nur schwach besiedelt. Übergang vom äquatorialen Regenwald zum Bergwald, noch 90% unbewirtschafteter Naturwald. Waldfauna, besonders Berggorilla (Gorilla beringei), Okapi johnsoni und der Zaire-Pfau *(Afropavo congensis)*, daneben Elefanten und Kap-Büffel.

Virunga NP (früher Albert NP) — 809 000 / 900–5119
Dank der ausserordentlichen Nord-Süd-Ausdehnung umfasst der Park eine bemerkenswerte Reihe von ganz verschiedenen Landschaftstypen: 1. geschlossene Walddecke des mittleren Semliki, 2. das Ruwenzori-Gebirgsmassiv mit Vegetationsstufen vom äquatorialen Wald bis zu den afro-alpinen Pflanzengruppen, überragt von Gletschern und ewigem Schnee, 3. Grasland des oberen Semliki, 4. Edward-See mit Brutkolonien der Vögel, z. B. Kormoran und Marabu, 5. den nicht mehr tätigen Vulkan Tshiaberimu mit Berggorillas, 6. die Rwindi-Rutschuru-Ebene mit Savanne und Tierbestand, 7. die aktiven Vulkane mit Lavaströmen und heissen Quellen, 8. die Virunga-Gruppe von erloschenen Vulkanen mit *Hagenia*-Wäldern und Berggorillas. Fauna: Berggorilla, Schimpanse, Elefant, Flusspferd, Schwarz- und Rotbüffel, verschiedene Antilopen, Löwe, Leopard, Okapi und Erdferkel.

Garamba NP — 492 000 / 900–1060
An der sudanesischen Grenze, im Nordosten des Landes. Wellig, mit einzelnen Hügeln (Inselbergen), die maximal eine Höhe von 1060 m erreichen. Wenig Wald, viel Baumsavanne und sehr viel baumloses Grasland. Dem Garamba-Fluss entlang Galeriewald und Papyrus. Fauna: Spitzmaul- und Breitmaulnashorn, Giraffe, Elefant, Büffel, Flusspferd, Antilopen, Löwe, Leopard, Wildhund, Schimpanse, Stummelaffe, Erdferkel, Schuppentier.

TZ Zambia *Kafue NP* — 2 240 000 / 1200–1300
Der Park liegt in der Mitte von West-Zambia am Kafue-Fluss. Drei Landschaftsformen sind vorhanden: das Waldgebiet, das offene Grasland und das Überschwemmungsgebiet mit den Sümpfen. In diesem Park kommt besonders der Litschi-Wasserbock vor. Auch sonst ist eine überdurchschnittliche Zahl von Antilopen und Huftieren sowie von Raubtieren vertreten. Auf den überfluteten Wasserflächen halten sich zahlreiche Störche auf.

Luangwa Valley NP — Nordteil 463 600 / 1000–1500; Südteil 905 000 / 500–1000
In Ost-Zambia, längs dem Luangwa-Fluss. Leider zweigeteilt in Nord- und Südabschnitt mit Zwischenraum von rund 50 km, in welchem die Jagd erlaubt ist. Der Luangwa-Fluss schlängelt sich durch den Park und erzeugt Buchten und Untiefen, die für das Tierleben günstige Bedingungen schaffen. Ausserdem überschwemmt er jährlich einmal die Uferlandschaft um einige Kilometer in das Land hinein. Der Fluss bringt aber auch der Vegetation die nötige Feuchtigkeit, so dass für die pflanzenfressenden Tiere genügend Nahrung zur Verfügung steht. Der Park beherbergt die letzten Herden des Spitzmaulnashorns in Zambia.

Sioma Ngwezi NP — 527 600 / 900
Flaches Land westlich vom Sambesi begrenzt vom Mashi-Fluss. Mosaik von Wald und Sandflächen. Sehr trocken mit Ausnahme einiger weniger Wasserstellen. Teakbäume gemischt mit *Colophosperum mopane*. Fauna: Löwe, Gepard, Elefant, Giraffe, Kudu, Büffel, Antilope und Steinbock.

Mweru Wantipa NP — 313 400 / 1000
Am Mweru-See, im Norden des Landes, an der Grenze gegen Zaire. Am Fuss der geologischen Verwerfung des Zentralafrikanischen Grabens. Schilf und Papyrus im umliegenden Sumpf. Auf der Hochebene Busch- und Baumsavanne. Fauna: Elefant, Flusspferd, Büffel, Zebra, Antilopen, Spitzmaulnashorn, Fluss- und Warzenschwein.

Sumbu NP — 202 000 / 775–1000
Am Tanganjika-See im Norden des Landes, dem längsten Süsswassersee der Welt (650 km) mit einer Tiefe von 1436 m. Felsenküste mit einigen sandigen Buchten und Dünen. Deltas von kleineren Zuflüssen mit Akaziengehölz. Gegen das Landesinnere Dickicht und Buschwald abwechselnd mit Graslandflächen. Fauna: Elefant, Flusspferd, Blauer Ducker, Elenantilope, Pferdeantilope, Kuhantilope, Wasserbock, Buschbock, Bleichböckchen, Klippspringer, Zebra, Büffel, Warzenschwein, Löwe, Leopard, Hyäne. Avifauna: Geier, Fischadler, Seeschwalbe, Möwen. Reptilien: Krokodil, Wasserschlange und Kobra.

West Lunga NP — 168 400 / 1200
Lage: Nordwest-Zambia, am Kabompo, einem Zufluss des Sambesi, angrenzend an Angola und Zaire. Hauptsächlich Kalahari-Sandebenen, teilweise bewaldet, zum Teil offenes Grasland. Sümpfe mit Papyrus. Fauna: Elefant, Flusspferd, Büffel, Elenantilope, Wasserbock, Riedbock, Buschbock, Klippspringer, Sitatunga (Waldantilope), Zebra, Fluss- und Warzenschwein, Löwe, Leopard, Gepard.

TZ Zentralafrikanische Republik *Bamingui-Bangoran NP* — 1 000 000 / 400–600
Lage im Nordwesten des Landes, am Chari-Fluss und an der Landesgrenze von Tschad. Dieser Park umgibt das Vassako-Bolo-Naturreservat von 150 000 ha und ist umgeben von drei weiteren Tierreservaten mit insgesamt 900 000 ha. Ausgedehnte Ebene, überragt von 50–100 m hohen Granitköpfen. Landschaft mit bewaldeter und offener Savanne, Galeriewald längs den Gewässern und Flecken von dichtem Trockenwald. Reiche Fauna, besonders zahlreich das Spitzmaulnashorn und die Riesenelenantilope. Avifauna reichhaltig, besonders während der Regenzeit in den Lagunen und Sümpfen.

TZ Zimbabwe *Wankie NP* — 1 465 100 / 900
Nur rund 100 km südlich vom Touristenzentrum Victoriafälle entfernt. Einer der grössten und am besten verwalteten Parks von Afrika. Trockene Hochebene, von einigen wenigen Flüssen durchzogen, mit ausgedehnten Flächen (Wald im Süden und Grasland im nördlichen Teil). Vegetation: Akazien und Rhodesische Teakbäume. Fauna: ausserordentlich zahlreich, ca. 5000 Elefanten und 12 000 Büffel. Dazu Antilope, Giraffe, Zebra, Nashorn und Löwe. Entsprechend mannigfaltig sind auch Vögel vertreten, z. B. Strauss, Adler und Geier.

Zone	Land		Fläche ha	Höhenlage m ü. M.

| | | *Chewore Tierreservat, Mana Pools NP* | 137 000 / | 650 |

Zusammen mit dem Reservat Mana-Pools an der Nordgrenze gegen Sambia, am Sambesifluss gelegen. Kopaivabaum-Buschwald und Akazien. Fauna: Stärkstes Vorkommen des Spitzmaulnashorns in Zentral- und Südafrika, aber auch Büffel, Elefant, Rappen- und Pferdeantilope, Kudu, Wasserbock, Buschbock, Impala, Fluss- und Warzenschwein.

Victoriafälle NP — 58 300 / 1000

Im Westen des Landes, am Sambesi und an der Grenze mit Sambia. 56 km auf dem Wasserweg mit Motorbooten oder auf der Strasse. Feuchter, tropischer Regenwald und offenes Gelände mit Kalaharisand. Fauna: besonders Flusspferd und Rappenantilope sowie Wasservögel.

Rhodes Matopos NP — 43 200 / 1350

Nur 40 km von der Stadt Bula Wayo entfernt, im wahren Sinn des Wortes ein Park mit grünen Wiesen und Felsköpfen, die aus Granitblöcken bestehen. Höhlenmalereien aus der Steinzeit; Grabdenkmal des Staatsmannes Cecil Rhodes. Fauna: Antilopen, Giraffe, Büffel, Breitmaul- und Spitzmaulnashorn.

Chimanimani NP — 17 110 / 1800

An der Grenze von Moçambique, im Osten des Landes. Wilde Berglandschaft mit felsigen Gebirgsstökken, tiefen Schluchten, Wasserfällen, immergrünem Wald, Grasflächen, Tümpeln und Sümpfen. Vegetation: in tiefen Lagen tropischer Regenwald, in höheren Regionen Busch und Heide. Fauna: Elenantilope, Buschbock, Klippspringer, Kudu, Ducker und Leopard, Pavian und andere Affenarten. Reichhaltige Avifauna und besonders Insekten (Schmetterlinge und Käfer).

TO **Burma** *Kyauk-pan-daung* — 132 600 / 800–2200

Im Norden des Landes, westlich vom Irawadi-Fluss. Abwechselnd Grasland, Wald und Busch-Dschungel. Stellen mit salzhaltigem Boden sowie Tümpel und Sümpfe werden von den Wildtieren regelmässig besucht. Orchideen wachsen auf Stämmen und Zweigen über dem Pidaung-Fluss. Fauna: Indischer Elefant, Arni-Büffel, Banteng, Gaur, Sambar, Schweinshirsch, Muntjak, Tiger, Leopard, Malaienbär, Rhesusaffe und der Hulock, eine Gibbonart, deren melodische Chöre ein Charakteristikum dieser Dschungelwälder sind. Avifauna: Pfauen, Fasane, Bankivahühner.

Shwezettaw Wild Life Santuary WS — 55 134 / 150– 430

Im südlichen Teil von Zentralburma, westlich des Irawady-Flusses, hügelige Landschaft. Tropischer Trockenlaubwald *(Terminalia olivieri)* von 9 m Höhe.

TO **Fidschi-Inseln** *Ravilevu NR* — 4 020 / höchster Punkt 600

Im bergigen Gebiet der Taveuni-Insel, Wasserfälle und enge Schluchten. Fauna: Fliegender Hund und Boa; Avifauna: Paradiesschnäpper, Bankivahuhn und Flaumfusstaube.

Nandarivatu NR — 1 674 / 820–1323

Im Norden der grössten Insel Viti Levu befindet sich der Park in einem 820 m hohen Hochtal und den umliegenden Bergen; höchster, meist umwölkter Gipfel Mt Victoria 1323 m. Das Reservat ist dicht mit Regenwald bewachsen, wichtigste Holzart ist die Kopalfichte *(Agathis vitiensis)*. Avifauna: reichhaltig und mit seltenen Arten, wie der rotkehlige Lori *Charmosyna aureicincta* und die seltene Taubenart *Chrysonea luteovirens*. Hochinteressante Insektenwelt.

TO **Indien** *Similipal Tiger Reservat (Orissa)* — 277 000 / 600– 900

Im Nordosten des Orissabezirks, 70 km vom Golf von Bengalen entfernt. Temperatur von 4–40 °C. Tropischer, immergrüner Laubwald, Weiden, indischer Lorbeer, Mango und Bambus. Fauna: Rhesusaffen *(Macaca mulatta)*, Lippenbär *(Melursus ursinus)*, Hyäne, Tiger, Elefant, Wildschwein. Vom Aussterben bedroht sind Tiger, Wildhund, Elefant, Gaur *(Bos gaurus)* und Lippenbär.

Sundarbans Tiger Reservat (West-Bengalen) — 258 500 / 0– 5

Am Gangesdelta, östlich des Hooghly-Flusses, nahe der Grenze von Bangladesh, 70 km südwestlich von Kalkutta. Delta-Landschaft mit vielen Inselchen und Wasserläufen. Temperatur um 20–34 °C. Sumpfpflanzen beherrscht von Mangroven *(Avicennia und Rhizophora)*. Zum Schutz der Tiger *(Panthera tigris tigris)* sind Wildhüter eingesetzt. Gefährdet ist ausserdem das Leistenkrokodil *(Crocodylus porosus)*. Als seltenes Vorkommen ist hier der Riesenreiher *(Ardea goliath)* zu erwähnen.

Gir NP (Gujarat) — 140 400 / 61– 122

Im Westen von Indien am Arabischen Meer, grösstes Reservat des Landes. Abwechselnd Teakwald, trokkener Dornbusch und Grasland. Fauna: letztes Vorkommen des Asiatischen Löwen *(Panthera leo persica)*; Leopard, Hyäne und Lippenbär, Vierhorn-Antilope, Indische Gazelle, Sambar, Axishirsch und Wildschwein. Verschiedene Arten Geier sowie Pfauen.

Kanha NP (Madyah Pradesh) — 149 900 / 525– 870

Im zentralen Hochland südöstlich Mandla im oberen Banjar-Tal, verstreute Waldflächen, dazwischen Grasland; deshalb günstige Möglichkeit zur Beobachtung. In den Muldenseen auf den Hügeln Bambusdickicht. Fauna: Tiger, Leopard, Lippenbär, Gaur, Hyäne, Sambar, Barasingha (Unterart *Rucervus duvaucelli branderi*), Hirschziegenantilope; Avifauna: Pfau, Bankivahuhn.

Bandipur WS (Karnataka) — 87 420 / 1025–1223

Höhere Lage als Mudumalai WS, magerer, spärlicher Wald von Teak und verschiedenen Arten Sandelholz *(Santalum album)*. Fauna: Elefant, Lippenbär, Leopard, Sambar, Axishirsch, Muntjak, Gaur. In diesem Park besonders gute Gelegenheit, diese grösste Wildrind-Art zu beobachten.

Corbett NP (Uttar Pradesh) — 52 000 / 459– 914

Im Norden von Indien am Fusse des Himalayas; Hügel und eine breite Talschaft sowie am Verlauf des Ramganga-Flusses eine Schlucht. Wald vorwiegend Laubholzdschungel. Fauna: Indischer Elefant, Tiger, Leopard, Lippenbär, Sambar, Axishirsch, Schweinshirsch, Barasingha, Muntjak, Streifenhyäne, Rhesusaffe, Stachelschwein, Flughörnchen; Avifauna: Bankivahuhn und Pfauen.

Kaziranga NP (Assam) — 42 994 / 75

Im Osten am Brahmaputra-Fluss, im flachen Land Sumpflandschaft. Vorwiegend Elefantengras, das 6 m Höhe erreicht. Fauna: Panzernashorn, Indischer Elefant, Büffel, Barasingha, Wildschwein, Leopard und Lippenbär.

Mudumalai WS (Tamil Nadu) — 32 116 / 914–1260

Im Süden von Indien, stösst an den Bandipur WS. Am Mogar-Fluss bei den Nilgiri-Hügeln. Laubwald bestehend aus Teak, Bambus und Sandelholz. Fauna: sehr reichhaltig und typisch für Südindien. Elefant, Tiger, Leopard, Lippenbär, Gaur, Muntjak, Sambar, Axishirsch, Affen, Eichhörnchen, Schakal, Wildschwein, Krokodil, Python; Avifauna: Pfau, Bankivahuhn.

Manas Wild Life Sanctuary (Assam) / Manas Sanctuary of Bhutan anschliessend — 27 195 / 75– 225 / 41 934 /

Auch unter dem Namen North Kamrup Sanctuary bekannt. Im Norden des Brahmaputra an der Grenze von Bhutan in den Vorbergen; teils Wald, teils Gras- und Schilfrohrflächen. Fauna: besonders Panzernashorn.

Jaldapara WS (West-Bengalen) — 10 464 / 60

Wald längs des Flusses Torsa und seiner Zuflüsse, im übrigen Grasland und lichter Wald. Fauna: Panzernashorn, Leopard, Elefant, Tiger und Lippenbär.

Zone	Land	Fläche ha	Höhenlage m ü. M.
TO	**Indonesien** *Gunung Leuser NR (Sumatra)* Nord-Sumatra (Medan), grösstes Naturreservat Indonesiens. Grasland, Föhrenwald, Dschungel und Sümpfe. Fauna: das heute selten gewordene Sumatranashorn, Orang-Utan, Indischer Elefant, Kantschil, Sambar, Muntjak, Wildschwein, Tiger, Leopard, Malaienbär, Weisshandgibbon, Siamang. Avifauna: Pfaufasan, Nashornvogel.	940 000 /	höchster Punkt 3465
	Udjung Kulon Panaitan NP (Java) Halbinsel und Insel im äussersten Südwesten von Java; vulkanischer Herkunft. Lagunen, Dünen, Urwald mit vorwiegend *Ficus*-Arten. Reiche Vegetation mit vielen endemischen Arten als Überrest des ursprünglichen Tieflandwaldes in Java. Fauna: Javanashorn *(Rhinoceros sondaicus)*; leider sehr geringe Zahl, nahezu am Aussterben. Kantschil, Muntjak; der Banteng *(Bos javanicus)*, ein sehr schönes Wildrind, bedeutend kleiner als der Gaur, durch das Vordringen der Zivilisation verdrängt, die Bestände sind abnehmend; Tiger und Leopard. Unter den über 100 Vogelarten sind Bienenfresser, Bankivahuhn und Pfau hervorzuheben.	60 000 /	0– 480
	Komodo-Island GR Komodo liegt zwischen den Inseln Sumbawa und Flores, Rintja ist eine Halbinsel am westlichen Ende von Flores. Die Reservate dienen dem Schutz der grössten Echse der Welt, des Komodo-Waran, der eine Länge von 3 m und ein Gewicht von 130 bis 140 kg aufweist.	30 000 /	–
	Baluran GS (Java) Nordosten von Java rund um den erloschenen Vulkan Baluran (1103 m). In den Ebenen teilweise Sumpf, zum Teil Savanne mit lichtem Wald aus Akazien, Teakholz und Palmen. Der Landschaftscharakter bietet beste Gelegenheit zur Beobachtung des Banteng und des Wilden Wasserbüffels.	25 000 /	höchster Punkt 1103
	West Bali NR Gründung zum Schutz einer Tiger-Unterart, die nur hier vorkommt. In den letzten Jahren wurden keine Lebenszeichen mehr wahrgenommen; so scheint diese Unterart ausgestorben.	11 300 /	1386
	Gunung Indrapura NR (Sumatra) Kerintji als höchster Berg von Sumatra mit montaner Flora und Fauna. Rhododendron-Bäume und Sumatranashorn.	12 530 /	höchster Punkt 3800
	Lautan Pasir Reservat (Java) Auf den Tengger-Bergen sandige Ebene mit Steppenvegetation einschliesslich der seltenen, heidekrautähnlichen *Styphelia pungens*. Das ausserordentliche Landschaftsbild ist eine Touristenattraktion.	5 290 /	2100–2500
	Tangmomo Batuanqus (Sulawesi) Strauch-Vegetation, Hirscheber *(Babyrousa babyrussa)*.	4 446 /	0–1370
	Krakatau-Berge Reservat (Sumatra) Vulkanische Insel in der Sundastrasse, bekannt durch den vernichtenden historischen Vulkanausbruch. Wissenschaftliche Erforschung der Wiederbesiedlung durch Tiere und Pflanzen.	2 500 /	0– 813
	Tjibodas NR (Java-Gunung Gede) Lage an den Osthängen der Vulkane in Westjava. Verwaltung durch das staatliche Institut für Biologie. Der Botanische Garten wird viel besucht. Der Park ist besonders von geologischem und botanischem Interesse. Der tropische Regenwald ist reich an Holzarten und weist Bäume von über 60 m Höhe auf. Sehr reichhaltige Avifauna.	1 040 /	1400–3050
TO	**Malaysia** *Taman Negara NP (Malaya)* Tourismus in Entwicklung (Flugplatz, Fluss-Schifffahrten); Plateau, Hügel und Berge bedeckt mit tropischem Regenwald, Sumatranashorn, Tapir, Muntjak, Sambar, Wildschwein, Elefant, Tiger, Leopard.	429 312 /	120–2190
	Kinabalu NP (Sabah) Geologische Altersbestimmung: Miozän. Ebenso Flora sehr alter Herkunft. *Dipterocarpus*-Wald (Zweiflügelfruchtbaum) typisch für die Region. Zwischen 1300 und 3000 m Höhe Mischwald von australischen Nadelhölzern *(Agathis, Dacrydium* und *Phylocladus)*. Über 3000 m Wald und Grasformen ähnlich denjenigen in China und im Himalaya. Tierwelt: speziell Orang-Utan.	74 523 /	300–Gipfel Kinabalu (4104)
	Bako NP (Sarawak) Park ohne Strasse, nur Fusswege; Wanderbuch in erweiterter zweiter Auflage vorhanden. Halbinsel mit Sandsteinklippen, sandige Buchten und Mangrovenküste. Wald aus Zweiflügelfruchtbaum, Baumheide, Ameisenpflanzen. Delphine *(Sousa borneensis* und *S. plumbea)* in der Datu-Bucht.	2 550 /	0– 240
TO	**Philippinen** *Mt Apo NP (Mindanao)* Südlichste Insel der Philippinen, Vulkan Mt Apo 2954 m, mit üppigem, tropischem Regenwald, in grösserer Höhe Bäume, die mit Moosen, Flechten, Farnen und Orchideen bedeckt sind. Fauna: Borneo-Schwein, Philippinen-Hirsch, Philippinen-Flattermaki, der nur hier vorkommende Affenadler.	72 936 /	höchster Punkt 2954
	Banahaw-San Cristobal Mountains NP (Luzon) Umfasst zwei Berggruppen: Banahaw (1800 m) und San Cristobal (2100 m); mit Wald bedecktes, wildes Relief. Fauna: Hirsch, Wildschwein, Nikobaren-Grossfusshühner und Papageien.	11 133 /	höchster Punkt 2100
	Mayon Volcano NP (Luzon) Besonders formenschöner Vulkan. Grösster Teil ist Grasland und wertloser Wald aus verkümmerten Zweiflügelfruchtbäumen.	5 680 /	höchster Punkt 2462
	Aurora NP (Luzon) Attraktive Landschaft zum Bergsteigen, Camping und Wandern. Mehrere Flüsse, Zweiflügelfruchtbaum-Wald.	2 356 /	höchster Punkt 2000
	Hundert Inseln NP (Luzon) Malerische Koralleninseln in paradiesischem Klima. Historische Höhle, früher von chinesischem Piraten bewohnt. Avifauna: Gänse, Tauben, Schwalben.	1 844 /	0– 10
TO	**Singapur** *Wasserversorgungsareal* Unbewohntes, geschütztes Wiesen- und Waldgebiet, Süsswasserreservoir für die Stadt Singapur. Fauna gering.	2 717 /	20– 130
TO	**Sri Lanka (Ceylon)** *Wilpattu NP* Im Nordwesten der Insel am Indischen Ozean; flache, sandige Ebene, Seen umgeben von Dünen und Buschwald. Östlicher Teil Flusslandschaft mit reicher Vegetation und Trockenwald. Archäologische Sehenswürdigkeit: Höhlen, Tempel, Ruinen und Säulen aus vorchristlicher Zeit. Fauna: Rudel des Axishirsches, Wildschwein, Wasserbüffel, Elefant, Schakale, Leopard und Sumpfluchs. Reiche Avifauna wie Eisvögel, Papageien, Störche, Bankivahuhn, Pfau.	10 461 /	0– 180
	Yala/Ruhuna NP Im Südosten der Insel am Indischen Ozean, Küstenlandschaft mit Lagunen und Dünen, Felsen, Strauch- und Dorn-Dschungel. Spuren von Siedlungen aus dem 2. Jahrhundert v. Chr., Ruinen von buddhistischen Klöstern auf Felsspitzen gebaut. Fauna: der seltene Ceylon-Elefant findet im Park sein Schongebiet, Herden des Axishirsches beleben den Dschungel; Sambar, Wildschwein und Wasserbüffel. Raubtiere: Lippenbär und Leopard.	110 000 /	0– 160
	Gal Oya NP Im Osten der Insel, verbunden mit drei benachbarten Reservaten als Pufferzone für den Park. Flache Landschaft mit Seen und Stausee. Grasland und immergrüner Wald. Fauna: Indischer Elefant, Büffel, Sambar, Axishirsch, Stachelschwein, Leopard.	51 800 /	78– 720

Zone	Land	Fläche ha	Höhenlage m ü. M.
TO	**Thailand** *Tung Yai-Naresuan WS*	320 000 /	250–1300

West-Thailand, nahe der Landesgrenze von Burma. Tung Yai ist eine Hochebene von 1000 ha Fläche, umgeben von Bergen.»Das Reservat weist ein subtropisches, feuchtes Klima auf mit drei Jahreszeiten: einem heissen Sommer, einer Regenzeit und einem kalten Winter. Tiefere Lagen Laubwald und Bambus, zum Teil auch im Hügelland. Längs den Flüssen immergrüner Wald. Zahlreiche Makaken und Gibbons.

Khao Yai NP — 216 875 / 800–1328

Nordöstlich von Bangkok, rund 100 km entfernt. Berglandschaft mit Zweiflügelfruchtbäumen, Bambus und Baumfarnen; in höheren Lagen Eichen und Nadelhölzer. Fauna: Indischer Elefant, Malaienbär, Sambar, Muntjak, Wildschwein, Gaur, Gibbon, Tiger; Avifauna: Nashornvogel, Glanzkäfertaube.

Huay Khakhaeng WS — 163 100 / 500–2650

West-Thailand, in schwach besiedeltem, schwer zugänglichem Gebiet. Subtropisches Klima, Temperatur-Jahresmittel 28 °C. Niederschlag 1800 mm. Im gemischten Laubwald Teakholz. Verschiedene Affenarten, Tiger, Leopard, Wildschwein, Hirsch und Wasserbüffel.

Phu Khieo WS — 141 300 / 300–1242

350 km nordöstlich von Bangkok. Bergregion mit formenreicher Landschaft, durchflossen von mehreren Flüssen. Subtropisches Klima, Trockenzeit von Dezember bis März. Jahresmittel 27 °C. Übergang von Dipterocarp-Laubwald zu immergrünem Nebelwald. Kiefernbestände über 700 m Höhe. Schutz des Waldes gegen Ausbeutung. Fauna: Schwarzbär, Tiger, Elefant, Tapir, Rhinozeros, Hirsch, Gaur und Steinbock.

Khao Bantad WS — 128 800 / 50–1322

Lage im Süden auf 7° südlicher Breite auf der malaiischen Halbinsel. Tropisches Klima mit starkem Monsun-Einfluss. Jahresmittel 26 °C. Immergrüner Regenwald unterbrochen durch Savannenzonen. Fauna: Affen, Tiger, Leopard, Hirsch, Steinbock, Fasan.

Tung Slang Luang NP — 126 600 / 800

250 km nördlich von Bangkok, tropischer Hochwald und Dschungelgebiete mit Föhren und Eichen. Fauna: Elefanten, Gaur, Sambar, Wildschwein.

Phu Kradeung NP (Nordthailand) — 34 813 / 1350

Subtropischer Nadelholzwald, Wasserfälle, Höhlen und Sandsteinfelsen. Fauna: Leopard, Tiger, Muntjak, Sambar, Wildschwein, Kantschil, Gibbon; Avifauna: Fasan.

Literaturauswahl

Akademie für Raumforschung und Landesplanung (Hrsg.): Taschenbücher zur Raumplanung. 7 Bde. Hannover, 1976 ff.
Almagià, R. (Hrsg.): Geografia Universale Illustrata. 4 Bde. Turin, 1935–40
American Geographical Society (Hrsg.): Map of the Arctic Region. New York, 1975
Appleton, J.: The Experience of Landscape. London, 1975
Baird, P. D.: The Polar World. London, 1964
Banse, L.: Geographische Landschaftskunde. Gotha, 1932
Barrows, H. H.: Geography as Human Ecology. Annals Americ. Geographers VIII, 1922
Barthel, H. (Hrsg.): Landschaftsforschung. Gotha, 1968
Bauer, L./Weinitschke, H.: Landschaftspflege und Naturschutz. Jena, 1937
Biasutti, R.: Il paesaggio terrestre. Turin, 1965
Birot, P.: Les régions naturelles du Globe. Paris, 1970
Bochnig, E.: Grundriss der Landschaftsgestaltung in der landwirtschaftlichen Melioration. Berlin, 1962
Böhm, W./Dörge, R.: Unsere Welt von morgen. Berlin, 1959
Boesch, H./Carol, H.: Principles of the Concept «Landscape». Geograph. Helvetica 15, 1960
Brockhaus, W.: Gesunde Landschaft. In «Biologie der Lebensführung» von W. Brockhaus/W. Groh. Essen, 1964
Brüning, K. (Hrsg.): Wirksame Landschaftspflege durch wissenschaftliche Forschung. Bremen-Horn, 1953
Buchwald, K./Engelhardt, W. (Hrsg.): Handbuch für Landschaftspflege und Naturschutz. 4 Bde. München/Basel/Wien, 1968/69
Bürger, K.: Der Landschaftsbegriff. Dresden, 1935
Burky, Ch./Gutersohn, H./Winkler, E. (Hrsg.): Die Erde. 2 Bde. Bern, 1957
Bushnall, V. C. (Hrsg.): Map Folio Series. New York, 1975
Carol, H.: Zur Diskussion um Landschaft und Geographie. Geograph. Helvetica 11, 1956
Chikishev, A. G.: Landscape Indicators. New York/London, 1973
Creutzburg, N.: Kultur im Spiegel der Landschaft. Leipzig, 1930
Crowe, S.: Tomorrow's Landscape. London, 1956
Cullingworth, J. B.: Environmental Planning. London, 1975
Demoll, R. (Hrsg.): Im Schatten der Technik. München, 1960
Dolder, W. (Hrsg.): Tropenwelt. Bern, 1976
Dreyhaupt, F. J.: Luftreinhaltung als Faktor der Stadt- und Regionalplanung. Köln, 1971
Egli, E.: Erlebte Landschaft. Zürich, 1943
Ehrlich, P. R. und A. R.: Bevölkerungswachstum und Umweltkrise. Die Ökologie des Menschen. Frankfurt a. M., 1972
Ellenberg, H. (Hrsg.): Ökosystemforschung. Berlin, 1973
Fels, E.: Der wirtschaftende Mensch als Gestalter der Erde. Stuttgart, 1967
Fochler-Hauke, G.: El paisaje como objeto de la geografía regional. Tucumán, 1953
Freud, S.: Das Unbehagen in der Kultur. Wien, 1930
Freyer, H.: Landschaft und Geschichte. München, 1966
Fritsch, B.: Die Vierte Welt. Stuttgart, 1970
Gerling, W.: Der Landschaftsbegriff der Geographie. Würzburg, 1965
Gerster, G.: Der Mensch auf seiner Erde. Zürich, 1975
Görsdorf, K.: Umweltgestaltung. München, 1971
Granö, J. G.: Reine Geographie. Helsinki, 1929
Gutersohn, H.: Harmonie in der Landschaft. Zürich, 1946
Hackett, B.: Landscape Planning. Newcastle-upon-Tyne, 1971
Hard, G.: Die «Landschaft» der Sprache und die «Landschaft» der Geographen. Bonn, 1970
Harvey, D.: Explanation in Geography. London, 1969
Haushofer, M.: Die Landschaft. Bielefeld, 1903
Hettner, A.: Vergleichende Länderkunde. 4 Bde. Leipzig, 1933–35
Heusch, H. (Hrsg.): Die Erde aus dem All. Braunschweig, 1976
Hoesli, B.: Landschaftsgestaltung in den USA. Atlantis 28, Zürich, 1956
Hürlimann, M./Winkler, E.: Der Erdkreis. Zürich, 1965
Jacsman, J.: Einführung in die Landschaftsplanung. Zürich, 1967
Jellicoe, G. A.: The Landscape of Man. London, 1975
Jong, G. de: Het karakter van de geografische totaliteit. Groningen, 1955
Jopp, W./Hanle, A. (Hrsg.): Kontinente und Meere. 8 Bde. Mannheim, 1968–73
Jost, W.: Globale Umweltprobleme. Darmstadt, 1974
Klein, W.: Immissionsschutzrecht. München, 1968
Klute, F. (Hrsg.): Handbuch der geographischen Wissenschaft. 13 Bde. Berlin, 1930–48
Kosack, H. P.: Die Polarforschung. Braunschweig, 1967
Krysmanski, R.: Die Nützlichkeit der Landschaft. Düsseldorf, 1971
Kümmerly, W. (Hrsg.): Der Wald. Bern, 1965
Kunstkreis Luzern (Hrsg.): Länder und Völker. 23 Bde. Luzern, 1940 ff.
Labasse, J.: L'organisation de l'espace. Paris, 1966
Langer, H.: Landschaftsplanung. Hannover, 1971
Leibundgut, H. (Hrsg.): Landschaftsschutz und Umweltpflege. Frauenfeld, 1974
– (Hrsg.): Schutz unseres Lebensraumes. München, 1971
Leser, H.: Landschaftsökologie. Stuttgart, 1976
Lovejoy, D.: Land Use and Landscape Planning. Avlebury, 1973
Mäding, E.: Regeln für die Gestaltung der Landschaft. Berlin, 1943
Manshard, W.: Reinhaltung der Biosphäre und Umweltforschung. Petermanns Geogr. Mitteilungen 114, 1970
McHarg, I. L.: Design with Nature. New York, 1969
Meadow, R.: Die Grenzen des Wachstums. Stuttgart, 1972
Metternich, A.: Die Wüste droht. Bremen, 1947
Neef, E.: Die theoretischen Grundlagen der Landschaftslehre. Gotha, 1967
Nicholson, M.: Umweltrevolution. München, 1970
Obst, E./Schmithüsen, J. (Hrsg.): Lehrbuch der allgemeinen Geographie. 13 Bde. Berlin 1950–76
Odum, E. P.: Fundamentals of Ecology. Philadelphia, 1971
Offner, H. (Hrsg.): Die Zukunft der Landschaft Europas. München, 1971
Ogrin, D.: Krajinsko planiranje (Landschaftsplanung). Ljubljana, 1972
Olschowy, G.: Belastete Landschaft – gefährdete Umwelt. München, 1972
– Landschaftspläne und Grünordnungspläne im Rahmen der Bauleitplanung. Berlin, 1973
– Landschaft und Technik. Hannover, 1970
Oppel, A.: Landschaftskunde. Breslau, 1887
Orvig, S. (Hrsg.): Climates of the Polar Regions. World Survey of Climatology vol. 14. New York, 1970
Paffen, K. H. (Hrsg.): Das Wesen der Landschaft. Darmstadt, 1973
Passarge, S.: Grundlagen der Landschaftskunde. 4 Bde. Hamburg, 1919
– Vergleichende Landschaftskunde. 5 Hefte. Berlin, 1924–30
– Die Landschaftsgürtel der Erde. Breslau, 1923
Perelman, A.: Geochemie der Landschaften (russisch). Moskau, 1962
Preobranskij, W. S.: Landschaftsforschung (russisch). Moskau, 1966
Puls, H. H. (Hrsg.): Fischer Länderkunde. 9 Bde. Frankfurt a. M., 1960–76
Reclus, E.: Nouvelle géographie universelle. 19 (21) Bde. Paris, 1875–94
Regel, C. V./Winkler, E.: Zur Landschaftsdiskussion in der Sowjetunion. Geograph. Helvetica 8, Bern, 1953
Rimbert, S.: Approches des paysages. L'espace géographique 11, Paris, 1973
Roh, H.: Planification – aménagement – développement. 3 Bde. Sion, 1965–67
Rougerie, G.: Géographie des paysages. Paris, 1969
Sauer, O.: The Morphology of Landscape. Berkeley, 1925
Schmieder, O.: Die Neue Welt. 2 Bde. Heidelberg, 1962/63
– Die Alte Welt. 2 Bde. Heidelberg, 1965/69
Schmithüsen, J.: Landschaft und Vegetation. Saarbrücken, 1974
Schubert, B. (Hrsg.): Landschaftsplanung als Teil der Orts-, Regional- und Landesplanung. Zürich, 1970
Schultze, H.: Umwelt-Report. Unser verschmutzter Planet. Frankfurt a. M., 1972
Schultze-Naumburg, P.: Die Gestaltung der Landschaft durch den Menschen. München, 1916/17
Schwarz, R.: Von der Bebauung der Erde. Heidelberg, 1949
Schwenkel, H.: Grundzüge der Landschaftspflege. Berlin, 1938
Schwickerath, M.: Die Landschaft und ihre Wandlung. Aachen, 1954
Simmel, G.: Philosophie der Landschaft. In: Die Güldenkammer III, 1913
Smiley, T. L./Zumberge, J. H.: Polar Deserts and Modern Man. Tucson, 1974
Sømme, A. (Hrsg.): Die nordischen Länder. Braunschweig, 1974
Száva-Kováts, E.: Erdkundlicher Schein und geographische Fiktion. Zur Phänologie der «geographischen Landschaft». Geograph. Helvetica 31, 1976
Thoene, J.: Ästhetik der Landschaft. München-Gladbach, 1924
Train, R. E.: Aktiver Umweltschutz in internationaler Zusammenarbeit. Umschau in Wissenschaft und Technik, 76. Jg. Frankfurt a. M., 1976
Troll, C.: Ökologische Landschaftsforschung und vergleichende Hochgebirgsforschung. Wiesbaden, 1966
Unsere Schätze der Erde. Ein Bildatlas. Bern 1979
Vester, F.: Das Überlebensprogramm. München, 1972
Vidal de la Blache, P.: De l'interprétation des paysages. Int. Congr. Géographie Genève, 1908
Vidal de la Blache, P./Gallois, L. (Hrsg.): Géographie universelle. 22 Bde. Paris, 1927–48
Vogt, W.: Die Erde rächt sich. Nürnberg, 1950
Wenzel, H.: Das Meer. Bern, 1961
Westermanns Lexikon der Geographie. 5 Bde. Braunschweig, 1968–72
Wiepking-Jürgensmann, H. F.: Landschaftsfibel. Berlin, 1942
Winkler, E.: Landschaft. Gefährdung und Regeneration des menschlichen Lebensraumes. Atlantis 28. Zürich, 1956
– Umweltschutz – Umweltplanung – Raumplanung – Landschaftsplanung. DISP Nr. 29/30. Zürich, 1973
Yefrememov, Y. K.: The Landscape Sphere and the Geographical Environment. Sov. Geography 10, 1969

Register

Ziffern ohne nähere Bestimmung durch Buchstaben bedeuten Seitenzahlen im Text, B bedeutet Bildnummer, K Kartennummer

A

Aberdeen B 101
Abessinien 143
Abisko 65
Acapulco 135
Ackerbaulandschaft (Apulien) B 63
Aconcagua 125, B 114
Addis Abeba 143, B 156
Adelaide 128
Aden 144
Admirality Range B 15
Afardreieck 143
Afghanistan 115, B 85, B 86
Agra 193, B 164
Agrarlandschaften
— Ackerbau bzw. Getreideprärie bei Riceton, Saskatchewan, Kanada B 25
— Gartenbau in den Niederlanden B 54
— Gummipflanzung bei Jonore B 173
— Obsthaine Vega Spanien 60, Sefrou, Marokko B 71
— Reisfelder in Kaschmir B 166, auf Sumatra B 178
— Teepflanzungen in Georgien B 91, auf Sri Lanka B 170
— Weinbaugebiete in Südfrankreich B 56, Südafrika 126
— Weidegebiete Pferdeweide in Ungarn B 64, Gobi B 94, Schafweide im Alatau B 90, auf Neuseeland B 129
— Zuckerplantage in Queensland B 123
Akranes B 41
Alaska 30, 57, B 20, B 21
Alberobello 98
Aleppy B 167
Alexandria (Ägypten) 140
Alföld 92, B 64
Algerien 99, B 73, B 74, B 75
Algier 99
Alice Springs 129
Alpen 94 ff., B 48, B 51, B 55
Alpenvorland 90, B 55
Altai 95, 101, 111
Altiplano 139, B 141
Amazonasbecken 136
Amboseli-Park B 160
Amerika 30 f., 57 ff., 125 ff., 133 ff.
Amundsen, R. 33
Anatolisches Hochland 115, B 69, B 70
Andalusien 96
Anden 125, 139, B 111, B 112, B 114
Angkor 195
Angola 142
Ankara 115
Antarktis 31, B 11–16, K II
— Eisschild
— Erforschung
— Geologie
— Klima
— Leben
— Ozean
— Schelfeis
Antofagasta 125
Anuradhapura 193
Apenninhalbinsel 97 f.
Appalachen 62
Apulien 98, B 63
Arabien 144
Ardennen 69
Argentinien 126
Arizona B 35
Arktis 15 ff., B 1–9, K I
— Begriff
— Dauerfrostboden
— Geologie, Morphologie
— Klima

— Leben
— Packeis
Arktischer Ozean 16
Arles 70
Armenien 115
Arnhemland B 127
Aserbeidschan 115
Astrachan 94
Asunción (Paraguay) 126
Atacama 125, 139 f.
Athen 98
Äthiopien 143, B 156
Atitlán B 134
Atlasländer 99, B 71, B 72
Ätna 98, B 62
Auckland 129
Augathella B 122
Augsburg 91
Australien 127 ff., B 121–128
Australische Alpen 128
Australischer Schild 127
Autoschrottlandschaften 205
Auvergne 70
Axel-Heiberg-Insel 30, B 5
Azoren B 58

B

Bach, W. 198 ff.
Bahrain 144
Baikalsee 100
Bakony-Wald 92
Bali B 174
Ballungsgebiete 198
Baltimore 63
Bamberg 90
Bamyan B 85, B 86
Banff 60
Bangkok 195
Banse, E. 14
Baranquilla 139
Baranski, N. N. 227 f.
Barcelona 96
Bari 98
Barren Grounds 29
Baruch, B. M. 240
Basel 90
Baumgrenze 15
Baumwollgürtel (Cotton Belt) 61
Bayreuth 90
Beckenregionen
— Amazonas 136
— Kalahari 127
— Kongo 141
— Londoner 67
— Okawango- 142
— Pariser 68
— Rotes 116
— Walachisches B 85
Bedarfsermittlungen 220
Belém (Brasilien) 136
Belgien 69
Belgrad 93
Belo Horizonte 137, B 147
Bennett 226
Berchtesgadener Alpen B 48
Bergbaugebiete
— Braunkohlelager bei Köln B 49, B 50
— Eisenmine Belo Horizonte B 147
— Silbermine Lone Pine, Kalifornien B 37
— Natronabbau in Tibesti, Tschad B 153
— Erdöltürme bei Maracaibo B 189 und bei Ouargla, Algerien B 191
Bergen 65
Berlin 72
Bern 91

Bertalanffy, L. v. 13
Besalik B 174
Biafra 141
Bihar-Gebirge 92
Biosphäre 13, 239
Birmingham 67
Black Country 67
Bochum 89
Bodenerosion 60, 208
Bodensee 91
Bodenversalzung 208
Bogotá 139
Böhmen 89
Bologna 96
Bombay 194, B 165
Bordeaux 68
Bordelais 68
Borneo 196, B 176
Boston 63
Botswana 210
Bougainville (Salomonen) 197
Bratsk 101
Brasília 137
Brasilien 136 f., B 145–149
Braunkohlengebiet 224, K X
Bremen 71
Bretagne 68 f.
Brindisi 98
Britische Inseln 66 f.
Britisch-Kolumbien 57
Brockhaus, W. 12, 14
Bromo B 182
Budapest 92
Buenos Aires 126
Bukarest 93
Burma 195, B 168

C

Caatinga 137
Caldera B 182
Callao 139
Campania 97
Campos 137
Canterbury-Distrikt (Neuseeland) B 129
Cantor, G. 13
Cape Hallett (Antarktis) B 17, B 18
Caracas B 138
Casablanca 99
Causses 70
Ceará 137
Celebes 195, B 175
Cerra de Pasco 139
Cetinje B 65
Ceylon 193, B 170
Champagne 68
Chanchán-Ruinen B 143
Charkow 94
Châteauneuf-du-Pape B 56
Chicago 61
Chile 125
Chilenisches Längstal 125
Chinesische Mauer 114, B 97
Chinesisches Tiefland 113
Cir-Spitzen B 52
Colorado-Plateau 59
Columbia-Plateau 59
Colorado Springs B 31
Colombo 194
Cook, J. 33
Cooks Bay B 180
Cordillera Occidental, Oriental 139
Córdoba (Spanien) 96
Corn Belt 61
Corocoro 139

263

Coromandel-Halbinsel B 130
Costa Rica 135
Cotopaxi B 140
Creusot Le 69
Cuzco 139, B 141

D

Dadschai B 96
Dairy Belt 61
Dakar (Baobab) 140
Danakalia 143
Darling-Gebirge 127
Dauerfrostböden (vgl. Permafrost) 16, 35, B 10
Dalmatien 98
Death Valley 59, B 28
Dega 143
Dekkan 193, B 163
Delhi 193f.
Denver 60
Detroit 61
Dinarische Alpen 98
Djibouti 143
Djursland (Dänemark) B 43
Dobrudscha 93
Dokutschajew, W. W. 227
Donezbecken 94
Dorfgebiete
— balinesisches Dorf B 174
— iranisches Dorf B 82
— japanisches Dorf B 106
— kanadisches Dorf B 29
— Kirdi-Dorf in Kamerun B 158
— mongolisches Dorf B 95
— rumänisches Dorf B 66
— Terpen, Holland B 53
Dortmund 89
Dsungarei 102
Duisburg 89
Dünen 130, B 73, B 150, B 151
Dürrekatastrophen 206, 208

E

Ecuador 139, B 140, B 142
Eichendorff, J. v. 241
Eignungsbewertungen 220
Eisberge 32, B 4
Eisenach 89
Eisschild, antarktisch 32, B 1
Elath 209
Elburs 115, B 83
El Golea 209, B 75
Ellesmereland 30, B 2
Ellora 193
El Oued (Souf) B 151
Emden 71
Erdbeben 206
Erebus B 12
Erfurt 89
Erzgebirge 89
Erzurum B 69
Essen 89
Etoschapfanne 142

F

Fabriklandschaft 205
Fairbanks 30, 58, B 19
Fedjet-Gebirge B 66
Ferner Osten (der UdSSR) 101
Feuchtsavannen 131
Feuerland 125, B 109, B 115
Feuga, J. 14
Fezzan 209f.
Fichtelgebirge 89
Fidschi 197, B 181
Finnische Seenplatte 65, B 40
Finnland 65f.
Fisheye B 102

Fischereigebiete
— Fischereigebiet im Hinterland von Hongkong B 100
— Perlfischerei in Japan B 104
Fjordküste B 39
Flandern 69
Fliessmuster der Gletscher B 8
Florenz 97
Florida 64
Flutkatastrophen 206
Flyverfjord B 1
Frankfurt 90
Freiburg (i. Br.) 90
Fujisan B 105

G

Ganges-Brahmaputra-Ebene 194
Garden of the Gods B 31
Garonnebecken 68
Gebirge
— Alaskische Kordilleren B 21
— Elburs B 83
— Giant Castle B 117
— Hoggar B 74
— Hoher Atlas B 72
— Macdonald Range B 124
— Monte Garibaldi B 23
— Nordwestargentinische Kordilleren B 111
— Painted Desert B 34
— Rocky Mountains B 36
— Ruwenzori B 159
— Schweizer Alpen B 55
— Südtiroler Dolomiten B 12
Geest 70
Gefährdung der Landschaft 212ff.
Genf 91
Gent 69
Geofaktoren 212
George B 120
Georgien 115, B 91
Gerasa B 77
Gerber, E. 240ff.
Gespensterlandschaft 205
Geysire B 177
Gezira 210
Giant Castle B 117
Gilbert-Inseln 197
Glen Coe B 44
Gobi 103, B 94
Golconda-Fort bei Haiderabad B 163
Golden Gate 64, B 32
Göreme B 70
Gotha 89
Gotthelf, J. 241
Granada 96
Gran Chaco 126
Grand Trou du Natron B 153
Great Plains 60
Griechische Halbinsel 98
Grönland 31, B 1, B 3, B 6
Grosser Altai 103
Grosser Salzsee 58, B 26
Grosse Sand-Wüste (Australien) 127
Grosse Victoria-Wüste (Australien) 127
Grossstädte
— Bombay B 165
— Caracas B 138
— Isfahan B 81
— Istanbul B 6
— Kapstadt B 119
— La Paz B 144
— Lissabon B 59
— London B 47
— Los Angeles B 33
— Mexico City B 188
— Melbourne B 126
— New York B 38
— Rio de Janeiro B 148
— São Paulo B 146

— Tokio B 102
— Valparaiso B 108
Guadix B 60
Guam 197
Guatemala 135, B 134
Guayaquil 139
Gummipflanzung B 173
Gutersohn, H. 129ff.

H

Habana 135
Häfen
— Hongkong B 100
— Istanbul B 68
— Kapstadt B 119
— Lissabon B 59
— New York B 38
— Rio de Janeiro B 148
— San Francisco B 32
Haiti B 135
Halifax 58
Halligen 71, B 45
Hamburg 71
Hanoi 195
Harz 89
Hawaii 197, B 183, B 184
Hedschas 144
Heian-Schrein B 103
Heide 70
Heidelberg 90
Helsinki 66
Hilfswissenschaften der Landschaftsforschung 217
Himalaya 103, 193f.
Hiroshima 116
historische Landschaften
— Chanchán-Ruinen, Peru B 143
— Chinesische Mauer B 97
— Ruinen von Gerasa B 77
— Golconda-Fort, Haiderabad B 163
— Jerusalem B 76
— Osterinsel B 107
Hofgebiete
— isländischer Bauernhof B 41
— nordfriesische Höfe B 45
— Schaffarm Augathella in Queensland B 122
— thailändisches Gehöft B 172
Hoggar-Gebirge 211, B 74
Hoher Atlas 99, B 72
Höhlensiedlungen, Tunesien B 78
Hollywood 64
Honduras 135
Hongkong B 100
Honschu 114, B 103
Hooge (Hallig) B 45
Hortobágy-Puszta B 64
Hudson Bay 58
Huizinga, J. 198f.
Humboldt, A. v. 14, 206
Hunza-Tal B 87

I

Idaho B 33
Iguaçu-Fälle 126, B 146
Indien (Vorder-) 193, B 163, B 167
Industrialisierung 198
Industrielandschaften
— Kiruna, Schweden B 42
— Zementindustrie, Saudiarabien B 155
— geothermische Kraftwerke Larderello, Italien B 186
Ios B 67
Iquique 125
Iran 115
Irian Jaya 197
Irkutsk 101
Isfahan B 81
Island 31, B 41
Istanbul 115, B 68

J

Jacsmann, J. 218ff.
Jakarta 196
Jalta 99
Janubio B 57
Java 195
Jemen 144
Jena 89
Jerusalem B 76
Johannesburg 127
Jokohama 114
Jujuy B 111
Juneau 58
Jura 91, B 55

K

Kabul 116
Kairo 140
Kalahari 127, 210
Kalgoorli 128
Kalifornien 63, B 28
Kalkutta 194
Kamara-Gebirge B 84
Kambodscha 195
Kamtschatka B 92
Kanadischer Schild 58
Kanarische Inseln B 57
Kant, I. 239
Kapland 127, B 118
Kapstadt 127, B 119
Kapverdische Inseln B 149
Karlsruhe 90
Karolinen 197
Karpaten 92
Karst 98
Kasachstan 101
Kaschgar 103
Kaschmir B 89, B 166
Kaspische Senke 94
Katanga 141
Katar 144
Kathmandutal B 88
Kecskemét 92
Keller, G. 241
Kenia 142, B 160
Kiew 94
Kinshasa 141
Kirchhoff, A. 14
Kirdi-Kral B 158
Kirgisensteppe 101
Kirgisenschwelle 102
Kirtipur B 88
Kiruna 65, B 42
Kitimat (Kanada) 57
Kiuschu 116, B 104
Klausenburg (Cluj) 93
Kleine Antillen B 139
Klein- und Mittelstädte
– Fairbanks B 19
– Kirtipur B 88
– Kuopio B 40
– Leh B 84
– San Miguel B 136
– Soufrière B 139
– Umanak B 6
– Ushuaja B 115
Koh-e-Bābā B 85
Kolla (Regenwaldzone in Äthiopien) 143
Köln 89, B 49
Kolumbien 139, B 137
Kongobecken 141
Konzepte 221
Kordilleren 125
Korea 113
Kornbühl (bei Tübingen) B 51
Kostytschew, P. A. 227
Krasnojarsk 101
Kraus, T. 198
Krim 99

Kuala Lumpur 195
Kuba 135
Kufra 210
Kulturlandschaften 13f.
Kultur- oder Zivilisationsräume oder -regionen 14
Kümmerly, W. 243ff.
Kuopio B 40
Küstenbergland, südjugoslawisches B 65
Kuweit 144
Kwenlung-Gebirge 103
Kykladen B 67

L

La Chaux-de-Fonds 91
Ladakh B 89
Lagos 141
Lake Louise 60
Landes 68
Landesplanung 218
Landschaft 12ff.
– antarktische Landschaft 31ff.
– arktische Landschaft 15ff.
– Begriff 12f.
– Gefüge 13
– gesunde Landschaft 209
– Grössenordnungen der Landschaft 14
– kranke Landschaft 209
– Landschaften der gemässigten Zone 34ff.
– Sinn der Landschaft 246
– tropische Landschaft 129ff.
Landschaftsanalyse 217
Landschaftsbedrohung durch den Menschen 205
Landschaftschronologie 212
Landschaftserlebnis 241
Landschaftsforschung 211ff.
Landschaftsgefährdung 198
Landschaftsgeschichte 14, 212
Landschaftsgestaltung 211
Landschaftsinventar 239
Landschaftsklassifikation 217
landschaftskundliche Methodik 198
Landschaftsmodell 240
Landschaftsmorphologie 198
Landschaftsökologie 13, 212
Landschaftsnutzung 211
Landschaftspflege 211, 221ff.
Landschaftsphysiologie 13, 212
Landschaftsplan 221, K VII
Landschaftsplanung 222ff.
– Bedarfsermittlungen 220
– Eignungsbewertung 220
– Konzepte 221
– Planungsgebiete 220
– Teilplanungen 221
– Verfahren 219
– Vorranggebiete 220
– Ziele 220
Landschaftsschutz 237ff.
Landschaftstherapie 218
Landschaftstypen, -typologie 198f.
Lanzarote B 57
Laos 195, B 169
Larderello B 186
Lavafelder B 33, B 183
Leh B 89
Lely, C. 223
Leningrad 66
Lesotho B 117
Lhasa 104
Libanon B 79
Libyen 210
Lima 139
Linz 91
Lissabon 97, B 59
Llanos 139
Loirebecken 68

London 67, B 47
London, J. 30
Londoner Becken 67
Lone Pine B 37
Los Angeles 64, 200f., B 29
Lösslandschaft B 96
Luang Prabang B 169
Luleå 65
Lundaschwelle 142
Lüneburger Heide 71
Lyon 70

M

Macdonnell-Gebirge 127, B 124
Mackenzie-Gebiet B 22
Madras 194
Madrid 97
Magallanes B 109
Magellanstrasse B 110
Mähren 89
Mailand 96
Mainz 90
Mais-Weizen-Zone (General Farming) 61
Malabarküste 194
Malaiischer Archipel 195
Malakka 195
Malaysia 195, B 173
Mali 140
Manáus 136
Manchester, Manchester-Liverpool 67
Mandalay B 168
Mandschurei 104
Mangrove 132
Manhattan 63, B 38
Manila 196
man-made desert 226
Mannheim-Ludwigshafen 90
Maracaibo B 189
Mara-Mures B 66
Marokko 99, B 71
Marsch 70
Martinique 135
Matanuska Valley (Alaska) B 20, B 21
Matmata B 78
McMurdo B 12
Medellín 139
Meer, Meereslandschaft 14
Mekka 144
Melanesien 197
Melioration 222
Melbourne 129, B 126
Mendoza 126
Mesa Central (Mexiko) 134
Meseta 96
Metternich, H. 199
Mexico City 134, B 136, B 188
Minas Gerais 137, B 147
Mississippibecken 60
Mittelasien 101
Mitteldeutsche Gebirgsschwelle 72
Schweizerisches Mittelland 91, B 55
Mittlerer Atlas B 99
Mittelmeer 94f.
Mittelsibirisches Bergland 100
Moçambique 142
Moeraki Boulders B 131
Mohave-Wüste 59
Mokka (Jemen) 144
Mongolei 103
Monsunwälder 131
Montevideo 126
Monument Valley B 35
Moorea B 180
Moskau 93f.
Mount Mayon B 177
Mount Olga B 121
Mount Rainmaker B 179
Mt. Everest 103
Müller, F. 15ff.

München 91
Mzab 209

N

Nadelwaldgürtel (Nordamerika) 57, 65
Nahuel-Huapi-Nationalpark B 113
Nairobi 143
Namib 142, B 116
Namib Desert Park B 162
Namibia 142, B 116, 162
Nanking 113
Nansen, F. 16
Narvik 65
Natal B 117
Nationalpark 143, 238, 242 ff.
Naturglaube 242
Naturkatastrophen 207
Naturlandschaften 13 f.
Nauru 197
Neapel 97
Nedschd 144
Negev 223
Nepal (Kirtipur) B 88
Neuenglandstaaten 63
Neufundlandbank 58
Neuguinea (Insel) 195, 197
Neuhebriden 197
Neukaledonien 197
Neuseeland 127, B 130, B 132
Neusüdwales B 125
New Orleans 64
New York 62 f.
Nicaragua 135
Nicholson, M. 237 ff.
Niger 140, B 150, B 152
Niederlande 69
Nigeria 141, B 157
Nigg, W. 34 ff.
Niggli, P. 13
Nîmes 70
Nordafrika 65, 99
Nordamerika 57
nördliche gemässigte Zone 34 ff.
Nordrussland 66
Norwegen 65
Nowosibirsk 100
Nullarbor-Ebene 127
Nürnberg 90
Nutzungsplan 221

O

Oakland 64, B 30
Oasen 102, 130, 140, 144, 209 ff., B 75, B 151
Oberrheinische Tiefebene 89 f.
Okawangobecken 142
Ökologie 13, 212
ökologisches Gleichgewicht 209
Oman 144
Omsk 100
Oran 99
Oruro 139
Ostafrika 142
Ostasien 104
Österreich 92
Osterinsel 197, B 107
Osteuropa, Osteuropäisches Tiefland 93
Ostjütland B 43
Ostsibirisches Gebirgsland 101, B 93
Osttibetische Randketten 103
Ostturkestan (Tarimbecken) 102
Ouargla B 191
Ouro Preto 137
Oyo, Weiler B 157
Ozeanien 197

P

Padang B 178
Pagan 195
Pago-Pago B 179

Painted Desert, Arizona B 34
Palermo 98
Palisades Mountains 62
Pampas 126
Panama 135
Pannonisches Tiefland 92
Papua 197
Paraíba 137
Páramos 139
Paraná 137
Paris 68
Pariser Becken 68
Patagonien 126
Pauli, W. 241
Peary, R. E. 16
Peking 113, B 98
Perak 195
Permafrost 16 f., 35, B 10
Pernambuco 137
Peru 139, B 141, B 143
Peterson-Insel B 13
Phaleron 98
Philadelphia 63
Philippinen 196, B 177
Piauí 137
Piedmont-Plateau 62
Pindus-Gebirge 98
Piräus 98
Pittsburgh 62
Pjöngjang 113
Plains 60
Pnom Penh 195
Poebene 95
Point Barrow 30
Polarmeer 16
Polnisches Tiefland 72
Pommersche Seenplatte 71
Port Darwin B 127
Port Said 140
Potosí 139
Prag 89
Prärie 60, B 25
Preussische Seenplatte 71
Provence 70
Puna 139
Puszta 92, B 64
Pyrenäenhalbinsel 96

Q

Quebec 62
Queensland B 123, B 122
Quezon City 196
Quito 139

R

Rabat 99
Range B 15
Rangun 195
Ratzel, F. 14
Raubbau (Tropen) 206
Raumplanung 218 f.
Regen, guter B 118
Regensburg 91
Regenwälder 131, B 176
Reisernte B 178
Rheinische Braunkohlenwerke B 49
Rheinisches Schiefergebirge 72
Rheinisch-Westfälisches Industriegebiet 89, 225, K XII
Rhodesien 142, B 161
Riad B 154
Riceton B 25
Richtplan 221, K VII
Rifgebirge 99
Rio de Janeiro 136, B 148
Río Negro B 113
Rocky Mountains 57, B 36
Rom 97
Rosseisschelf B 16
Rotterdam 69

Ruinenlandschaft (Gerasa) B 77
Ruwenzori B 159

S

Sabha 210
Sahara 140
Sahara-Atlas 99
Sahel 140, 207, 223, B 152
Saint Johns 58
Saint Louis 61
Salomonen 197
Salpausselkä 63
Salt Lake City 59
Salzgärten B 26, B 57
Samoa B 179
San Francisco 64, B 32
San Miguel Allende B 136
Santiago (Chile) 125
Santorin 98
São Paulo 137, B 145
Saskatchewan B 25
Saudiarabien 144, B 154, B 155
Savannen 131, B 137
Schanghai 116
Schenyang 104
Schikoku 116
Schima B 104
Schleswig-Holstein 71
Schmelzwasserstrom (Neuseeland) B 132
Schmid, K. 241
Schmithüsen, J. 131
Schottland 66
Schotts 99
Schubert, B. 229 ff.
Schutzgebiete 132, 238 ff.
Schwäbisch-Bayrisch-Österreichisches Voralpengebiet 91
Schwäbisch-Fränkische Alb 90
Schwäbisch-Fränkisches Stufenland 90
Schwarzwald 90
Schweden 65
Schweizerisches Mittelland 91
Scoresbysund B 1
Scott B 11
Scott, F. 33
Seen, Grosse 61
Seeprovinzen (Kanada) 58
Sefrou B 71
Senegal 140
Serra do Espinhaço 136
Serra do Mar 136
Sete Cidades São Miguel B 58
Seven Sisters Cliff B 46
Seine-Loire-Becken 68
Shackleton, Ernest H. 33
Sibirien 31, 100, B 10, B 59
Siebenbürgen 93
Siebengebirge 89
Sierra Nevada (USA) 58, 63
— (Spanien) 96, B 60
Simmel, G. 12
Singapur 194 f.
Sizilien 98, B 62
Skierstad B 39
Smoglandschaft 205
soil erosion 60
Souf B 151
Soufrière B 139
Söul 113
Soweto 127
Speyer 90
Spijk B 53
Spitzbergen 30
Sri Lanka 193, B 170
Stadtlandschaften 205
Staten Island 62
Steinwüste B 80
Steppen 131, B 112
Steppenländer, Gefährdung der 208
St-Etienne 69

St.-Lorenz-Strom 61f., B 24
St. Lucia B 139
Stockholm 70
St-Pierre (Martinique) 135
Strassburg 90
Strassenlandschaft 205
Stuttgart 90
Subtropen 34, 94, 115ff., 129ff.
Südafrika 127
Südamerika 136
Sudan (Landschaft) 140
Südchinesisches Bergland 116
Sudd 140
Südfrankreich B 56
südliche gemässigte Zone 125ff.
Südostafrika 142
Südskandinavien 70
Südtiroler Dolomiten B 52
Südwestafrika 142, B 162
Suez 140
Sumatra 196, B 178
Sussex B 46
Sydney 129
Szetschuan 116

T

Täbris B 82
Tafelland B 161
Taiga 35, 66, 100, B 93
Takla-Makan 103
Tamil Nadu 194
Tampere 66
Tanger 99
Tansania 142
Tarfaya B 185
Tarim-Becken 102
Tarka-Tenere B 150
Taschkent 102
Tasmanien B 128
Taylor Dry Valley B 11
Teeplantage (Ceylon) B 170
Teheran 115
Tell-Atlas 99
Tennessee Valley Authority 225ff., K XI
Tenochtitlán (Mexiko) 134
Terpendorf B 53
Texas 60
Thailand 195, B 171, B 172
Theorie der Landschaft 217
Thermalquellen B 177
Thessalien 98
Thüringer Becken 89
Tibestigebirge 211, B 153
Tibet 103f.
Tidikelt 209
Tien-Schan 101f.
Tientsin 113
Tierra caliente 133f., 139
Tierra fría 133f., 139
Tierra helada 133, 139
Tierra templada 133f., 139
Timor 196
Tokio 114, B 102
Tonga-Inseln 197
Toscana 97
Transhimalaya 103
Trains, R. E. 239f.
Transkaukasien 115
Transsilvanische Alpen 93
Trat B 172
Tres Cruces B 111
Trockensavannen 131
Trondheim 65
tropische Wälder 130f., 206, 222, B 171, B 181, B 184
tropische Wirbelstürme 206
tropische Wüsten 130
Tschad 140, B 153
Tschekiang B 99
Tschinnampo 113

Tübingen B 51
Tuffsteinlandschaft B 70
Tundra, Tundralandschaft 14, 29, 35, B 22
Tunesien 99, B 78
Tunis 99
Tunturis 65
Turin 96
Turkmenistan 102
Turku 66
Tutuila B 179

U

Uganda B 159
Ukraine 94
Ulan-Bator 103
Ulm 91
Umanak B 6
Umbrien B 61
Umwelt 14
Umweltschutz 237, 239
Ungarische Senke 92
Ural 100
Urumtschi 102
Urwaldlandschaft B 127
Usakos B 116
Usbekistan 101
Ushuaia B 115

V

Valparaiso 117, B 108
Vancouver 38, B 23
Van-Riebeeck-Park B 120
Vega B 60
Venedig Sp. 96
Venezuela B 138
Utah 59, B 35
Verkehrsanlagen
– Autobahn in Umbrien B 61
– Brücke im Hafen von Lissabon B 59
– Brücke in San Francisco B 32
– Güterzug in Kalifornien B 30
– Karrenweg Kalifornien B 27
– Schnellstrassen in Mexico City B 188
– Sankt-Lorenz-Strom B 24
– Strassen in Los Angeles B 29
– Kanal an der Malabarküste B 167
Verstädterung 198, 200
Victoriafälle B 161
Victoria Land B 15, B 17
Vientiane 195
Vietnam 195
Vogesen 69
Vogt, W. 240
Vorderasien 115f.
Vorderindien 193f.
Vorranggebiete 220
Vulkane, Vulkanregionen
– Ätna, Sizilien B 62
– Atitlán, Guatemala B 134
– Sete Cidades São Miguel, Azoren B 58
– Bromo, Java B 182
– Cotopaxi, Ecuador B 140
– Elburs, Iran B 83
– Mount Erebus, Antarktis B 12
– Fujisan, Japan B 105
– Lavalandschaft Hawaii B 183
– Lavafelder in Idaho B 33
– Vulkanregion in Kamtschatka, UdSSR B 92
– Mt. Mayo, Philippinen B 177
– Salvador, El Salvador B 133
– Tibesti, Tschad B 153

W

Wadis 130
Waikiki 199f.
Waldstreifen 94
s. Windschutzanlagen
Walachei 93

Waldrodung 198
Wallriff B 180
Warschau 72
Washington 63
Wasserproblem 208
Watt 71
Watzmann B 48
Weimar 89
Wellington 129
Westerwald 89
West-Samoa 197
Westsibirisches Tiefland 100
Wien 92
Wiljams, W. R. 227
Williamsfield B 12
Windschutzanlagen 228
Wladiwostok 101
Woina Dega (Äthiopien) 143
Wolganiederung 93
Wolgograd 94, 228
Worms 90
Würzburg 90
Wüste, Wüsten 130, 144, 209, 212, 223, B 36, B 79, B 80
Wüstungen 209

Y

Yellowstone-Park 60
Yogyakarta 196

Z

Zagros-Gebirge B 84
Zaire 141, B 159
Zambia 142
Zentralafrika 141
Zentralasien 102ff.
Zentralmassiv 69
Zentralrussische Platte 94
Zersiedlung der Landschaft 199
Zimbabwe-Rhodesien 142, B 161
Zuidersee 223f., K VIII
Zürich 91
Zyklone 206

Bildautoren

Robin Adshead, Arlington (GB)   100, 101, 173
Walter Angst, Zürich   95–97
Otl Aicher, Rotis (A)   51
Airtour, Bern   119
H. J. Aubert und U. E. Müller, Bonn   170
Eidg. Amt für Umweltschutz, Bern   187
Paul Barbey, Bern   174
Rudolf Batt, Bern   32, 37
Lothar Beckel, Bad Ischl (A)   33
Chr. Belser Verlag, Stuttgart   92
H. M. Berney, Montreux   122, 123, 128, 136, 139, 188
U. Bichsel, Bern   165
Kurt Blum, Bern   107, 109
Volker von Bonin, Helsinki   40
Maximilian Bruggmann, Yverdon   71, 73, 74, 76, 77, 79, 110–114, 140, 142, 150, 152, 153, 185 sowie Schutzumschlag hinten, oben rechts
R. J. E. Brown, Ottawa   10
Bryn Campell (Magnum)   23
C. Capa (Magnum)   189
Comet Photo AG, Zürich   59, 61, 186
Daniel (Anthony)   46
Deutsche Luftbild K. G., Hamburg   45
Heinrich Gutersohn, Zürich   164
Friedrich Engesser, Zürich   55
Wenzel Fischer, Garmisch-Partenkirchen   108, 115, 116, 138
Georg Gerster, Zürich-Zumikon   22, 26, 29, 36, 104, 124, 127, 151, 156, 158
D. Gill, Edmonton   9
B. Glinn (Magnum)   135
Heinrich Gohl, Basel   21
E. Haas (Magnum)   27, 28
Toni Hagen, Lenzerheide   88
Edgar Haldimann, Zürich   121
E. Hartmann (Magnum)   24
Ernst A. Heiniger, Zürich   34, 35
Ernst Hofer, Bern   1
Ch. Hoinkes, Zürich   Schutzumschlag hinten, oben links
Rolf Hübner, Baden-Baden   161
W. Huber (Anthony)   44
G. Hughes (WWF), Morges   117
George Hunter, Kanada   25
Mark Jeker, Bern   63
Walter Imber, Laufen   42, 53, 54, 57, 58, 65, 69, 82, 129–132, 149, 154, 155, 163, 166, 167, 176, 178, 182–184 sowie Schutzumschlag vorn
Horst von Irmer, München   48, 133, 134, 137, 145, 148
Keller, Melbourne   126
Fredy Knorr, Zürich   31, 81, 84, 98, 103, 106, 125, 157, 181
Paolo Koch, Zollikon   64, 93, 94, 99, 169
Kruse (Anthony)   105
W. Kümmerly, Bern   67
Albert Leemann, Männedorf   30, 86, 87, 144, 146, 168, 171, 172, 175, 177, 179, 180
Leidmann (Anthony)   160
Franz Karl von Linden, Waldsee (D)   41
H. Mathys, Bern   191
Editura Meridiane, Bukarest   66
Fredy Minder, Fribourg   72, 78
E. Müller, Roebild, Frankfurt   52, 80, 141
Fritz Müller, Zürich   2 (North-Water-Projekt), 3 (Strukturboden), 4, 5, 7, 8 (Axel-Heiberg-Island-Expeditionen)
A. Nawrath, Bremen   39
Werner Nigg, Zürich   Schutzumschlag hinten, unten links
Novosti, Agence de Presse, Genf   90, 91
Orion Press, Tokio   102
S. P. Paireault (Magnum)   143
Fernand Rausser, Bolligen   190, 192 sowie Schutzumschlag hinten, unten rechts
Hans Rausser, Bern   38, 47, 56, 60, 68, 75
Dölf Reist, Interlaken   159
Rheinische Braunkohlenwerke AG, Freigabe durch Regierungspräs. von Düsseldorf unter Nr. 18 B 355 und Nr. 18 B 735   49, 50
M. Riboud (Magnum)   19
H. F. Le Roux, Pretoria   120
Satour, Frankfurt   118
Scharf (Anthony)   70
Fee Schlapper, Baden-Baden   85
W. Schmidt (Verkehrsbüro Dänemark, Island, Schweden, Zürich)   6
Emil Schulthess, Zürich   13–18
B. Stauffer, Bern   11, 12
Sven Thoby (Verkehrsbüro Dänemark, Island, Schweden, Zürich)   43
Robert Treichler, Zürich   89
F. Vollmar (WWF), Morges   162
G. Wange, München   147
Heinz J. Zumbühl, Bern   62, 83